营养配膳员培训用书

膳食营养与治疗护理手册

主　编　袁继红　李海燕　刘英华
主　审　李　铎
副主编　李帼英　王栩轶　李　洁
编　者　（以姓氏笔画为序）
于晓明　于爱云　马广德　马娇娇　王　倩　王　琳
王红沙　王麦换　王栩轶　王蒙蒙　王德红　戈　程
白　杰　冯慧芳　朱晓君　伟田翠　任蔚华　刘　钊
刘英华　刘国磊　刘昱圻　刘翠平　许俊娟　李　洁
李　维　李玉静　李明丽　李金凤　李晓兰　李海燕
李惠子　杨　丽　杨　莉　吴鲜华　沈晓晔　宋超群
张　杰　张　艳　张　慧　陈　圆　林俊红　周　瑜
周　静　周世中　孟俊华　赵　晓　赵卫中　赵婷媛
郝　婧　胡　焱　袁继红　徐晓娜　郭志刚　梅俊辉
董利杰　蒋丹丹　霍兰兰

科学出版社
北　京

内 容 简 介

全书共7章，以问答的形式系统讲解了营养配膳职业要求、营养配膳标准流程、营养配膳营养知识、医院膳食种类、营养配膳与治疗护理、综合业务能力、配餐新技术应用的内容。可作为医院营养配膳从业人员的专业培训用书，也可供营养配膳管理人员、临床医护人员及相关从业人员工作参考使用。

图书在版编目(CIP)数据

膳食营养与治疗护理手册/袁继红，李海燕，刘英华主编.—北京：科学出版社，2017.6

营养配膳员培训用书

ISBN 978-7-03-053152-0

Ⅰ.①膳…　Ⅱ.①袁…②李…③刘…　Ⅲ.①膳食营养—手册②食物疗法—手册　Ⅳ.①R15-62②R247.1-62

中国版本图书馆CIP数据核字(2017)第127614号

责任编辑：张利峰 / 责任校对：张小霞

责任印制：肖　兴 / 封面设计：龙　岩

科学出版社出版

北京东黄城根北街16号

邮政编码：100717

http://www.sciencep.com

天津市新科印刷有限公司印刷

科学出版社发行　各地新华书店经销

*

2017年6月第一版　开本：720×1000　1/16

2017年6月第一次印刷　印张：21 1/4

字数：430 000

定价：68.00元

(如有印装质量问题，我社负责调换)

主编简介

袁继红，解放军总医院军需物资处营养一室主任，中国健康管理协会理事；长期从事医院膳食的组织、运营，以及临床营养配膳管理工作，资深营养管理人；营养配餐员实训基地重要创办人；营养配膳员职业化教育创始人之一。率先利用角色扮演的方式开展医院营养配膳员的培训工作；率先在医院成立营养超市将医院使用的特殊医学用途配方食品市场化；参加全国第二届医院品管圈联盟大赛并取得第一名。已主编专著2部。

李海燕，解放军总医院心血管内科资深护士长、副主任护师。率先创建了“护理规范服务示范基地”，为军内外培养了4000余名护理骨干。护理人才培训新模式——创建护理服务与技能培训基地，实施培训，获解放军医学院教学成果“一等奖”。主编出版专著、专科教材6部，发表学术论文30余篇，获国家实用新型专利2项，担任中华医学会心血管病分会护理学组委员，全国职业院校技能大赛护理专业专家裁判组长等职。受聘解放军医学院护理研究生临床指导授课老师，北京协和医学院继续教育学院科研指导老师，保定女子学院营养与保健授课专家。

刘英华，医学博士，解放军总医院营养科主任，副主任医师，副教授，硕士生导师，美国哈佛医学院博士后访学1年。致力于临床营养工作，主要研究脂代谢营养的临床应用和微量营养素营养风险评估、肿瘤及危重症患者营养治疗等。目前主持国家自然科学基金2项，中国红十字会餐饮健康基金1项，解放军总医院科技创新苗圃基金1项及临床扶持基金1项，解放军总医院数字媒体教学项目1项，汤臣倍健健康科研基金1项，横向课题4项，总研究经费201万元。近5年发表第一作者SCI论文5篇，中文论文30多篇，获解放军总医院医疗成果、科技进步二等奖各1项。多次受邀国内外学术和科普讲座。

社会任职：中国老年学会老年医学委员会营养专家委员会主任委员，中国营养学会临床营养分会委员，北京医学会临床营养分会副主任委员，荣获中国营养学会“十大杰出青年奖”；2016年度医院品管圈大赛一等奖。

序

古人云:“民以食为天”;西方谚语:“吃得怎样,你就怎样”。随着物质生活水平的不断提高,人们越来越关注膳食营养对生命健康和生活质量的影响。人们通过对膳食营养和人体疾病相互作用的不断深入研究发现:营养的缺失、过剩与不均衡均可对机体造成或轻或重的影响,直接或间接地导致、加重人体疾病的进程。而许多疾病,包括基因突变的疾病发生是可以通过合理的营养结构达到有效防治的,制订个性化的营养调控策略已成为临床疾病治疗与护理的重要组成部分。因此,根据病情为不同疾病的患者调配营养膳食,全程进行营养治疗与护理越来越受到重视和认同。

如今综合性医院均设有营养科,由临床营养医师针对患者的各项生理指标进行分析、评估,通过对患者膳食的科学调配,制作个性化、定量化的治疗膳食,使患者通过摄入健康、严谨、合理的营养膳食,促进各项生理指标趋于正常,实现体内代谢平衡,达到辅助治疗、恢复健康的目的。各科室临床医护人员对患者持续进行营养宣教和指导,特别是自 2002 年开始,国家设立营养配膳员这一岗位以来,渐进形成了“营养宣教、营养配膳、营养管理、营养治疗与护理”四位一体的综合性营养治疗机制,不仅使绝大多数患者在院治疗期间得到知识教育,也使不同疾病患者的个体化营养膳食需求得到极大改善,为患者科学合理饮食、主动配合治疗、预防次生疾病、早日痊愈康复和提高生活质量等起到了不可替代的促进作用。

由此,编者作为医护、营养、配膳等方面的专家,以多维前瞻的视角,结合医院实际、紧贴临床实践、突出日常实用,通过概念解释、标准解读、问题解答、案例解析,比较全面系统地介绍了营养配膳员岗位职责及管理要求、食品卫生安全标准、膳食营养基础知识、各种疾病营养治疗与护理的基本规范等多方面内容。全书图文并茂,可读易懂,实际管用,为医院营养配膳员的标准化培训提供了示范教材,也为临床营养和医护人员的工作参考提供了方便,更为广大群体提供了针对性强、操作性和实用性佳的营养建议。不仅如此,还将对推进医院“营养宣教、营养培训、营养配膳、营养管理、营养治疗与护理”等各环节工作的达到标准化规范化的水平,起到“引玉之砖”的导向性作用。

本人因同道之缘与编者结谊为友，常被他们对岗位职业的热爱和生命健康的大爱所感动，也深为他们长年坚守在临床一线不断探索而获取的深刻见解和宝贵经验所启迪。谨对此书如期付梓表示祝贺，是以为序。

亚太临床营养学会主席 李铎

2017年3月

前　言

随着物质文化水平的日益提高和人们生活理念的不断进步，无论是健康人群、亚健康人群，还是患者都普遍关注自己的生命健康，不仅对吃什么，怎么吃，如何才能吃出健康十分关注，也对医院膳食配膳人员的从业素质、临床医护人员的营养治疗与护理素养提出了更高的要求。如何通过“营养宣传、营养配膳、营养服务、营养治疗与护理”达到加速身体康复、促进生命健康的目的，已成为广大群众的迫切意愿，这也是医院营养配膳从业人员、临床医护人员需要正视和回答的新课题。

唯其如此，编者以多维和前瞻的视角，着眼于对问题正视和解答，从营养配膳与治疗护理最基础层入手，将提高营养配膳人员综合素质和服务管理水平作为重点，系统围绕“营养配膳与治疗护理”的基础知识、规范标准、衔接融合等，进行了既专业又通俗的阐述，以期此书会对医院营养配膳工作有所推动，能对临床营养治疗与护理创新发展有所促进，也对“健康中国”大势和广大群众健康需求有所响应。

感谢在本书编写过程中给予热情支持和辛勤帮助的解放军总医院院务部和军需物资处领导、各相关学科护理带头人。

特别感谢著名营养学专家、浙江大学教授李铎老师的悉心指导和诚恳鼓励。

由于水平和时间有限，书中若有错漏之处，敬请专家和同道批评指正。

解放军总医院

袁继红　李海燕　刘英华

2017年3月

目　　录

第 1 章

营养配膳职业要求

一、岗 位 要 求

(一)岗位概述

1. 营养配膳员的职业定义是什么?

广义定义:营养配膳员是根据用餐人员的不同特点和要求,运用营养学的基本知识配制适合不同人群合理营养要求的餐饮产品的人员。

狭义定义:营养配膳员是医院内为住院就餐患者提供治疗膳食预定、准确分送膳食、回收并清洗餐具,并向医师、营养医师反馈患者进食情况的工作人员。

2. 营养配膳员在医院中的作用与地位是什么?

营养配膳员是患者住院期间治疗、生活的纽带,要根据治疗膳食医嘱,按营养医师提出的膳食原则及患者的不同疾病和需求,运用营养学知识和临床营养知识,配制成适合不同患者的、合理营养需求的健康膳食,并直接为患者提供各项服务的工作人员。在患者进行检查、治疗、康复中起到积极的促进作用。是医院开展实施“规范医疗、集成医疗、安全医疗、温馨医疗”的重要力量之一。

3. 综合医院营养室的相关单位有哪几个?

综合医院设有营养室,营养室的服务范围是面向全院工作人员和门诊、住院的患者。部队医院营养室的直接上级机关是院务部军需物资处,营养室的业务指导单位是医院营养科。

4. 营养配膳员的服务标准和要求有哪些?

(1)熟练掌握医院常用膳食医嘱种类适用范围、膳食原则、食物选择、制作要求、餐次要求。

(2)了解患者的诊断、手术情况;必须掌握患者的特殊检查膳食、禁食、出院时间、更换病床位、更改膳食医嘱情况。

(3)注重自身修养,严格遵守《员工手册》,做到“三到床前”“四个知道”,确保膳食配送准确率100%。

(4)文明优质服务,做到无差错、无投诉、无纠纷、综合服务保障满意率≥95%。

(5)保持餐具、餐车、配膳间卫生清洁,落实食品安全卫生法规,杜绝交叉感染发生。

5. 营养配膳员服务形象的十条标准有哪些?

①仪表整洁。②举止文明。③微笑服务。④规范用语。⑤饮食卫生。⑥保证安全。⑦了解需求。⑧及时满足。⑨科学膳食。⑩促进健康。

(二)职责要求

1. 营养配膳员的岗位职责有哪些?

在营养室主任的领导下,执行配膳班、组长的工作安排,认真做好住院患者的配膳工作。

(1)执行膳食医嘱和膳食通知单。熟悉本科室所开展的各类膳食医嘱种类,遵照膳食医嘱并按饮食通知单内容将膳食发送给患者。

(2)负责了解新入院患者的病情和膳食习惯,介绍伙食标准和收费情况,确保新入院患者了解各类膳食并按需落实。

(3)严格遵守膳食医嘱,坚持开餐前打印膳食医嘱,确保膳食医嘱与患者正确对应,杜绝差错。

(4)认真落实标准化配膳流程,坚持订餐、开餐、加餐到病床前,保证各种膳食配送准确无误。

(5)加强工作计划性,提前与患者预约挑选膳食,提高配膳订餐工作效率。

(6)与责任护士沟通,根据患者病情实施膳食指导,告知患者相关疾病的饮食禁忌。

(7)严格落实食品安全法的各项要求,负责擦净(洁净)餐具、汤勺、夹子、铲子、粥桶等开餐用具,以及餐具洗净、消毒彻底,负责配膳间卫生干净整洁。

(8)主动征求患者意见,为营养医师调配治疗营养膳食及营养室后厨提高膳食质量提供依据。

(9)在整个配餐过程中,做到“三勤”,即勤对膳食单、勤巡视患者、勤征求意见;

确保患者用餐愉快、对服务满意放心。

2. 营养配膳员的工作内容有哪些？

①负责确认患者信息（科室、床号、姓名）；②了解患者病情；③确认膳食医嘱和营养状况；④精准预定并配送膳食；⑤回收餐具、清洗并消毒餐车；⑥为患者提供营养宣教、营养咨询等服务；⑦向营养室、营养科反馈患者进食情况。

3. 营养配膳工作程序有哪些？

详见图 1-1。

4. 营养配膳员在开餐过程中应注意哪些环节？

(1)开餐时按床号顺序依次开餐，单日从 1 号床向高位数床号方向，即从前向后开餐，双日从高位数床号向 1 号床方向，即从后向前开餐，杜绝混乱随意开餐，避免部分患者每天开餐时间较晚。

(2)开餐中使用文明用语，如您好、请用早（午、晚）餐。

(3)维持开餐秩序。

(4)开餐中使用的开餐用具不与患者的餐具相接触，避免交叉感染。

(5)开餐中主动将行动不便者和外出检查者的膳食送到床头餐桌上。

(6)开餐完毕后再次核对分发单或膳食单与餐车内食物是否相符，保证无差错。

(7)每次开餐完毕后进行巡视，避免漏开餐现象发生。

5. 营养配膳员在配餐前、中、后的主要工作有哪些？

(1)配餐前：在营养室内按照二级分餐单，检查餐车内配餐品种数量是否齐全、包装是否完好、特殊膳食是否合格；到病房核实患者信息；打印“膳食单”，核对患者“膳食医嘱”。

(2)配餐中：在病房打开餐车，准备配餐设备和食物；核对患者床号、姓名、订餐信息；准确为患者提供配膳服务。

(3)配餐后：为患者发放订餐单；回收患者已使用的餐具；清洁配膳间卫生后，将餐具送回洗碗间清洗消毒，清洗消毒配膳车，将洁净的餐车送回配膳大厅整齐摆放备用。

6. 营养配膳员了解患者信息的“四个知道”包括哪些？

“四个知道”：知道患者床号和姓名，知道患者的伙食标准和收费标准，知道患者病情，知道患者膳食医嘱和膳食习惯。

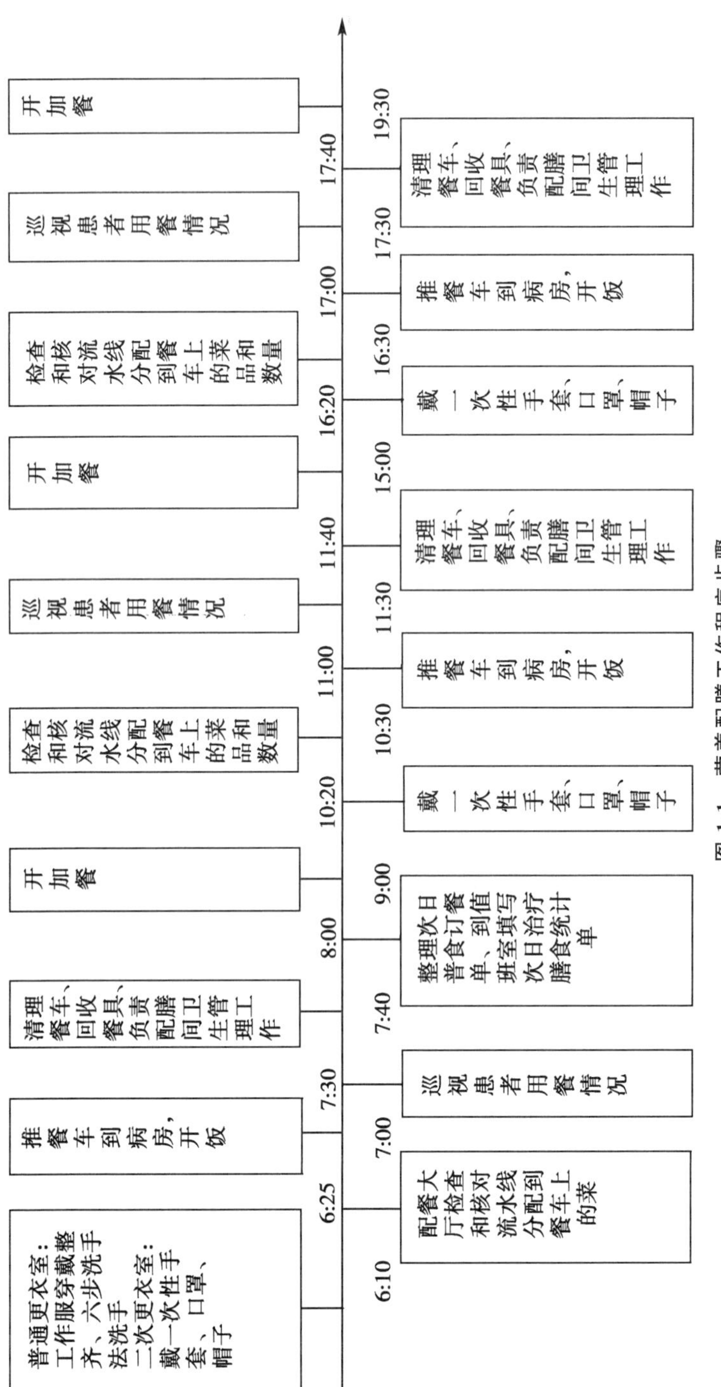

图 1-1 营养配膳工作程序步骤

7. 营养配膳员通过哪些途径了解患者的信息？

(1)通过与值班护士沟通，了解新入院患者情况。

(2)通过查看护士站床位一览卡，了解本科室现有患者的姓名、床号及膳食医嘱。

(3)通过查看患者住院病历得知患者的籍贯、民族、身份(一般人员、义务兵、士官、团以下干部、师干、军干)及病情，从而了解患者的基本饮食习惯(区域差异、民族差异等)、伙食标准。

(4)通过咨询患者本人及家属，了解患者饮食的偏好与禁忌。

(5)通过膳食分发信息表，了解患者膳食的种类和收费情况。

8. 营养配膳员的“四个及时沟通”是指什么？

(1)要及时与护士沟通，获取住院患者信息。

(2)要及时与患者及其家属沟通，了解患者膳食习惯和特殊要求。

(3)要及时与营养科医师沟通，了解膳食原则更改情况。

(4)要及时与营养室各合作部门沟通，确保膳食品种质量，提供高效优质的配膳服务。

9. 什么是膳食医嘱？

膳食医嘱是由临床医师针对患者具体病情开具的特定的膳食种类方案，是能够配合治疗、满足患者身体需求并促进身体康复的膳食。

10. 开餐前营养配膳员需要做哪些准备？

(1)每次开餐前必须提前5分钟到达病区。

(2)在护士站集成医疗终端打印膳食医嘱。

(3)核对患者姓名与床号，并标记当日做手术、做检查、膳食更改、特殊身份的患者姓名及床号。

(4)依照膳食医嘱备餐。

11. 开餐后营养配膳员负责收集需加餐患者的哪些信息？

开餐后收集加餐患者的姓名及床号、餐次及加餐种类。统计加餐的种类及数量。

12. 营养配膳员如何打印膳食医嘱单？

与责任护士沟通后，根据病区护士站提供的用户名和密码，登录集成医疗终端系统，找到膳食医嘱窗口，打印膳食医嘱。

13. 核对患者姓名与床号不一致时该如何校正？

从护士站计算机床位一览表上核对并校正新入院、出院、更换床位的患者信息，保证姓名与床号的一致性，及时与护士沟通，更新膳食医嘱，确保医嘱的准确性。

14. 如何保持餐车上饭菜温度和品质？

营养餐从制作完成到送达病房，中间需要一定时间，因此冬季保暖，夏季保质尤为重要。主食盖好保暖被，米粥、菜汤、米饭及时使用保鲜膜封好，开餐前提前60分钟将餐车插电加热（图1-2），盛装患者治疗膳食的餐具，在开餐前50分钟用红外线消毒柜加热，以保证饭菜温度和品质。

图1-2 营养配膳员为餐车插电加热

15. 如何使用餐车？

餐车（图1-3）共分两层，上面一层盛放患者副食，下面一层盛放患者主食；餐车设有专区放置清洁餐车的洁卫具和膳食单等辅助用具区；为保证餐车内膳食温度，在开餐前60分钟，连接电源之后将开关按钮打开，再调整到30～45℃给餐车加热。检查餐车指示灯是否亮起，保证正常运行，并注意安全。根据季节变化，可适当调高或调低10℃左右。离开配膳大厅之前，关闭餐车电源开关按钮，将电源线放置在餐车抽屉内。

图1-3 餐车

16. 开餐前营养配膳员需要准备哪些开餐工具及如何摆放?

开餐工具准备:清洁并消毒过的粥勺1把、汤勺1把、馒头夹子1把、米饭铲子1把、粥桶2个、米饭方槽1个、馒头屉1个、38个餐盘,清洁布2块。

摆放:粥桶、米饭方槽摆放在餐车的第一层左侧;汤勺、粥勺、馒头夹子、米饭铲子放在保暖被下;馒头屉放在餐车右盖上,套餐盘按照膳食种类依次摆放整齐。

17. 开餐前营养配膳员如何进行卫生检查?

(1)餐车内层与外层保持光亮无污渍,车内开餐工具已消毒并按标准摆放整齐,不得摆放与开餐无关的私人物品。

(2)配膳间柜内物品摆放整齐,清洗池内干净无食物残渣。

(3)配膳大厅地面清洁无垃圾,地面无水渍、油渍,墙面及墙裙干净无污渍。

(4)由营养室督察员和配膳班值班员用白手套检查。

18. 配膳过程中如何保证膳食温度?

(1)开餐前60分钟将餐车插电加热,保证饭菜的温度和品质。

(2)分餐前将餐具从红外线消毒柜中取出,并保持餐具温度。

(3)主食(如馒头、花卷、水煎包等)用保暖被保温。

(4)米粥、菜汤、米饭要及时使用保鲜膜封好。

19. 如果再次核对患者信息不正确怎么办?

(1)科室有新入院患者,主班护士电话通知营养室值班室。

(2)对于更改膳食医嘱的患者,营养配膳员到统计室退订当前膳食医嘱,更改为新的治疗膳食。

(3)对于临时安排出院的患者,营养配膳员要及时填写退餐单,并提交到统计室办理退餐;对新入院患者,当天给予标准餐保障。

20. 开餐前营养配膳员核对餐车中膳食种类和数量有误时如何解决?

营养配膳员开餐前必须核对餐车中膳食,对数量或膳食不准确的要及时与二级分发人员调整,并向流水线和统计室反映。

21. 营养配膳员为患者分发膳食时的操作规范有哪些?

(1)戴好一次性口罩、帽子、手套,保证食品卫生安全。

(2)严格执行膳食医嘱开餐,准确落实治疗膳食配送,按单、双日顺序开餐配送，维持开餐秩序。

(3)开餐工具与患者餐具不能直接接触，防止交叉感染。

(4)用于盛粥(粥勺)和盛汤(汤勺)的勺子不能混用，保证原汁原味。

(5)使用长柄夹子夹取馒头、花卷等，避免直接接触食品。

(6)盛好的菜品应双手递送到患者手中，以表示对患者的尊重和礼貌。

22. 如何为外出做检查的患者的预留膳食加热？

北方地区，冬季天气寒冷，对于留取的膳食菜品可使用微波炉加热，以保证患者可以吃到温度适宜的膳食；避免食用冷食，以免造成胃部不适、消化不良等。

23. 禁用微波炉加热的食品和容器包括哪些？

(1)带壳的煮鸡蛋：因为蛋黄相对而言是一个密闭的个体，在微波炉加热的过程中，体积膨胀超过自身限制的容量，即刻发生爆炸，易造成烫伤。

(2)金属器皿盛装的食物：因为放入微波炉内的铁、铝、不锈钢、搪瓷等器皿，在加热时会与之产生电火花并反射微波，既损伤炉体又不能达到加热的效果。

(3)密封包装食品：因为在密闭容器内食品加热产生的热量不容易散发，使密封包装食品内压力过高，易引起爆炸事故。

(4)普通塑料容器盛装的食品：高温会使普通塑料容器变形，并释放出有毒物质。

(5)油炸食品：因为加热过程中，油炸食品温度增高，会发生飞溅导致火灾。

24. 营养配膳员为什么要与治疗膳食医嘱患者和家属沟通及如何沟通？

营养配膳员需密切关注患者的病情变化与治疗原则，根据膳食医嘱及时调整治疗膳食，在不违反治疗原则的情况下，合理满足患者的需求。及时与患者和其家属沟通，能够更好地了解患者需求，有利于工作中得到患者的支持与理解和膳食医嘱的落实，以促进患者身体康复，要做到与患者及家属有效沟通，需要提升营养配膳员的专业素养和沟通能力。

(1)在开餐前、中、后征求患者意见，提出合理化建议。

(2)发放意见反馈表征求患者意见，提高服务满意率。

(3)以发放营养宣传资料的形式与患者及其家属沟通。

25. 住院患者为什么要统一使用餐盘？

为减少卧床和生活不能自理患者的不便，统一质量标准，医院使用统一规格的餐盘，用餐完毕后，便于营养配膳员回收到营养室，统一清洗、消毒、备用，确保安全。

26. 营养配膳员回收餐盘时应注意哪些事项？

(1)在开餐结束后30分钟内，营养配膳员依次回收餐具，保持病房整洁、整齐、无异味。

(2)回收餐具时，应注意轻拿轻放、摆放整齐，以免损坏。

(3)回收时如有损坏，应及时登记在回收餐具记录单上，以便及时更换补充。

(三)操作要点

1. 营养配膳员在预约挑选和统计分发膳食单过程中应做到哪“三勤”？

应做到“勤核对膳食单”“勤询问就餐患者”“勤查看膳食餐盘”，观察患者对膳食的满意程度，及时反馈给各部门，避免饭菜量不足或过多浪费。

2. 营养配膳员如何做到对各种膳食特点的全面了解？

(1)岗前培训：由人事部门组织，对新入职人员进行《员工守则》《岗位规范》普遍培训。

(2)在岗培训：①由班、组长利用9:00～10:00时间，为新员工培训，培训时间为20学时。②使用《医院膳食员工培训教材》，人手一册，做到岗前培训率达100%。③营养科医师、技师每周两次对营养配膳员进行营养学基础知识及各类治疗膳食培训。④营养医师、营养配膳员教员负责培训各种治疗膳食的膳食原则，膳食处方的编写顺序要点，治疗膳食的制备方法，做到人人掌握治疗膳食原则。

3. 营养配膳员在膳食分装及配送过程中有何要求？

(1)为患者首先盛粥或菜汤，注意动作轻柔，勿将菜汤和米粥洒溅到餐具外。

(2)盛装菜品时，要保证饭、菜量均匀。

(3)要保持馒头、花卷等主食的温度。

4. 营养配膳员在配膳过程中涉及的表单有哪几种？

为加强工作计划性，提高工作效率，确保膳食配送准确率，营养配膳员要学会并掌握以下统计表和分发表。

(1)治疗膳食统计表：8:30统计本科室特殊治疗膳食，如高脂肪匀浆膳食，蛋黄米糊、蔬菜米糊、无色素膳食等。

(2)治疗套餐分发表：8:30统计本科室需要份数，如软饭、纯素半流食、低脂肪半流食、少渣半流食等。

(3)糖尿病套餐分发表:8:30 统计本科室需要份数。

(4)普食挑选单:11:30 与患者沟通,指导患者如何填写另备餐挑选单。

(5)另备餐挑选单:11:30 与患者沟通,指导患者如何填写挑选单。

(6)标准餐登记表:对当日新入院患者的统计,避免新入院患者不能及时用餐。

(7)加餐单:分别在 9:00、15:00、19:00,对本科室半流食、流食等需要加餐的患者统计。

(8)交接班登记本:内容包括本病区患者总数,特殊患者膳食交接班(包括床号和姓名),师干、首长的师干膳食,个别患者膳食习惯及其他,便于交接班使用。

(9)餐具回收登记本:开餐完毕后,由营养配膳员回收餐盘,清点数量并交洗碗间清洗、消毒、备用。

(10)退餐单:在得知本科室有禁食禁水、手术的患者,及时为患者办理退餐费用;对于出院患者的费用截止到当餐。

5.《治疗膳食统计表》该如何填写?

(1)流食膳食:蛋白、蛋黄、蔬菜米糊××ml,餐次/日。

(2)匀浆膳食:××ml,餐次/日。

(3)特殊膳食:高蛋白质膳食××人、贫血膳食××人、纯糖清流食××人。

(4)师干、首长膳食:如低盐低脂半流食师干、首长××人、糖尿病半流食师干、首长××人等。

6.《营养室标准餐登记表》该如何填写?

营养室标准餐登记见表 1-1。

表 1-1 营养室标准餐登记表

班组: 时间:20 年 月 日 时

日期	科室	床号	姓名	职别	ID 号	数量	膳食医嘱	餐次	营养配膳员签名
							普食、糖尿病、回民	早、午、晚	
							普食、糖尿病、回民	早、午、晚	
							普食、糖尿病、回民	早、午、晚	
注:请将休养员信息填写清楚,餐次、膳食医嘱请打“√”,信息不全将不予补餐									

7.《配膳班糖尿病套餐分发表》该如何填写？

配膳班糖尿病套餐分发见表1-2。

表 1-2　配膳班糖尿病套餐分发表

班组：　　　　　　　　　　　　　　　　　　　　时间：20　　年　月　日　时

品名	内分泌	心内科	神内科	消化科	呼吸科	肾内科	血液科	肿瘤科	风湿科	……	合计
糖普食											
糖半流食											
糖口腔半流食、软饭											
糖少渣半流食											
糖口腔硬化半流食											
糖纯素半流食											
糖低脂半流食											
糖低盐低蛋白											
糖低嘌呤											
糖无碘											
糖低盐低脂											
糖低脂-师干											
糖低盐普食											
糖低盐回民普食											
糖回民消化软饭											
糖低脂少渣半流食											
合计											

8. 交班与接班登记本交接的内容与顺序是怎样的？

交班人员与接班人员当面交接班，由交班人员负责填写：①本病区患者总数；②特殊患者膳食（包括床号和姓名）、饮食禁忌等注意事项；③军人数量，包括士兵、团以下、师干首长的膳食；④个别特殊饮食习惯的患者；⑤交班人员姓名、日期、联系方式；⑥接班人员签名和时间。

9. 营养配膳员如何依据膳食医嘱单开餐？

膳食医嘱单内容：患者膳食种类、床号、姓名、患者 ID 号、护理等级。营养配膳员依据患者的床号、姓名和膳食医嘱认真查对，对二级护理以上患者送餐到床前。

10. 住院患者的日伙食费标准是什么？

住院患者的日伙食费标准见表 1-3。

表 1-3　住院患者的日伙食费标准

<table>
<tr><th colspan="3">人员类别</th><th>决算报销（元）</th><th>本人自交（元）</th><th>合计（元）</th></tr>
<tr><td rowspan="8">普通患者</td><td colspan="2">军队非在编职工、地方患者</td><td></td><td>27.40</td><td>27.40</td></tr>
<tr><td colspan="2">士官、义务兵</td><td>5.00</td><td>22.40</td><td>27.40</td></tr>
<tr><td colspan="2">团以下干部、在编职工、职工</td><td>22.40</td><td>5.00</td><td>27.40</td></tr>
<tr><td rowspan="3">儿科患儿</td><td>2 周岁以内</td><td></td><td>20.00</td><td>20.00</td></tr>
<tr><td>2～6 周岁</td><td></td><td>21.00</td><td>21.00</td></tr>
<tr><td>7～14 周岁</td><td></td><td>22.00</td><td>22.00</td></tr>
<tr><td rowspan="2">产科患者</td><td>军队（公费）患者</td><td>22.40</td><td>8.10</td><td>30.50</td></tr>
<tr><td>地方患者</td><td></td><td>30.50</td><td>30.50</td></tr>
<tr><td rowspan="2">师职患者</td><td colspan="2">军队患者</td><td>45.00</td><td>4.50</td><td>49.50</td></tr>
<tr><td colspan="2">地方患者</td><td></td><td>49.50</td><td>49.50</td></tr>
<tr><td rowspan="2">军干患者</td><td colspan="2">军队患者</td><td>55.00</td><td>5.50</td><td>60.50</td></tr>
<tr><td colspan="2">地方患者</td><td></td><td>60.50</td><td>60.50</td></tr>
<tr><td colspan="6">注：普通患者、地方患者按日伙食费标准的 10%加收管理费</td></tr>
</table>

二、职业素养

（一）营养配膳员基本素养

1.“仪表整洁、举止文明”的要求是什么？

（1）着装仪表

①着装：统一穿着解放军总医院制式工作服，有夏季和冬季两款制服（5 月 1

日开始穿着夏季服装,10 月 1 日开始穿着冬季服装),保证衣扣齐全,整洁平整,没有污渍。

②头发:工作状态时佩戴一次性帽子,刘海不压眉,长发应使用发网束于脑后,男女统一要求头发不可外露,全部塞于帽中。

③胸卡:佩戴位置为工作服左侧印有“解放军总医院”字体正下方。

④鞋袜:统一着黑色皮鞋或布鞋,保持清洁,每日清洗袜子,保持鞋袜干燥无异味。

⑤装饰:女士不化浓妆,不用味浓的香水,勤剪指甲,不用指甲油,无墨镜、鼻钉、鼻环、戒指、手镯、手链、腿链等饰物。男士不留胡须,做到头发、指甲、胡须三短。

(2)操作行为

①推车:两手推车(图 1-4),车在前,人在后,保持身体姿势和餐车的平稳,推车出门时,不得用车撞门,不得用脚踢门。

②递送餐盘:双手握托饮食盘,肘关节呈 90°,紧贴躯干置于腰际水平,如拿碗应是一手托着或双手托着碗的底部,手指不可触及碗边,注意佩戴一次性手套。

③持碗:左手拇指扣住碗口,示指、中指、环指扣碗底,手心空着,右手扶住碗身。

④持杯具:使用双手一起端,左手托住杯底,右手扶住杯身,把杯托上的把手朝向对方,放在方便易拿的位置。沏茶姿势见图 1-5。

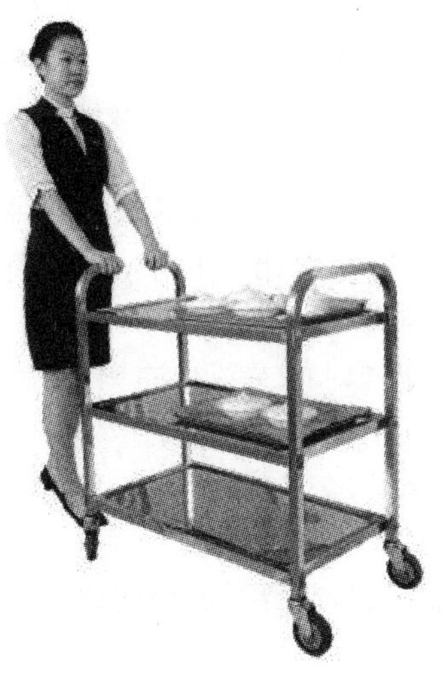

图 1-4　推车

图 1-5　沏茶

⑤床旁订餐:在床旁询问患者订餐时,将订餐单双手递上,等待患者和家属选

择好饮食后，再做记录，最后再与患者核对一遍，如患者视力不好，由营养配膳员代念后，再由患者选择。

(3)举止姿势

①站姿：通常有基本站姿、标准站姿、沟通站姿三种姿势。

基本站姿：头正、颈直，目光平视，两肩平齐、外展放松，挺胸收腹，两腿并拢，双臂自然下垂。

标准站姿：头正、颈直，目光平视，两肩平齐、外展放松，挺胸收腹，两手相搭在下腹部，双足呈“V”字形或“丁”字形。

沟通站姿：头正、颈直，目光平视(图1-6)，两肩平齐、外展放松，挺胸收腹，双臂贴于身体两侧，左手半握空拳，右手四指并拢覆盖于左手上，右手拇指插入左手空拳内，手腕略微上仰，双脚呈“丁”字形(图1-7)。

图1-6 检查仪容仪表

图1-7 岗前检查

②坐姿：通常有正襟危坐式、双腿斜放式、双足交叉式、双腿叠放式四种姿势。

正襟危坐式：在站姿的基础上，手或双手向后把衣裙端拉平，轻轻坐在椅的2/3～3/4，双膝并拢，小腿略后收或交叉。两手轻握，置腹部或腿上。

双腿斜放式：坐正，上身挺直，双腿并拢，两腿同时向左或向右斜放，斜放后的腿部与地面成45°，双足并放或交叠，双手叠放，置于左腿或右腿上。

双足交叉式：双膝先并拢，然后双足在踝部交叉，交叉后的双足可以内收，也可以斜放。

双腿叠放式：将双腿完全地一上一下交叠在一起，交叠后的两腿之间没有任何缝隙，双腿斜放于左(右)一侧，斜放后的腿部与地面成45°，叠放在上的足尖垂向地面。

③蹲姿：一足在前，另一足在后，两腿靠紧，屈膝、下蹲，上身稍向前倾，不要大弯腰。蹲端餐具时，行蹲姿，双手握托餐盘两侧边缘，肘关节成90°端稳(图1-8)。

图 1-8　下蹲取餐盘

(4)路遇礼节

①路遇领导、医务人员或患者及其家属询问时,需要停下来站稳,面对询问者认真回答完问题再走。

②路遇领导、医务人员或患者及其家属,不需要停下来时,可边走边说“您好”或用“点头、微笑”示意打招呼。

③路遇领导、医务人员、患者及其家属并行前进而空间有限时,如上下电梯、楼梯时,应礼让他人。

④当处于推车、端送食物等工作状态(图 1-9)时,路遇领导、医务人员、患者及其家属需轻声提示,“对不起,小心碰到您,谢谢。”

图 1-9　路遇礼节

2. 如何做到“微笑服务，规范用语”？

(1)微笑服务：微笑是服务人员应具备的基本条件之一，微笑时应该真诚自然，亲切和善。工作中要学会控制自己的不良情绪，不把个人的烦恼和忧愁带进工作，时刻保持良好的精神状态。

微笑养成：可经常对照镜子练习，寻找自己最自然、最美好的笑容，定格在脸上变成自己习惯性的微笑，也可经常在心中默念自己习惯性的笑容(图 1-10)。

图 1-10 微笑服务

(2)规范用语

①办公室用语：在办公室接待来宾时，要主动站起来，笑脸相迎，给予亲切地问候，如“您好，这里是营养室，您有什么需要帮助的吗？”“您请坐。”来宾走时，如“您慢走，欢迎您再来。”

②电话用语：打电话应有称呼，应报所在单位或报所在单位和姓名。如“您好！我是营养室。”或“您好！我是××营养室的××。”接听电话时，也应先问好，然后自报家门。通话时要聚精会神地听，随时用“嗯、好、是的、知道了。”这类短语作答。通话结束后说再见，放电话时动作应轻柔。工作期间尽量不打私人电话，如有私人电话打来，应简短回答，告知下班后再联系；如遇有个人其他紧急情况的电话时，应把手头工作交接好，再处理个人事务。

③称谓用语：根据患者的年龄、性别、职业和职务给予合适的称谓，按职务可称首长、局长、主任等；按职业可称教授、老师、医师等；按年龄可称爷爷、奶奶、叔叔、阿姨或称先生、女士、小李、小张等；小朋友称××小朋友。

对机关领导和医务人员，应根据姓氏和职务称谓，如××院长、××部长、××处长、××助理(参谋、干事)、××主任、××医生、××护士长、××技师等。

不知道患者的职务、职业或年龄时，可称呼姓名，不要叫床号。订餐时不能只记床号，还应把患者的姓名、饮食种类记录清楚。

④订餐时用语：首先介绍自己，“您好，我是营养室××科的营养配膳员，我叫×××，我来为您订餐，希望我们的服务能让您满意。”“您好，这是明天的食谱，请您选餐。”并能根据患者病情指导其订餐。

⑤开餐时用语

开餐时：营养配膳员要热情招呼患者和家属，如“大家好，午餐时间到了。”或“您好，开餐了。”

营养配膳员面对较晚取餐患者时：应主动表示歉意，如“让您久等了，我们按房间顺序开餐。”或“让您久等了，我们按床号顺序开餐。”

对行动不能自理的患者：在值班护士的协助下，应将饭菜送到床旁。

当普食患者想增加饭菜但没有预订：可以这样解释“请您稍等，等开餐完毕，我再给您添加好吗？

当治疗膳食患者想增加饭菜时：营养配膳员应视膳食医嘱原则执行加减或做好解释，如糖尿病普食患者“对不起，由于您的膳食医嘱为××，需要饮食限量，为了更好地配合治疗，请您理解”。

3. 如何做到“饮食卫生，保证安全”？

(1)营养配膳从业人员必须持有《健康体检合格证》上岗。

(2)熟记食品安全法和传染病管理规定：营养配膳员必须定期进行体检，如发现患有肝炎、痢疾、伤寒、活动性肺结核，化脓性或渗透性皮炎时必须主动报告、停岗及时检查治疗、防止发生传染，做到对职业和患者负责。

(3)养成良好个人卫生习惯：养成“三勤”好习惯，即勤洗手、勤洗澡、勤更衣。饭前便后要洗手、接触餐具前洗手、开餐前洗手，开餐时戴好一次性口罩和手套，不允许个人以任何方式品尝食物。

(4)保持餐车、餐具清洁卫生：开餐过程中盛饭菜的餐具要摆放整齐、遮盖严实，调料盒要加盖。避免将饭菜洒在餐车或餐具上，如有洒出应及时擦净，以免污染餐车或餐具；如饭菜洒在地面上时，应及时处理干净，以免有人员滑倒摔伤，开餐完毕后及时消毒并存放在指定位置。

(5)开餐行为举止符合规范：开餐时营养配膳员及协助开餐的人员，手臂都不能横跨饭菜区域，防止衣袖上面的污染源落入饭菜内造成污染。同时也要提醒患者和家属按顺序排队取餐，确保开餐秩序。禁止在开餐时有不当行为举止，防止饭菜被污染。

4. “了解需求，及时满足”的内容有哪些？

(1)主动了解需求：“××，您觉得饭菜还合口味吗？您平时还喜欢吃什么？”如患者反映饭菜不合口味，想更换一下，可告知患者“您好，我们在订餐当中，除基本餐以外，我们还准备有零点、煲汤、特色小吃等，我们还在餐车中备有调味料盒，如食盐、酱豆腐、醋等调味品。”在不违反治疗原则的前提下，应尽量满足患者的口味。

（2）主动征求建议：①“张主任，您对我们供应的饭菜，有什么意见和建议，欢迎您及时提出。”②“您好，请您对我们的工作多提宝贵意见。”③“您上次提的意见我们已经做了改进，不知您是否满意？”

（3）主动处理问题：患者通常反映的问题，如饭菜凉了，味道不可口，标准餐数量不够等。①耐心为患者做好解释；②及时向主管领导汇报，探讨改进方法；③提高饭菜质量，提升患者满意度；④多进行换位思考，最大限度地满足保障患者需求。

（4）注意交谈技巧

①营养配膳员在与患者交谈时（一般是了解饮食情况、订餐需求、征求意见）、目光要注视患者的面部，相互对视不要超过 3～5 秒，以免引起误会。

②在了解患者的饮食情况、订餐需求、征求意见时：与患者要保持 0.5～1 米的距离。

③在与患者沟通注意事项或向医务人员说明情况时：与对方要保持大于 1 米的距离。

④当患者或医务人员与我们沟通交流时：要注视对方，集中精力，注意倾听，并致以点头示意，同时以“好的、是的、知道了、明白了”等短语作答。

（5）注意服务态度

①热情乐观：时刻以热情乐观的情绪去感染患者，让患者感到温暖舒心。

②和蔼友善：始终以善良诚恳的态度去尊重患者，让患者感到安全放心。

③虚心倾听：坚持以“百问不厌”的耐性去理解患者，让患者感到愉悦安心。

④周到细致：保持以细致入微的工作去呵护患者，让患者感到满意贴心。

（6）注意沟通方式：在实际生活和工作中，一般有语言沟通和非语言沟通两种方式，与患者沟通尤其要注意语言与肢体语言沟通方式的灵活运用。

①当患者康复出院表示感谢时：给患者一个微笑，送上一句由衷祝福的话语，会让患者高兴。

②当患者抱怨治疗膳食少油少盐而不想吃饭闹情绪时：要耐心聆听患者的倾述，并解释治疗膳食是有科学依据的，吃起来是不太可口，但有利于降低血脂和血压，入情入理地化解情绪。

③当为患者送餐时：应轻敲病房门，进入房间先问声“您好，您今天看上去好多了”等亲近性语言，送餐完毕嘱咐患者用餐，离开时关门动作要轻柔。

5. 如何建立“科学饮食，促进健康”的配膳理念？

熟练掌握营养配膳员服务标准要求，熟练掌握本科室常见疾病饮食原则，熟练掌握本科室治疗膳食和试验膳食，熟练掌握本科室常见疾病营养治疗与护理知识。

(二)行为标准

1. 形象素质的核心内容包括哪些?

形象素质包括形体相貌、仪表仪容、言谈举止、文化气质等,是展现给患者和家属的第一直观印象,代表的是医院的层次水平,体现的是个人的修养能力。

2. 什么是行为规范?

行为规范是指员工应该具有的共同的行为特点和工作准则,它带有明显的导向性和约束性,通过倡导和推行,在员工中形成自觉意识,起到规范员工的言行举止和工作习惯的效果。

3. 营养配膳员的职业素质要求有哪些?

遵纪守法,诚实守信;忠于职守,钻研业务;团结合作,包容理解;热爱本职,开拓创新。

4. 营养配膳核心理念有哪些?

科学膳食,营养健康,保障临床,服务一线。

5. 解放军总医院营养室的室训是什么?

诚信、敬业、创新、发展。

6. 解放军总医院营养室的目标是什么?

建设现代化研究型营养室,打造特色服务保障团队。

7. 营养饮食服务需要做好的六个保障有哪些?

优质服务保障、微笑服务保障、系列服务保障、文明服务保障、精诚服务保障、人性化服务保障。

(三)道德修养

1. 营养配膳员的道德规范有哪些?

(1)视患者如亲人,不分贫富贵贱,不论职务高低,不讲亲疏近远。
(2)温馨服务保障,秉承职业操守,维护患者权利,做到遵纪守法。
(3)更新营养知识,提高配餐水平,传播营养文化,提供一流服务。

(4)执行膳食医嘱,科室密切合作,膳食按需供给,按标准落实。

2. 营养配餐人员温馨服务的“六多”内容包括哪些?

多一声问候,多一句解释,多一点同情,多一分关爱,多一些安慰,多一声祝福。

3. 营养配餐人员“十不说”包括哪些内容?

不耐烦的话不说,傲慢的话不说,责难的话不说,讽刺的话不说,刁难的话不说,泄气的话不说,庸俗的话不说,泄露隐私的话不说,恶言秽语不说,讹言谎语不说。

三、食品卫生与食品安全

(一)食品卫生要求

1. 食品污染源分为哪三类?

化学性污染,生物性污染,放射性污染。

2. 化学性污染的主要污染途径来自哪几个方面?

化学性污染的途径来自生产、生活和环境中的污染,从工具、容器、包装材料中的污染,食品添加剂和食品加工储存中产生的物质。

3. 何为食品中的生物危害?

是指能引起人体危害的生物,包括致病性细菌、真菌、病毒、寄生虫、真菌、昆虫。

4. 食品被病原微生物污染其严重后果是怎样的?

食品被病原微生物污染后,其产生的毒素可引起机体局部炎症,或全身反应,出现中毒症状。亦可引发机体变态反应,严重者引起休克,甚至死亡。

5. 食品中的放射性污染的主要来源有哪些?

食品可吸附或吸收外来放射性核素,主要来源是放射物质的开采、冶炼、生产及在生活中的应用与排放。

6. 食品中的放射性核素主要来源于哪三个方面？

食品的天然放射性核素，放射性核素对食品的污染，放射性核素向食品转移途径。

7. 放射性核素污染食品的途径有几种方式？

使用放射性物质的生物活动，医疗、科学实验的放射性物质的排放；意外事故中的放射性核素的泄漏。

8. 细菌污染食品的主要途径有哪些？

原材料的污染，加工过程中的污染，储藏过程中的污染，运输与销售过程中的污染，食品消费的污染。

9. 细菌污染食品的危害有哪些？

导致食品腐败变质，诱发食物中毒，引起食源性传染病，造成经济损失。

10. 导致食品腐败变质的细菌主要有哪些？

胞菌属和革兰阴性无芽孢杆菌两类。
(1)葡萄球菌属在食品中极常见，多见于动物食品。
(2)芽孢杆菌属和梭菌属在肉、鱼腐败时常见。
(3)变形杆菌属多见于水产品及肉、蛋腐败时。
(4)沙雷菌属与鱼、牛肉腐败有关，使其表面变红发黏。
(5)弧菌属与黄杆菌属，来自海水或淡水，在鱼类等水产品中常见。
(6)嗜盐杆菌属与嗜盐球菌属，在食盐中仍可生长，多见于咸鱼中。
(7)乳杆菌常见于乳品，使之产酸及酸败。
(8)志贺菌属统称痢疾杆菌，有很强的致病力，是常见的肠道致病菌。

11. 决定食品发生腐败变质的因素有哪些？

微生物在食品的腐败变质中起重要作用，但决定食品腐败变质和腐败变质类型的还是食品本身，食品的含水量、pH 和渗透压决定食品腐败变质的速度。

12. 为减少食品被细菌污染，从食品加工、储藏、运输、消费过程中应注意哪些环节？

注意企业的环境卫生环节，减少生产过程中的污染环节，注意食品储存的卫生环节，防止销售过程中的污染环节，加强食品行业人员的卫生环节。

13. 哪些特殊性疾病者不得从事接触直接入口食品工作？

2015 年新食品安全法的规定，将不能从事接触直接入口食品的特殊疾病的范围授权国务院卫生行政部门规定。凡患有痢疾、伤寒、病毒性肝炎等消化道传染病（包括病原携带者）、活动性肺结核、化脓性或者渗出性皮肤病及其他有碍食品卫生的疾病的，不得参与接触直接入口食品的工作。

14. 防止食品被真菌污染的主要方法是什么？

防止真菌的生长繁殖，最关键的是控制湿度。粮食在贮藏期可用低温（12℃以下）保藏，根据可用惰性气体（氮气或二氧化碳）或用防霉剂防霉。

15. 真菌是什么？

真菌是丝状真菌的统称，它广泛地分布在自然界中，多数真菌对人体是有益的，但是也有部分真菌对人体有害，常常引起食品的霉变或造成人体的真菌感染，有些真菌还能产生毒素，如黄曲霉毒素。

16. 真菌的产毒的条件是什么？

温度：最适宜的温度是 37℃，产毒温度是 28～32℃。
水分：真菌的生长离不开水分，适宜真菌产毒的水分活度为 0.8～1.9。
基质：真菌主要利用糖类作为营养生长，此外，还有矿物质和少量氮。

17. 危害较大的真菌毒素有哪几种？

黄曲霉毒素、镰刀菌毒素、棕曲霉毒素。

18. 黄曲霉毒素的危害有哪些？

黄曲霉毒素对粮食食品的污染非常广泛，具有极强的毒性和致癌性，引起人类急性中毒，如中毒性肝炎、中毒性脑病，慢性中毒、致癌性。黄曲霉毒素被国际世界卫生组织认定为人类的 A 类可能致癌物质。

19. 主要受黄曲霉毒素污染的食品有哪些？

黄曲霉毒素广泛存在于粮油食品中，花生及其制品、玉米、棉籽、大米、大麦、小麦及豆类。其中以花生和玉米污染最严重，其次为大米和麦类、豆类，果蔬污染较少。

20. 污染食品的寄生虫及虫卵主要有哪几类？

囊虫病、旋毛虫病、华支睾吸虫病、阔节裂头绦虫病、蛔虫病、姜片虫病。

21. 肉类中常见的寄生虫有哪些?

肉类中常见的寄生虫有囊虫、旋毛虫。

22. 囊虫病主要通过什么方式感染?

感染方式是当人们食入了未经煮透的患有囊尾蚴病的猪肉,囊尾蚴在肠液及胆汁的刺激下,头节从包囊中引颈而出,以吸盘或钩子着生于肠壁而发育为成虫,长期寄生于人体肠内,通过粪便不断排出节片或卵,使人患绦虫病,并成为绦虫的终宿主。

23. 人感染囊虫病通过哪几个途径?

异体感染,自体体外感染,自体体内感染。

24. 食入了未经煮透的患有囊尾蚴病的猪肉,会引发何种症状?

囊尾蚴随血流沉着于全身组织,侵犯不同的组织器官。

(1)皮下及肌肉囊尾蚴病:患者局部肌肉酸痛、发胀。

(2)脑囊尾蚴病:患者可出现癫痫、脑膜炎、颅内压增高、痴呆,甚至引起死亡。

(3)眼囊尾蚴病:寄生于眼部可导致视力减退,甚至失明,还可出现运动、感受、反射改变,头痛、头晕、恶心及其他症状。

25. 如何预防人患绦/囊虫病?

(1)加强肉品原材料卫生检验,在采购时索取检验合格证。

(2)对生猪实行"定点屠宰、集中检疫"。

(3)在疫区加强宣教工作,人人了解绦/囊虫病的危害。

(4)不食生猪肉和没有完全烧烤熟透的肉类食品。

(5)对切肉用的刀、砧板、清洁布、盛具要生熟分开及时消毒。

(6)猪要圈养,防止猪食人粪而感染。

(7)加强人粪管理,防止猪、牛食入人粪或被人粪污染的饲料和水。

(8)养成饭前便后洗手的卫生习惯。

(9)生食的蔬菜和瓜果要洗净或是削皮。

(10)饮用水要消毒,严禁喝生水。

26. 旋毛虫病主要通过什么方式感染?

人吃了尚未杀死旋毛虫幼虫的肉品后,幼虫由囊内进入十二指肠及空肠,迅速生长发育为成虫,并在此交配繁殖,幼虫穿过肠壁,随血液循环被带到宿主全身及各部横纹肌肉，生长发育到一定阶段开始蜷曲呈螺旋形，周围逐渐形成包囊。人若吃了患有旋毛虫病的未经烧熟的动物肉品也能感染此病，它是人畜共患的寄生虫病。

27. 旋毛虫病会引起哪些临床表现？

人感染了旋毛虫病后，可出现头晕、头痛、腹痛、腹泻、发热等症状，轻者会出现肌肉酸痛，眼睑和下肢水肿，且短时期内不会消失，重者还可出现呼吸、咀嚼、言语障碍。

28. 如何预防旋毛虫病？

(1)加强肉品原材料卫生检验，在采购时索取检验合格证。
(2)加强卫生宣教，普及有关旋毛虫方面的知识。
(3)不食生的或半生的猪肉和其他动物肉品。
(4)加强猪的饲养管理，猪要圈养，不以生的或混有肉屑的泔水喂猪。
(5)消灭鼠类，减少感染来源。
(6)猪、狗、野猪等是旋毛虫易感动物，屠宰肉类一定要经过旋毛虫检验。

29. 鱼、贝类中常见的寄生虫有哪些？

华支睾吸虫。

30. 华支睾吸虫病(肝吸虫病)主要通过什么方式感染？

人或猪、狗、猫、鼠等动物生食或半生食含有活囊蚴的水产品后，幼虫在十二指肠内破肠而出，童虫于胆总管、肝胆管至肝内胆管分支内寄生，最终发育为成虫并排卵。人因进食生鱼或未煮透的淡水鱼、虾引起，囊蚴通过砧板、菜刀等用具污染食物，造成疾病的传播。

31. 华支睾吸虫病(肝吸虫病)的临床症状有哪些？

人体感染后主要表现为慢性消化功能紊乱，如不规则腹泻和便秘、食欲缺乏、上腹部胀满、肝大、胆囊炎。儿童体内若寄生大量肝吸虫，则影响生长发育。

32. 如何预防华支睾吸虫病(肝吸虫病)？

(1)大力加强卫生宣传教育。
(2)改变饮食习惯，不吃淡水生鱼或半生不熟的鱼。
(3)禁止出售淡水生鱼片和鱼生粥。
(4)在加工鱼虾后要及时清洗并消毒餐具，以防交叉污染。

(5)不给家畜及其他动物吃生鱼及鱼的内脏。
(6)淡水鱼养殖禁止用人粪作为饲料。

33. 蔬菜瓜果易引起什么寄生虫感染?

蛔虫感染。

34. 蛔虫病主要通过什么方式感染?

蛔虫不需要中间宿主,患者和带虫者是蛔虫病的传染源,蛔虫卵可通过灰尘、水、土壤或苍蝇、鼠及带虫卵的手污染食物,人体因生食未洗净的食物导致感染。

35. 蛔虫病的临床表现有哪些?

(1)蛔虫病患者有食欲减退、发热、咳嗽、哮喘、血痰、恶心、呕吐、脐部腹痛、磨牙、烦躁不安、营养不良等症状。
(2)蛔虫在胆管、肝、肺内生长,可造成致命的并发症。

36. 如何预防蛔虫病?

(1)养成饭前、便后要洗手的良好卫生习惯。
(2)不饮生水、不食未洗净的蔬菜及瓜果。
(3)加强粪便管理,以达到消灭虫卵的目的。

37. 防治寄生虫、昆虫污染食品的方法是什么?

(1)建立健全卫生制度和监督检查制度。
(2)杀灭传播寄生虫病的各种媒介,切断传播途径。
(3)治疗患者和带虫者,消灭传染源。
(4)畜类、禽类、水产类、蔬菜类等原材料分区加工,分类储存。
(5)加强屠宰卫生管理,严禁采购或食用病、死畜禽。
(6)加强饮食卫生教育,改善环境卫生,预防人群感染。

38. 常见的害虫有哪些?

生活工作中常遇到的四大害,即老鼠、蟑螂、苍蝇、蚊子,因为它们将导致疾病的细菌留在食物和食物接触的表面,导致人直接或间接感染疾病。

39. 采取什么措施消灭苍蝇?

(1)要制订科学、合理营养配膳工作流程,保证"污进洁出"。
(2)厨房在保持远离污染源大于20米的场地。

(3)保证就餐环境卫生通风、清洁。

(4)安装灭蝇灯,悬挂在 2 米以上距食物和原材料的上方,避免直接对准食物。

40. 蟑螂多隐藏在何处?

由于蟑螂习性胆小,繁殖能力强,喜温、热,通常藏匿于机器的发动机、炉灶、下水道、热水管、洗涤面盆后面、碗柜内及其他阴暗、潮湿和温暖的地方,以及墙壁张贴画后等。

41. 采取什么措施消灭蟑螂?

(1)建立严格的清扫、洗刷、消毒制度,不给蟑螂提供生活栖息和觅食的场所。

(2)采用人工诱杀、定期投放药物杀灭等方法。

42. 采用什么工具消灭老鼠?

利用捕鼠夹、捕鼠笼、捕鼠盒、鼠板、翻板等工具捕杀老鼠,在特定场合还可用毒饵灭鼠。

43. 消灭和控制老鼠的有效措施有哪些?

(1)根据老鼠不完全走直线的习性,捕鼠笼、捕鼠夹起作用的部位(笼门、触发点)应紧靠墙体,沿着墙壁、墙角或老鼠经常活动的路径设置。

(2)使用捕鼠器时应用新鲜食物诱引老鼠。

(3)厨房和库房进门两侧可放置捕鼠夹,其余位置每隔 8～10 米放置粘鼠板。离墙 10～15 厘米,隔地 30 厘米,库房门口 50 厘米设置挡鼠板。

(4)建筑物外围可以放置捕鼠笼、捕鼠盒。捕鼠器需平稳,以免发生摇动后把老鼠吓走。

(5)为防止灭鼠药、杀虫剂对食品和食品加工环境可能的污染,餐饮服务经营者进行虫害的控制应以器械为首选,器械无效的才使用药物进行控制。

44. 灭鼠的注意事项有哪些?

餐饮单位,不建议使用灭鼠药及杀虫剂。使用时要将所有食物、餐厨用具加以隔离保护。

45. 化学污染主要包括哪几种?

化学污染有 4 种:化学农药污染、工业“三废”污染;不合卫生要求的食品添加剂的污染;不合卫生要求的容具及包装材料对食品的污染;生产工艺、设备不合卫生要求造成的污染。

46. 化学农药污染对人体有什么危害?

残留在食品中的农药的母体、衍生物、代谢物均对人体产生危害。残留在食品中的农药不仅可以引起人的急性中毒,还具有慢性毒性,具有致癌、致畸、致突变影响。

47. 什么是食品添加剂?

食品添加剂是指食品生产、加工、保存等过程中添加和使用的少量化学合成物质或天然物质。

48. 食品添加剂的生产经营和使用注意事项是什么?

生产经营和使用食品添加剂,必须满足两项要求:必须符合食品添加剂使用安全标准和卫生管理方法的规定。不符合安全标准和卫生管理办法的食品添加剂,不得经营使用。

49. 营养配膳员在防止食物中毒中如何把关?

(1)要注意观察饭菜的色泽和新鲜程度、有无变质异味,不送腐烂变质的食物。

(2)防止食品受到污染,开加餐的器具必须加盖,所有直接入口的食品在运输过程中不得外露。

(3)不得用手直接拣食物,不得面对食品咳嗽、打喷嚏,端饭、打菜时戴着手套的手指不得伸进饭菜中。

(4)当天的食物当天食用(含咸菜等),剩余的饭菜要及时处理。

(5)严防交叉感染,凡是已打到患者餐具中的饭菜不得再给他人,不得再回收。

(6)患者的餐具和餐车上的用具必须严格分开,做到分开清洗,分开消毒,分开放置。

(7)开餐前、后,要将餐车和餐具清理干净,保持干燥。

(8)患者的餐具应先拿洗涤灵清洗干净,然后用蒸汽消毒30分钟以上或用远红外线消毒柜进行消毒。

50. 反映食品卫生质量的细菌污染指标是什么?

(1)细菌总数指被检样品的单位重量内,所含能在严格规定的条件下培养所生长的细菌集落总数,一般作为审视食品洁净度指示菌。

(2)大肠埃希菌来自人和温血动物的肠道,所以在食品中检出了大肠埃希菌,可以表示食品曾受到粪便的污染。

51. 细菌性食物中毒有哪几种？

（1）感染型：由致病活菌本身引起的食物中毒。

（2）毒素型：由于吃了含细菌毒素的食物引起的食物中毒。

（3）过敏型：某细菌可分解食品中的一些成分，使食品产生有毒物质。

52. 细菌性食物中毒的感染途径主要有哪些？

①食品腐败变质；②食物未烧熟；③操作污染，有食品切块太大、过分追求生嫩、食品外焦里生、烧煮时间太短、加工用具生熟不分、操作者有不良卫生习惯等；④从业人员带菌；⑤食品保存不当；⑥食用病死牲畜肉。

53. 最适宜细菌生长的危险温度带是什么？

最适宜细菌生长的危险温度带是5～60℃。

54. 常见细菌性食物中毒病原菌有哪些？

沙门菌、志贺菌、大肠埃希菌、变形杆菌、肉毒梭菌、金黄色葡萄球菌、产气荚膜杆菌、副溶血性弧菌等。

55. 引起胃肠炎、食物中毒的细菌传播途径有哪些？

引起胃肠炎、食物中毒的细菌传播途径主要有3种：被细菌及其毒素污染的食物经口进入消化道而得病；食品本身带菌或在加工、储存过程中污染；苍蝇、蟑螂亦可作为沙门菌、大肠埃希菌污染食物的媒介。

56. 沙门菌中毒的临床表现有哪些？

沙门菌食物中毒临床症状复杂，一般分为5型：即胃肠炎类型、类伤寒型、类感冒型、类霍乱型及败血症型。主要症状在发病初期表现为恶心、头晕、头痛、全身乏力、食欲减退、出冷汗等，继而出现呕吐、腹泻、腹痛、体温升高等症状。腹泻较重，一日可数次。粪便主要为黄绿色水样便，有恶臭，可带有黏液和血。体温多在38～39℃，重症可出现嗜睡、惊厥、抽搐、休克及昏迷。多数患者3～5天可恢复健康。

57. 如何预防沙门菌中毒？

（1）防止动物生前感染：有病和健康的畜、禽要隔离饲养，要加强畜禽宰前的检疫，要做好畜禽传染病的预防管理。

（2）防止动物宰后感染：要做好畜、禽宰后的脱毛、解体、摘除内脏、洗涤净化、肉尸检验、分类、储存、运输、销售，以及加工各个环节的卫生监督管理工作。

(3)防止肉品熟后重复污染:主要是防止生熟交叉污染,避免细菌的综合污染。

58. 病原性大肠埃希菌中毒的临床表现有哪些,如何预防?

(1)临床表现:病原性大肠埃希菌中毒的潜伏期短者2小时,长者20~48小时,一般多在食用污染食品后4~10小时发病。症状多表现为腹泻、腹痛、发热、头痛等。

(2)预防措施:病原性大肠埃希菌中毒的预防同沙门菌食物中毒的预防。

59. 什么是交叉污染?

交叉污染是指通过生的食品、食品加工者、食品加工环境或工具把生物的、化学的污染物转移到食品的过程。

60. 造成生物交叉污染的主要原因是什么?

生熟不分,生熟区域、生熟操作人员、生熟器具、生熟食品不分;器具分类使用不当;加工区域内不当存放废弃物;消毒不当的裸手接触食品。

61. 非细菌性食物中毒分为哪几种及有什么特征?

(1)农药中毒:造成农药食物中毒的原因大多是由违反农药使用和管理制度,滥用、误用、误食所引起。

(2)砷化物中毒:造成食物中毒的原因是由于砷化物混入食品。食品原料中含砷过高,含砷杀虫剂混入食物,误食后可造成砷中毒。

(3)甲醇中毒:甲醇的毒性较其他醇类大。中毒后的病理变化为脑水肿、充血、脑膜出血、肺出血、肺水肿等,其致死量为30ml,摄入5~10ml可引起严重中毒,摄入10ml以上则可导致眼失明,一旦发生甲醇中毒,必须及时去医院救治。

(4)组胺中毒:食用含有致病量的鱼类食品而引起的中毒。

(5)河豚毒素中毒:河豚的皮肤、血液、内脏、卵巢等组织含有大量毒素,以肝和卵巢中含量最高。河豚毒素对人的致死量为0.5mg。

(6)亚硝酸盐中毒:亚硝酸盐中毒量为0.3~0.5g,致死量为3g。

(7)天然存在的有毒植物引起的中毒:天然有毒植物种类繁多,制作时必须炒熟煮透。

62. 组胺中毒及临床表现有哪些?

(1)组胺中毒:指因食用含有致病量的鱼类食品而引起的食物中毒。

(2)临床表现:组胺中毒的人大多颜面及上身潮红,眼结膜充血,极似酒醉;胸闷、心慌、头晕、头痛、咽部烧灼感、吞咽不畅;继而出现疹子,全身发痒,四肢麻木,视物模糊，面目肿胀。严重者可出现呼吸困难、昏厥等严重症状。

63. 怎么预防组胺中毒？

(1)把含组氨酸多的鱼类储藏在5℃以下，以控制组胺的大量生成。

(2)要尽量吃新鲜的鱼，鲜度高时鱼中的组胺含量低，制售鱼、贝类也要保持其鲜度。

(3)用浓度为25%～30%食盐溶液腌制鱼类可减少鱼中的组胺含量。

(4)烹制鲐鱼等鱼前，初加工时要先去掉内脏，充分冲洗，切成6～7cm长短的鱼段，浸泡4～6h再烹调，可使鱼体内组胺含量下降约40%。

64. 什么食品易导致亚硝酸盐中毒？

(1)腐烂的蔬菜最易形成亚硝酸盐。

(2)腌肉制品，如咸肉、香肠等，为了使肉显红色，而过量采用硝酸盐或亚硝酸盐，食用后很可能引起中毒。

(3)用不清洁的器皿盛熟菜，存放时间过久，细菌大量繁殖，也有可能生成亚硝酸盐。

65. 如何预防亚硝酸盐中毒？

(1)妥善保管蔬菜，不吃腐烂的蔬菜。

(2)剩蔬菜不要存放过久，尤其是绿叶菜，应现买现烹即食，最好不吃过夜的剩菜。

(3)不要用苦井水或蒸锅煮饭。

(4)腌制咸菜时，一定要放足适量的盐，因为盐的浓度在12%以下易产生亚硝酸盐。

(5)要严格遵守规章制度，加强亚硝酸盐的管理，建立专用容器盛装，专库存放和专人保管的制度。

(6)要健全原料领发登记手续，严禁把亚硝酸盐与厨房的食用盐、白糖等调味料混放。

66. 何为食物中毒？

食物中毒是指摄入含有生物性、化学性有毒有害物质的食品或把有毒有害物质当作食物。

67. 食物中毒有何特征？

造成食物中毒的原因有很多种，但是食物中毒的发病具有以下一些共同的特征。

(1)潜伏期短,来势凶猛,短时间内可能会有多数患者发病,呈暴发性,发病曲线呈突然上升态势。

(2)发病与食入的食物有关,发病的人群食用了同一污染食物,发病波及的范围与污染食品的供应范围基本一致,停止被污染食品的供应后,流行状态可呈下降趋势。

(3)中毒患者的临床表现基本相同。

(4)人与人之间不传染。

68. 食物中毒的分类有哪些?

按照病原物对食物中毒进行分类,可分为5类:细菌性食物中毒、真菌及其毒素食物中毒、动物性食物中毒、有毒植物及食物中毒、化学性食物中毒。

69. 细菌性食物中毒的特征有哪些?

细菌性食物中毒的特征是由于摄入了含有致病性细菌或细菌毒素的食物而引起的食物中毒。

(1)有明显的季节性:北京地区一般多发生在每年的夏秋两季。

(2)发病急:一般在进食有毒食物24小时内发病,发病呈急骤暴发型,发病过程较短,患者经过抢救治疗,一般2~3天可痊愈。

(3)发病与进食有关:同一食物中毒的所有中毒患者,发病前在较短的时间内进食过同种食物,由同一病菌所引起进食者发病,不进食者不发病,患者的临床症状基本相似。

(4)人与人之间无传染性。

70. 预防细菌性食物中毒的关键点有哪些?

防止食品受到细菌污染,控制细菌的繁殖,杀灭病原菌。

71. 预防细菌性食物中毒的具体措施有哪些?

(1)场所清洁:保持食品加工的操作场所清洁,避免昆虫、鼠类等动物接触食品。

(2)避免污染:避免生食与熟食接触,接触直接入口的食品应消毒手部或戴一次性手套。

(3)控制温度:加热的热食应使中心温度达到70℃以上;储存熟食,要及时热藏,使食品温度保持在60℃以上或者及时冷藏,把温度控制在10℃以下。

(4)控制时间:熟食尽快吃掉,不给微生物生长繁殖的机会。

(5)清洗和消毒:对接触食品的物品应清洗干净,同时对接触直接入口食品的物品，在清洗的基础上还应消毒处理。

(6)控制加工量：食品加工量超过加工场所和设备的承受能力时，难以做到按卫生要求加工。

72. 真菌及其毒素食物中毒的特征有哪些？

真菌及其毒素食物中毒是摄入了被真菌及其毒素污染的食物而导致的食物中毒。使用一般的加热处理方法无法破坏被污染食品中的真菌毒素，发病率高，死亡率也较高。发病的地域性和季节性也非常明显，如霉变甘蔗中毒多见于初春的北方。

73. 动物性食物中毒的特征有哪些？

动物性食物中毒是指一些动物本身含有有毒成分或在一定条件下形成某种有毒物质同时被人食用后发生的中毒。

动物性食物中毒分为两类：天然毒素型(如河豚)；在一定条件下产生毒素的食物中毒。

74. 为什么河豚中毒多发生在春季？

因为造成河豚中毒的毒素为一组毒素，其中最毒的为河豚鱼卵巢毒素，是非蛋白的神经毒素，其对热稳定，一般烹调方法无法将其破坏。每年春季的2～5月份是河豚的产卵时间，毒素含量高，因食用河豚而中毒的事故多在春季发生。

75. 有毒植物、食物中毒分为哪几类？

(1)天然毒素型：因误食造成的中毒，例如桐油。

(2)将加工过程中未能破坏掉或去除掉的有天然有毒成分的植物类食品食用，例如苦杏仁、毒蕈等。

(3)在一定条件下生产了大量有毒成分的植物性食品，例如发芽的马铃薯等。

76. 天然存在的有毒植物引起的中毒有几种？

天然有毒植物引起的中毒主要有6种：扁豆中毒、豆浆中毒、毒蕈中毒、鲜黄花菜中毒、含氰苷果仁中毒、发芽马铃薯中毒。

77. 含氰苷的果仁主要种类及怎么避免中毒？

(1)含氰苷的果仁：主要有苦杏仁、苦桃仁、枇杷仁、梅仁、李子仁、苹果仁等。

(2)避免中毒措施：不能生吃含氰苷的果仁，要炒熟煮透后才能食用。

78. 为什么吃了未炒熟、未煮透的扁豆会中毒？

四季豆又称作扁豆，是老百姓的家常菜，而吃了未炒熟、未煮透的扁豆可出现恶心、呕吐、腹痛、腹泻等消化道症状，其原因是豆科植物的种子含有皂素和抗胰蛋白酶，是造成食物中毒的致病因子。

79. 为什么喝没有煮透的豆浆会发生豆浆中毒？

因为未经煮沸的豆浆含胰蛋白酶的抑制素，它抑制胰蛋白酶的活性，并对消化道有刺激作用，可出现恶心、呕吐、腹痛、腹泻等消化道症状。

80. 怎样避免发生豆浆中毒？

在煮豆浆时，必须将豆浆加热升温至100℃之后，待豆浆的泡沫自然消失，皂素等有害物质已经被破坏后再食用，通常一般情况煮沸10分钟即可。

81. 什么是毒蕈中毒？

毒蕈是指有毒的蘑菇，蕈类属真菌类植物，我国现有毒蕈80余种，有剧毒的可致死亡的有10余种。

82. 如何避免毒蕈中毒？

要通过多种渠道广泛宣传毒蕈中毒的危险，特别是在野生蘑菇大量生长的季节，卫生部门应制定本地区毒蕈和可食蕈的图谱，向群众广为宣传，以增强对毒蕈的识别能力。有组织地采集蕈类，在采集蘑菇时应由有经验的人员指导，熟悉和掌握各种毒蕈的形态和特征，避免采摘到毒蕈误食；可食蕈一般情况下烹制8～10分钟方可食用。

83. 鲜黄花菜中毒与什么有关及怎么预防？

鲜黄花菜中毒与食用方法和食用量有关。

预防措施：在使用鲜黄花菜时，必须用开水烫后捞出沥干水分，再加以烹调，或先用水浸泡，过滤几次，加热后食用就无毒了。将鲜黄花菜蒸后晾干成干黄花菜就没有毒性。

84. 发芽的马铃薯是否能食用？

马铃薯中含有龙葵素，龙葵素是一种难溶于水而溶于薯汁的生物碱，马铃薯的龙葵素含量随品种和季节不同而有所不同，新鲜组织含量在20～100mg/kg，主要集中在芽眼、表皮和绿色部分，一般不会使人中毒。在马铃薯发芽、表皮变青、储存不当出现黑斑及过度光照时，可大大提高龙葵素的含量，如果芽部的龙葵素含量高达420～730mg/100g，只要进食200～400mg，龙葵素就会引起中毒。

85. 龙葵素中毒后会出现哪些症状?

误食了发芽或是变青的马铃薯,可能会发生食物中毒,多有咽喉瘙痒和胃烧灼感,胃肠道的症状是恶心、呕吐,腹痛,对呼吸中枢有麻痹作用,并能引起脑水肿,严重者致死。

86. 化学性食物中毒的特征是什么?

化学性食物中毒是指食用被化学污染物污染的食品所造成的食物中毒。发病不具有季节性和地域性,病死率高,如有机磷农药、鼠药中毒。

87. 食品添加剂是什么?

食品添加剂是指为了改善食品的品质、色、香、味及为防腐、保鲜,以及加工工艺之需而加入食品中的人工合成的或天然物质。

88. 食品添加剂的食用原则有哪些?

(1)使用食品添加剂的目的在于保持和改进食品质量,不得破坏和降低食品的营养价值。

(2)食品添加剂不得用于掩盖食品的缺陷(变质或腐败),或用于粗制滥造欺骗消费者。

(3)使用食品添加剂的目的在于减少食品消耗,改进储存条件,简化工艺,不能因使用了添加剂而降低良好的加工工艺和卫生要求。

(4)婴幼儿及儿童食品中,未经卫生部门许可,不得使用任何食品添加剂。

89. 食品添加剂的种类有哪些?

目前我国的食品添加剂的目录中有1960余种食品添加剂,共分23类。

(1)酸度调节剂:可维持或改变食品酸碱度的物质。

(2)抗结剂:防止颗粒或粉状食品聚集结块,保持其松散或自由流动的物质。

(3)消泡剂:在食品加工过程中降低表面张力,消除泡沫物质。

(4)抗氧化剂:防止或延缓油脂或食品成分氧化、分解、变质,提高食品稳定性的物质。

(5)漂白剂:可破坏、抑制食品的发色因素,使其褪色或免于褐变的物质。

(6)膨松剂:可使产品形成致密的多孔组织,具有膨松、柔软、酥脆的物质。

(7)胶基糖果中基础物质:赋予胶基糖果起泡、增塑、耐咀嚼等作用的物质。

(8)着色剂:赋予食品色泽及改善食品色泽的物质。

(9)护色剂:可与肉及肉制品中的呈色物质作用,使之在食品加工、保存等过程中不致分解、破坏,呈现良好色泽的物质。

(10)乳化剂:可改善乳化体中各种构成相之间的表面张力,形成均匀分散体或乳化体的物质。

(11)酶制剂:由动物或植物的可食或非可食部分直接提取,或由传统及通过基因修饰的微生物(包括但不限制于细菌、放线菌、真菌菌种)发酵、提取制得。

90. 特殊催化功能的生物制品种类有哪些?

(1)增味剂:补充或增强食品原有风味的物质。

(2)面粉处理剂:促进面粉的熟化、增白及提高其制品质量的物质。

(3)被膜剂:涂抹于食品外表,有保质、保鲜、上光、防止水分蒸发等作用的物质。

(4)水分保持剂:有助于保持食品中水分的物质。

(5)营养强化剂:为增强营养成分而加入食品中的天然或人工合成的属于天然营养素范畴的物质。

(6)防腐剂:防止食品腐败变质、延长食品储存期的物质。

(7)稳定剂和凝固剂:使食品结构稳定或食品组织结构不变、增强其黏性固形物的物质。

(8)甜味剂:赋予食品甜味的物质。

(9)增稠剂:可提高食品的黏稠度或形成凝胶,从而改变食品的物理性状,赋予食品黏润、适宜的口感。并兼有乳化、稳定或使其呈悬浮状态作用的物质。

(10)香料:可使食品增香的物质。

(11)加工助剂:有助于食品加工顺利进行的各种物质,但其与食品本身无关。如助滤、澄清、吸附、润滑、脱模、脱色、脱皮、提取溶剂及发酵用营养物质等。

91. 食品添加剂的使用原则与要求有哪些?

(1)在使用期限内使用对人体安全无害。

(2)不影响食品感官性质及原味,对食品营养成分不应有破坏作用。

(3)食品添加剂应有严格的质量标准,其有害杂质不得超过允许限量。

(4)不得由于使用食品添加剂而降低良好的加工措施和卫生要求。

(5)不得使用食品添加剂掩盖食品的缺陷及作为伪造的手段。

(6)未经卫生部允许,婴儿及儿童食品不得加入食品添加剂。

(7)食品工业用加工助剂一般应在制成最后成品之前除去,有规定食品中残留量的除外。

92. 营养强化剂是什么?

为增强营养成分而加入食品中的天然或人工合成的属于天然营养素范畴的物

质称为营养强化剂。

93. 营养强化剂使用的范围和剂量是什么?

营养强化剂使用的范围和剂量见表 1-4。

表 1-4 营养强化剂使用的范围和剂量

品种	范围	使用量	备注
赖氨酸	加工面包、饼干、面条用的面粉	1～2g	
维生素 A	植物油、人造奶油、乳制品	1.0 万～1.5 万 U	
维生素 B_1、维生素 B_2	加工面包、饼干的面粉	4～5mg	
维生素 C	果汁饮料、果泥固体饮料	0.5～1g 3～5g	果泥量加倍，按冲稀体积计算加量
维生素 D	液体奶 奶制品 人造奶油	400～800mg 2～4g 4～5g	
维生素 PP	玉米粉 谷类粉	4.05g 40mg	
亚铁盐	乳制品 盐	60mg 1g	以元素钙计
钙	谷类粉 固体饮料	3g 20g	
锌	乳制品、奶粉 盐	60mg 1g	

(二)容器与餐具卫生

1. 食品容器清洗的基本要求是什么?

及时清洗、清洗后餐具要干净、无油、无水珠。

2. 常用的清洗方法有哪些?

用热水冲刷。用酸、碱或其他符合卫生要求的洗涤剂刷洗。

3. 食品容器消毒注意的要点有哪些?

食品容器消毒实行“四过关”制，即一洗二刷三冲四消毒。

4. **什么是清洁？**

清洁是指清除物品上的一切污秽，使物品保持干净无污染。如用洗洁液刷洗餐具、餐桌、洗碗池等表面的杂物、油污的办法，就是物品清洁的一种方式。

5. **消毒是什么？**

消毒是杀灭或清除物品上的病原微生物和繁殖体，使之符合《食品安全法》规定的要求，病菌减少到不能再引起患者间交叉感染或引发新的疾病，保证使用安全的办法和措施。

6. **消毒的主要方法有哪几种？**

(1)化学消毒法：使用健之素消毒剂浓度1∶200浸泡餐具。
(2)物理消毒法：煮沸消毒、高压蒸汽消毒、紫外线消毒、远红外线消毒法。

7. **目前主流的消毒工具和方法是什么？需要注意哪些问题？**

目前主流的消毒工具是蒸汽消毒箱和消毒车。

注意问题：要注意消毒柜及消毒车的密闭性，一旦漏气要及时维修，保证消毒温度不低于95℃，时间不少于15分钟。目前主流的消毒方法是使用健之素消毒剂和高压蒸汽消毒。

注意问题：健之素消毒剂的配比浓度和消毒时间；高压蒸汽消毒的温度和时间；消毒标准要求要达到光、洁、涩、干的要求。

8. **什么是交叉感染？**

交叉感染是指由于不按操作规程服务，造成患者和患者、患者和院内职工之间因使用或接触相关物品而引起的直接感染、间接感染。如患者的餐具消毒不彻底而引起另一个患者感染，出现其他发病症状等。

9. **如何避免交叉感染？**

对物品进行清洁、消毒、灭菌操作，以确保食品安全，防止疾病传播和交叉感染。

10. **什么是灭菌？**

灭菌是采用各种不同方法、杀灭物品上的一切致病和非致病微生物(包括细菌和芽孢)，使各种病原菌无繁衍、传播渠道的操作过程。

11. 什么是双消毒法?

将清洁后的物品,通过化学药物方法浸泡后,用清水冲洗干净,再用物理(高温、红外线)进行二次消毒,确保消毒彻底的方法,叫双消毒法。

12. 什么是化学消毒法?

化学消毒法是指使用的消毒剂按照一定的比例进行稀释后,将需要消毒的餐具在消毒液中浸泡,规定15～20分钟,最后冲洗干净,达到消毒的效果。

13. 化学消毒剂消毒主要在什么情况下应用?

化学消毒剂可以对不耐热餐具、茶具进行消毒。

14. 常见的化学消毒剂种类及各有什么特点?

(1)含氯制剂消毒溶剂:含氯石灰(漂白粉)对物品有漂泊与腐蚀作用,价格便宜;漂白粉精性质更稳定,有较强的腐蚀与漂白作用。

(2)过氧化物制剂消毒溶剂:杀菌范围广,杀菌力强,分解快,无残毒,使用和兑制方便,对物品有漂白和腐蚀作用。

(3)醇类消毒剂:乙醇对细菌繁殖体、病毒和真菌孢子有杀灭作用。

(4)季铵盐类消毒剂:性质稳定,耐热、耐光、无污染、无腐蚀、毒性低,但杀菌效果差,价格较高。

(5)含碘消毒剂:此类消毒剂毒性低,可用于食品的消毒。

15. 化学消毒剂使用原则是什么?

(1)根据物品性能,选择合适的化学消毒剂。

(2)严格掌握消毒剂的有效浓度及浸泡时间。

(3)被浸泡的物品要浸没于消毒液中。

(4)被浸泡的物品必须彻底刷洗干净。

16. 化学物品如何存放?

(1)千万不要将化学物品、洗涤剂或杀虫剂与食物、厨房用具或厨房设备存放在一起。这些物品必须放置在固定的场所(或橱柜)并上锁,明确有专人保管。

(2)在每件化学药品上贴有醒目标签,包装上应有明显的警示标志。最好将化学药品存放在原包装的瓶子或盒子中。

17. 物理消毒及其方法有哪几种?

物理消毒法主要是指采用非药物、环保无污染的物理措施进行消毒的方法。

目前主要的物理消毒法：干热——燃烧消毒，湿热——煮沸消毒，湿热——高压蒸汽灭菌。

18. 餐具消毒的基本操作程序是什么？

(1)一洗：先倒净餐具、容器中所有的食物剩渣，残菜剩饭要倒入泔水桶或废物桶内，应立即用盖子盖严密。可用清水进行第一次清洗，除去残渣、污物；保证第二步洗涤时较为干净。

(2)二刷：把洗过的餐具用洗涤灵等去油污洗涤剂进行洗刷，除去餐具上用清水洗不掉的油腻。

(3)三冲：将洗好的餐具用清凉水冲洗 1 遍或 2 遍，使附着在餐具上的洗涤剂完全被冲洗掉。

(4)四消毒：先将消毒药片按照比例在消毒水池中稀释兑好，再将冲洗好的餐具完全没入消毒水中浸泡 15～20 分钟，取出后用清水将残留药水洗掉，然后分开放入高温消毒箱(红外或高温蒸汽)中，消毒 30 分钟方可。

(5)五保洁：将已消毒好的餐具放入无污染的专用容器内单独保存(容器内不得存放其他任何物品)，防止被污染，以备休养员开饭使用，整个餐具消毒过程即将完成。

19. 消毒液消毒的步骤是什么？

(1)在清洗之前，清洁和消毒所用水池和被清洗物品将要接触的表面。

(2)将食物残渣倒入垃圾桶内。

(3)在第 1 个水池内用热的洗涤剂水溶液清洗物品。

(4)在第 2 个水池内用干净的温水冲洗物品。

(5)在第 3 个水池内将被消毒的物品完全浸没于消毒液中，并保持规定的时间(含氯消毒液通常是在 250mg/L 的溶液中浸泡 5 分钟)。用试纸测试消毒液浓度是否符合要求。

(6)在第 4 个水池内用净水冲净消毒液残留。

(7)在储存之前，采用空气干燥的方法晾干餐具，不要用毛巾擦干。

20. 热力消毒的步骤是什么？

(1)清洗方法同消毒液消毒中前三项，清洗后采用各种方法进行热力消毒。

(2)煮沸、蒸汽消毒一般应在 100℃保持 10 分钟以上，红外线消毒一般控制温度 120℃保持 10 分钟以上。消毒时餐具之间应备有一定的空隙。

21. 洗碗机的分类有哪些？

目前市场上的洗碗机按消毒方式分热力消毒和化学试剂消毒洗碗机两种，按工作方式分罩式、传送式等多种。

22. 餐具、用具如何存放?

餐具、用具存放的重点是防止受到二次污染,即通常所称的保洁。要求做到:保洁设施的结构应密闭,一般的餐饮服务经营者可以采用保洁柜,盒饭、桶饭加工单位或大型餐饮服务经营者可采用保洁专间。

(三)环境与设施卫生

1. 如何保持配膳区卫生?

严格落实单位卫生要求,遵守区域卫生相关规定,即清除地面、墙面及桌面的油污,归整设施设备、用具。

2. 配膳间的卫生保持要注意哪些?

要注意地面、墙面、工作台、洗涤池无污渍、无异味、无垃圾、无积水,室内没有堆放杂物。

3. 餐车的卫生需要注意哪几个方面?

餐车应随时保持无污渍、无污物、无异味、无私人物品,要注意餐具、餐车抽屉、餐车内侧、餐车外侧的清洁,确保清洁无死角。

4. 排水的卫生要求是什么?

(1)排水沟内无残留物,排水通畅,无异味。
(2)排水沟出口处应有金属格栅和网罩,餐后及时清理,无残渣。

5. 清洁布的使用要求有哪些?

(1)根据不同区域使用不同颜色的清洁布:浅色清洁布用于清洗餐具、用具,深色清洁布用于清洁餐车和操作台面。
(2)清洁布及时清洗、消毒。

6. 清洁工具和物品的存放要求有哪些?

(1)清洁工具应存放指定区域。
(2)清洗清洁工具用的水池应与清洗食品、餐具的水池分开设置。
(3)清洁工具应在清洗后再存放。
(4)清洗后的清洁工具应采用吊挂等方式自然晾干。

(四)个人卫生要求

1. 解放军总医院对营养配膳员的健康要求是什么?

(1)每半年必须进行一次健康检查。

(2)新参加工作和临时参加工作的餐饮从业人员必须进行肝功能、便培养、胸透等检查,各项指标正常。

(3)确保餐饮从业人员健康检查的项目齐全,并记录档案。

(4)在取得《健康体检合格证》后方可上岗。

2. 营养配膳员的卫生培训有哪些?

(1)熟知《食品安全法》《传染病法》和医院饮食卫生方面的具体要求。

(2)符合饮食卫生从业人员标准的健康体质。

(3)良好的个人卫生习惯和仪容仪表。

(4)熟练掌握洗涤、消毒等各项符合卫生规范的工作技能。

3. 六步洗手法的流程是什么?

(1)掌心对掌心搓擦。

(2)手指交错掌心对手背搓擦。

(3)手指交错掌心对掌心搓擦。

(4)两手互握互搓指背。

(5)拇指在掌中转动搓擦。

(6)指尖在掌心中搓擦。

4. 标准的手部消毒方法是什么?

清洗后的双手在消毒剂水溶液中浸泡 20～30 秒或涂擦消毒剂后充分揉搓 20～30 秒,使用流动水冲净、擦干。

5. 营养配膳员何时需要洗手并消毒?

配膳操作前、后需要洗手,并用“免洗手消毒液”消毒。

6. 为什么在工作中要求营养配膳员不能佩戴首饰、手镯和不涂指甲油?

(1)在通常情况下,我们双手表皮沾有大量的条件致病菌,如葡萄球菌、大肠埃希菌等致病菌;饰物表面的凹陷处容易藏纳污垢和细菌;长指甲内会藏有难以去除的污垢。严格实施正确的洗手规则,减少手部的 90%病原微生物,因此洗手可以大量减少暂居在手上的细菌数,减少交叉感染。

(2)不涂指甲油和不佩戴假指甲,因为这些都可能对食品造成污染。而且戒指等小饰物可能会在操作时混入食品中,造成危害。

7. 营养配膳员什么时候需要戴口罩?

流水线操作间、餐车旁、盛装食品区、进入病区开餐时。

目的:人的鼻咽、口腔中存有葡萄球菌、链球菌、真菌等。细菌可以借助人们说话、咳嗽、呼吸而污染物品。戴口罩主要是呼吸道隔离、切断传染途径,避免细菌通过空气、飞沫、尘埃飘落到患者的餐具及菜品上等。

8. 一次性手套的使用有哪些要求?

(1)处理即食食品和熟食等不再进一步加热调理的食品时,应使用一次性手套。

(2)使用一次性手套前先洗手,脱一次性手套后也要洗手,离开食品加工区域应脱去一次性手套。

9. 营养配膳员中出现咳嗽、腹泻、发热、呕吐等有碍于食品卫生的疾病时应该怎么办?

若营养配膳员有咳嗽、腹泻、发热、呕吐等情况出现时,应立即离开工作岗位,待查明原因并将有碍食品安全的病症治愈后,方可重新上岗。

10. 营养配膳员在什么条件下可以直接接触食品?

营养配膳员要穿好工作服,戴好工作帽和一次性口罩,手经清洗、消毒后戴上一次性手套。因为手和不经常清洗、消毒的工作服、工作帽,会有大量的细菌附着而污染食品;操作人员带有微生物的痰、鼻涕、涎液、皮肤脓疮、粉刺等,通过与食品接触及谈话、咳嗽、打喷嚏等会直接或间接污染食品。

11. 营养配膳员在送餐后的一次性手套是否还能使用?

一次性手套不能重复使用。因为病房存在着大量微生物,手套上会附着很多微生物,当手套与食品接触,会污染食品,可能导致食物中毒的发生。

12. 一次性餐具的使用有什么要求?

一次性餐具主要用于小吃和快餐,品种有一次性可降解的环保餐具,禁止重复使用。因为一次性餐具质地比较粗糙,上面的细菌很难被完全洗净,而且很容易滋生新的病菌,可能污染食品。

第 2 章

营养配膳标准流程

营养配膳标准流程是根据患者的膳食医嘱、营养评价结果及身体各项指标等内容，制定出的营养膳食食谱，经临床医师、护士、营养医师、营养餐制备厨师和患者本人等多方达成共识，由营养室精心制作完成，最终由营养配膳员配送给患者的全部过程（图 2-1）。膳食医嘱是由临床医师根据患者所患疾病的种类和病程，专门为患者下达的营养治疗方案。

一、营 养 评 价

1. 什么是营养评价？

营养评价是指通过膳食调查、人体测量、临床检查、实验室检查及多项综合营养评价方法等手段，判定人体营养状况，确定营养不良的类型及程度，估计营养不良后果的危险性，并监测营养治疗的疗效。

2. 为什么要对患者做营养评价？

由于住院患者的营养状况与其临床治疗和营养治疗密切相关，从临床医学的角度讲，营养评价目的在于通过对患者进行营养调查，初步判断患者的营养状况，从而为临床医师和营养科医师制订营养治疗方案提供重要依据。

3. 什么是营养风险？

营养风险是指与营养因素有关的不良结局参数增加的风险，不良结局参数包括并发症、住院时间和住院费用等。

4. 什么是营养风险筛查？

营养风险筛查是指由临床医师、护士、营养医师等进行的一种决定对患者是否需要制订和实施肠内、肠外营养支持计划的快速、简便的筛查方法。

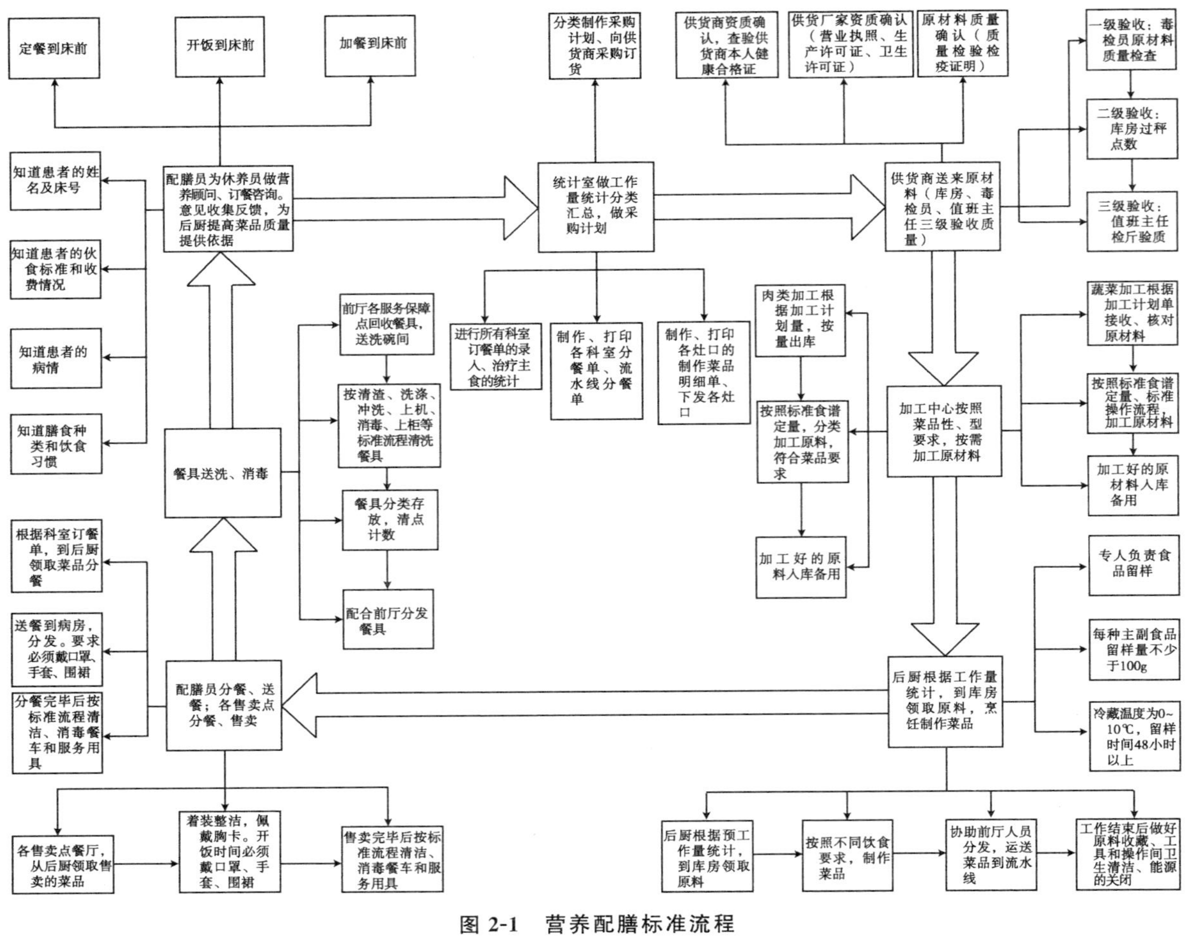

图 2-1　营养配膳标准流程

5. 临床上常用的营养风险筛查方法是什么?

针对住院患者,临床上经常使用营养风险筛查 2002(NRS2002)方法。

6. 什么是营养风险筛查 2002(NRS2002)?

营养风险筛查 2002 是欧洲肠外肠内营养学会(ESPEN)推荐使用的住院患者营养风险筛查方法,它是在对 128 个随机对照研究进行系统分析的基础上确定评分标准,具有高强度的循证医学基础。

7. 营养风险筛查 2002(NRS2002)包含哪些方面内容?

营养风险筛查 2002(NRS2002)包含四个方面内容,即原发疾病对营养状态影响的严重程度、近期内体重变化、近 1 周饮食摄入量的变化、体质指数。它通过四个方面来评定患者是否处于营养风险及营养风险程度,是否需要进行营养支持以及预后效果。

8. 对新入院患者床旁营养评估的方法有哪些?

床旁营养评估内容包括体重指数(BMI)、过去 1 个月内体重变化情况、不能进食或过去 1 周摄入量不及日常摄入量一半,严重的恶心、呕吐、腹胀或腹泻>3 次/日,年龄>70 岁、卧床六个方面(表 2-1),每一项积分 1 分,如果≥3 分,营养科医师进一步评估或会诊。

表 2-1 新入院患者营养评估表(病房初评版)

病区	姓名	身高(cm)
床号	性别	体重(kg)
ID	年龄	
评估日期　　年　月　日		
项目		分值
①体重指数(BMI)<18.5[BMI=体重(kg)/身高(m)^2]		"是"1 分□;"否"0 分□
②过去 1 个月体重是否下降		"是"1 分□;"否"0 分□
③不能进食或过去 1 周摄入量不及日常摄入量一半		"是"1 分□;"否"0 分□
④严重的恶心、呕吐、腹胀或腹泻>3 次/日		"是"1 分□;"否"0 分□
⑤年龄>70 岁		"是"1 分□;"否"0 分□
⑥卧床		"是"1 分□;"否"0 分□
合计(分):		
营养状况:好(0 分)□;中(1~2 分)□;差(≥3 分)□ ≥3 分:营养科医师进一步评估或会诊□		

评估者签名:

9. 营养风险筛查2002对于疾病严重程度的评分及定义是什么?

(1)1分:慢性病患者因出现并发症而住院治疗,患者虚弱但不需要卧床,蛋白质需要量略有增加,但可以通过口服和补充来弥补。

(2)2分:患者需要卧床,如腹部大手术后,蛋白质需要量相应增加,但大多数人仍可以通过肠外或肠内营养支持得到恢复。

(3)3分:患者在加强病房中靠机械通气支持,蛋白质需要量增加而不能被肠外或肠内营养支持所弥补,但是通过肠外或肠内营养支持可以使蛋白质分解和氮丢失明显减少。

10. 营养风险筛查2002(NRS2002)对于营养状态受损评分及定义是什么?

NRS2002对营养状态受损评分及定义:以下3项问题中任意一项符合即为其分值,几项都符合则取其中的最高分。

(1)0分:正常营养状态。

(2)轻度(1分):3个月内体重丢失>5%或食物摄入为正常需要量的50%~75%。

(3)中度(2分):2个月内体重丢失>5%或前1周食物摄入为正常需要量的25%~50%。

(4)重度(3分):1个月内体重丢失>5%(或3个月体重下降15%),BMI<18.5,或前1周食物摄入为正常需要量的0~25%。

11. 营养风险筛查2002对于年龄如何评分?

患者年龄>70岁为1分,年龄≤70岁为0分。

12. 营养风险筛查2002的评分计算方法是什么?(附营养风险筛查2002表)

营养风险筛查2002的总评分计算方法:将疾病严重程度评分(表2-2,表2-3)、营养状态受损评分(表2-4)和年龄评分三项相加所得分值即为营养风险筛查2002的总评分。

营养风险筛查2002总评分=疾病严重程度评分+营养状态受损评分+年龄评分。

表 2-2　患者资料登记表

姓名	住院号
性别	病区
年龄	床号
身高(cm)	体重(kg)
体重指数(BMI)	
临床诊断	

表 2-3　疾病严重程度评分表

疾病严重程度	评分
骨盆骨折或慢性病患者合并有以下疾病：肝硬化、慢性阻塞性肺病、长期血液透析、糖尿病、肿瘤	1
腹部重大手术、卒中、重症肺炎、血液系统肿瘤	2
颅脑损伤、骨髓抑制、加护病房患者(APACHE>10 分)	3
合计(分)	

若“是”请打钩

表 2-4　营养状态评分表

营养状态指标(单选)	评分
正常营养状态	0
3 个月内体重减轻>5%或最近 1 周进食量减少至正常需要量的 50%～70%	1
2 个月内体重减轻>5%或 BMI 18.5～20.5 或最近 1 周进食量减少至正常需要量的 25%～50%	2
1 个月内体重减轻>5%(或 3 个月内减轻>15%)或 BMI<18.5 或最近 1 周进食量减少至正常需要量的 0～25%	3
合计(分)	

若“是”请打钩

13. 如何判定营养风险筛查 2002 的评分结果?

营养风险筛查 2002 总评分≥3 分或有胸腔积液、腹水、水肿且人血白蛋白<35g/L 时，表明患者有营养不良或有营养风险，应进行营养支持；营养风险筛查 2002 总评分<3 分，则需要每周进行一次营养风险筛查。

14. 膳食调查方法包含哪些内容?

膳食调查主要内容有饮食习惯(包括地域特点、餐次、食物禁忌、软烂、口味、烹制方法),饮食结构,膳食摄入量(包括每日三餐及加餐的食物品种和摄入量),计算出每天能量和所需要各种营养素的摄入量等。

15. 膳食调查有什么意义?

膳食调查可以对患者进行营养素需要量的确定和整体营养状况的评估。

16. 人体测量包含哪些内容?

人体测量的内容主要包括体重、体重指数、皮褶厚度、上臂围、上臂肌围、腰围、腰臀比等。人体测量的数据可以较好地反映患者的营养状况。

17. 体重在患者营养状态评估中有哪些作用?

体重的变化,不仅可以初步了解患者的能量营养状况,还能反映机体合成代谢与分解代谢的状态。它是营养评价中最简单、最直接而又非常重要的指标。

18. 什么是体重指数(BMI)?

体重指数(BMI)是用体重千克数除以身高米数平方得出的数字,不仅是目前评价肥胖和消瘦最常用的指标,还是反映蛋白质能量营养不良及肥胖症的可靠指标。

19. 体重指数如何计算?

体重指数(BMI)=体重(kg)/身高的平方(m^2)。

20. 我国体重指数(BMI)成年人标准是什么?

我国体重指数(BMI)成年人标准:18.5～23.9 为正常体重,<18.5 为体重过轻,24.0～27.9 为超重,≥28.0 为肥胖。

21. 测定皮褶厚度的意义是什么?

皮褶厚度可以反映人体皮下脂肪的含量,在临床上常作为评价能量缺乏与肥胖程度的指标。

22. 如何测量皮褶厚度?

常用的皮褶厚度的测量主要包括三头肌皮褶厚度、肩胛下皮褶厚度等。测量时要求在同一部位连续测量三次,取其平均值。

(1)三头肌皮褶厚度:被测者上臂自然下垂,取左或右上臂背侧、肩峰与尺骨鹰嘴中点上 1～2cm 处,用左手将被测部位皮肤和皮下组织夹提起来,在该皮褶提起来的下方用皮褶计测量其皮褶厚度。

(2)肩胛下皮褶厚度:被测者上臂自然下垂,在左肩胛骨下角下方2cm处,顺自然皮褶方向(即皮褶走向与脊柱成45°),用左手将被测部位皮肤和皮下组织夹提起来,在该皮褶提起来的下方用皮褶计测量其皮褶厚度。

23. 测定腰围的意义是什么?

腰围在一定程度上反映脂肪皮下脂肪厚度和营养状态,是间接反映人体脂肪分布状态的指标,是衡量脂肪在腹部蓄积程度最简单和实用的指标。

24. 我国腰围的评价标准是什么?

我国肥胖问题工作组建议中国成年人的腰围:男性>85cm、女性>80cm即视为腹部脂肪蓄积,可认定为肥胖。

25. 测定腰臀比的意义是什么?

腰臀比是反映身体脂肪分布的一个简单的指标,它与心血管发病率密切相关。世界卫生组织通常用它来衡量人体是肥胖还是健康。

26. 我国腰臀比评价标准是什么?

我国建议腰臀比男性>0.9、女性>0.8称为内脏型、腹内型肥胖。

27. 临床检查内容有哪些?

临床检查内容主要有病史采集和体格检查。

28. 实验室检查内容有哪些?

实验室检查主要内容有血浆蛋白、氮平衡、肌酐-身高指数(CHI)、免疫功能等。

29. 综合性营养评定的优点有哪些?

采用综合性营养评定方法可以提高营养评价的灵敏性和特异性。

30. 综合评定的方法有哪些?

综合评定的方法主要包括预后营养指数、营养危险指数、营养评定指数、住院患者预后指数、主观全面评定、微型营养评定等。

31. 什么是主观全面评定(SGA)?

主观全面评定是美国肠外肠内营养学会(ASPEN)推荐的临床营养状况评价

工具，是一种以详细的病史和临床检查为基础，省略人体测量和生化检查的综合营养评价方法。

32. 主观全面评定(SGA)主要的优、缺点有哪些？

(1)优点：主观全面评定能够预测并发症，通过主观全面评定发现的营养不足患者并发症发生率是营养良好患者的3～4倍。

(2)缺点：主观全面评定不易区分轻度营养不足，更多侧重于慢病或已存在的营养不足，不能很好地体现急性营养状况的变化。

33. 主观全面评定主要内容有哪些？

主观全面评定的主要内容分为8项指标，分别为近期(2周)体重改变、饮食改变、胃肠道症状(持续2周)、活动能力改变、应激反应、肌肉消耗、三头肌皮脂厚度、踝部水肿。

34. 主观全面评定的评定标准是什么？

按严重程度均分为A、B、C三个等级，其中A是最轻的，C是最严重的。在主观全面评定的8项内容中，至少有5项属于C级则认定为重度营养不良，至少有5项属于B级可被认定为中度营养不良(表2-5)。

表2-5　主观全面评定的主要内容及评定标准表

指标	A级	B级	C级
近期(2周)体重改变	无/升高	减少＜5％	减少＞5％
饮食改变	无	减少	不进食/低热量流食
胃肠道症状(持续2周)	无/食欲不减	轻微恶心、呕吐	严重恶心、呕吐
活动能力改变	无/减退	能下床走路	卧床
应激反应	无/低度	中度	高度
肌肉消耗	无	轻度	重度
三头肌皮脂厚度	正常	轻度减少	重度减少
踝部水肿	无	轻度	重度

35. 什么是患者主观整体评估(PG-SGA)？

患者主观整体评估是在主观整体评估的基础上发展起来的，是专门为肿瘤患者设计的营养状况评估方法。

36. 患者主观整体评估(PG-SGA)有哪几部分？

患者主观整体评估由患者自我评估和医务人员评估两部分组成。

(1)由患者自我评估的具体内容包括体质量、摄食情况、症状、活动和身体功能4个方面。

(2)由医护人员评估的内容包括疾病与营养需求的关系、代谢方面的需要、体格检查3个方面。

37. 患者自评部分表格及评分标准是什么?

患者自评分＝体质量评分(表2-6、表2-7)＋进食评分＋症状评分＋活动和身体功能评分。

表2-6　体质量评分

<table>
<tr><td>①体重
我现在的体重是　　千克(kg)
我的身高是　　m
1个月前我的体重是　　千克(kg)
6个月前我的体重是　　千克(kg)
最近2周内我的体重:
下降(1)　　无改变(0)　　增加(0)
本项计分</td><td>②膳食摄入(饭量)
与我的正常饮食相比,上个月的饭量:
无改变(0)
大于平常(0)
小于平常(1)
我现在进食:
普食但少于正常饭量(1)
固体食物很少(2)
流食(3)
仅为营养添加剂(4)
各种食物都很少(5)
仅依赖管饲或静脉营养(6)
本项计分</td></tr>
<tr><td rowspan="2">③最近2周我存在以下问题影响我的饭量:
没有饮食问题(0)
食欲减退,不想吃饭(3)
恶心(1)
便秘(1)
口腔疼痛(2)
味觉异常或无(1)
吞咽障碍
疼痛:部位?
本项计分</td><td>④活动和功能
上个月我的总体活动情况是:
正常,无限制(0)
与平常相比稍差,但尚能正常活动(1)
多数事情不能胜任,但卧床或坐着的时间不超过12小时(2)
活动很少,一天多数时间卧床或坐着(3)
卧床不起,很少下床(3)
本项计分</td></tr>
<tr><td>框①—④的合计评分(A):__________</td></tr>
</table>

表 2-7　患者主观整体评估体重评分

项目	评分
1 个月内体重下降	
≥10%	4
5%～9.9%	3
3%～4.9%	2
2%～2.9%	1
0～1.9%	0
2 周内体重下降	1
6 个月内体重下降	
≥20%	4
10%～19.9%	3
6%～9.9%	2
2%～5.9%	1
0～1.9%	0
总分	

38. 医护人员评分表格及评分标准是什么?

医护人员评分=疾病与营养关系评分(表 2-8)+应激评分(表 2-9)+体格检查评分(表 2-10 至表 2-13)。

表 2-8　疾病与营养关系评分

疾病	评分
癌症	1
艾滋病(AIDS)	1
呼吸、心脏病或恶病质	1
存在开放性伤口或肠瘘或压疮	1
创伤	1
年龄超过 65 岁	1
总分	

表 2-9　医务人员评估表应激评分

应激	无(0分)	轻度(1分)	中度(2分)	重度(3分)
发热(℃)	无	37.2～38.3	38.3～38.8	≥38.8
发热持续时间(h)	无	<72	72	>72
是否用激素(泼尼松/d)	无	低剂量(<10mg泼尼松或相当剂量的其他激素/d)	中剂量(10～30mg泼尼松或相当剂量的其他激素/d)	大剂量(≥30mg泼尼松或相当剂量的其他激素/d)
总分				

表 2-10　医务人员评估表体格检查

项目	正常(0分)	轻度(1分)	中度(2分)	严重(3分)
脂肪储存				
眼眶脂肪垫				
三头肌皮褶厚度				
下肋脂肪厚度				
(总体脂肪缺乏程度)				
肌肉状况				
颞部(颞肌)				
锁骨背部(胸部三角肌)				
肩部(三角肌)				
骨间肌肉				
肩胛部(背阔肌、斜方肌和三角肌)				
大腿(四头肌)				
小腿(腓肠肌)				
(总体肌肉消耗评分)				
液体状况				
踝水肿				
骶部水肿				
腹水				
(总体水肿程度评分)				
本项总分				

表 2-11 脂肪丢失情况评分

脂肪	检测要旨	0 分	1 分	2 分	3 分
眼眶脂肪	检测眼眶有无凹陷	眼眶无凹陷，眉弓不突出	眼眶无凹陷，眉弓不突出	介于两者之间	眼眶无凹陷，眉弓不突出
三头肌皮褶厚度	臂弯曲，不要捏起肌肉	大量脂肪组织	感觉与正常人相差无几，略少	介于两者之间	两指间空隙很少，甚至紧贴
下肋脂肪厚度	先捏自己肋缘下脂肪，再与患者比较，观察背部下肋骨轮廓	两指间很厚，看不到肋骨	感觉与正常人相差无几，可以看到肋骨轮廓	介于两者之间	两指间空隙很少，甚至紧贴，下肋骨明显
脂肪丢失得分					

表 2-12 肌肉丢失情况评分

脂肪	检测要旨	0 分	1 分	2 分	3 分
颞部(颞肌)	直接观察，让患者头转向一边	看不到明显的凹陷	轻度凹陷	凹陷	显著凹陷
锁骨背部(胸部三角肌)	看锁骨是否凹陷	男性看不到锁骨，女性看到但不凸出	部分凸出	凸出	明显凸出
肩部(三角肌)	看肩部是否凸出，形状，手下垂	圆形	肩峰轻度凸出	介于肩峰轻度凸出与肩锁关节方形之间	肩锁关节方形，骨骼凸出
骨间肌	观察手背、拇指和示指对捏，观察虎口处是否凹陷	拇指和示指对捏时肌肉凸出，女性可平坦	平坦	平坦和凹陷	明显凹陷
肩胛部(背阔肌、斜方肌和三角肌)	患者双手前推，看肩胛骨是否凸出	肩胛骨不凸出，肩胛骨内侧不凹陷	肩胛骨轻度凸出，肋、肩胛、肩、背柱间轻度凹陷	肩胛骨凸出，肋、肩胛、肩、背柱间凹陷	肩胛骨明显凸出，肋、肩胛、肩、背柱间显著凹陷

续表

脂肪	检测要旨	0分	1分	2分	3分
大腿(四头肌)	不如上肢敏感	圆形,张力明显	轻度消瘦,肌力较弱	介于两者之间	大腿明显消瘦,几乎无肌张力
小腿(腓肠肌)					
肌肉消耗得分		肌肉发达	瘦,有肌肉轮廓	瘦,肌肉轮廓模糊	瘦,无肌肉轮廓,肌肉松垮无力

表 2-13　水肿情况评分

水肿	检测要旨	0分	1分	2分	3分
踝水肿	患者仰卧,按压5秒	无凹陷	轻微的凹陷	介于轻微的凹陷与凹陷不明显之间	凹陷非常明显,不能回弹
骶部水肿	患者仰卧,按压5秒	无凹陷	轻微的凹陷	介于轻微的凹陷与凹陷不明显之间	凹陷非常明显,不能回弹
腹水	检测有无移动性浊音、振水音、腹围是否增大	无移动性浊音、无振水音、腹围无增大	左、右侧卧时有移动性浊音	患者平卧时有振水音	患者感到腹胀明显,腹围增大
水肿程度评分					

39. 如何对患者主观整体评估(PG-SGA)进行综合评价?

患者主观整体评估包括定性评估和定量评估。

(1)定量评价(以下①～④项总分相加)。

①0～1分:不需要干预措施,治疗期间保持常规随诊及评价。

②2～3分:由营养师、护士或医师对患者及患者家庭进行教育,并可根据患者存在的症状和实验室检查的结果进行药物干预。

③4～8分:由营养师进行干预,并可根据症状的严重程度,与医师和护士联合进行营养干预。

④9分:急需进行症状改善和(或)同时进行营养干预。

(2)定性评价:通过定量评估,临床上可以将患者定性分为营养良好、可疑或中度营养不良和重度营养不良三类(表2-14)。

表 2-14 主观整体评估(PG-SGA)定性评价

分类	A(营养良好)	B(可疑或中度营养不良)	C(重度营养不良)
体重	无丢失或无水肿或近期明显改善	1个月内丢失不超过5%或6个月丢失不超过10%或体重持续下降	1个月内丢失超过5%或6个月丢失超过10%或体重重度下降
营养摄入	无缺乏或近来显著改善	摄入明显减少	摄入重度减少
营养相关症状	没有或近期显著改善	存在相关症状	存在明显症状
功能	无缺陷或近期显著改善	中度功能缺陷或近期加重	重度功能缺陷或进行加重
体格检查	无缺陷或慢性缺陷但近期有临床显著改善	轻到中度的脂肪肌肉丢失	显著的营养不良指征,包括水肿
总评价			

40. 患者主观整体评估(PG-SGA)的定性评价与定量评价有什么关系?

患者主观整体评估(PG-SGA)定性评价与定量评价可以相互转换(表 2-15)。

表 2-15 主观整体评估(PG-SGA)定性评价与定量评价关系表

PG-SGA 等级	定性评价	定量评价(分)
A	营养良好	0～1
B	可疑或中度营养不良	2～8
C	重度营养不良	≥9

41. 患者主观整体评估案例分析

患者王某某,女,年龄 64 岁,身高 165cm,体重 45kg,2014 年 7 月诊断为鼻咽癌,入放疗科进行第 2 次放疗。发病前患者体重 55kg,近 6 个月体重下降了 10kg。放疗过程中出现口腔溃疡、恶心、便秘等并发症。食欲差,进食软食或半流食。无既往病史,无食物过敏史。体格检查发现患者消瘦,皮下脂肪及肌肉组织轻度消耗。

(1)患者自己评估(A 评分)

①体重:患者近 6 个月体重下降了 10kg,减少的百分比为 18.2%,该项评分为 3 分。

②进食情况:比以往进食量减少且进食软食,该项评分为 2 分。

③症状:放化疗过程中出现口腔溃疡、恶心、便秘等,该项评分为 4 分。

④活动和身体功能:正常无限制,该项评分为 0 分。

A 评分＝①＋②＋③＋④＝3 分＋2 分＋4 分＝9 分

(2)医务人员评估(B、C、D 评分)

①疾病评分(B 评分)：患者为鼻咽癌，本项 1 分。

②应激状况评分(C 评分)：患者无发热症状，本项 0 分。

③体格检查(D 评分)：脂肪及肌肉组织均为轻度消耗，无水肿，本项 1 分。

患者主观整体评估(PG-SGA)得分＝A 评分＋B 评分＋C 评分＋D 评分＝9 分＋1 分＋0 分＋1 分＝11 分。

患者主观整体评估(PG-SGA)大于 9 分，存在重度营养不良，急需进行症状改善和(或)同时进行营养干预。

42. 什么是微型营养评定(MNA)？

微型营养评定是 20 世纪 90 年代创立和发展起来的专门评价老年人营养状况的营养评价法。此法已得到广泛应用，既是营养筛选工具，又是评估工具，且不需要进一步的侵袭性检查。

43. 微型营养评价法(MNA)包含哪些内容？

主要包括人体测量、整体评定、膳食问卷、主观评定等方面内容(表 2-16)。

表 2-16　微型营养评价法(MNA)评价表

①体重指数(BMI)(kg/m^2)：0＝BMI＜19，1＝ BMI 19～21，2＝ BMI 22～23，3＝BMI＞23 ②上臂肌围(MAC)(cm)：0.0＝MAC＜21，0.5＝MAC 21～22，1.0＝MAC＞22 ③小腿周径(cm)：0＝小腿周径＜31，1＝小腿周径≥31 ④近 3 个月体重减少：0＝体重减少＞3kg，1＝不知道，2＝体重减少 1～3kg，3＝体重无减少 ⑤生活自理：0＝否，1＝是 ⑥每天服用 3 种以上处方药：0＝是，1＝否 ⑦近 3 个月来心理疾病或急性疾病：0＝是，1＝否 ⑧活动能力：0＝卧床或坐椅子，1＝能离床或离椅子但不能出门，2＝能出门 ⑨神经心理问题：0＝严重痴呆或抑郁，1＝轻度痴呆，2＝无心理问题 ⑩皮肤溃疡：0＝是，1＝否 ⑪每天几餐：0＝1 餐，1＝2 餐，2＝3 餐 ⑫蛋白质摄入的指标：是否每天至少一次摄入牛奶、奶酪或酸奶，是否每周 2 次或以上摄入豆类食品，是否每天摄入肉、鱼或禽类。0.0＝1 个是，0.5＝2 个是，1.0＝3 个是 ⑬每天 2 次或以上食用蔬菜或水果：0＝否，1＝是 ⑭近 3 个月来是否因厌食、消化、咀嚼或吞咽困难致摄入减少：0＝严重食欲减退，1＝中度食欲减退，2＝轻度食欲减退 ⑮每天饮水量(杯)：0.0＝少于 3 杯，0.5＝3～5 杯，1.0＝多于 5 杯 ⑯进食情况：0＝进食需要他人帮助，1＝进食不需帮助但较困难，2＝进食无困难 ⑰是否自认为有营养不良：0＝严重营养不良，1＝中度营养不良或不知道，2＝轻度营养不良 ⑱与同龄人相比较自身的营养状况：0.0＝不很好，0.5＝不知道，1.0＝一样好，2.0＝更好
总分(满分 30 分)

44. 微型营养评定(MNA)评价标准是什么?

MNA≥24 分,表示营养状况良好;17 分≤MNA<24 分,表示存在营养不良风险;MNA<17 分,表示营养不良。

二、订 餐 过 程

1. 患者入院时营养配膳员需要做什么?

(1)应及时了解新入院患者的基本信息和医师下达膳食医嘱情况。
(2)应向新入院患者做自我介绍,并核实患者信息。
(3)应向患者介绍用餐时间、伙食标准、收费情况、特殊膳食原则。
(4)应及时到统计室为新入院患者添加标准餐。

2. 营养配膳员为什么要详细地了解患者病情?

因为医师会根据患者的病情开具相应的膳食医嘱,营养配膳员必须严格执行医师下达的膳食医嘱,为患者提供治疗膳食。

3. 营养配膳员需要告知患者哪些内容?

(1)营养配膳员的姓名及所属单位。
(2)订餐联系电话,可供患者进行订餐。
(3)每餐用餐时间,方便患者提前做好用餐准备。
(4)膳食收费标准,可供患者了解膳食价格情况。
(5)膳食制作原则,让患者对膳食有更全面的了解。
(6)常见饮食注意事项,帮助患者理解治疗膳食原则。

4. 营养配膳员应如何对患者做订餐介绍?

营养配膳员要运用专业的临床营养知识及基础营养知识,向患者解释相关膳食的特点及注意事项,解答患者对于膳食方面的困惑与疑虑,让患者充分了解到不同膳食对疾病的影响。

5. 患者不接受治疗膳食时营养配膳员应如何处理?

营养配膳员应向住院患者进行治疗膳食宣教,说明治疗膳食是根据所患疾病的种类、病因、病情和治疗手段而制定的,具有辅助治疗的作用,若无法接受治疗膳食,患者应与主治医师、营养医师进行沟通更改医嘱。

三、统 计 过 程

1. 统计室日常工作包括哪些?

统计室录入汇总膳食信息,下达出库、采购计划单,下达一级后厨制作单,下达二级流水线分餐单,下达三级营养配膳员分餐单。

2. 统计室如何录入患者膳食信息?

统计员登录订餐系统,打开订餐办理界面,核对患者信息(患者科室、床号、姓名、住院 ID 号、职别),按照患者膳食医嘱及订餐数据(普食的患者自选餐)准确录入订餐系统。

3. 营养配膳员应交到统计室的表格有哪几类?

营养配膳员交到统计室的表格,主要是对患者膳食医嘱情况的汇总,包括主食统计分发表(表 2-17)、治疗膳食统计单(表 2-18)、普食患者订餐单(表 2-19)、新入院患者标准餐统计表(表 2-20)。

表 2-17 主食统计分发表

品种	内分泌二	血一血二	心内一	心内监	心内二	心内三	心内四	风湿二	神内一	神内二	神内三	肾一	肾二	肾三	肾监	肾科康复	呼吸	呼吸三	呼吸四
馒头																			
蛋糕																			
面包																			
豆沙酥																			

表 2-18 治疗膳食统计表

科室	科室	科室
科室	科室	科室
科室	科室	科室

表 2-19 普食患者订餐单

科室： 床号： 患者姓名： 日期： 年 月 日

餐次	菜号	菜品名	单位	单价	数量	金额	菜号	菜品名	单位	单价	数量	金额	类型	菜品名	单位	单价	数量	金额	餐次	菜品名	单位	单价	数量	金额	餐次
早餐													水产类												
													肉类												
午餐																									
													素菜类												
													另备主食												
晚餐																									
													靓汤												
特殊营养食品													另备果汁												
													煲粥												

休养员： 营养配膳员： 合计金额：（元）

温馨提示：煲粥、水产类、肉类、素菜类、另备主食、靓汤、另备果汁只供午、晚餐挑选，特殊营养食品三餐均可供应，请您在点餐的同时，标明餐次（早、中、晚）

表 2-20 新入院患者标准套餐统计表

班组： 时间：20 年 月 日 时

日期	科室	床号	姓名	职别	ID 号	数量	膳食医嘱	餐次	营养配膳员签名
							普食、糖尿病、回民	早、午、晚	
							普食、糖尿病、回民	早、午、晚	
							普食、糖尿病、回民	早、午、晚	
							普食、糖尿病、回民	早、午、晚	

备注：请将患者信息填写清楚，餐次、膳食医嘱请打“√”，信息不全将不予补餐

4. 营养配膳员三级分餐单包括哪些内容？

(1)患者基本信息、床号、姓名、膳食种类、餐次及用餐收费情况。

(2)录入时间、日期、制表人姓名、科室名称。

5. 标准餐单需要录入哪些内容？

明确填写患者科室、床号、姓名、职别、餐次、膳食医嘱、标准餐数量。

6. 退餐信息单需要录入哪些内容？

准确填写退餐患者科室、床号、姓名、职别、退餐日期、退餐餐次、退餐详细内容由制作灶口签名盖章。

7. 交到统计室的表格各有什么时间要求？

交到统计室的表格共有四张，包括主食统计分发表、治疗膳食统计单、普食患者订餐单、新入院患者标准餐统计表。

(1)主食统计分发表，当日 9:00。

(2)治疗膳食统计单，当日 9:00。

(3)普食患者订餐单，前一天 18:00。

(4)新入院患者标准餐统计表，9:00、15:30、18:30 前。

8. 统计室需要汇总的内容有哪些？

采购计划单的汇总，后厨制作单的汇总，流水线分餐单的汇总，营养配膳员分餐单信息汇总。

9. 要求统计室什么时间完成汇总内容？

确保汇总信息准确无误，汇总时间控制在当天 16:00 前，以便后续工作正常开展。

包括各类相同膳食种类的汇总，各类不同膳食种类的汇总。

10. 一级后厨制作单的内容有哪些？

按膳食医嘱分类：副食及普食订餐制作单(表 2-21)、普通治疗饮食制作单、糖尿病饮食制作单、军人饮食制作单、零点菜品制作单，主食制作单。

表 2-21 一级后厨制作单

餐具区分	品名	出菜时间	数量
白底黑点	红烧牛肉土豆		
乳白	清蒸鱼		
黄色	肉丝青椒香菇冬笋丝		
灰白	盐煎肉		
粉色	韭菜鸡蛋		
蓝色	胡萝卜丝粉丝		
灰白	家常鸡块		
蓝色	酱烧冬瓜丸子		
白底黑点	地三鲜		
黄色	肉丝黄豆芽		
粉色	西红柿圆白菜		
乳白	尖椒豆腐皮		

11. 二级流水线分餐单的内容有哪些？

按膳食医嘱分类：普食订餐、普通治疗饮食、糖尿病饮食、军人饮食、零点菜品(表 2-22)。具体内容：主副食品种名称、总数量及各科室数量。

表 2-22 二级流水线分餐单

品种	内分泌二	血一血二	心内一	心内监	心内二	心内三	心内四	风湿二	神内一	神内二	神内三	肾一	肾二	肾三	肾监	肾科康复	呼吸	呼吸三	呼吸四
半流食-师干																			
口腔硬化半流食-团以下																			
口腔硬化半流食-战士																			
口腔硬化半流食-师干																			
低脂半流食-师干																			
低嘌呤-师干																			
低盐低脂-战士																			
低盐低脂-师干																			
低盐普食-团以下																			
低盐普食-战士																			
套餐-团以下战士																			
贫血半流食-团以下																			
合计																			

12. 三级分餐单的内容有哪些？

科室、患者床号、姓名、餐次、订餐明细、数量、订餐金额及订餐明细汇总(表 2-23)。

表 2-23 三级分餐单

制表人：　　　　制表日期：　　　　第　　页

病区：

餐别	姓名	地址	发饭信息	小计金额
合计				

四、制 作 过 程

1. 如何采购原材料？

统计室根据患者订餐需求进行汇总，提前一天以采购计划单的形式分别通知供货单位。

2. 供货商应具备什么资质？

供货商具有相应的《健康体检合格证》《营业执照》《税务登记证》《卫生许可证》《食品流通许可证》，经审核招标后，方可供货。

3. 原材料的验收流程是什么？

(1)原材料四级验收

一级验收：毒检员通过检测工具对原材料进行毒检测试。

二级验收：当日值班主任检查原材料质量。

三级验收：库房保管员根据采购计划单验数，办理入库手续。

四级验收：后厨各灶口师傅检查原材料是否符合加工要求。

(2)原材料入库：原材料经四级验收人员签字确认后，由库房保管员填写送货单及物资采购验收记录本，再按照原材料类别分别入库。

4. 原材料初加工的流程是什么？

原材料按照食谱及订餐数量，分类进行择、洗、切刀工成形后入库备用。

5. 后厨留样有什么要求？

(1)专人负责食品留样。
(2)每种主、副食品留样量不少于100g。
(3)冷藏温度为0～10℃，留样时间48小时以上。

6. 各类膳食餐具根据哪些内容进行准备？

根据二级分发单从洗碗间清点当餐所需餐具，按照膳食种类选择餐具颜色和餐盒形状。

7. 流水线分餐需要哪些用具？

(1)打餐用具：勺子、夹子、汤勺。
(2)餐具：套餐盘碗、双格餐盒、四格餐盒等。

8. 流水线需要检查哪些设备？

流水线传送带、餐车、打餐工具。

9. 流水线传送带有什么要求？

(1)保持表面清洁无异物，达到光、洁、涩、干。
(2)调试设备，确保设备正常运行，方可进行打餐，若出现状况则通知相关负责人，及时采取措施解决问题。

10. 流水线如何分餐？

根据二级分餐单将各类膳食如数分发到各餐车上。

11. 餐车和打餐工具有什么要求？

(1)餐车：保持餐车内壁无油渍、无异物，干净整洁；餐车及时就位，方便打餐后装菜、分菜、运输时使用。

(2)打餐用具：用具表面无油渍、无异物；专用勺子、铲子等按种类、型号、摆放在专用餐车上。

12. 流水线作业人员着装要求是什么？

(1)统一蓝色防罩服、口罩、帽子、手套齐全。
(2)做到遮口鼻、手不直接接触菜品、发无外漏。

13. 流水线人员如何确定打餐计划？

（1）根据统计室的统计数量和饮食不同做好计划，准备餐具数量及餐具品种与相关部门沟通，并做好打餐计划。

（2）每餐开餐前，流水线负责人与后厨及时沟通，按照不同膳食种类出菜先后顺序，提高打餐效率。

（3）根据第二天的膳食总数量制定时间表，例如×点之前打完××菜。

14. 流水线人员如何做到标准定量？

（1）配备统一的打餐工具，根据菜品的不同性质和膳食医嘱要求配备不同的打餐用具，统一标准。

（2）标准定量：①专具专用。②按照膳食种类根据菜品性质标准定量打餐，例如豆腐，用标准化勺子按照体积定量打餐；红烧带鱼，根据菜品规格按照数量打餐。

15. 流水线人员如何控制打餐时间？

严格按照制定的时间表准时打餐，在流水线工作正常进行的情况下，准确掌握一定时间内的工作量（单位时间工作量达到每分钟打餐 28 份），最后以达到高标准、高效率、整洁美观。

（1）做好分餐总体先后顺序计划。

（2）与后厨沟通菜品出菜顺序。

16. 流水线人员清洁卫生的标准是什么？

（1）环境：先将地面异物清扫干净，用洗涤剂彻底清扫，最后用消毒剂进行消毒杀菌，达到地面干燥光洁。

（2）设备：①流水线传送带，先清洗槽内壁及传送带的残留物，再用洗涤剂清洗，最后用消毒剂消毒，以达到光洁涩干，无异物。②物品摆放，按种类、型号归类，定点放置，摆放整齐。

五、送餐过程

1. 三级分餐单主要有什么内容？

治疗分餐单，患者的饮食及膳食种类。

订餐分餐单，患者点的主、副食种类和数量。

2. 营养配膳员根据什么点清膳食数量及主要注意哪些问题?

根据分发单核对数量,应注意点清数量及质量,认真细心。

3. 如果核对过程中出现失误怎么解决?

分为开餐前和开餐后两种情况。

(1)开餐前:找到相应的分发人员,核对品种及数量,若数量不够,及时补齐。

(2)开餐中:餐车内的菜品有剩余,及时核对分发单,给相应的患者送去。

4. 营养配膳员开餐前需要核查哪些内容?

(1)餐车的器具是否准备齐全。

(2)餐车的加热温度是否适宜。

(3)核对菜品的种类及数量是否与配餐单一致,是否存在遗漏或浪费的现象。如果存在,及时找流水线相关负责人进行更换。

5. 营养配膳员开餐过程需要核实患者哪些信息?

床号、姓名、膳食医嘱、职别等信息,做到配膳工作准确无误。

6. 营养配膳员收餐具时要注意什么问题?

(1)开餐以后,逐房间回收餐盘。对未能及时回收的餐盘,告知患者用餐完毕后将再次回收。

(2)收回餐盘时注意餐盘的完整性,收回餐盘要轻拿轻放,以免破损,回收餐盘时将餐盘摆放整齐,以免滑落。

7. 营养配膳员如何判断患者对膳食的满意程度?

(1)通过对患者的意见征询,了解患者对膳食的满意程度。

(2)通过对患者家属及陪护人员咨询,了解患者对膳食的满意程度。

(3)通过对餐盘剩余菜品的观察结合患者病情,了解患者对膳食的满意程度。

六、洗 消 过 程

1. 回收后的餐具如何洗消?

为确保患者饮食安全,营养配膳员及时将当餐使用的餐具回收,并送至洗碗消毒间,由专业人员通过三种消毒方法统一洗刷消毒。

2. **一次性餐具回收的处理是什么？**

为确保诊疗区环境卫生，将使用过的一次性餐具实行统一回收，集中处理。

七、临床案例

医院个性化营养配餐是以临床营养治疗为理论基础，由临床营养医师针对患者的各项生理指标进行专业分析、评估后，通过对患者膳食的科学调配，为患者制作个性化、定量化的治疗膳食，使患者通过健康、严谨、合理的营养膳食，促进各项生理指标趋于正常，实现体内代谢平衡，达到辅助治疗、恢复健康的目的。

案例1 医院膳食在临床实际中的应用

(一)病情简介

患者，男性，63岁，于2000年爬山时出现胸闷、气短、出汗，持续5分钟，休息后症状缓解。15年间活动耐量逐年下降。近2～3个月出现下肢水肿，本次因1周前劳累后出现胸闷、气短，夜间伴阵发性呼吸困难，不能平卧休息，于2015年6月27日进入解放军总医院心内科治疗。患者曾患糖尿病、高血压、多囊肾、痛风、肾功能不全等疾病，吸烟史40余年，无药物、食物过敏史。

(二)入院诊断

①慢性心功能不全，心功能4级；②冠状动脉粥样硬化性心脏病？不稳定型心绞痛？③高血压病3级，很高危；④2型糖尿病；⑤贫血(中度)；⑥慢性肾功能不全；⑦多发肾囊肿；⑧痛风；⑨脑垂体瘤。

(三)营养评估

1. 营养评估　体重无变化，饮食无变化(BMI＝24.73)。
2. 营养判断　需要进行饮食干预。
3. 临床诊断　根据患者高血压、冠心病、心功能不全、肾功能不全、痛风、糖尿病，临床医生下达膳食医嘱为低盐低脂低蛋白低嘌呤糖尿病饮食(表2-24)。

表2-24 低盐低脂低蛋白低嘌呤糖尿病膳食原则

膳食种类	膳食原则
低盐膳食	24小时尿钠排出量、血钠、血压等临床指标来调整钠盐摄入。一般全天不超过3g盐
低脂膳食	清淡少油，严格限制脂肪摄入，按疾病发展和不同情况分为脂肪50g/d、40g/d、20g/d、10g/d

续表

膳食种类	膳食原则
低蛋白膳食	全天蛋白质的量 40g;特殊情况另开医嘱。晚上可提供一次能量 200kcal 加餐。在控制蛋白质摄入的情况下,提供充足的能量和其他营养素,鼓励患者多进食糖类食品,必要时可采用纯淀粉以增加能量摄入(但与糖尿病膳食原则矛盾)
低嘌呤膳食	严格限制饮食中的嘌呤含量,禁食肉汤、海鲜、干豆类和菌藻类,给予蔬菜类(如菠菜、菜花、芹菜),全天肉量不超过 50g
糖尿病膳食	提供适宜能量,避免食用含糖分高的食物,烹调禁用糖和勾芡,特殊标注主食定量

4. 营养治疗　根据膳食医嘱,营养科医师下达的治疗食谱:每天主食 300g(含薯类)、肉类 40g、蔬菜 1000g、奶类 225g、鸡蛋清 1 个、油 20g,避免水果,每周安排 2 次豆制品。

5. 制订食谱　根据临床医师膳食医嘱,统计员与营养科技师保持沟通,后厨师傅严格按照食谱要求进行加工制作,流水线分餐,营养配膳员负责配送,并记录患者每日膳食摄入量和加餐情况(表 2-25)。

表 2-25　治疗膳食食谱

餐次	食物名称及主要原料重量
早餐	葱油黄瓜条:黄瓜 120g,葱 5g
	蒜香茄子:茄子 100g,蒜 5g
	炝拌西葫芦:西葫芦 120g
	拌胡萝卜丝:胡萝卜 120g
	小馒头:面粉 50g
	小米粥:小米 25g
	牛奶:225g
午餐	山药肉片:山药 80g,猪肉 20g
	西红柿炒蛋白:西红柿 70g,蛋白 30g
	炒柿椒丝:青椒 120g
	素炒菜心:菜心 120g
	蒸红薯:红薯 75g
	蒸米饭:米饭 75g
	冬瓜汤:冬瓜 30g,枸杞子 10g

续表

餐次	食物名称及主要原料重量
晚餐	牛肉丝彩椒：牛肉 20g，红椒 40g，黄椒 40g
	蒜蓉枸杞苦瓜：苦瓜 100g，枸杞子 5g
	烩百合青笋：青笋 50g，百合 10g，玉米笋 30g
	炝炒生菜：圆生菜 120g
	蒸芋头：芋头 75g
	蒸米饭：米饭 75g
	蔬菜汤：小白菜 50g

(四)营养治疗

1. 膳食记录及评估结果　患者病史获悉，入院后给予低盐低脂低蛋白低嘌呤糖尿病饮食，详细记录每日的饮食摄入量，并留存 24 小时尿以计算蛋白丢失量，营养评估和计算结果为，平均每日能量摄入 1600～1700kcal，蛋白质摄入42～45g，每日总氮丢失约 6.22g，尿氮排出为 4.14g/d，患者为负氮平衡状态(表 2-26)。

表 2-26　主要检查结果

项目		结果	参考值	单位
血常规检查	血红蛋白浓度	88	120～160	g/L
	红细胞计数	3.03	4.0～5.5	10^{12}/L
生化检验	人血白蛋白	33.8	34.0～54.0	g/L
	尿素	18.15	2.1～7.8	mmol/L
	肌酐	568.3	59～104	μmol/L
	血清尿酸	557.1	208～428	μmol/L
	钙	2.03	2.2～2.9	mmol/L
	无机磷	1.99	0.87～1.45	mmol/L

2. 膳食建议

(1)在原有饮食基础上每日增加 200～300kcal 能量，使全天总能量达到1800～2000kcal，以增加低蛋白质主食，如无糖藕粉为主。

(2)在原有饮食基础上每日增加 9g 蛋白质，使全天蛋白质摄入量达到 50～55g，增加 25g 鸡肉(低磷)和 1 个鸡蛋清。

(3)目前贫血可通过促红细胞生成素(EPO)，临床补充叶酸、铁剂等方式缓解。

(4)以食用营养配餐为主,若自行摄入其他饮食需详细记录。

(5)随诊。

3. 膳食更改　根据临床会诊意见随时调整食谱,保障患者身体营养需求(表2-27)。

表 2-27　主要检查结果

日期	膳食更改记录
6 月 28—30 日	总能量:1800kacl/d
	主食类:早主食 50g,中午 75g,晚餐 75g(薯类共 150g)
	菜品类:早餐 4 个素菜,中晚餐主荤菜+茄果素菜 2 个+青菜素菜 1 个
	蛋类:蛋白 1 个
	肉类:瘦肉<50g
	奶类:牛乳(1 袋)225ml
	粥类:小米粥或玉米渣粥 1 份
7 月 1 日	中餐主食由 75g 更改为 50g
7 月 2 日	晚餐主食减去 25g 更改为 50g
7 月 4 号	内分泌会诊认为患者能量、蛋白低,需提高,增加蛋白量,肉类更改为红肉 50g、白肉 25g(肉类合计 75g),蛋类更改为鸡蛋 1 个、蛋白 1 个
7 月 9 日	早餐减 15g 主食,中午加 25g 主食,菜品类三餐各减去一个素菜(茄果类)
7 月 18～25 日	1 周安排 2 次小米粥海参
7 月 25～29 日	患者自食葡萄 500g,水果超量后血糖波动大,停用
8 月 6～25 日	因患者尿蛋白增加,尿酸上升,8 月 6 日开始将 50g 红肉换成 50g 鱼肉后患者病情稳定,预出院
8 月 25 日	出院

(五)康复出院

入院后积极完善各项相关检查,对症治疗,患者病情平稳后于 2015 年 8 月 25 日出院,共住院 59 天。通过临床营养膳食的配合治疗,使患者能够通过 2 个月的调整治疗,基本保持身体各项指标平稳。患者自诉出院后继续维持营养治疗,一直保持身体各项指标稳定。

案例 2　膳食营养在胃癌治疗中的实际应用

(一)病情简介

2016 年 1 月 10 日,普通外科 12 床入住了 1 例 62 岁的男性患者,经门诊临床诊断为胃窦癌，拟于3日后进行胃大部切除术，临床医师为其下达了高蛋白少渣半流食的膳食医嘱。

(二)膳食医嘱

膳食医嘱见表2-28。

表2-28　高蛋白少渣半流食谱

餐次	食物名称
早餐	小花卷，鸡蛋羹，热拌青笋丝，牛奶
午餐	氽丸子小面片，清炒虾仁黄瓜丁(去皮)，素烩土豆丁
晚餐	鸡汤龙须面，烧蛋卷，素烩西葫芦(去皮)
加餐	肠内营养粉剂(纤维型，56g/250ml)

(三)营养配膳员送餐

营养配膳员小李按照医师下达的医嘱给患者提供高蛋白少渣半流食，并向患者介绍开餐时间，分别是早上7点、中午11点、晚上5点开餐，还有下午3点和晚上7点两次加餐，患者全天的伙食费共27.4元。须向患者说明，少渣半流食需要制作软烂，还要去除不易消化的粗纤维的食材，如绿叶菜、瓜类菜的皮等。

(四)入院营养评估

1. NRS2002评估　患者入院后，由责任护士对患者进行营养风险筛查2002(NRS2002)(表2-19)。

表2-29　营养风险筛查(NRS2002)筛查表

<table>
<tr><th colspan="2">营养状态受损评分</th><th>得分</th></tr>
<tr><td>无(0分)</td><td>正常营养状态</td><td rowspan="4">3</td></tr>
<tr><td>轻度(1分)</td><td>3个月内体重丢失＞5%或食物摄入为正常需要量50%～75%</td></tr>
<tr><td>中度(2分)</td><td>2个月内体重丢失＞5%或食物摄入为正常需要量25%～50%或体重指数(BMI)＜20.5</td></tr>
<tr><td>重度(3分)</td><td>1个月内体重丢失＞5%或前1周食物摄入为正常需要量25%以下或BMI＜18.5</td></tr>
</table>

续表

<table>
<tr><td colspan="2">营养状态受损评分</td><td>得分</td></tr>
<tr><td colspan="2">疾病严重程度(营养需要量增加)评分</td><td rowspan="5">2</td></tr>
<tr><td>无(0分)</td><td>正常营养需要量</td></tr>
<tr><td>轻度(1分)</td><td>髋骨骨折、慢性疾病有并发症、慢性阻塞性肺疾病(COPD)、血液透析、肝硬化、糖尿病、一般恶性肿瘤</td></tr>
<tr><td>中度(2分)</td><td>腹部大手术、脑卒中、重度肺炎、血液恶性肿瘤</td></tr>
<tr><td>重度(3分)</td><td>颅脑损伤、骨髓移植、Apache评分大于10分的ICU患者</td></tr>
<tr><td colspan="2">年龄评分</td><td>得分</td></tr>
<tr><td>0分</td><td>年龄<70</td><td rowspan="2">0</td></tr>
<tr><td>1分</td><td>年龄≥70</td></tr>
<tr><td colspan="2">总得分</td><td>5</td></tr>
</table>

2. NRS2002评估结果　患者3天后将进行胃部手术，因患者NRS2002营养筛查评分大于3分，存在营养风险，护士与营养科医师沟通后，营养科医师制订出患者手术前的营养支持方案。

(五)围术期营养支持方案

1. 术前营养支持方案　营养科技师去病房向患者说明，根据入院时的营养风险筛查情况，患者目前存在营养风险，在手术前需要补充营养，因此在治疗饮食基础上，还需要进行口服营养补充，需要在术前每日下午3:00和晚睡前分别喝一杯营养配膳员送去的肠内营养液(表2-30)。

表2-30　术前食谱

餐次	食物名称
早餐	小花卷
	鸡蛋羹
	热拌青笋丝
	牛奶
午餐	汆丸子小面片
	清炒虾仁黄瓜丁(去皮)
	素烩土豆丁
午加餐	肠内营养粉剂(纤维型，56g/250ml)
晚餐	鸡汤龙须面
	烧蛋卷
	素烩西葫芦(去皮)
晚加餐	肠内营养粉剂(纤维型，56g/250ml)

2. 术前1天 口服营养补充(ONS)无渣肠道准备方案。经过2天的营养治疗,患者按计划明天将进行手术,营养技师再次到患者床旁进行营养指导。向患者说明,需要吃无渣流食来做肠道准备,按照要求服用,不能再吃其他食物。

营养配膳员送餐时,向患者说明,送来的是术前无渣流食,标准是共为5餐,用无纤维型肠内营养粉剂配制(56g/250ml),服用时间分别为7:00、9:00、11:00,15:00和17:00,每次食用250ml。

3. 术后第2天 清流食+补充性肠外营养(SPN)方案(表2-31、表2-32)。

表2-31 清食方案

时间	食物名称	规格(ml)
7:00	稀藕粉	100
9:00	去油乌鸡汤	100
11:00	菠菜汁米汤	100
15:00	稀杏仁霜	100
17:00	去油排骨汤	100
20:00	胡萝卜汁米汤	100

注:约可提供能量400kcal,蛋白质10g

表2-32 补充性肠外营养(SPN)方案

食物名称	规格(ml)
氨基酸注射液18AA-Ⅱ(8.5%)	500
结构脂肪乳	250
10%葡萄糖注射液	500
50%葡萄糖注射液	200
注射液12种维生素	10
多种微量元素注射液Ⅱ	10
丙氨酰谷氨酰胺注射液	100
10% 氯化钾注射液	30

注:静脉营养约提供能量1300kcal,氨基酸57.6g,热氮比114:1,糖脂比1.2:1。
肠内、外合计能量约1700kcal,蛋白质/氨基酸共计67.6g

(1)当患者想吃水果时,查房的营养科医师要告知患者现在还不能吃水果,只能试着喝一点儿清流食,看看胃肠耐受反应。

(2)当患者吃完清流食,还想喝粥时,营养配膳员应向患者解释,这是根据膳食医嘱配好的清流食。患者现在还不能吃固体食物，只能先吃些藕粉、鸡汤、米汤、杏仁霜一类的液体食物，全天分 6 餐吃，除正餐外还有 3 次加餐。

(3)当患者的女儿担心患者吃清流食，营养不够时，营养科医师向患者解释说明，清流食主要是让患者的胃肠道先适应一下手术后的新状况，后续会分阶段采用不同的治疗饮食帮助患者逐步过渡到吃正常饮食。此外，在患者的饮食摄入量没有达到身体营养需求量之前，营养科医师会为患者制订补充性肠外营养方案，不用担心营养不够。在今后逐步恢复饮食的任何阶段，如出现胃肠道不适，比如返酸、呕吐、腹痛、腹泻等，要请患者及时告知营养科医师，他们会根据情况及时为患者调整方案。

4. 术后第 4 天　流食＋补充性肠外营养(SPN)方案(表 2-33、表 2-34)。向患者说明情况，清流食已经改为流食。

表 2-33　清流食方案

时间	食物名称	规格
7:00	肠内营养粉	56g/250ml
9:00	菠菜汁米糊	200ml
11:00	肠内营养粉	56g/250ml
15:00	乌鸡汤	200ml
17:00	肠内营养粉	56g/250ml
20:00	乳清蛋白米糊	200ml

注：约可提供能量 1000kcal，蛋白质 45g

表 2-34　补充性肠外营养(SPN)方案

食物名称	规格
氨基酸注射液 18AA-Ⅱ(8.5%)	250
结构脂肪乳	250
10%葡萄糖注射液	500
注射液 12 种维生素	10
多种微量元素注射液Ⅱ	10

注：静脉营养约提供能量 750 kcal，氨基酸 19g

肠内外合计能量约 1750kcal，蛋白质/氨基酸共计 64g

(1)当患者不想吃流食，要求吃米饭时，营养配膳员应向患者解释，根据患者目前的情况，只能吃流食，流食和清流不完全一样，清流都是汤，粮食较少，而流食是把各种食物做成了糊状，方便患者消化，不久会过渡到胃切饮食，很快就能吃上正常饭了，让患者再耐心坚持一下。

(2)当患者担心经常吃糊状食物，营养跟不上时，营养科医师向患者解释，患者吃的流食的确是不够他的营养需求，但制订有补充性肠外营养方案，这样肯定能够满足患者的营养需求。还要提醒患者，胃手术后的饮食恢复过程一定要根据他的胃肠耐受情况，循序渐进地增加，千万不可以操之过急，否则容易引起吻合口瘘、肠梗阻等并发症，请患者再耐心点。

5. *患者术后恢复顺利时治疗饮食过渡到胃切饮食*　见表2-35。

表2-35　胃切饮食方案

餐次	食物名称
早餐	小花卷，鸡蛋羹，肉末粥，牛奶
早加餐	小蛋糕
午餐	氽金钱丸子龙须面，蓉鸡片
午加餐	肠内营养粉剂(纤维型，56g/250ml)，烤馒头片
晚餐	西红柿(熬汁)碎面片，鸡茸烩南豆腐
晚加餐	肠内营养粉剂(纤维型，56g/250ml)，小蛋糕

(1)从当天起吃胃切饮食，胃切饮食是专门针对胃部手术后的一种治疗饮食，都是些非常细软、容易消化的食物，有干有稀，不再是只喝汤。

(2)患者暂时还不能吃蔬菜，主餐只能吃些软烂细嫩的小丸子、龙须面、小面片；加餐除了肠内营养液以外，还可以吃一些烤馒头片、小蛋糕等促进患者唾液分泌的小零食，帮助患者增加营养物质的摄入和消化。

(六)患者化疗前的营养评价

1. *PG-SGA评估法营养评估*　患者顺利出院，术后1个月按计划入住肿瘤科26床准备开始化疗，主治医师通知营养科医师对其进行营养评估并提供营养治疗方案。营养技师采用PG-SGA评估法(工作表1至工作表5)对其进行营养评估：首先进行“病史问卷”，包括有“体重丢失情况”“膳食摄入情况”“影响饮食的临床症状”“活动和功能”；其次对“疾病和年龄”“代谢应激状态”的评分；再次进行“体格检查”，包括有脂肪、肌肉储备情况，如上臂围、三头肌皮褶厚度的测量，上臂肌围的计算；体液潴留或渗出情况，如小腿围的测量、水肿的检查等。

患者提供的主观整体营养状况评量表

(scored patient-generated subjective gobal assessment,PG-SGA)

工作表-1 PG-SGA 病史问卷表

PG-SGA 设计中的 Box 1-4 由患者来完成,其中 Box 1 和 Box 3 的积分为每项得分的累计,Box2 和 Box4 的积分基于患者核查所得的最高分。

<table>
<tr>
<td>体重
我现在的体重是 kg
我的身高是 m
1 个月前我的体重是 kg
6 个月前我的体重是 kg
最近 2 周内我的体重
下降(1)
无改变(0)
增加(0)

Box1 评分:4</td>
<td>膳食摄入(饭量)
与我的正常饮食相比,上个月的饭量
无改变(0)
大于平常(0)
小于平常(1)
我现在进食
普食但少于正常饭量(1)
固体食物很少(2)
流食(3)
仅为营养添加剂(4)
各种食物都很少(5)
仅依赖管饲或静脉营养(6)
Box2 评分:3</td>
</tr>
<tr>
<td>最近 2 周我存在以下问题影响我的饭量
没有饮食问题(0)
无食欲,不想吃饭(3)
恶心(1)
便秘(1)
口腔疼痛(2)
味觉异常或无(1)
吞咽障碍
疼痛:部位?

Box3 评分:__________</td>
<td>活动和功能
上个月我的总体活动情况是
正常,无限制(0)
与平常相比稍差,但尚能正常活动(1)
多数事情不能胜任,但卧床或坐着的时间不超过 12 小时(2)
活动很少,一天多数时间卧床或坐着(3)
卧床不起,很少下床(3)
Box4 评分:

Box1-4 的合计评分(A):__________</td>
</tr>
</table>

工作表-2 疾病和年龄的评分标准

分类	分数
肿瘤(cancer)	1
艾滋病(AIDS)	1
肺性或心脏病、恶病质	1

续表

分类	分数
褥疮、开放性伤口或瘘	1
创伤	1
年龄≥65 岁	1
评分	Box5

工作表-3 应激状态评分标准

应激状态	无(0 分)	轻度(1 分)	中度(2 分)	重度(3 分)
发热	无	37.2～38.3℃	38.3～38.8℃	≥38.8℃
发热持续时间	无	<72h	72h	>72h
糖皮质激素用量(强的松/d)	无	<10mg	10～30mg	≥30mg
评分				Box6

工作表-4 体格检查

项目	无消耗:0	轻度消耗:1+	中度消耗:2+	重度消耗:3+
脂肪				
眼窝脂肪垫	0	1+	2+	3+
三头肌皮褶厚度	0	1+	2+	3+
肋下脂肪	0	1+	2+	3+
肌肉				
颞肌	0	1+	2+	3+
背肩部	0	1+	2+	3+
胸腹部	0	1+	2+	3+
四肢	0	1+	2+	3+
体液				
踝部水肿	0	1+	2+	3+
骶部水肿	0	1+	2+	3+
腹水	0	1+	2+	3+
总体消耗的主观评估	0	1	2	3
评分				Box 7

工作表-5　PG-SGA 整体评估分级

项目	A级（营养良好）	B级（中度或可疑营养不良）	C级（严重营养不良）
体重	无丢失或近期增加	1个月内丢失5%（或6个月10%）或不稳定或不增加	1个月内大于5%（或6个月>10%）或不稳定或不增加
营养摄入	无不足或近期明显改善	确切的摄入减少	严重摄入不足
营养相关的症状	无或近期明显改善摄入充足	存在营养相关的症状（Box3）	存在营养相关的症状（Box3）
功能	无不足或近期明显改善	中度功能减退或近期加重（Box4）	严重功能减退或近期明显加重（Box4）
体格检查	无消耗或慢性消耗但近期有临床改善	轻中度皮下脂肪和肌肉消耗	明显营养不良体征如严重的皮下组织消耗、水肿

6. 疾病及其与营养需求的关系
所有相关诊断（详细说明）：
原发疾病分期：Ⅰ、Ⅱ、Ⅲ、Ⅳ、其他
年龄

评分(B)：1

7. 代谢需要量

评分(C)：0

8. 体格检查（见工作表4）

评分(D)：2

总体评量（见工作表5）	PG-SGA 总分
A级（营养良好）　B B级（中度或可疑营养不良） C级（严重营养不良）	14 评分：A+B+C+D

患者姓名：　年龄：　住院号：　临床医师签名：　记录日期：

营养支持的推荐方案

根据PG-SGA总评分确定相应的营养干预措施，其中包括对患者及家属的教育指导、针对症状的治疗手段，如药物干预、恰当的营养支持。

0～1分：此时无须干预，常规定期进行营养状况评分。

2～3分：由营养师、护士或临床医师对患者及其家属进行教育指导，并针对症状和实验室检查进行恰当的药物干预。

4～8分：需要营养干预及针对症状的治疗手段。

≥9分：迫切需要改善症状的治疗措施和恰当的营养支持。

2. 评估结果　根据营养评估结果，患者存在营养不良，需要立即进行营养支持，营养科医师将为患者增加肠内营养液来进行口服营养补充。

3. 化疗前　高蛋白少渣半流食食谱（表2-36）＋口服营养补充（ONS）方案。

表2-36　化疗前高蛋白少渣半流食食谱

餐次	食物名称
早餐	小花卷，鸡蛋羹，肠内营养粉剂（纤维型，56g/250ml）
午餐	氽丸子小面片，清炒虾仁黄瓜丁（去皮），素烩土豆丁
午加餐	肠内营养粉剂（纤维型，56g/250ml）
晚餐	鸡汤龙须面，烧蛋饺，素烩西葫芦（去皮）
午加餐	肠内营养粉剂（纤维型，56g/250ml）

4. 化疗后的肠外营养方案　经过几天的营养治疗，患者开始进行化疗，但是化疗用药后，患者出现较重的恶心、呕吐症状。临床主治医师预计其1周内不能恢复足量的饮食，请营养科医师对其进行会诊，协助调整营养治疗方案。营养科医师制定静脉营养方案来保证患者的营养供给（表2-37）。

表2-37　补充性肠外营养（SPN）方案

食物名称	规格（ml）
氨基酸注射液18AA-Ⅱ（8.5%）	500
结构脂肪乳	250
鱼油脂肪乳	100
10%葡萄糖注射液	1000
50%葡萄糖注射液	200
注射液12种维生素	10
多种微量元素注射液Ⅱ	10
丙氨酰谷氨酰胺注射液	100
10%氯化钾注射液	30

注：静脉营养约提供能量1650 kcal，氨基酸57.6 g，热氮比145∶1，糖脂比1.5∶1

(七)患者出院后的营养指导

患者化疗结束，准备出院休养，按照临床营养治疗标准化流程，营养工作人员给予其出院后的饮食营养指导。

1. 营养配膳员告诉患者，出院回家后千万不能大鱼大肉地急补，饮食要清淡些，吃一些软的、易消化的东西。过硬的食物最好不要吃，烹调时也要避免使用刺激性的调料；请患者填写住院患者饮食情况调查表，提升膳食质量，提高服务满意度。

2. 营养科医师给患者提供营养建议和参考食谱，供患者回家后使用。

案例3　膳食营养在多脏器衰竭治疗中的实际应用

(一)病情简介

患者女性，72岁，主因左下肢水肿1个月余，腹痛20天，发热9天，于2016年5月1日入住解放军总医院心血管内科治疗。患者于2016年4月1日不慎跌倒摔伤导致左小趾骨折，卧床休息1个月余，后逐渐出现左下肢水肿，伴腰部及左下肢疼痛，活动受限，家人协助按摩疼痛部位效果不明显。4月10日开始，患者无明显诱因腹痛，多发生于餐后1小时左右，呈全腹弥漫性绞痛，伴恶心无呕吐，经对症治疗后好转。4月21日无明显诱因出现发热，体温高达39.5℃，就诊于当地医院，诊断泌尿系感染，静脉注射头孢哌酮钠舒巴坦钠抗感染治疗，症状好转。入院体格检查：体温37.7℃，脉搏127次/分，呼吸23次/分，血压96/56mmHg。贫血貌，表情痛苦，精神状态差，被动体位。四肢皮肤可见多处瘀斑，左足背外侧可见一大小约为13cm×13cm不规则形皮肤破溃，有少量液体渗出，左足背可见大小约7cm×7cm水疱，水疱部分破溃，水疱下可见白色组织；左侧大腿周径69.5cm，右侧大腿周径54.5cm。左侧小腿周径34.5cm，右侧小腿周径29.5cm，左侧肢体较右侧肢体肿胀。既往有糖尿病病史15年，否认传染病病史，否认吸烟饮酒，否认手术史。

(二)入院诊断

①急性肺栓塞；②双下肢静脉血栓形成；③低蛋白血症；④重度贫血；⑤电解质紊乱，低钾低钠血症；⑥2型糖尿病，糖尿病足。

(三)主要检查结果

主要检查结果见表2-38。

表 2-38 主要检查结果

检查日期	检查项目	检查结果
2016 年 4 月 21 日	肺动脉 CT	肺动脉血栓
2016 年 5 月 1 日	血常规	血红蛋白 69g/L
		红细胞计数 2.11×10^{12}/L
		白细胞 11.54×10^{9}/L
		C 反应蛋白测定 17.2mg/dl
2016 年 5 月 1 日	急诊生化	总蛋白 50g/L
		人血白蛋白 24.4g/L
		血钾 3.39mmol/L
		血钠 125.0mmol/L
2016 年 5 月 1 日	凝血四项	国际标准化比值 1.32
2016 年 5 月 4 日	双下肢超声	左下肢深静脉血栓，右小腿肌间静脉血栓形成

(四)护理评估

疼痛评估 5 分，压疮风险评估 14 分，跌倒坠床危险评估 3 项危险因素，导管滑脱风险评分 7 分，低效性呼吸型态，生活自理能力完全依赖，存在静脉外渗、感染、猝死的风险。

(五)营养评估

使用入院患者床旁营养评估表，营养评分 3 分。

(六)营养判断

需要进行饮食干预。

(七)临床治疗

根据患者肺栓塞、低蛋白血症、重度贫血、电解质紊乱、低钾低钠血症、2 型糖尿病并伴有发热，食欲差。临床医师下达“A 型悬浮红细胞 2U”、人血白蛋白 10g、10%氯化钾注射液 10ml+门冬氨酸钾镁注射液 20ml+5%葡萄糖注射液 500ml+胰岛素注射液 6U 静脉输入、0.9%氯化钠注射液 20+10%氯化钠注射液 30ml 静脉泵入。大静脉营养液支持治疗，营养科医师会诊下达膳食医嘱为糖尿病高蛋白贫血饮食。

(八)营养治疗

糖尿病高蛋白贫血饮食饮食原则如下。

1. 高蛋白膳食原则:在供给充足能量的基础上,增加饮食上的蛋白质,每天总量要在90~120g,但以不超过摄入能量的20%为原则,其中蛋、奶、鱼、肉等优质蛋白质占50%~67%;对食欲良好的患者可在正餐中增加蛋、肉、奶等优质蛋白质丰富食物;对食欲欠佳患者可采用含40%~90%蛋白质的高蛋白配方制剂,如酪蛋白、乳白蛋白、大豆分离蛋白等制品,以增加其蛋白质摄入量。

2. 贫血膳食原则:主要是提供足够的造血原料,使血内红细胞和血红蛋白含量恢复正常。制造红细胞和血红蛋白所必需的物质,主要为蛋白质、铁和少许铜。叶酸、维生素 B_{12} 是红细胞发育生长不可缺少的因素。首先要采用含铁质丰富的动物肝和其他内脏;其次是瘦肉和蛋类、豆类。

3. 糖尿病膳食原则:食物成分比例分配糖类(主食、薯类、水果、甜食等)占50%~55%,采取平衡膳食、食物的选择多样化,营养应合理,提倡定时定量进餐。标准是根据患者的体型胖瘦程度和体力活动需要将每日三餐中的主食量大致固定。脂肪(动物油、植物油、脂、动物内脏、外皮、肥肉,植物的果实、坚果等)占20%~30%;蛋白质(由氨基酸所组成的物质,牲畜类的肉、奶,蛋类,植物蛋白,如豆类等、芝麻、瓜子及干果类)占15%~20%。

4. 根据膳食医嘱,营养科医师建议每日进食蛋白质含量达到每千克体重1.5g,血糖由药物控制。下达营养治疗的食谱:每天主食300g(含薯类)、肉类40g、蔬菜500g,其中绿叶类蔬菜300g、奶类225g、整鸡蛋1个,鸡蛋清1个、油25g,多吃菠菜、木耳、口蘑等。患者同时伴有低钾低钠,可早晚餐后增加1个橙子。

5. 营养室根据营养科医师下达营养治疗的食谱,确定具体菜单(表2-39)。

表2-39 糖尿病高蛋白贫血食谱(初期)

餐次	食物名称及主要原料重量
早餐	双色小馒头:标准粉50g,黑米粉25g
	椒油口蘑小油菜:小油菜50g,口蘑50g
	纯牛奶1杯:牛乳(强化AD)125ml
	白水煮蛋:60g
早加餐	水果:橙子150g
午餐	白米饭:稻米75g
	蒸红薯:红薯75g

续表

餐次	食物名称及主要原料重量
晚餐	牛肉笋片木耳:牛肉(瘦)20g,莴笋 50g,黑木耳(发)20g 黄瓜木耳炒猪肝:猪肝 20g,黄瓜 40g 菠菜炒蛋白:菠菜 180g,蛋白(2 个)60g 红枣银耳莲子羹(无糖):红枣 10g,银耳(干)3g,莲子 10g 杂粮饸烙面:荞麦面 75g,猪肉 20g,胡萝卜 15g,土豆 15g,口蘑 15g 青菜炒豆腐:豆腐(北)50g,小白菜 55g 无糖酸奶 1 杯:100g
晚加餐	水果:橙子 150g

提供能量 1982.5kcal,蛋白质 101g,脂肪 44.9g,糖类 293.5g

(九)左足背伤口护理

由于患者营养状况较差,左下肢水肿,伤口破溃严重难以愈合并伴有液体渗出,影响患者下床活动,遂请创面修复科医师会诊,给予评估伤口情况,制订治疗方案如下。

1. 清洁创面　生理盐水冲洗局部,去除水疱坏死表皮,皮下组织无缺血坏死,无须特殊处理。

2. 局部用药　伤口表面喷洒皮肤创面无机诱导敷料(德莫林药物),外层使用泡沫敷料覆盖,保持伤口清洁状态。

3. 创面包扎　弹力绷带加压包扎,松紧度适宜,抬高患肢,以不影响患者活动为宜。

4. 定期换药　每 3 日换药 1 次,每次换药时均要去除坏死组织,生理盐水冲洗,局部喷洒皮肤创面无机诱导敷料(德莫林药物),保持局部清洁干燥。

(十)治疗 10 天后效果评价

1. 评估患者营养状况　膳食营养治疗护理 10 天后,患者自诉食欲较前明显好转,进食量有所增加,左下肢水肿消退,体重较前减轻 2kg。2016 年 5 月 11 日血常规检查:血红蛋白 80g/L、红细胞计数 3.12×10^{12}/L。2016 年 5 月 11 日急诊生化检查:总蛋白 52g/L、人血白蛋白 30.2g/L、血钾 4.0mmol/L、钠 130.0mmol/L。

2. 营养会诊记录　通过 10 天药物及膳食治疗后患者营养状况有所改善,考虑患者长期摄入高蛋白质饮食容易影响肾功能,同时导致血钙流失,建议将食物中蛋白质含量降低至每千克体重 1.3g。补铁可多选用鸭肝、鸭血、猪肝等,同时晚上可加餐一次脱脂牛奶或酸奶。

与营养室沟通将菜单调整如下(表 2-40)。

表 2-40　糖尿病高蛋白质贫血食谱(中期)

餐次	食物名称及主要原料重量
早餐	红枣黑米面发糕:标准粉 50g,黑米粉 25g,红枣 10g
	香菇拌小油菜:小油菜 50g,口蘑 50g
	鲜豆浆 1 杯:豆浆 200ml
	白水煮蛋:60g
早加餐	水果:橙子 150g
午餐	白米饭:稻米 75g
	蒸玉米:玉米 75g
	秋葵炒瘦肉:牛肉(瘦)20g,秋葵 50g,红彩椒 10g
	盐水鸭肝:鸭肝 20g
	虾仁炒菠菜:菠菜 200g,虾仁 20g
	木耳豆腐汤:豆腐(北)50g,木耳 40g
晚餐	家常肉饼:标准粉 75g,猪肉 20g,小葱 5g
	蒜蓉西蓝花口蘑:西蓝花 90g,口蘑 10g,大蒜 5g
	无糖酸奶 1 杯:225g
晚加餐	水果:橙子 150g

注:提供能量 1753.8kcal,蛋白质 81.2g ,脂肪 37.9g,糖类 288.6g

3. 伤口评估　左足背伤口恢复良好,创面明显缩小,左足背外侧可见 6cm×6cm 不规则形皮肤破溃,无液体渗出,皮下组织红色;左足背可见大小约 2cm×2cm 皮肤破溃,可见新生肉芽组织。创面修复科医师会诊建议,可用碘附消毒局部,继续喷洒皮肤创面无机诱导敷料(德莫林),表面使用无菌纱布覆盖,保持伤口清洁、干燥。

(十一)治疗 18 天后效果评价

1. 评估患者营养状况　患者食欲好,可自行如厕,血糖控制在正常范围,体重无明显变化。2016 年 5 月 19 日血常规检查:血红蛋白 100g/L、红细胞计数3.98×10^{12}/L。2016 年 5 月 19 日急诊生化检查:总蛋白 57g/L、人血白蛋白 36.3g/L、血钾 4.48mmol/L、钠 141.0mmol/L。

2. 营养会诊记录　患者临床治疗效果好,低蛋白血症及贫血已基本得到改善,血糖在药物控制下波动在正常范围,根据临床医师计划近期可以出院,建议患者出院后继续营养膳食治疗，可多进食猪肉、牛肉、羊肉等红肉，以补充丰富的优质蛋白质，同时，红肉里的血红素铁不受各种“抗营养”物质的干扰，可以顺利被人体吸收。

3. 膳食建议

(1)膳食治疗持续至患者低蛋白血症及贫血完全纠正以后。

(2)在原有饮食基础上每日蛋白质含量减至每千克体重1.2g。

(3)含铁较多的蔬菜有菠菜、芹菜、油菜、萝卜缨、苋菜、番茄等，含铁质比较多的水果有杏、桃、李、葡萄干、红枣、樱桃等。可结合患者实际情况选择进食的食物。

(4)以食用营养配餐为主，若自行摄入其他饮食需详细记录。

(5)食谱调整后具体膳食如下(表2-41)。

表2-41　糖尿病高蛋白质贫血食谱(后期)

餐次	食物名称及主要原料重量
早餐	玉米面小发糕：标准粉40g，玉米粉25g
	拌三丝：黄瓜50g，胡萝卜50g，豆腐丝25g
	无糖藕粉1杯：藕粉10g
	白水煮蛋：60g
早加餐	水果：橙子150g
午餐	白米饭：稻米75g
	煮芋头：芋头75g
	双色羊肉粒：羊肉(瘦)40g，红彩椒35g，青笋35g
	苦瓜炒木耳：木耳50g，苦瓜50g
	白灼芥蓝：芥蓝120g
	菠菜鸭血汤：鸭血20g，菠菜30g，粉丝10g
晚餐	五香发面饼：面粉75g
	香菇小油菜：油菜50g，香菇15g，口蘑15g
	丝瓜烩豆腐：豆腐(北)50g，丝瓜50g
	无糖酸奶1杯：225g
晚加餐	水果：橙子150

注：提供能量1876.5kcal，蛋白质75.9g，脂肪49.8，糖类280.9g

(十二)左足背伤口治疗效果评价

经过18天用药治疗，左足背伤口已基本治愈，患者可正常下床活动，左足背外侧可见 1cm×1cm 皮肤破溃，已结痂，无液体渗出，其余部位伤口已愈合。创面修复科医师会诊建议，继续使用德莫林喷洒局部，直至伤口完全愈合。

(十三)出院

入院后积极完善各项相关检查，对症治疗，患者病情平稳后于 2016 年 5 月 21 日出院，共住院 20 天。

出院诊断：急性肺栓塞；双下肢静脉血栓形成；低蛋白血症；重度贫血；电解质紊乱，低钾低钠血症；2 型糖尿病，糖尿病足。

(十四)讨论

1. 疾病的康复除了规范的医疗治疗外也离不开营养膳食治疗，临床营养膳食治疗是现代医学综合治疗的重要组成部分，医院膳食作为营养治疗的实现载体显得越来越重要。医院膳食是根据疾病的病理生理特点，按不同的疾病制定符合其特征的饮食治疗方案和特定的饮食配方而制作的疾病饮食。该患者在糖尿病、低蛋白血症、贫血的治疗中，医院膳食直接起到了重要的治疗与辅助治疗作用。该患者左足背外侧有两处皮肤破溃，有少量液体渗出，形成溃疡面，丢失大量蛋白，影响伤口愈合，增加感染的风险，在进行局部伤口换药的同时，要改善患者全身营养状况，住院期间通过营养膳食的治疗护理，伤口愈合良好，未发生感染，疾病得到很好的转归，患者和家属满意出院。

2. 医护、营养、创面修复科、配膳等多学科联合诊治，临床医护人员针对患者病情进行评估，营养评估≥3 分，由临床营养医师针对患者的各项生理指标进行分析、评估，通过对患者膳食的科学调配，制作个性化、定量化的治疗膳食，使患者通过摄入健康、严谨、合理的营养膳食，促进各项生理指标趋于正常，实现体内代谢平衡，达到辅助治疗、恢复健康的目的。

3. 在慢性疾病治疗中，机体代谢出现紊乱，所以根据疾病来调节营养与饮食以达到治疗目的是至关重要的。营养膳食治疗是一个漫长的过程，患者可通过长期规律的进行饮食调配，将疾病控制在一个理想范围。

4. 通过临床营养膳食的配合治疗，患者机体各项指标均达正常，左足背皮肤破溃处基本痊愈，能正常行走。嘱患者出院后继续加强营养，监测血糖、血常规及血生化，左侧足背伤口坚持换药。

第3章 营养配膳营养知识

一、人体所必需的营养素和热量

(一)人体所需要的营养素

1. 人体所需要的营养素包括哪些种类?

人体生命活动所需的营养素按结构和功能可分为六大类,即蛋白质、脂类、糖类、维生素、矿物质、水。根据人体对各种营养素的需要量或体内含量多少,可将营养素分为宏量营养素和微量营养素。蛋白质、脂类、糖类为宏量营养素;维生素和矿物质为微量营养素。

2. 什么是糖类?糖类分为哪几类?

糖类是由碳、氢、氧三种元素组成的有机化合物。糖类按化学结构及生理作用分为糖(1~2个单糖)、寡糖(3~9个单糖)、多糖(10个以上的单糖)。

3. 为什么使用糖醇作为糖尿病患者食品中的甜味剂?

糖醇是一类多羟基醇,常用的有山梨糖醇、甘露醇、麦芽糖醇、木糖醇和混合糖醇等,因为糖醇的代谢不需要胰岛素,可以作为糖尿病患者食品中的甜味剂。

4. 什么是益生元?

益生元是指不被人体消化和吸收,能够选择性地促进宿主肠道内原有的一种或几种有益细菌(益生菌)生长繁殖的物质,通过有益菌的繁殖增多,抑制有害细菌生长,从而达到调整肠道菌群,促进机体健康的目的。最具有代表性的有乳果糖、异麦芽低聚糖等。

5. 什么是糖原?

糖原是动物体内多糖的储存形式,也是葡萄糖的聚合物,在维持血糖的过程中发挥着重要的作用。

6. 糖类的主要消化和吸收部位及最终产物是什么?

小肠消化和大肠的发酵。消化吸收主要在小肠完成。糖类消化后的最终产物是葡萄糖、果糖、半乳糖等单糖。

7. 葡萄糖的主要作用是什么?

(1)葡萄糖可以直接被组织利用,经分解代谢提供能量。

(2)一部分葡萄糖在肝和肌肉内合成糖原储存起来,对于维持血糖稳定、为肌肉活动等提供能量方面具有重要的意义。

(3)过量的葡萄糖还可以转化成脂肪。

以上这些代谢过程相互联系和制约,维持糖类代谢的稳定。

8. 什么是血糖?

血糖是指血液中的葡萄糖,主要来源于食物中消化吸收的葡萄糖,以及来自肝糖原酵解和糖异生作用。

9. 什么是糖异生?

非糖的前体物质,如丙酮酸、甘油、乳酸和绝大多数氨基酸、三羧酸循环的中间代谢物等转变为葡萄糖和糖原的过程。糖异生的重要作用在于维持体内正常血糖浓度。特别是在体内糖的来源不足时,利用非糖物质转化成糖,以保证血糖的相对稳定。

10. 血糖水平主要是由什么调节的?

血糖水平受神经和激素的调节,胰岛素是调节血糖的主要激素,能够加快血糖进入肌肉细胞和肝细胞的速度,促使葡萄糖合成糖原,加速葡萄糖的氧化利用,抑制糖异生,从而降低血糖的浓度,当体内胰岛素分泌不足时,会出现高血糖症,发生糖尿病。除胰岛素外,胰高血糖素、肾上腺激素、甲状腺激素、生长激素、糖皮质激素等在血糖调节过程中发挥着重要的作用。

11. 糖类的营养学意义是什么?

糖类是生命细胞结构的主要成分及主要功能物质,并具有调节细胞活动的重要功能。

供给能量，构成机体重要的生命物质，节氮作用，抗生酮作用，解毒作用，增强肠道作用。

12. 常见的单糖有哪些？

葡萄糖、半乳糖、果糖。

13. 糖类通过什么方式提供机体能量？

糖类在体内被消化后，主要以单糖的形式存在。每克葡萄糖在体内氧化可以产生 4kcal 的能量，氧化的最终产物是二氧化碳和水。糖类被消化吸收后转变成的葡萄糖除了被机体直接利用，还以糖原的形式储存在肝和肌肉中。

14. 糖类主要以哪些形式构成机体组织细胞？

细胞中的糖类主要以糖脂、糖蛋白和蛋白多糖的形式存在细胞膜、细胞器、细胞质和细胞间质中。

15. 什么是糖类的节氮作用？

当膳食中糖类供应不足时，机体为了满足自身对葡萄糖的需要，则通过糖原异生作用产生葡萄糖，不需要动用蛋白质来供能，这一部分作用被称为糖类的节氮作用。

16. 糖类摄入不足时会导致酮症吗？

膳食中充足的糖类可避免脂肪不完全氧化而产生过量的酮体。如果膳食中糖类供应不足，体内的草酰乙酸相应减少，脂肪酸则不能完全被氧化而产生大量的酮体，酮体不能及时被氧化而在体内蓄积，会导致酮血症和酮尿症。

17. 什么是糖类的解毒作用？

肝的葡萄糖醛酸是一种非常重要的解毒剂，能与许多有害的物质(如细菌毒素、乙醇、砷等)结合并排出体外。

18. 非淀粉多糖怎样增加肠道功能？

非淀粉多糖，如纤维素、果胶、抗性淀粉、功能性低聚糖等不易消化的糖类，能刺激肠道蠕动，增加粪便容积，选择性地刺激肠道中有益菌群的生长，对于维持正常肠道功能，减少毒物与肠道细胞的接触时间，保护人体免受有害菌的侵袭有重要的作用。

19. **糖类的主要来源是什么?**

糖类主要来源于植物性食物,如谷类、薯类、豆类、根茎类蔬菜、含淀粉类的坚果,以及其他水果、蔬菜也含有一定量糖类。乳制品中的乳糖也是一种特殊的糖类。其他的来源主要是糖果、甜食、含糖饮料等。

20. **什么是蛋白质?**

蛋白质是由氨基酸组成的化学结构复杂的一大类有机化合物。

21. **什么是氨基酸?**

氨基酸是组成蛋白质的基本单位,以肽键相连接并形成一定的空间结构。

22. **组成人体的氨基酸种类及什么是必需氨基酸?**

组成人体的氨基酸共有20种。人体及所有食物中的蛋白质所含有的20种氨基酸,大部分可以在体内合成,其中8种氨基酸,人体不能自行合成的,必须从食物中摄取,被称之为“必需氨基酸”:苯丙氨酸、亮氨酸、异亮氨酸、蛋氨酸、缬氨酸、赖氨酸、色氨酸和苏氨酸。此外,组氨酸对婴幼儿的生长也是必需的。

23. **蛋白质如何进行消化吸收?**

食物中的蛋白质首先经胃液中的胃蛋白酶消化,其后在小肠中完成消化吸收过程。蛋白质最终被水解成氨基酸,通过小肠主动运转的过程进入体内,与机体组织蛋白质降解产生的氨基酸一起组成体内氨基酸代谢池,用于合成机体所需的新的蛋白质和含氮的生命活性物质。

24. **蛋白质有哪些营养学意义?**

构成和修复机体组织,维持体液的平衡,维持酸碱平衡,形成激素和酶,构成抗体,供给能量。

25. **蛋白质如何构成和修复机体组织?**

蛋白质是构成生命的重要物质基础,人体的一切细胞组织和具有重要生理作用的物质都有蛋白质参与构成。蛋白质处于不断分解和合成的动态变化中,体内蛋白质分解释放的氨基酸大部分可以被机体再利用,但也有一部分会丢失,因此机体需要摄入一定量的蛋白质用于组织蛋白质的更新。婴幼儿、儿童、青少年、孕妇和哺乳期女性还需要合成额外的蛋白质以合成新组织、维持生长发育和乳汁分泌的需要。

26. 蛋白质缺乏将导致何种后果?

长期缺乏蛋白质将导致机体严重营养不良,健康状况受损。儿童长期蛋白质缺乏会造成生长发育迟缓、淡漠、贫血等情况。如果体内蛋白质丢失超过20%,生命活动就会停止,这种情况可见于严重恶病质的患者。

27. 体内的蛋白质有哪几种?

体内蛋白质的种类数以千计,其中包括所有的酶类;多种具有重要的调节作用的激素类;运输氧的血红蛋白;调节酸碱平衡、维持体液平衡及运送营养物质的各种血浆蛋白,具有免疫功能的抗体,各种神经递质及胶原蛋白等。

28. 蛋白质在什么情况下会供给人体能量?

通常情况下供能不是蛋白质的主要功能,但也有一小部分氨基酸不被利用合成新的蛋白质而分解产生热量。在特殊情况下,当糖和脂类摄入不足时,蛋白质的分解代谢增强,来供给机体所需的能量。

29. 什么是氮平衡状态?

机体摄入氮量和通过粪便、尿液和皮肤等途径排出的氮量在一定时间内基本相等,形成氮平衡。

30. 哪些人群处于正氮平衡状态或处于负氮平衡?

如果摄入氮量高于排出氮量则称为正氮平衡,如婴幼儿、青少年、孕妇、哺乳期女性。如果摄入氮量少于排出氮量则称为负氮平衡,如蛋白质摄入不足、创伤、慢性消耗性疾病等。

31. 蛋白质在烹调时有什么变化?

食物中的蛋白质在烹调过程中,主张急火快炒,可使蛋白质凝固变性,易消化,烧肉、制汤时不可过早加入食盐,否则会降低蛋白质的水解效果,影响口味。

32. 蛋白质根据所含必需氨基酸可分成几类?

(1)完全蛋白质:所含氨基酸种类齐全、数量充足,相互间的比例适合人体的需要,维持人体健康,并能促进儿童的生长发育。

(2)半完全蛋白质:所含必需氨基酸种类尚齐全、含量多少不均,互相之间的比例不适合人体的需求。

(3)不完全蛋白质:所含的必需氨基酸种类不全,膳食作为蛋白质的唯一来源时，不能维持机体健康，更不能促进生长发育。

33. 什么是优质蛋白质？

食物蛋白质的氨基酸模式越接近人体蛋白质氨基酸模式，则这种蛋白质越容易被人体吸收利用，称为优质蛋白质。例如动物蛋白质中的蛋、奶、肉、大豆蛋白质等。

34. 如何评价膳食蛋白的营养价值？

从食物的蛋白质含量、消化吸收程度和被人体利用程度三方面来全面地评价。

35. 蛋白质的消化率主要受什么因素的影响？

食物蛋白质消化率受到食物所含蛋白质性质、膳食纤维、多酚类物质和酶反应等因素影响。一般来说，植物性食物因含有膳食纤维，比动物性食物蛋白质消化率要低，但经过加工破坏或去除纤维素后，即可以提高植物蛋白质的消化率。

36. 什么是蛋白质的净利用率？

蛋白质的净利用率是指蛋白质在体内被利用的程度，是将蛋白质生物价和消化率结合起来评定蛋白质的营养价值。

$$\text{蛋白质净利用率}=\text{生物价}\times\text{消化率}=\frac{\text{氮储留量}}{\text{氮摄入量}}\times 100\%$$

37. 什么是蛋白质的功效比值？

蛋白质功效比值是一种比较简单的测定膳食蛋白质营养价值的方法，是指摄入单位重量的蛋白质所增加的体重。即在实验期间内，被测动物平均每摄入 1g 蛋白质所增加的体重克数。

38. 什么是氨基酸评分？

氨基酸评分也称为蛋白质化学评分，是目前应用较为广泛的一种蛋白质营养价值评价方法，不仅适用于单一食物蛋白质的营养价值评价，还可用于混合食物蛋白质的营养价值评价。

$$\text{AAS}=\frac{\text{被测食物蛋白质每克氮或蛋白质氨基酸含量(mg)}}{\text{理想模式或参考蛋白质每克氮或蛋白质氨基酸含量(mg)}}\times 100$$

39. 如何提高膳食蛋白质营养价值及应遵循什么原则？

(1)搭配的食物种类愈多愈好：在日常生活中提倡饮食多样化，不仅能提高食欲，促进吸收，而且氨基酸的种类齐全，能充分发挥蛋白质的互补作用。

(2)食物的种属越远越好:如动、植物之间的搭配,比单纯植物之间的搭配更利于提高蛋白质的生理价值。

(3)最好几种食物同时吃:在日常膳食中,提倡荤素杂吃,粮菜兼食,粮豆混食,粗粮细做等方法调配膳食。

40. 膳食蛋白质主要来源于哪些食物及各有什么特点?

膳食蛋白质广泛存在于动、植物性食物中。动物性蛋白质的营养价值优于植物蛋白质。蛋类蛋白质含量为11%～14%,氨基酸模式比较合适,是优质蛋白质的主要来源。奶类蛋白质含量为3.0%～3.5%,是婴幼儿蛋白质的最佳来源。畜、禽肉类和鱼虾类的蛋白质含量为15%～22%。植物性食物中谷类蛋白质在6%～10%,含量虽不高,但因其作为主食,仍然是膳食蛋白质的主要来源。

41. 蛋白质推荐摄入量是多少及占总能量的多少?

中国营养学会新修订的蛋白质推荐摄入量(RNI),成年男、女从事轻体力活动分别为75g/d和65g/d,中体力活动分别为80g/d和70g/d,重体力活动分别为90g/d和80g/d。

不同人群蛋白质推荐摄入量有所不同,一般占总能量的10%～15%,儿童、孕妇、哺乳期女性、慢性消耗性疾病患者适当增加。

42. 脂类包括什么及其共同特点是什么?

脂类是脂肪和类脂的总称。它们的共同特点是难溶于水,能溶于有机溶剂。

43. 什么是脂肪及在人体中如何储存?

脂肪是由一分子甘油和三分子脂肪酸结合而成,又称为三酰甘油。正常人脂肪占体重的14%～19%,主要以三酰甘油形式储存于脂肪组织内,主要存在皮下、腹腔等处,称为储存脂肪。这部分脂肪可随营养状况和机体活动而增减,称为动脂或可变脂。磷脂和固醇类等类脂,约占体内总脂的5%,比较稳定,不易受营养和机体活动状况的影响,称为定脂。

44. 什么是脂肪酸?

脂肪酸是构成脂类的基本物质,化学分子式是$CH_3[CH_2]nCOOH$,已知的天然脂肪酸有50多种。

45. 脂肪酸的分类方法有哪些?

(1)按碳链的长短分类:含2～6个碳原子的为短链脂肪酸;含8～12个碳原子

的为中链脂肪酸;含14～26个碳原子的为长链脂肪酸。

(2)按照碳链上相邻两个碳原子之间含有不饱和双键的数量分类:可分为饱和脂肪酸和不饱和脂肪酸;饱和脂肪酸不含双键,不饱和脂肪酸含有一个或多个双键,含一个不饱和双键的称为单不饱和脂肪酸,含有两个或两个以上不饱和双键的称为多不饱和脂肪酸。

46. 脂肪酸如何命名?

通常用ω或n来表示不饱和脂肪酸中不饱和键的位置,从脂肪酸甲基端的碳原子算起,如亚油酸为ω6,9,说明亚油酸第6位和第9位碳原子为不饱和键。所有第一个不饱和键位于第3、第6、第9位的脂肪酸,均归于ω3、ω6、ω9系脂肪酸。

47. 什么是反式脂肪酸?

根据脂肪酸的空间构型,将脂肪酸分为顺式脂肪酸和反式脂肪酸,大部分反式脂肪酸是对植物油进行氢化处理时产生的。主要存在于氢化植物油、人造黄油。

48. 反式脂肪酸会对人体健康带来什么影响?

膳食中反式脂肪酸摄入过多,可使血液中低密度脂蛋白胆固醇含量增加,同时引起高密度脂蛋白胆固醇的降低,能明显增加心血管病的危险性。

49. 食物中的脂肪主要包括哪些脂肪酸?

动物脂肪中饱和脂肪酸和单不饱和脂肪酸含量较多,海生动物和鱼也富含不饱和脂肪酸,植物油中普遍含有亚油酸,紫苏籽油、亚麻籽油中α-亚麻酸较多,而可可籽油、椰子油和棕榈油则富含饱和脂肪酸。

50. 脂肪如何消化吸收?

脂肪的消化主要在小肠段进行,在胆汁和各种脂肪酶的作用下形成脂肪微团。脂类消化产物主要在十二指肠下段和空肠上段吸收,脂肪水解后的小分子,如甘油、短链和大部分中短链脂肪酸可直接被小肠黏膜吸收,在肠黏膜细胞内酶的作用下水解成甘油和脂肪酸,经肝门静脉进入血液循环;小部分中链脂肪酸、单酰甘油和长链脂肪酸吸收入肠黏膜后,重新合成三酰甘油,以乳糜微粒的形式经淋巴进入血液循环。

51. 脂类如何给人体提供能量?

1g脂肪在体内氧化可产生9kcal能量,是三大营养素(脂类与蛋白质、糖类)中产能最高的。一般合理膳食的总能量有20%～30%由脂肪提供。

52. 脂类主要以什么形式构成机体组织和重要物质?

脂肪广泛存在于人体内,主要分布在皮下、腹腔大网膜及肠系膜处。脂类也是构成人体细胞的重要成分,在维持细胞结构和功能中起着重要的作用。磷脂是所有细胞膜(包括细胞膜、内质网膜、线粒体膜、核膜、神经髓鞘膜及红细胞膜等)重要组成成分,生物膜的结构和功能与所含脂类关系密切,膜上许多酶蛋白均与脂类结合而存在并发挥作用。

53. 什么是必需脂肪酸?

必需脂肪酸是指人体不能合成的,必须从食物中摄取的脂肪酸,如亚油酸和α-亚麻酸。亚油酸是维持人体健康所必需的脂肪酸。

54. 食用油脂主要来源是什么?

动物脂肪、植物种子、坚果类是油脂的主要来源。各种植物种子及坚果含有比较丰富的必需氨基酸,植物种类不同,脂肪酸的含量也不一样。

55. 脂肪的参考摄入量是多少?

中国营养学会推荐的脂肪供能占全日摄入总能量的适宜摄入量(AI):成年人为20%～30%,儿童、青少年为25%～30%,幼儿为30%～35%,7～12月龄的婴儿为35%～40%,6月龄的婴儿为45%～50%。重体力劳动者为了保证能量的供给,可适当调高脂肪的摄入量。

56. 什么是维生素?

维生素是维持机体正常生理功能及细胞内特异代谢反应所必需的一类低分子有机化合物。其在体内含量极微,但在机体的生长、发育、代谢等过程中起重要的作用。

57. 维生素的特点有哪些?

(1)一般是以其本体形式或前体形式存在于天然食物中,体内不能合成或合成很少,必须由食物供给。

(2)在生理上既不是机体组织的结构成分,也不是能量来源。

(3)许多维生素常以辅酶或辅基的形式参与酶的构成,维持酶的活性。

(4)生理需要量少,但绝不能缺少,否则会引起相应的维生素缺乏症。

(5)有些维生素具有几种生物活性相近、结构类似的化合物,如维生素 A_1 和维生素 A_2,维生素 D_1 和维生素 D_2。

58. 脂溶性维生素的特点是什么?

(1)溶于脂肪及有机溶剂,不溶于水。

(2)在食物中与脂类共同存在,但在脂肪酸败时,脂溶性维生素易被破坏。

(3)在肠道吸收时,随脂肪淋巴系统吸收,从胆汁少量排出,当脂肪吸收不良时,其吸收明显减少。

(4)摄入后大部分存在于脂肪组织与肝。

(5)缺乏时症状出现缓慢,大剂量摄入易引起中毒。

(6)营养状况不能用尿来评价。

59. 维生素分为哪两大类?

维生素分为脂溶性和水溶性两大类:脂溶性维生素,不溶于水,可溶于脂肪和有机溶剂,包括维生素A、维生素D、维生素E、维生素K;水溶性维生素,可溶于水,包括B族维生素,如维生素B_1、维生素B_2、维生素PP、维生素B_6、叶酸、维生素B_{12}、泛酸、生物素和维生素C。

60. 什么是维生素A及其特性有哪些?

维生素A又称视黄醇。特性:属于脂溶性,在高温和碱性的环境中比较稳定,一般的烹饪过程中不易被破坏,但是维生素A极易氧化变构,特别在高温条件下,紫外线照射可以加速这种氧化破坏。因此,应避光低温保存。

61. 维生素A的主要生理功能及食物来源有哪些?

维生素A主要生理功能:参与膜结构并发挥生理功能,与正常生长发育、视觉、生殖功能、抗感染等有关。主要来源于各种动物肝、鱼肝油、鱼卵、奶油、全奶、奶酪及蛋黄等;维生素A原的良好来源是深色蔬菜和水果,如菠菜、芹菜叶、空心菜、莴笋叶、胡萝卜、红心红薯、南瓜、辣椒、杏、芒果、西红柿等。

62. 什么是维生素D及其特性有哪些?

维生素D为类固醇衍生物,以维生素D_2(麦角钙化醇)及维生素D_3(胆钙化醇)较为重要。

特性:维生素D是白色晶体,性质稳定,在一般的烹饪过程中不会引起维生素D的损失,但脂肪酸败可引起维生素D破坏。

63. 人体获得维生素D的途径有哪些?

人体能从两种途径获取维生素D:经食物摄入,经阳光照射由皮肤内的维生素

D原转化而来的。

64. 维生素D的主要生理功能及其主要来源有哪些?

主要生理功能:促进肠道对钙的吸收,磷与甲状旁腺激素共同作用,维持血钙水平,调节体内钙磷代谢。主要来源于包括日光照射和食物来源两方面,经常晒太阳是人体获取充足有效的维生素D的最好方式。维生素D的食物来源主要是海水鱼(沙丁鱼)、蛋黄、肝等动物性食物及鱼肝油制剂。

65. 维生素D如何结合甲状旁腺激素来调节体内钙磷的平衡?

主要通过三个途径提高血液中的钙磷水平:刺激小肠对钙磷的吸收,刺激肾对钙磷的重吸收,钙磷从骨骼中回收进入血液。

66. 什么是维生素E及其特性有哪些?

维生素E类称生育酚,目前以四种生育酚和四种三烯生育酚存在自然界中。

特性:溶于有机溶剂及脂肪,对热及酸稳定,对碱不稳定,易自身氧化,产生过氧化物质,油脂酸败可加速维生素E的破坏。

67. 维生素E的主要生理功能及食物来源有哪些?

主要生理功能:有抗氧化作用,这一功能与预防动脉粥样硬化、抗癌、改善免疫力等密切相关,此外还有预防衰老、调节内分泌、促进生育的作用。主要来源于各种油料种子及植物油中,以及谷类、坚果、肉、奶、蛋及鱼肝油等,并广泛存在于自然界中。

68. 什么是维生素K及其特性有哪些?

植物来源的维生素K是维生素K_1,又称叶绿醌。维生素K_2可在肠道内由细菌合成,又称甲萘醌。

特性:天然存在的维生素K是黄色油状物,均对热稳定,但易遭酸、碱、氧化剂和光的破坏。

69. 维生素K的主要生理功能及食物来源有哪些?

主要生理功能:调节凝血蛋白合成,参与凝血过程,此外还有调节骨组织钙化和形成的作用等。主要来源于各种食物中,含量丰富者有奶酪、鱼肝油、动物肝、蛋黄、菠菜、海藻、莴苣、甘蓝、豌豆、花椰菜、香菜、豆油等,维生素K也可在肠道由细菌合成。

70. 什么是水溶性维生素及其共同特点有哪些?

水溶性维生素包括B族维生素和维生素C。

共同特点:溶于水,不溶于脂肪和有机溶剂;满足人体内需要后,多余的可由尿液排出;在体内仅有少量储存,缺乏时症状出现较快;绝大多数以辅酶或辅基的形式参加各种酶系统,在营养物质的中间代谢中发挥重要作用;营养状况可以通过血和(或)尿进行评价;毒性很小。

71. 什么是维生素 B_1 及其特性有哪些?

维生素 B_1 又称硫胺素,又称抗神经炎因子或抗脚气病因子。

特性:易溶于水,对热较稳定,在一般烹饪温度下,维生素 B_1 的损失不大,遇碱则易被破坏(所以在烹饪食物中,应尽量不放碱或少放碱)。

72. 维生素 B_1 的主要生理功能及食物来源有哪些?

主要生理功能:参与体内物质和能量代谢;调节神经生理活动;与心脏活动、胃肠蠕动及消化液分泌有关,有促进食欲的作用。主要来源于天然食物中,动物内脏、肉类、豆类、花生及未加工的粮谷类含量丰富,水果、蔬菜、蛋、奶也含有维生素 B_1,但量较低。谷物过度加工、食物过度水洗、烹饪时弃汤、加碱、高温等均可使维生素 B_1 产生不同程度的损失。

73. 维生素 B_1 缺乏症又称什么及主要临床表现是什么?

维生素 B_1 缺乏又称脚气病。成年人脚气病根据临床症状分为三型:①干性脚气病,以多发性神经炎为主,表现为肢端麻痹或功能障碍;②湿性脚气病,以下肢水肿和心脏症状为主,处理不当,易发生心力衰竭;③混合脚气病,干性、湿性脚气病两种共同出现;④婴儿脚气病,婴儿脚气病多发于2—5月龄婴儿,多为维生素 B_1 缺乏的母乳喂养的婴儿,发病突然,早期表现为食欲减退、气促、心搏快、水肿、烦躁不安,晚期出现发绀、水肿、心力衰竭、强直性痉挛,常于症状出现1～2天突然死亡。

74. 什么是维生素 B_2 及其特性有哪些?

维生素 B_2 又称核黄素,是由异咯嗪加核糖醇侧链组成。维生素 B_2 在食物中多和蛋白质结合形成黄素蛋白,在消化道内经蛋白酶水解,其在小肠上部被吸收。

特性:为橙黄色针状结晶,味微苦,微溶于水,在干燥和酸性环境中稳定,碱性环境中,尤其在紫外线照射下,易被分解破坏。结合形式的维生素 B_2 比游离形式更加稳定。

75. 维生素 B_2 的主要生理功能及食物来源有哪些？

主要生理功能：参与体内生物氧化与能量代谢；参与烟酸和维生素 B_6 的代谢，参与体内抗氧化防御系统。主要来源于动物性食物，以肝、肾、乳汁及蛋类中的含量尤为丰富。植物性食物中绿叶蔬菜及豆类含量较多，粮谷类含量少。另外，加工储存方式也会影响食物中维生素 B_2 的含量。

76. 维生素 B_2 缺乏的原因及主要表现有哪些？

维生素 B_2 缺乏在我国十分普遍，主要原因是膳食摄入不足。维生素 B_2 缺乏的主要表现为眼、口腔、皮肤及会阴处炎症反应，故又称口腔-生殖综合征，如口角炎、唇炎、舌炎、角膜炎、阴囊炎、白带增多等疾病。

77. 什么是维生素 B_5 及其特性有哪些？

维生素 B_5 又称烟酸、烟酸和维生素 PP、抗癞皮病因子。维生素 B_5 在胃内、小肠吸收，经门静脉入肝，再转化为辅酶Ⅰ与辅酶Ⅱ。

特性：为无色针状结晶，溶于水和乙醇，酸、碱、光、氧、加热都不易将其破坏，是维生素中性质最稳定的一种。烹饪加工对其损失也极小。

78. 维生素 B_5 的主要生理功能及食物来源有哪些？

主要生理功能：参与体内物质和能量代谢，与核酸的合成有关，降低血胆固醇水平，是葡萄糖耐量因子的组成成分。维生素 B_5 缺乏时所患疾病称为癞皮病，初期可出现疲劳、乏力、工作效率低、记忆力下降及失眠等表现，典型患者可出现皮炎、腹泻和痴呆，即所谓“3D”症状。主要来源于动、植物性食物中，植物性食物中存在的主要是烟酸，动物性食物以烟酰胺为主。动物内脏（如肝、肾），瘦禽肉、鱼、全谷类及坚果类含量丰富。

79. 什么是维生素 B_{12} 及其特性有哪些？

维生素 B_{12} 含有元素钴，又称为钴胺素，是唯一含有金属的维生素。维生素 B_{12} 必须与胃的内因子相结合，并且在碱性肠液与胰蛋白酶的作用下才会被吸收，有的人因为肠胃异常，缺乏内因子，即使膳食中来源充足也会因维生素 B_{12} 缺乏，而引起恶性贫血。

特性：为粉红色结晶，溶于水，其水溶液在弱酸条件下稳定，在强酸或碱性环境下易分解，易被重金属、日光及氧化还原剂破坏。遇热会有一定程度损失，但短时高温消毒时损失不大。

80. 维生素 B_{12} 的主要生理功能及食物来源有哪些?

主要生理功能:作为蛋氨酸合成酶的辅酶参与甲基化反应。作为甲基丙二酰辅酶A异构酶的辅酶参与甲基丙二酰辅酶的异构化反应。主要来源于动物性食物,肉类及肉制品、动物内脏、贝类、鱼、蛋类;乳及乳制品也含有少量;植物性食品基本不含维生素 B_{12}。

81. 什么是维生素C及其特性有哪些?

维生素C又称抗坏血酸,自然界存在L型和D型两种:D型无生物活性;L型抗坏血酸存在两种异构体,即还原型和脱氢型,还原型易被氧化为脱氢型,两者均具有生物活性。

特性:为白色晶体,易溶于水,微溶于乙醇,不溶于有机溶剂。在酸性环境中较为稳定,在中性及碱性环境中易破坏,遇热和碱均能遭到不同程度地损失。在空气中易被氧化失去功效,与某些金属,特别是与铜接触破坏更快,在烹饪过程中应注意保护。

82. 维生素C的主要生理功能及食物来源有哪些?

主要生理功能:抗氧化作用,促进机体组织的形成,解毒与防癌作用,促进神经递质的合成,促进肉碱的生物合成,促进铁的吸收,提高免疫功能。主要来源于新鲜的蔬菜和水果中,番茄、柿子椒、菜花及各种深色叶菜,以及水果中的山楂、猕猴桃等均含有丰富的维生素。

83. 什么是叶酸及其特性有哪些?

叶酸最初是由菠菜中分离出来的,被命名为叶酸。叶酸是含有蝶酰谷氨酸结构的一类化合物总称。其生物活性形式为四氢叶酸。食物中的叶酸要被还原为四氢叶酸才可以被小肠吸收。

特性:为淡黄色结晶性粉末,无臭、无味,微溶于水,不溶于乙醇、乙醚及其他有机溶剂。叶酸的钠盐易溶于水,但在水溶液中容易被光解破坏,在酸性环境中对热不稳定,而在中性和碱性环境中却很稳定。食物中的叶酸经烹饪加工后损失率可高达50%～90%。

84. 叶酸的主要生理功能及其食物来源有哪些?

主要生理功能:在体内生化反应中,叶酸作为一碳单位转移酶系的辅酶,起着一碳单位的传递作用。参与嘌呤和嘧啶核苷酸的合成,在细胞分裂和增殖中发挥作用,催化二碳氨基酸和三碳氨基酸相互转化,在某些甲基化反应中起重要作用。

主要来源于动、植物食物中，如动物肝、肾，以及蛋、大豆、甜菜、菠菜、芥菜等。另外，牛肉、马铃薯，以及水果中的梨、香蕉和其他坚果类也含有比较丰富的叶酸。

85. 什么是矿物质及其特性(点)有哪些?

已发现人体内有20余种元素是构成人体组织、机体生化代谢、维持生理功能所必需。在这些元素中，除碳(C)、氢(H)、氧(O)、氮(N)构成有机化合物，如糖类、蛋白质和脂肪等，其余的元素都以无机物的形式存在，称为矿物质，亦称为无机盐。

特性：在体内不能合成，必须从食物和饮水中摄取；在体内分布极不均匀，如铁主要存在红细胞中；相互之间存在协同或拮抗作用，如过量的锌影响铜的代谢，过量的铜抑制铁的吸收等；在体内随年龄增长，元素间比例变动不大；某些微量元素生理剂量与中毒剂量范围较窄，摄入过多易产生毒性作用。

86. 矿物质的主要生理功能及其食物来源有哪些?

主要生理功能：构成组织和细胞的成分；调节细胞膜的通透性，维持正常渗透压及酸碱平衡；参与神经活动和肌肉收缩；构成酶的辅基、蛋白质、维生素、激素和核酸等成分，或参与酶系的激活。主要来源于自然界广泛的食物中。注意膳食平衡，一般能满足需要。根据我国居民的饮食结构，容易缺乏的元素是钙、铁和锌。在某些地区还容易缺乏碘或硒等。

87. 钙在人体的分布情况有哪些?

钙是人体含量最多的一种无机元素。占体重1.5%～2.0%，成年人体内钙含量1000～1200g。约99%的钙分布在骨骼和牙中，其余约1%的钙，以游离或结合的形式存在于软组织、血液、细胞外液中。

88. 钙的主要生理功能及其食物来源有哪些?

主要生理功能：构成骨骼和牙，起支撑和保护的作用；维持神经和肌肉的活动；调节机体某些酶的活性；参与血液凝固、激素分泌、维持体液酸碱平衡等。主要来源于奶和奶制品食物中。奶和奶制品不但含量丰富，而且吸收率高，是婴幼儿的最佳钙源。蔬菜、豆类、油料种子、小虾米皮、海带等含钙也特别丰富。钙的食物来源除考虑钙含量外，还应考虑吸收利用率，维生素D的营养状况、脂肪消化不良、过多的膳食纤维、服用制酸剂等均可影响钙的吸收。

89. 钙缺乏和过量会对人体造成哪些不良影响?

钙缺乏导致骨骼与牙发育障碍，手足抽搐，软骨化症与骨质疏松症的发生。

钙过量可增加肾结石的危险，影响其他矿物质的吸收和利用(如高钙膳食抑制铁的吸收、降低锌的生物利用)；引起奶碱综合征(包括高血钙症、碱中毒和肾功能障碍)。

90. 成年人的钙摄入量是多少？

中国营养学会推荐成年人钙的适宜摄入量(AI)为每日800mg；钙的可耐受最高摄入量(UL)为每日2000mg，同时钙的摄入量要考虑到不同的生理条件，如婴幼儿、儿童、青春期、孕妇及哺乳期女性对钙的需要量增加。

91. 磷在人体的分布情况有哪些？

磷是人体含量较多的元素之一，成年人体内含量600～700g，约占体重的1%。体内磷有85%～90%存在于骨骼和牙中，10%～15%与糖、蛋白质、脂肪及其他化合物结合分布于软组织和体液中，其中一半存在于肌肉组织中。

92. 磷的主要生理功能及其食物来源有哪些？

主要生理功能：构成骨骼和牙的重要成分；参与能量代谢；构成生命物质成分；参与构成多种重要的酶；调节酸碱平衡。主要来源于植物性食物和动物性食物中，瘦肉、禽、蛋、坚果、紫菜、海带、豆类等均是磷的良好来源。谷类中的磷大部分以植物磷酸形式存在，与钙结合不易吸收。

93. 成年人的磷摄入量是多少？

中国营养学会建议成年人膳食磷的适宜摄入量(AL)为每日700mg；成年人磷的可耐受最高摄入量(UL)为每日3500mg，膳食中钙磷比例应维持在(1～1.51)：1较好，不宜低于0.5，牛奶的钙磷比例为1：1，成熟母乳为1.5：1，母乳更优于牛奶。

94. 磷的缺乏与过量会对人体造成哪些不良影响？

通常情况下食源性磷缺乏少见，临床所见的磷缺乏的患者多为禁食者或长期使用大量抗酸药，严重磷缺乏者，可发生低磷血症，表现为厌食、肌无力、感觉异常、骨痛、骨软化与维生素D缺乏症。磷摄入过多时，细胞外液磷浓度过高，会出现高磷血症，对人体产生伤害。当钙摄入量偏低而磷摄入量远高于钙时，会干扰钙的吸收，过量的磷酸盐能引起低钙血症，增强神经兴奋性，导致手足抽搐和惊厥。

95. 镁在人体的分布情况有哪些？

镁是维持人体生存不可缺少的常量元素之一。正常成年人体内镁含量20～30g，其中55%～65%存在于骨骼和牙中，其余大部分存在细胞内液和软组织中，细胞外液中含量不超过1%。

96. 镁的主要生理功能及其食物来源有哪些?

主要生理功能:多种酶的激活剂;维持骨骼、神经肌肉的正常结构和功能;维持心血管功能;维持胃肠道的正常功能。主要来源于各种食物中,绿色蔬菜、粗粮、坚果等是镁的丰富来源,肉类、淀粉类食物及牛奶也含有镁,精制食品镁的含量一般很低。

97. 成年人的镁摄入量是多少?

中国营养学会建议成年人镁的适宜摄入量(AL)为每日350mg;成年人镁的可耐受最高摄入量(UL)为每日700mg。

98. 镁的缺乏和过量会对人体造成哪些不良影响?

镁的缺乏可致神经、肌肉兴奋性亢进,表现为肌肉震颤、手足抽搐、反射亢进、共济失调及肌肉麻痹。低镁血症患者可出现心律失常,心电图呈现心动过速及室性期前收缩。生活中镁中毒现象是极少见的。但是对于严重肾功能不全的患者使用含镁的药物,如泻药(50%硫酸镁)和抗酸药,可使血清镁增高,血镁浓度增高达到1.5~2.5mmol/L时,可发生镁中毒,表现为低血压、恶心、呕吐、尿潴留、心动过缓,甚至危及生命。

99. 铁在人体的分布情况有哪些?

铁是人体内含量最多的,也是最容易缺乏的微量元素,与其他微量元素相比较,其对健康和生命具有更直接的影响。成年人体内铁的总量为4~5g。主要分为两类:功能铁,以铁与蛋白质结合的形式存在;储存铁,以铁蛋白和含铁血红素的形式存在肝、脾和骨髓当中。

100. 铁的主要生理功能及食物来源有哪些?

主要生理功能:参与氧的转运与组织呼吸;维持正常造血功能;铁还参与许多重要的生理功能,催化β-胡萝卜素转化为维生素A、抗体产生、参与嘌呤与胶原合成、肝的解毒功能及脂类的转运功能等。主要来源于各类食物中,一般动物性食物中铁的含量及吸收率均较高,是铁的良好来源,主要有动物全血、动物肝及畜、禽肉类;而植物性食物,如谷物类、水果及蔬菜中铁含量不高,利用率较动物性食物低。

101. 为什么肉类中的铁较谷物、蔬菜中铁更易吸收?

在动物性食物中,铁以血红素的形式存在。在谷物、蔬菜中,铁主要以无机铁盐的形式存在。无机铁盐可与其他食物组分,如菠菜中的草酸盐、谷物中的肌醇六磷酸、茶叶中的多酚等结合成复合物,不被人体吸收。在消化的过程中,胃的酸性环境可将铁还原成二价铁(Fe^{2+}),通过此种形式将铁从复合物中释放出来。总之,动物性食物中的铁较谷物、蔬菜中的铁更易吸收,同时食用富含维生素 C 的食物可进一步提高其吸收率。

102. 成年人的铁摄入量是多少?

铁的需要量应考虑日常的丢失、生长发育所需,以及各种生理条件下的额外所需。中国营养学会建议成年人铁的适宜摄入量(AL)为每日 15mg;成年人铁的可耐受最高摄入量(UL)为每日 50mg。

103. 铁的缺乏和过量会对人体造成哪些不良影响?

铁缺乏可导致缺铁性贫血,尤其容易发生在婴幼儿、孕妇、哺乳期女性及育龄期女性。

铁缺乏一般分为三个阶段:第一阶段为铁减少期,此期体内储存铁减少,血清铁蛋白含量下降,一般无临床症状。第二阶段为红细胞生成缺铁期,此期除血清铁蛋白含量下降外,血清铁下降,同时铁结合力上升,运铁蛋白饱和度下降,游离原卟啉浓度上升,处于亚临床症状阶段。第三阶段为缺铁性贫血期,此期血红蛋白和血细胞比容下降,有缺铁性贫血的临床症状,如头晕、心悸、气短、乏力、脸色苍白、注意力不集中等。正常情况下,经膳食进食不会引起铁中毒。人体铁过量和中毒,常见于非膳食进食原因,如过量误服铁剂(多见于儿童),慢性酒精中毒、门脉性高压肝硬化导致消化道吸收铁过量等。铁过量损伤的主要器官是肝,可致肝纤维化、肝硬化等。另外,铁过量与动脉粥样硬化、肿瘤的发生也有关。

104. 碘在人体的分布情况有哪些?

碘是人体的必需微量元素之一。正常成年人体内含碘总量为 20～50mg,其中 70%～80%分布在甲状腺,其余分布在骨骼肌、卵巢、肾、肺、淋巴结、肝和脑等组织中。

105. 碘的主要生理功能及食物来源有哪些?

主要生理功能:参与糖类、蛋白质、脂肪与能量转化;促进生长发育;促进物质代谢。主要来源于食物,还可以从饮水和含碘食盐获得碘。海产品含碘量丰富,如海带、紫菜、干贝、海参、海蜇等。植物性食物中含碘较低。预防碘缺乏的最好办法就是采用强化碘的食盐。

106. 成年人的碘摄入量是多少?

中国营养学会建议 14 岁以上及成年人碘的推荐摄入量(RNI)为每日 150μg;成年人碘的可耐受最高摄入量(UL)为上限摄入量为每日 1000μg。

107. 碘的缺乏和过量会对人体造成哪些不良影响?

环境和食物中缺碘是人体碘缺乏的主要原因。碘缺乏造成甲状腺激素合成不足,引起促甲状腺激素分泌增加,导致甲状腺代偿性增生、肥大。碘过量常发生于长期摄入含碘高的食物或治疗甲状腺肿时使用过量的碘剂。摄入过多的碘可引起碘性甲状腺功能亢进、高碘性甲状腺肿等。

108. 锌在人体的分布情况有哪些?

锌是人体内最重要的必须微量元素之一。正常人体内锌含量为 2.0～3.0g,锌在人体所有器官均有分布,以肝、肾、肌肉、视网膜及前列腺的含量较高。

109. 锌的主要生理功能及其食物来源有哪些?

主要生理功能:构成酶的成分或酶的激活剂;促进机体的生长发育和组织再生;促进食欲;促进性器官和性功能的正常发育。主要食物来源于各种食物中,动、植物性食物锌的含量和吸收利用率有很大差别。贝类海产品(牡蛎、蛏干、扇贝)、红肉类及其内脏均为锌的良好来源,蛋类、豆类、谷类胚芽、燕麦、花生等也富含锌。蔬菜和水果含锌较低。

110. 成年人的锌摄入量是多少?

中国营养学会推荐锌的摄入量(RNI)成年男性为每日 15.0mg,女性为每日 11.5mg;成年人锌的可耐受最高摄入量(UL)男性为每日 45mg,女性为每日 37mg。

111. 锌的缺乏和过量会对人体造成哪些不良影响?

锌缺乏可引起味觉减退及食欲减退,严重者出现忌食癖,生长发育停滞。儿童长期锌缺乏可导致侏儒症;成年人长期锌缺乏可引起皮肤干燥、性功能减退、精子数减少、胎儿畸形、免疫功能降低、克山病、大骨节病等。过量锌可导致头发和指甲脱落,皮肤损伤及神经系统异常,肢端麻木、抽搐等,严重者可致死亡。

112. 水在人体的分布情况有哪些?

水是维持生命活动最基本的物质,是人体含量最多,也是最重要的营养素之一。当没有食物摄入时，机体可消耗自身组织维持生命1周甚至更长时间，但是没有水，任何生物都不能生存。

113. 水的主要生理功能及种类有哪些？

主要生理功能：构成细胞和体液的重要部分；调节体温；润滑作用；促进物质代谢；维持组织的形态和功能。常见的种类有普通饮用水、蒸馏水、矿泉水、纯净水、软硬水、去离子水、活性水、氟化水。

114. 成年人每日水的摄入量和排出量是多少？

人体对水的需要量受个体的代谢情况、年龄、膳食、气候及劳动强度等多种因素影响。正常人水的需要量与排出量应保持动态平衡(表3-1)。

表3-1 成年人的每日水摄入量和排出量

来源	摄入量(ml)	排出途径	排出量(ml)
食物	1000	呼吸	350
饮用水或饮料	1200	皮肤	500
代谢水	300	粪便	150
		尿液	1500
总量(ml)	2500		

115. 机体水的主要来源有哪些？

机体水的来源有三个方面：食物中的水，饮用水和其他饮料，蛋白质、脂肪、糖类产生的代谢水。水的排出途径主要包括呼吸、尿液、皮肤蒸发和粪便。正常成年人每天平均摄水量为2500ml左右。

116. 什么是膳食纤维？

是糖类中的一类非淀粉多糖。不能被人体小肠的酶水解，对人体有健康效益。

117. 膳食纤维分为几类？

从化学结构和聚合的角度，膳食纤维的种类如下。

(1)非淀粉多糖：如纤维素、半纤维素、植物多糖、微生物多糖等。

(2)抗性低聚糖：如低聚果糖、低聚半乳糖、其他抗性低聚糖。

(3)抗性淀粉：如包括物理结构上的包埋淀粉、天然淀粉颗粒等。

(4)其他：如木质素等。

118. 膳食纤维的主要生理功能及食物来源有哪些?

主要生理功能:维持正常肠道功能;预防癌症;降低血胆固醇,预防冠心病和胆石症;饱腹感和体重调节的作用;预防肥胖和脂代谢紊乱;影响矿物质的吸收。主要来源于谷物,全谷粒、麦麸、薯、豆类及蔬菜、水果等植物性食品。谷类加工越精细,所含膳食纤维就越少,除了天然食物含有的自然状态的膳食纤维外,近年来有多种由天然食物中提取的单晶体、粉末状的膳食纤维产品。

119. 膳食纤维的参考摄入量是多少?

中国营养学会建议成年人以每日摄入 20g 膳食纤维为宜。值得注意的是,膳食纤维也并非摄入得越多越好。长期摄入高纤维膳食,会影响矿物质和维生素的吸收,引起缺铁、缺钙的等营养问题。

(二)人体所需要的热量

1. 什么是能量?

能量是一切生物维持生命活动的基础,能量不能被创造和消灭,而是遵循能量守恒定律从一种形式转化为另一种形式,进行能量转化。

2. 能量的基本单位是什么,相互之间怎么换算?

能量的国际单位为焦耳(joule,J),1J 是指 1 牛顿力把 1kg 的物体移动 1 米所消耗的能量。日常以千焦(kJ)或兆焦(MJ)作为单位进行计算。传统上习惯用卡(cal)或千卡(kcal)作为单位。1kcal 指 1000g 纯水由 15℃上升到 16℃所需的能量。两种能量的单位换算关系如下。

$1MJ=1000kJ=10^6J$

$1kcal=4.184kJ$

$1kJ=0.239kcal$

$1MJ=239kcal$

3. 什么是基础代谢?

人体在安静和恒温条件下(一般 18~25℃),禁食 12 小时后,静卧、放松而且清醒的能量消耗。基础代谢是维持人体最基本生命活动所必需的能量消耗,是人体能量消耗的主要部分,占人体总能量消耗的 60%~70%。

4. 什么是基础代谢率(BMR)?

基础代谢的水平用基础代谢率(BMR)来表示,是指人体处于基础代谢状态下，每小时每平方米体表面积人体基础代谢消耗的能量。

5. 基础能量消耗(BEE)怎么计算?

基础能量消耗(BEE)可以按照体表面积与该年龄的基础代谢率来计算，体表面积可以根据身高、体重计算。

男 BEE(kcal)＝66.5＋13.8×体重(kg)＋5.0×身高(cm)－6.8×年龄(岁)

女 BEE(kcal)＝655.1＋9.5×体重(kg)＋1.8×身高(cm)－4.7×年龄(岁)

6. 影响基础代谢率的主要因素有哪些?

影响基础代谢率的因素有很多，包括体表面积、性别、年龄、环境温度、内分泌功能等。主要因素：①基础代谢率与体表面积呈正比关系，体表面积越大，基础代谢越强。②基础代谢与机内瘦体组织含量的多少有密切关系，瘦体组织含量高，基础代谢率就高。③基础代谢率随着年龄的增长而降低，成年人比儿童基础代谢率低，老年人比成年人低。④环境温度在18～25℃时，人体感觉最舒适，基础代谢率最低，温度变化时，基础代谢率也随之变化。⑤体内一些激素对细胞代谢起调节作用，如甲状腺素、肾上腺素等，分泌异常时会影响基础代谢率。⑥应激状态，当人体处于一切应激状态，如紧张、焦虑等均会使基础代谢率升高。

7. 什么是静息能量消耗?

静息能量消耗是维持人体正常活动和稳态的能量消耗，与基础能量消耗测定比较接近，区别在于静息能量测定不是空腹，而是在进食3～4小时后测量，此时机体仍进行着正常的消化活动，这种状态比较接近于人们正常生活中处于休息的状态。

8. 身体活动是怎么影响能量消耗的?

身体活动一般分为职业活动、交通活动、家务活动、休闲活动等。除基础代谢外，身体活动消耗的能量是影响人体总能量消耗的最重要部分，为总能量消耗的15%～30%。人体能量需要量的不同，主要是由于身体活动水平的不同所致。如静态或轻体力活动者，其身体活动的能量消耗约为基础代谢的1/3，而重体力活动者(如运动员)，其总能量消耗可高达基础代谢的2倍或以上。

9. 什么是食物特殊动力作用?

食物特殊动力作用，也称食物热效应，是指由于摄食而引起能量消耗增加的现象。目前认为主要是由于食物的消化、吸收、营养素在体内的代谢、储存等需要能量。

不同营养素的食物特殊动力也是有差别的，一般糖类为5%～6%，脂肪为

4%～5%。而蛋白质最高，为30%～40%。成年人摄入一般混合膳食时，由食物特殊动力所引起的能量消耗为每日150kcal左右，相当于基础代谢的10%。

10. 成年人劳动强度分为几级？

根据我国生理学会营养专家建议，成年人劳动强度大致分三级。

(1)轻体力劳动(办公室工作、修理电器钟表、售货员、酒店服务员、化学实验操作、讲课等)：每日所需热量为男性38 kcal/kg、女性35 kcal/kg。

(2)中等体力劳动(如学生日常活动，驾驶员、木工、电工、厨师等)：每日所需热量为男性44kcal/kg、女性37kcal/kg。

(3)重体力劳动(非机械化的农业劳动及车工、炼钢工人、舞蹈员等)：每日所需热量为男性52kcal/kg、女性41kcal/kg。

11. 人体热量供耗的平衡对人体健康的影响有哪些？

当提供给人体的热量长期达不到人体对热量的需要时，体内储存的糖原和脂肪将被动用，以补充热量不足。当热量继续不足时，就会动用体内的蛋白质氧化来补充热量，从而使机体出现消瘦、体重下降、精神萎靡等症状，严重者导致营养不良多发病症。

当提供给人体的热量长期大于人体对热量的实际消耗时，过剩的热量将会在人体内转化成人体的脂肪，使皮下脂肪层加厚，体态臃肿，动作迟缓。如果组织器官内脂肪增多，则会造成血脂增高，血清胆固醇增高，易发生脂肪肝、冠心病、糖尿病及多种心血管病。

12. 什么是产能营养素？

产能营养素：即“热源质”，是指人每天摄取的所有营养素中，在体内可以产生能量的营养素，在营养学上称之为“产能营养素”。

13. 每日所需总热量怎么计算？

轻体力劳动女性，29岁，身高160cm，体重62kg，标准体重(kg)=身高(cm)－105，标准体重为55kg。参照《中国成人能量推荐摄入量估算表》，18—49岁轻体力劳动女性35kcal/(kg·d)。55kg=1925kcal。

14. 如何计算产能营养素的每日需要量？

轻体力劳动女性，29岁，身高160cm，体重62kg，标准体重(kg)=身高(cm)－105，标准体重为55kg。参照《中国成人能量推荐摄入量估算表》，18—49岁轻体力劳动女性35kcal/(kg·d)。55kg=1925kcal。我国成年人蛋白质推荐量为1.16

g/(kg·d),该名女性推荐蛋白质需要量为63.8g/d。中国营养学会推荐成年人脂肪摄入量应占摄入总能量的20%～30%,该名女性推荐脂肪需要量为43～64g/d;中国营养学会建议糖类提供能量应占膳食总能量的55%～65%,该名女性推荐糖类需要量为265～313g/d。

(三)食物的消化与吸收

1. 什么是消化道?

消化道是由口腔,食管,胃,小肠(十二指肠、空肠、回肠),大肠(盲肠、结肠、直肠)和肛门组成。

2. 消化道的主要结构是什么?

消化道是一多层的管道,内层是紧附上皮细胞的黏膜层,分泌具有保护作用的黏液。第二层包含结缔组织细胞、血管和神经。外部有两个平滑肌层,一层是环形平滑肌层,另一层是纵行的平滑肌层。

3. 涎液的主要成分是什么?

涎液是由口腔中的三对腺体分泌的,人的涎液中99%是水,有机物主要是涎液淀粉酶、黏多糖、黏蛋白及溶菌酶等,无机物有钠、钾、钙、氯和硫氰离子等。

4. 胃的主要功能是什么?

胃主要有四个功能:储存食物、分泌酶、分泌酸、混合作用。

5. 食物消化的整个过程是什么?

当人看到或闻到食物气味时,可刺激分泌胃酸,进食后胃受到特殊食物分子的刺激。胃中食糜的pH通常约为2.0。胃可吸收少量的水和营养素。食物在胃中的混合是由胃肌肉收缩的蠕动波来完成的,食糜进入小肠后被消化酶消化,食物中释放的营养素大部分在此被吸收。

6. 小肠的结构是什么?

小肠是消化道中最长的一段,成年人全长5～6m,直径2～3cm,小肠上端始于胃的幽门,末端与右髂窝的大肠相接。小肠的主要功能是消化和吸收,分为十二指肠、空肠和回肠。

7. “啤酒肚”中脂肪主要储存在哪里?

脂肪常被储存于肠系膜组织中而形成男性的“啤酒肚”。

8. 消化过程中胰岛素和胰高血糖素的主要作用是什么?

主要作用:当食物分子开始被消化时,进入十二指肠细胞的葡萄糖和氨基酸刺激胰腺释放胰岛素,其进入肝激活可将葡萄糖储存为糖原的酶,同时刺激脂肪和蛋白质的合成。胰高血糖素的功能与胰岛素相反。在低血糖的情况下可产生胰高血糖素,刺激糖原的降解和糖异生,也就是氨基酸降解形成葡萄糖。胰岛素通过储存葡萄糖来达到降低血糖的作用,胰高血糖素则引起升高血糖的作用,故胰岛素和胰高血糖的比值对于维持血糖在正常的范围是十分重要的。

9. 胆汁的作用是什么?

胆汁是一种消化液,有乳化脂肪的作用,但不含消化酶,胆汁对脂肪的消化和吸收有重要作用。胆汁中的胆盐、胆固醇和软磷脂等可降低脂肪的表面张力,是脂肪乳化成许多微滴,有利于脂肪的消化;胆盐还可以与脂肪酸甘油-酯等结合形成水溶性复合物,促进脂肪消化产物的吸收,并能促进脂溶性维生素的吸收。

10. 胰腺主要分泌的酶是什么?

主要包括作用淀粉酶、胰蛋白酶、糜蛋白酶、弹性蛋白酶、羧肽酶、氨肽酶、脂肪酶等。

11. 什么是乳糖不耐受?

乳糖不耐受是指由于体内的乳糖酶缺乏或不足,无足够的能力消化相当数量的乳糖。乳糖酶的活性通常低于其他双糖酶。除极少数外,绝大部分婴儿均有乳糖酶。但如重度肠道感染,可导致乳糖酶活性降低,在此情况下牛奶和乳制品的乳糖将不易被肠道吸收,而导致腹泻。

12. 大肠中的微生物主要活动有什么?

大肠中通常含有各种类型及数量众多的微生物。微生物主要通过降解(发酵)膳食纤维来获取能量。在无氧状态下仅有少量的细菌可作用于糖类的代谢,其发酵的终产物为短链脂肪酸,同时也产生少量的其他化合物。

13. 大肠中是否有维生素合成?

大肠内存在数量较多的微生物,可以合成一定量的有机物分子。其中包括很多维生素,如生物素、泛素、维生素 B_{12}、维生素 K 等。

14. 食物在肠道通过的时间是多久?

食物自口腔至盲肠的时间很快(6～10 小时)。

15. 肠道中主要产生的气体是什么？

膳食纤维在肠道发酵产生气体和短链脂肪酸。该气体大部分为氢气，也产生甲烷、二氧化碳，大部分的二氧化碳可被重新吸收。如只有少量的气体产生，则大部分会被吸收，当产生的气体量大时，将以排气的形式被排出体外。

二、常见食物的营养特点

（一）植物性食物的营养特点

1. 谷类有哪几类？

谷类包括稻米、小麦、玉米、小米和高粱等。它们是人体能量最主要的来源。我国居民膳食中，50%～60%的热量和50%～55%的蛋白质是由谷类提供的。谷类供给的B族维生素和无机盐也占有相当的比重。

2. 谷类的构造是什么？

谷粒是由谷皮、糊粉层、胚乳、谷胚四部分组成的。

3. 谷类的营养特点是什么？

（1）谷类是我国居民膳食中热量的主要来源（每50g可提供热量836kJ），含糖类70%～80%，主要是多糖。

（2）提供丰富的B族维生素。其中维生素B_1、维生素B_2、维生素PP含量较多。另外，小米、黄玉米中含有胡萝卜素，以上维生素大部分集中在胚芽、糊粉层中。

（3）提供一定的植物蛋白质。经测定，谷类蛋白质含量为7.5%～15.0%。因谷粒外层蛋白质含量高，故精加工的米、面较粗米、标准粉植物蛋白质含量低。

（4）谷类无机盐含量在1.5%～3.0%，大部分集中在谷皮和糊粉层中。其中主要是钙、磷等。

（5）含有少量的脂肪，但质量很好。其中大部分为不饱和脂肪酸，还有少量的磷脂。

4. 红薯的营养特点是什么？

红薯又称白薯、甘薯、番薯、山芋、地瓜等，红薯中含丰富的蛋白质，蛋白质所含各种氨基酸的组成与大米近似，其中黏蛋白对人体有特殊的功能，能维持人体血管壁的弹性，阻止动脉硬化发生。红薯中含有较多的淀粉和维生素，食后能在肠内大量吸收水分，增加粪便量和体积，可预防便秘。

5. 谷类在加工过程中营养素会有什么改变？

谷类加工后，尽管除去了杂质和谷皮，利于食用和消化吸收，但由于谷粒的一些营养素在谷胚及含量较多，若过分提高加工精度将造成营养素大量损失。因此，加工谷类时既要使谷类有较高的消化吸收率及良好的感官性状，又要最大限度地保存营养成分。

6. 谷物在储存的过程中营养素会有什么变化？

谷类储存中由于环境温度和湿度不同，营养素含量会有所改变，对营养价值产生影响。当温度较高、湿度较大时，蛋白质会加速分解，维生素的含量会有所改变，谷粒中含水量在17%时，可储存5个月，维生素 B_1 损失30%的；水分含量在12%时，维生素 B_1 损失12%。

7. 如何提高谷类食品的食用价值？

应提倡食粮混食。由于各种粮食的营养成分不完全相同，混合食用可提高其营养价值。同时要注意合理烹调。

8. 大豆及其制品的营养特点是什么？

大豆及其制品中含有丰富的优质蛋白、不饱和脂肪酸、钙及B族维生素等营养物质，是膳食中优质蛋白质的重要来源。

(1)大豆及其制品中蛋白质含量为35%～40%，除蛋氨酸外，其余必需氨基酸组成和比例与动物蛋白质相似，而且富含谷类蛋白缺乏的赖氨酸，是与谷类蛋白质互补的天然理想食品。

(2)大豆及其制品中脂肪含量为15%～20%，其中不饱和脂肪酸占85%，且以亚油酸为最多。同时还含有1.64%的磷脂和维生素E。

(3)大豆及其制品中糖类含量为25%～30%，约一半为淀粉、阿拉伯糖、半乳聚糖和蔗糖等；另一半是一类能形成黏质纤维素的物质，如棉籽糖、水苏糖等，这些物质在肠道细菌作用下发酵产生二氧化碳和氨，可引起腹部胀气。

(4)大豆及其制品中含有丰富的钙、维生素 B_1、维生素 B_2。

(5)大豆及其制品中还含有多种有益健康的成分，如大豆皂苷、大豆异黄酮、植物固醇、大豆低聚糖等。

9. 杂豆的营养特点是什么？

杂豆是指除大豆外的其他豆类，包括红豆、绿豆、蚕豆、豌豆、豇豆、芸豆、扁豆等，均具有较高的营养价值。杂豆的淀粉含量高达55%～60%，脂肪含量约2%，蛋白质含量一般都在20%以上，蛋白质的质量较好，富含赖氨酸，但蛋氨酸不足，因此杂豆可以很好地与谷类粮食配合食用，发挥营养互补作用。杂豆的B族维生素和铁、锌等矿物质含量也较高。

10. 蔬菜如何分类？

蔬菜种类繁多，可分为根菜类、白菜类、甘蓝类、芥菜类、茄果类、豆类、瓜类、葱蒜类、绿叶蔬菜、薯芋类、水生蔬菜、多年生蔬菜、芽类蔬菜、野生蔬菜、食用菌。

11. 水果的营养特点是什么？

水果主要含水、糖类及少量的含氮物和微量的脂肪。此外，还含有维生素、多酚类物质、芳香物质、天然色素等成分。

12. 食用菌主要品种有哪些？

食用菌主要品种有蘑菇、香菇、冬菇、金针菇、猴头蘑、黑木耳、银耳、竹荪等。

13. 食用菌的营养特点是什么？

食用菌不仅质地柔嫩、风味独特，而且含有丰富的蛋白质、多种氨基酸、维生素、多糖类、矿物质等营养成分，并且脂肪含量低，又富含纤维素。

(1)食用菌中蛋白质消化率高，且蛋白质中氨基酸种类齐全，几乎所有食用菌都含有人体必需的8种氨基酸。

(2)食用菌脂肪含量低。

(3)食用菌维生素种类齐全，如维生素B_1、维生素B_2、维生素B_{12}、烟酸、维生素C、维生素D原等，其中含量较高的是B族维生素和维生素D原。

(4)食用菌还含有多种矿物质，其中磷、铁的含量较高。矿物元素对人体生理功能的调节起到重要作用。

(二)动物性食物的营养特点

1. 肉类如何分类？

肉类分为家畜类和禽类肉两种。畜肉类包括牛、羊、猪、兔、马、骡、驴、犬、鹿、骆驼等，禽类包括鸡、鸭、鹅、火鸡、鹌鹑、鸵鸟、鸽子等。

2. 肉类的营养成分有哪些？

肉类蛋白质的含量一般为10%～20%，其中以肝脏含量最高，达18%～21%，瘦肉含量约17%。肉类脂肪为10%～30%，其主要成分为各种脂肪的三酰甘油及少量卵磷脂、胆固醇和游离脂肪酸等。

肉制品中以饱和脂肪酸为主。肝、肾中的无机盐含量高，如100g的猪肝约含铁22.6mg；100g牛肝中含铁量为6.6mg。

肉类中维生素的含量以动物的内脏，尤其是肝为最多。不仅含有丰富的B族维生素，还含有大量的维生素A、维生素D、叶酸、烟酸等。肉类的肌肉组织中维生素含量少，但猪肉中维生素B_1的含量较高。肉中的糖类以糖原形式存在，它们的营养成分含量随种类、畜龄、部位及肥瘦程度不同而有显著的差距。

3. 肉类的营养特点是什么？

肉类蛋白质属完全蛋白质。其氨基酸的组成接近人体组织蛋白质所需的模式。消化率很高，是膳食中优良蛋白质的来源之一。肉类脂肪以饱和脂肪酸居多，另外，肉类含有很多的动物胆固醇，100g肥猪肉、牛肉、羊肉中的胆固醇含量一般可达100～200mg，内脏及脑中含量更高。

4. 肉类烹饪后味道为什么鲜美？

肉类烹饪后，能释放出肌溶蛋白、肌肽、肌酸、肌肝、嘌呤碱和氨基酸等物质，总称为含氮浸出物。肉汤中含氮的浸出物越多，味道越鲜美，刺激胃液分泌的作用越大。一般来说，幼小动物的肉比成年动物的肉浸出物少；而禽类肉含氮浸出物较多(尤其是年龄大的)所以鸡肉汤鲜美。

5. 蛋类的营养特点是什么？

蛋类主要有鸡蛋、鸭蛋、鹅蛋和鹌鹑蛋等，富含人体所需要的完全蛋白质、脂肪、卵磷脂，以及矿物质和多种维生素，吸收率高，是人类理想的滋补食品。

蛋类是最低廉的完全蛋白质来源，且非常容易消化，其蛋白质含量为12%～14%，脂肪则全部包含于蛋黄部分，每百克蛋黄中含胆固醇1510mg。

6. 什么是基准蛋白？

蛋类中，蛋黄中主要为卵黄磷蛋白，蛋清主要为卵清蛋白，这是目前天然食物中最好的蛋白质，称基准蛋白或称足价蛋白。

7. 奶类的营养特点是什么？

奶中的蛋白质主要为酪蛋白，其次是卵球蛋白和卵白蛋白。脂肪颗粒很小，呈高度分散状态，消化率高。糖类含量为4.6%～4.7%，乳糖有利于幼儿的生长发育，能促进肠道有益的乳酸菌生长，还可以促进钙和其他无机盐的吸收，乳类的维

生素以维生素 B_2、维生素 A、维生素 B_1 为主。

8. 乳酸菌的作用是什么?

乳酸菌能使鲜奶自然发酵产酸制得奶制品,酸奶不但保留了牛奶的原有全部成分,而且酸奶的蛋白质、脂肪变得易于消化,钙、磷、铁的利用率也大为提高。酸奶中乳酸等有机酸成分,可有效抑制肠道内伤寒杆菌、痢疾杆菌、葡萄球菌的繁殖。

9. 水产品包括什么?

水产品包括海产品、河湖淡水鱼及各种水产动、植物,如虾、蟹、贝类、海参、海带等。它们是膳食中蛋白质、无机盐、维生素的良好来源。

10. 鱼类的营养价值是什么?

鱼类蛋白质的含量在 15%～20%。蛋白质中必需氨基酸的组成与肉类很接近,属于完全蛋白质,是生物价较高的优良蛋白质之一。尤其是蛋氨酸、赖氨酸的含量较高。鱼类脂肪主要集中在皮、内脏和脑部,成分和组成与畜肉明显不同,大部分为不饱和脂肪酸,而且多价不饱和脂肪酸占的比例很大。在深海鱼的脂肪中富含两种多价不饱和脂肪酸。

11. 甲壳类水产品的营养价值是什么?

甲壳动物和贝类软体动物等水产品的营养价值较高,含有丰富的甘味性物质,其鲜味感主要来自于肌肉中较多的甘氨酸、丙氨酸、脯氨酸等成分。

12. 海藻主要的营养成分有什么?

海藻是海洋植物的总称。食用海藻主要有绿藻和红藻等。绿藻有石莼、褐藻、海带、裙带菜等;红藻有紫菜、石花菜等。蛋白质的含量高,如紫菜高达 26.7%。其氨基酸的组成接近陆上叶菜,但精氨酸的含量很多。糖类是海藻的主要成分,主要是黏多糖,此外尚有微量游离糖类,以及淀粉、食物纤维等。

(三)其他类食物的营养特点

1. 常见的调味品有哪些?

烹饪食物的调味,不管是烹制前,还是烹制过程中或烹熟后的调味,均需要不同的调味品。通常使用的调味品有食盐、酱油、味精、醋、葱、姜、蒜、花椒、大料等。

2. 食盐的作用是什么?

食盐是膳食中最主要的调味品。食盐不仅能调味,而且还能维持人体血液一定的渗透压和酸碱平衡。

3. 什么是酱油及其营养特点是什么?

酱油是以大豆或者豆饼、面粉、麸皮等经发酵加盐酿制而成的液体调味品。酱油含有水、食盐、蛋白质、氨基酸、糖类及少量醋酸等,以咸味为主,兼有特殊的香气和鲜味。

4. 醋的主要成分是什么?

醋是酸性液体调味料,包括酿造醋和人工合成醋两大类。醋的主要化学成分是醋酸。

5. 醋的营养价值有哪些?

醋能分解食物中的钙、磷和铁等无机盐。

6. 大葱的营养价值是什么?

大葱中胡萝卜素、维生素 C 的含量丰富,同时富含无机物钾。葱叶的营养成分含量比葱白高。大葱含有特殊香气的挥发油,其主要成分为葱蒜辣素,具有较强的杀菌作用。大葱能刺激人体汗腺,有发汗解表的作用,并可促进消化液的分泌,具有健胃功能。洋葱(葱头)含有硫化合物,可以降低血压、血脂。

7. 生姜有什么营养价值?

生姜含有挥发油。油中的主要成分为姜醋、姜烯、姜酚等。姜中的黄色油状液体是结晶性姜酮及油状液姜烯酮的混合物,能解除腥膻异味,提味增香。生姜有很高的药用价值。姜中的"姜辣素"可祛寒解表,治疗感冒。生姜还有降血脂,预防胆石症的功效。

8. 大蒜有什么营养价值?

大蒜含有挥发性的"蒜辣素",对多种病菌、病毒甚至肠道寄生虫,均有强大的抑制和杀灭作用。大蒜治疗肠炎、细菌性痢疾、流感、流脑都有好的效果。凉拌菜中加入蒜蓉、蒜末,既可调味又可杀菌。

三、平衡膳食及合理营养

(一)平衡膳食

1. 什么是营养平衡膳食?

人体对食物营养素的需求与膳食供给之间建立的良好平衡关系,达到营养平衡,对身体健康,提高寿命有重要的意义称营养平衡膳食。

2. 什么是平衡膳食?

选择多种食物,经过适当搭配做出的膳食,这种膳食能满足人们对能量及各种营养素的需求。

3. 平衡膳食的依据是什么?

用膳者的不同年龄、性别、劳动强度、生理状况,每人每日对各种营养素的需要量,同时要考虑到各营养素的质量、数量和相互之间的比例要合理,每日膳食供给各种营养素的量与用膳者对各种营养素需要量之间要达到平衡。

4. 平衡膳食的意义是什么?

运用营养知识,努力使人们的膳食趋于平衡、合理,关系到当代人的身体素质和健康长寿,而且关系到子孙后代的健康成长和智力发展,对促进民族兴旺发达有着重要的意义。所以党和政府已把改革我国人民膳食结构列为“基本国策”。

5. 平衡膳食具体内容包括哪些?

要有足够的热量,要有适量的蛋白质,要有一定的脂类,要有充分的无机盐,要有丰富的维生素,要有适量的食物纤维,要有充足的水分。

6. 三大产能营养素与摄入能量如何平衡?

三大产能营养素有糖类、蛋白质、脂肪,摄入量比例分别为60%、10%~15%、20%~25%。膳食按照此比例安排,能够正常维持体内生理需要,否则会对健康产生不利的影响。

7. 食物中获取的必需氨基酸与人体需要如何平衡?

食物蛋白质营养价值的高低,很大程度取决于食物中所含8种必需氨基酸的数量和比例。只有数量、比例同人体的需要接近时，才能合成人体的组织蛋白，反之会影响食物中的蛋白质的利用。为保持必需氨基酸的比例均衡，应充分利用蛋白质的互补，补充缺乏和含量不足的氨基酸，提高蛋白质的价值。

8. 不饱和脂肪酸与饱和脂肪酸如何平衡?

人体必需脂肪酸均为不饱和脂肪酸。其在植物油中的含量较高，因此在膳食中不仅要维持脂肪占全日总热量的比例，而且要注意必需脂肪酸所占比例。一般认为必需脂肪酸应占总热量的3%以上。

9. 产能营养素与维生素需要量之间如何平衡?

三大产能营养素在人体的代谢与某些维生素有密切的关系。维生素B_1在体内以辅酶的形式参与糖代谢的氧化脱羧反应，因此当膳食中热量摄入量比较高时，维生素B_1的需要量也要相应增加。维生素B_2作为黄素酶的辅基在体内生物氧化的过程中发挥递氢的作用；当膳食中脂肪的含量较高时，维生素B_2的含量也要相应增加。

10. 钙和磷之间如何平衡?

在人体吸收的众多矿物质中，以钙和磷对人的体质影响最为明显。人体中的钙和磷多数以磷酸钙的状态存在于骨骼和牙当中，因此膳食中的钙磷比例适当才有益于吸收利用。婴儿体内钙含量较少，需要吸收大量的钙，故在膳食中钙和磷的比例大致接近1∶1；随着年龄增长，体内的含钙量增加，钙和磷的比例可逐渐减少，但目前的观点，已不过分强调二者的比值关系。

11. 动物性食物与植物性食物如何平衡?

人体获得全面的营养素则需要将动物性食物与植物性食物合理搭配食用。动物性食物富含蛋白质和各种维生素、无机盐，特别是动物肝含膳食中易缺乏的维生素A和维生素B_2，还含有丰富的无机盐，而且利用率高。植物性食物含有较多的糖类、纤维素，蔬果里含有维生素、无机盐、有机酸、色素、芳香物质等，与动物性食物结合可获得优质蛋白质、必需氨基酸和必需脂肪酸等全面的营养物质。

(二)合理膳食制度

1. 何为合理膳食制度?

指合理安排一日餐次，两餐之间与每餐的食物数量和质量与日常生活制度和生理状况相适应。

2. 我国人民生活习惯的餐数及两餐之间的间隔时间为多少？

一般每日三餐，两餐之间的间隔时间4～6小时。儿童、孕产妇、老年人和某些患者要根据具体情况而定。

3. 各餐数量的分配是什么？

合理的分配可参考：早餐占全天总能量的25%～30%，午餐占30%～40%，晚餐占30%～40%；三餐之间可安排点心、水果或坚果类。

(三)科学烹饪方法

保证健康生活方式的烹饪方法有哪些？

宜多采用煮、蒸、炖、煨，少采用炸、炒、淹、熏等烹饪方法。

(四)营造良好就餐环境

如何营造就餐环境？

就餐环境应该光线柔和空气新鲜，温度适宜，并配有背景音乐。有洗手池，一次性纸巾，洗手液、烘干机。

图3-1 就餐环境

(五)膳食指南

1. 什么是膳食指南及其有什么意义？

膳食指南也称膳食指导方针或膳食目标，是根据营养学原理，结合人们的膳食习惯和营养状况而制定的指导性文件。其意义在于帮助居民采用平衡膳食,达到合理营养、减少和预防与营养相关的慢性疾病的发生,以有效促进健康。

2. 膳食指南主题框架分为哪三个部分?

《中国居民膳食指南》(2016 版)主要是由一般人群膳食指南、特定人群膳食指南、中国居民平衡膳食宝塔三部分组成。

3.《中国居民膳食指南》(2016)的主要内容是什么?

①食物多样,谷类为主;②吃动平衡,健康体重;③多吃蔬果、奶类、大豆;④适量吃鱼、禽、蛋、瘦肉;⑤少油少盐,控糖限酒;⑥杜绝浪费,兴新食尚。

4. 什么是我国居民膳食宝塔?

我国居民平衡膳食宝塔是根据《中国居民膳食指南》,结合我国居民的膳食结构特点设计的。它把平衡膳食的原则转化成各类食物的质量,并以直观的宝塔形式表现出来,便于理解和在日常生活中实行。

5. 制订中国居民膳食指南的目的是什么?

帮助我国居民合理选择食物,并进行适量的体力活动,以改善人们的营养和健康状况,减少或预防慢性疾病的发生,提高国民的健康素质。

6. 如何根据自己的能量水平确定食物需求?

中国居民膳食宝塔建议的每人每日各类食物适宜摄入量适用于一般健康成年人,应用时要根据个人年龄、性别、身高、体重、劳动强度、季节等适当调整。对于正常成年人,体重是判定能量平衡的最好指标,每个人应根据自身的体重变化调整食物的摄入。

7. 水的需要量受何种因素的影响?

水是重要的营养素,也是膳食的重要组成部分,是一切生命必需的物质,其需要量主要受年龄、环境温度、身体活动等因素影响。

8. 如何调配出丰富多彩的膳食?

人们吃多种多样的食物不仅是为了获得均衡营养,也是为了使饮食更加丰富多彩满足口味享受。应用平衡膳食宝塔应当把营养与美味结合起来,按照同类互换、多种多样的原则调配一日三餐。每一类食物都有许多品种,膳食同类互换就是以粮换粮、以豆换豆、以肉换肉,如大米可与面粉或杂粮互换;牛奶可与羊奶、酸奶等互换。多种多样就是选用品种、形态、颜色、口感多样的食物，变换烹调方法。

9. 什么是中国居民膳食营养素参考摄入量?

膳食营养素参考摄入量(DRIs)是为了保证人体合理摄入营养素，避免缺乏和过量，在推荐膳食营养素供给量的基础上发展起来的每日平均膳食营养素摄入量的一组参考值。

10. 什么是平均需要量?

平均需要量(EAR)是指某一特定性别、年龄及生理状况群体中个体对某营养素需要量的平均值。

11. 什么是推荐摄入量?

推荐摄入量(RNI)是指可以满足某一特定性别、年龄及生理状况群体中绝大多数个体(97%～98%)需要量的某种营养素摄入水平。

12. 什么是适宜摄入量?

适宜摄入量(AI)是通过观察或实验获得的健康群体某种营养素的摄入量。

13. 什么是可耐受最高摄入量?

可耐受最高摄入量(UL)是营养素或食物成分的每日摄入量的安全上限，是一个健康人群中几乎所有个体都不会产生毒副作用的最高摄入水平。指平均每日摄入营养素的最高限量。

四、烹饪饮食文化

(一)中国饮食文化

1. 中国饮食文化中有哪几个菜系?

中国汉族饮食文化的菜系，是指在一定区域内，由于气候、地理、历史、物产及饮食风俗的不同，经过漫长历史演变而形成的一整套自成体系的烹饪技艺和风味，并被全国各地所承认的地方菜肴。到清代初期时，鲁菜、淮扬菜、川菜、粤菜成为最有影响的地方菜，被称作“四大菜系”。

2. 四大菜系各自有什么特点和代表菜?

(1)鲁菜：分为济南风味、胶州风味、鲁中风味，其风味特点是用料广泛、刀工精细、工于火候。代表菜有葱烧海参、九转大肠、芫爆肚丝、干㸆大虾。

(2)淮扬菜:分为南京风味、苏锡风味和徐州风味,其风味特点是选料严格、刀工精细、清淡适口、善于变化。代表菜有三套鸭、蟹粉狮子头、大煮干丝、醉蟹。

(3)川菜:分为成都风味、自贡风味、重庆风味,其风味特点是烹饪技法多样、调味灵活多变、菜式适应性强。代表菜有鸡豆花、干烧岩鲤、宫保鸡丁、麻婆豆腐。

(4)粤菜:分为广州风味、潮州风味、东江风味,其风味特点是用料广博、口味清淡、形态新颖。代表菜有烤乳猪、东江盐焗鸡、白灼基围虾、大良炒鲜奶。

3. 什么是烹饪?

烹饪是人类为了满足生理及心理需求,将可食性原料通过适当的方法加工成可直接食用的产品的一种活动。可食性包含三层含义:无毒无害性,可提供人体所需的营养素,具有良好的感官性状。

4. 造成烹饪风格差异的主要因素是什么?

长期以来,世界各国由于贫富之间始终存在着巨大的差异,不同社会阶层的形成造就了不同的饮食特点。而使得烹饪风格差异化的主要因素包含有基本食材、烹饪技术、风味原理。

5. 选材对烹饪效果有什么影响?

不同的材料对烹饪效果有着显著的影响,不同的环境、地理、耕作、加工、处理都会使材料有不同的风格。选材不仅是剔除质量低劣的原材料,更表现为挑选出宜于食用的优质原料和与某种烹饪方法相适应的原料,使得食材通过合适的烹饪方法表现出其美味的口感。

6. 中式烹饪中的特点是什么?

中国人对待吃饭采取艺术的态度,注重食物的色、香、味。中国烹饪理论的核心就是调味,使食物味道和食客的口感统一起来,并使之有利于健康。

7. 食制是如何发展到一日三餐的?

现代人都习惯于一日三餐,实际上秦汉以前人们一天只吃两顿饭。由于农业不发达,粮食有限,即使两顿饭也要视人而待。汉代以后,统治阶级的饮食由一日两餐逐渐变为三餐或四餐。可能与秦以来建立皇帝早朝制度有关。

8. 中式菜肴中食物被分为哪两类?

中式饮食以植物性食物为主,而且逐渐形成有主、副食之分的饮食习惯。

主食：是指谷物及其他淀粉类食物。

副食：指除了米、面等主食以外，用以下饭的鸡、鸭、鱼、肉、水果、蔬菜等不是主食的食品。这一独特的饮食习惯，在世界上是不多见的。

9.《黄帝内经·素问》中主要提出什么样的饮食结构理论？

"五谷为养，五果为助，五畜为益，五菜为充。"

(1)"五谷为养"是指黍、秫、菽、麦、稻等谷物和豆类作为养育人体之主食。

(2)"五果为助"系指枣、李、杏、栗、桃等水果、坚果，有养身和健身之功效。

(3)"五畜为益"指牛、犬、羊、猪、鸡等禽畜肉食，对人体有补益作用。

(4)"五菜为充"则指葵、韭、薤、藿、葱等蔬菜为营养补充。

10. 医食同源有何道理？

以中国古代医学源于饮食，神话传说中神农氏不仅教人种庄稼、树百谷的农业之神，而且是医药的发明者。中国医学中人们吃饭果腹与治疗某种疾病有密切的关系。《黄帝内经·太素》一书中写道："空腹食之为食物，患者食之为药物"。《内经》对食疗有非常卓越的理论，如"大毒治病，十去其六；常毒治病，十去其七；小毒治病，十去其八；无毒治病，十去其九；谷肉果菜，食养尽之，无使过之，伤其正也"，这可称为最早的食疗原则。

11."五味调和"调的是什么味？

中国饮食讲"五味"，其内涵是很丰富的。

从化学味觉上讲是调和的五味——酸、甜、苦、咸、辣。

从物理味觉上讲是质地的五味——嫩、脆、细、酥、软。

从心理味觉上讲是口感的五味——丰、腴、爽、适、舒。

从健康养生上讲是食性的五味——寒、热、温、凉、平。

从人体感受上讲是食境的五味——声、光、色、境、情。

12. 人们喜用"鼎中之变"来说烹饪的事，它追求的目的是什么？

鼎中之变追求的最终目的是味的变化。这种变化是通过人的感受即味觉的变化，不仅是咸、甜、苦、辣、酸这样的化学味觉，还包括温度、软硬度等感觉及色泽、造型等感应。其根本目的就是健康、养生。达到这个目的的前提是适口者珍，只有在味的变化成功后方能达到，味道糟糕的馔肴能引起人的食欲是很难想象的，连吃的愿望都没有了，何以谈养生健身呢。

13. 形成南方北方饮食文化差异的主要原因是什么？

由于地理的隔绝，形成了南、北文化圈，两个文化圈存在的差异在饮食文化领域表现得尤为明显，除了地理因素以外，更与出产的食物原材料不同有关。南方饮食以稻米为主食，以丰饶的蔬果、海产、禽畜为副食。北方饮食结构是以农业、畜牧、种植业为主，小麦是主要的粮食品种。由于这种不同的饮食结构，使北方地区多以主食为主，副食很简单。而南方地区，副食很丰富，主食却很简单。

14. 主食中面制品如何发展到花样繁多？

发面技术一开始就被用来制蒸饼，类似于今日馒头，加入其他馅类的蒸饼逐渐演变为包子。胡饼在南北朝及隋唐之间被视为美食，与今日的烧饼类似；而汤饼(面条)逐渐发展成熟，成为粥饭以外最重要的主食；饺子、馄饨也是十分流行的食品，两者皆为用面皮包裹住馅料。

15. 面条与哪些风俗关系十分密切？

北方有“二月二，龙抬头”，吃龙须面的风俗，有祈求龙王风调雨顺之意；现在仍有“头伏饺子二伏面，三伏烙饼摊鸡蛋”的谚语；在生日时要吃长寿面，这在唐代已有记载；生子满月要设“汤面宴”并把面条送给邻居，有祝愿小孩长命百岁之意等。

16. 主食中的米制品主要有哪些？

粥：适量的稻谷加入水熬成黏稠的食物，易于消化，食粥成为食疗的主要形式，特别是老年人或脾胃虚弱者。

米饭：由粥发展而来，适当控制水和米的比例，制作而成丰盈饱满的米饭。

糕、团：是用米粉制成的块状或团状的食品，种类繁多，制作考究。

17. 为什么许多糕团与节日习俗有关？

(1)名字较为吉祥，高、团与吉庆有关。

(2)多为固体形状，便于在节日携带和馈赠有关。

(3)流传久远而广泛，花样繁多，经历了多年年节，已被纳入习俗。

18. 周八珍是指什么？

周八珍是中国烹饪史中记载的最古老的一份菜谱。《周礼·天官·膳夫》所记，王之食用六谷、膳用六牲、饮用六清、珍用八物。《礼记》中记载了八种珍食的制作方法。

淳熬——肉酱油烧稻米饭。

淳母——肉酱油烧黄米饭。

炮豚——煨烤炸炖乳猪。

炮羊——煨烤炸炖羊羔。

捣珍——烧牛、羊、鹿里脊。

渍——酒糟牛羊肉。

熬——类似牛肉干。

肝网油——网油包烤狗肝。

19. 烹饪历史中所谓的“八珍”与“周八珍”有何区别？

随着烹饪历史的发展，人们对饮食的要求会根据时间、地点、地理条件、生理和心理所需，产生不同的变化，从原料的烹饪属性上罗列出海八珍、禽八珍、山八珍、草八珍的概念。

海八珍——燕窝、鱼翅、海参、鲍鱼、鱼肚、鱼唇、鱼子、瑶柱。

禽八珍——红燕、飞龙、鹌鹑、天鹅、彩雀、斑鸠、红头鹰。

山八珍——驼峰、熊掌、猴脑、猩唇、象拔、豹胎、犀尾、鹿筋。

草八珍——猴头、银耳、竹荪、驴窝菌、羊肚菌、花菇、黄花菜、云香信。

20. 清代戏曲理论家、文学家、美食家李渔是如何成为品蟹第一人的？

李渔的著作《闲情偶寄》中记载的品蟹之道，堪称真正懂得品蟹之第一人。

(1)“世间好物，利在孤行……和以他味者，犹以爝火助日，掬水益河”，其意是大闸蟹需独吃，不应与别的菜一起入锅，不然就像点篝火为太阳添光，以手捧水助河流上涨。

(2)“凡食蟹者，只合全其故体，蒸而熟之”，指的是蟹应整只上笼蒸熟，不能用刀切剖开。

(3)“出于蟹之躯壳者即入于人之口腹，饮食之三昧再有深入于此哉。”意思是吃蟹得剖一只，吃一只，断一螯，吃一螯，从蟹壳里出来就入口入肚。只有这样，才能吃出蟹的原汁原味，有道是“气与味纤毫不漏”。

21. 清代诗人、散文家、文学评论家袁枚的《随园食单·戒单》有什么内容？

清代诗人、散文家、文学评论家袁枚所著的《随园食单》被中国烹饪业内人奉为烹饪宝典，由此可窥出一二来。

(1)戒外加油：俗厨制菜，动熬猪油一锅，临上菜时，勺取而分浇之，以为肥腻。

(2)戒同锅熟：一物有一物之味，不可混而同之。

(3)戒耳餐：贪贵物之名，夸敬客之意，是以耳餐，非口餐也。

(4)戒目食：目食者，贪多之谓也。

(5)戒穿凿：物有本性，不可穿凿为之。

(6)戒停顿：物味取鲜，全在起锅时极锋而试，略为停顿，便如霉过衣裳，虽锦绣绮罗，亦晦闷而旧气可憎矣。

(7)戒暴殄：暴者不恤人功，殄者不惜物力。

(8)戒纵酒：事之是非，惟醒人能知之；味之美恶，亦惟醒人能知之。

(9)戒火锅：冬日宴客，惯用火锅，对客喧腾，已属可厌；且各菜之味，有一定火候，宜文宜武，宜撤宜添，瞬息难差。

(10)戒强让：一肴既上，理直凭客举箸，精肥整碎，各有所好，听从客便，方是道理，何必强让之？

(11)戒走油：凡鱼、肉、鸡、鸭虽极肥之物，总要使其油在肉中，不落汤中，其味方存而不散。

(12)戒落套：唐诗最佳，而五言八韵之试帖，名家不选，何也？以其落套故也。诗尚如此，食亦宜然。

(13)戒混浊：同一汤也，望去非黑非白，如缸中搅浑之水。同一卤也，食之不清不腻，如染缸倒出之浆。

(14)戒苟且：凡事不宜苟且，而于饮食尤甚。

(二)烹饪工艺知识

1. 菜肴烹饪中火候的定义是什么？

火候是指烹饪原料在加热过程中受到火力大小、媒介传热能力与受热时间长短共同作用所反应的程度。

2. 火候的分类和应用范围是什么？

(1)旺火：烹饪所用的最大的火，其火力强而集中，火焰高而集中呈黄白色，光度明亮，热气逼人。适用范围：炒、炸、爆、蒸等烹调方法，宜于加热时间较短的原料。

(2)中火：其火力次于旺火。适用范围：烧、烩、焖、炖等烹调方法，适宜烹制时间较长或火力不大的菜肴。

(3)小火：烹调所用最小火。适用范围：烧、蒸、炖等烹调方法，适宜长时间烹制的菜肴。

(4)微火：火力有火无焰，有火无力。适用范围：烧、炖等烹调方法，主要用于长时间烹制的菜肴。菜肴烹饪中起辅助火力，保温作用。

3. 原料鉴别中最常用的是感官鉴别法，这种方法的定义是什么？

感官鉴定是通过眼看、鼻嗅、耳听、口品尝和用手触摸等方式，对原料的色泽、品种、气味、成熟度、完整度等方面进行鉴定。感官鉴别的方法：视觉鉴别法、嗅觉鉴别法、味觉鉴别法、听觉鉴别法、触觉鉴别法。

4. 蔬菜类原料怎样进行初加工?

(1)叶菜类:如白菜、甘蓝、韭菜、豌豆尖、芹菜等,先去除不可食部分后,再放入水中冲洗干净。

(2)根、茎菜类:如竹笋、茭白、荸荠、山药、洋葱等,先去除原料根须或皮,再放入水中浸泡洗净。

(3)果菜类:如茄子、芸豆、黄瓜、辣椒、冬瓜等,先将原料洗净后,再将原料的皮去除、去籽。

(4)花菜类:如花椰菜、金针菜、西蓝花等,先去除花柄、蒂或花蕊后,再将原料洗净。

(5)低等植物蔬菜类:如菌类、藻类、地衣植物等,这类原料先去掉泥沙,再用水洗净;如果是干货,则先用凉水进行涨发,去除泥沙后用水洗净。

5. 如何鉴定畜肉类原料的品质?

用眼看畜肉表面的色泽,好品质的肉为淡红色、有一定的光泽;用手去触摸肉的表面,不粘手,肉的弹性好,肉面无黏液;用鼻接近肉的表面闻一闻,气味正常,则为品质好的畜肉。

6. 什么是调味?调味都有哪些作用?

运用各种调味原料和有效的调制手段,使调味料之间及调味料与主配料之间相互作用、协调配合,从而赋予菜肴一种新的滋味的过程。调味的作用:确定菜肴滋味,除异味并解腻,增加菜肴鲜美滋味,调和各种原料的滋味,可以突出各地方风味特色,对制作成熟的菜肴起到美化色彩的作用。

7. 烹饪中都有哪些基本味?每种基本味有何作用?

基本味有 7 种,分别为咸、甜、麻、辣、酸、鲜、香。

(1)咸味的作用:解腻、提鲜、除腥,突出原料鲜香滋味;能独立成味。

(2)甜味的作用:调和诸味;提鲜解腻、缓和辣味刺激、抑制苦涩味,增加味感醇厚度;能独立成味。

(3)麻味的作用:抑制原料异味、解腥去腻、增香。

(4)辣味的作用:增香解腻、压低异味,刺激食欲。

(5)酸味的作用:解腻、增鲜、除腥;促钙质和氨基酸类物质分解;减少维生素破坏;提高食物滋味,增进食欲。

(6)鲜味的作用:增加菜肴风味,提高食欲;是一种辅助味。

(7)香味的作用:压低异味、增食欲。很多香料本身含有去腥解腻的化学成分。

8. 什么是复合味？凉菜都有哪些常用味型？

复合味是指由两种或两种以上的单一调味品所组成的味。目前常用的味有红油味、蒜泥味、椒麻味、怪味、姜汁味、麻辣味、酸辣味、糖醋味、芥末味、麻酱味、白油味、椒盐味。

9. 菜肴组配的定义是什么？

配菜又称配料，就是根据菜肴的质量要求，把各种加工成形的原料，按一定的规格、比例配备恰当，使其可以烹制出一份完整的菜肴或配合成可以直接食用的菜肴。

10. 菜肴的组配应注意哪些要求？

熟悉了解原料供应情况，熟悉烹饪原料及各部位的特性，熟悉菜肴品种及制作特点，菜肴各配料应分别放置，必须注意合理营养，注意卫生，掌握菜肴质量标准和成本核算，具备美学知识、善于推陈出新，具有风味特色。

11. 菜肴的命名有哪些方式？

中国馔肴的名称不是随意而取，有它必然的规律性，也构成了中国传统烹饪理论的一个重要方面，集中体现就是雅俗共赏。其命名有下列的方式。

(1)烹调方法与主料的组合：如干烧辽参，火爆腰花。

(2)主料与辅料的名字组合：如腰果虾仁、木耳肉片。

(3)主要调味品与主料的组合：如XO酱爆螺片、孜香牛柳。

(4)味型与主料的组合：如家常哨子烧鹿筋、香辣掌中宝。

(5)色彩形态和主料的组合：如五彩鸡丝卷、碧绿脆丝。

(6)辅料、烹调方法、主料的组合：如干豇豆烧肉、竹笋焖牛筋。

(7)人名、地名和主料的命名：如北京烤鸭、麻婆豆腐、二姐兔丁。

(8)成菜质地与主料的组合：如脆皮豆腐、酥炸墨鱼嘴。

(9)以象形命名：如八宝葫芦鸭、石榴鸡、什锦菠萝鱼。

(10)药材与主料的组合：如百合炒木耳、天麻炖乳鸽。

(11)器皿与主料的组合：铁板黑椒格格肉、锅仔飘香鸡。

(12)诗歌名句、成语来命名：如秋蟹映月、风生水起、三元及第。

(13)以良好祝愿来命名：如金玉满堂、大丰收、全家福、步步高升。

(14)中西结合命名：如金丝沙拉虾、卡夫奇妙卷。

(三)烹饪相关链接

1. 欧洲饮食文化的特点是什么?

"实效"是欧洲饮食文化的重要特点,无论是在原材料的选材上,多选取面包、奶酪、果酱、黄油、生蔬菜、牛肉等易选取的食物;还是在烹饪方法上,体现在食品的原汁原味上,以嫩、鲜、清、淡为标准,除营养素的充分摄取外,也注重烹饪过程的方便、快捷。

2. 世界三大烹饪王国是哪三个国家?

世界三大烹饪王国一般来说是法国、土耳其和中国。土耳其是一个非常注重美食的国家;它的料理在世界上是很有名的。中国菜的美食特点在于其"味","一菜一格""百菜百味",是中国菜肴的最大特色。法国菜最主要特征是对复合味调料的制作极其考究,选料十分新鲜。

3. 法国菜烹饪中注重哪些方面?

法国菜注重烹调火候,讲究菜肴的鲜嫩,强调菜肴的质量。菜肴中使用酒的地方较多,且较为讲究,不同的菜肴搭配不同的酒。无论在视觉上、嗅觉上、味觉上,法国菜更要求精致化的整体要求。

4. 法国菜的特点是什么?

(1)选料广泛:法国菜的突出特点就是选料广泛,常选用稀有名贵的原料。

(2)加工精细:法国菜一般常用烤、煎、烩、铁扒、焖、蒸等方法。

(3)重视调味:法国菜重视调味,调味品种类多样,常用的香料有百里香、迷迭香、月桂、肉豆蔻、藏红花等十余种。且用酒较重,并讲究根据原料搭配相应的酒。

(4)烹调考究:法国菜在烹调时,火候占了非常重要的一环,如牛、羊肉通常烹调至六七分熟即可,海鲜烹调时须熟度适当,不可过熟,尤其在酱料的制作上,更为费功。

5. 法国菜中香槟酒与什么菜品相搭配?

粉红香槟酒可以配法国美食中的鹅肝、火腿或家禽。而白葡萄香槟酒则可以配法国美食中的羊羔肉。香槟酒无论是作为开胃酒饮用还是与菜肴搭配饮用,其最佳饮用温度应该是 8～10℃。饮用前可在冰桶放 20 分钟或在冰箱里平放 3 小时。

6. 法式鹅肝的特点是什么，不适合哪些人群食用？

法式鹅肝的特点在于它入口即化、柔嫩细致、唇齿留香，鹅肝含有油脂甘味的谷氨酸，故加热时产生诱人香味。在加热至35℃的时候，其脂肪即开始融化，故有入口即化之感觉。因鹅肝属于高胆固醇食品，故有高胆固醇血症、肝病、高血压和冠心病患者应少食。

7. 意大利美食烹饪的基本要素是什么？

意大利烹饪的基本要素是有鲜活、高质量的配料，并能用简单的方法制作。这些均建立在强调自然风味和色泽的基础上。意大利食物最正宗的要素是橄榄，橄榄与色拉一样成为大多数食物不可缺少的要素。

8. 意大利菜的特点是什么？

意大利的菜的特点是味浓，喜欢原汁原味，一般都直接利用物料内在的鲜味烹调。在烹调方法上，多用炒、煎、炸、红烩、红焖等方法，烧烤菜比较少。喜爱米饭和面食，且不是作为主食，而作为佳肴存在。

9. 日本菜的烹调特点是什么？

日本菜注重五色（春绿、夏朱、秋白、冬玄、配黄），要求色彩与线条搭配，其烹饪特点以炒、生拌、炸蒸为主，菜肴特点是清淡少油，味鲜带甜。

（四）民族传统饮食

1. 什么是清真风味菜？

中国的清真菜是既有伊斯兰色彩，又具有中国各地饮食风格的回族、维吾尔族等10个少数民族的民族风味菜。

2. 清真风味菜如何形成？

清真菜起源于唐代。早期传入我国的清真菜，主要是由阿拉伯人和后来形成的回族人经营的。有三种形式：清真寺院菜、民间菜、小型商业菜。早期清真菜的特点是保持阿拉伯饮食文化的风貌，选料上多用羊肉、洋葱、胡萝卜、胡椒面、杏仁粉、盐等，不喜酱油；口味上以辣、甜、咸、酸为特色；工艺上以烤、炸、煮见长。

3. 清真风味菜如何构成？

从信仰伊斯兰教的人居住地区划分，清真菜主要分为西北地区，以炸、煮、烤制较多，口味浓厚；长江以北以京津地区为代表，烹调方法精细，菜品繁多；杂居在南方各省及沿海地区的回族清真菜，口味清淡，以禽类海鲜河鲜烹调最为拿手。

4. 清真菜的饮食特点是什么？

(1)选料以伊斯兰饮食风俗为基础，善于以牛、羊、驼、鸡、鸭、鹅、蔬菜、水果、面点等为原料制作菜点。

(2)口味特点既有浓郁味厚的菜品，又有清淡、爽口、鲜嫩的佳肴。

(3)在烹调方式上，北京以爆、炮、烤、涮、炒、烧等见长；西北擅长烤、煮、炸等；南方则以烧、炒、炖、烤为多。

5. 清真菜忌讳什么？

伊斯兰教最突出的饮食戒律：忌食猪肉、猪油，也不吃狗、驴、骡、鹰及无鳞鱼，不许饮酒。但信仰伊斯兰教的10个民族略有差别，如维吾尔族不食骆驼，哈萨克族与乌孜别克族不食马肉等。

6. 什么是素菜？

素食是以时鲜蔬菜、瓜果、豆腐、豆制品、面筋和笋菌类为原料，用植物油精工烹制的素食佳肴，风味别致。

7. 素菜风味体系如何形成？

素食起源于古代以植物性食物为主体的膳食结构。而宫廷素食产生于西周、春秋时期，为祭祀仙人，上流社会逐渐有了食素的习俗。在佛教传入我国之前，中国素菜已存在几千年。虽然汉代佛教并没有食素的规定，但是到了南北朝时期，梁武帝萧衍提出了僧人居士终身食素、戒杀、放生的教律。此后各种类型的中国素菜相继发展，不断完善。

8. 素菜风味体系是如何构成的？

素菜的风味是由佛教、道教寺院菜、宫廷素菜、商业素菜和民间素菜构成。

9. 素菜风味体系是什么特点？

(1)选料严谨，凡是植物性原料同属素菜原料。

(2)刀工精细，商业素菜讲究以素托荤、形荤实素。

烹制考究，集各个地方之长，善于借鉴、学习各种风味之所长。

引申空间 功能糖与人体健康

(一)低聚木糖与肠道健康

低聚木糖(xylooligosaccharides,XOS),又称为木寡糖,是由2~7个木糖分子以β-1,4糖苷键连接而成的功能性低聚糖,低聚木糖通过木聚糖酶水解木聚糖制得,是以木二糖、木三糖为主要成分的混合物。其中木二糖的甜度相当于蔗糖的40%,且低聚木糖的甜度纯正、没有异味。低聚木糖作为一种优良的益生元,具有良好的调节肠道菌群、润肠通便、提高人体免疫力、抗肿瘤的作用,已被广泛应用在食品、饮料、保健品及饲料领域当中。

1. 与其他低聚糖相比,低聚木糖具有的优点

(1)突出特点是稳定性好,在很宽的pH范围内(pH2.5~8.0,尤其在酸性条件下,甚至比胃酸更低的pH条件下)和较高的温度(高至100℃)仍能保持结构稳定。

(2)与其他低聚糖相比,木二糖在消化系统中最稳定,不被消化酶分解,且代谢不依赖胰岛素。

(3)低聚木糖是目前发现的有效用量最小的低聚糖,其有效摄入量为0.7~1.4g/d。

2. 肠道菌群对人体健康的重要性　人体肠道内存在种类繁多的微生物,其中对健康有害的称为有害菌(如梭菌、拟杆菌等),对健康有益的称为有益菌(如双歧杆菌、乳酸菌等)。肠道菌群决定着肠道年龄,肠道的年轮就是有益菌占肠道细菌的比率。一般情况下在婴幼儿时期,此数值可达到98%,青少年时期也有40%左右,中年时期则下降到10%,到65岁之后有益菌的比率就不到5%了。肠道中有益菌逐渐减少、有害菌越来越多,肠道的功能也随之逐渐减退,不仅自主蠕动性降低,还容易感染各种肠道疾病,产生大量的毒素,会直接伤害各器官的健康。

3. 低聚木糖调节肠道菌群的机制　低聚木糖调节肠道菌群的作用主要是基于它对肠道有害菌和有益菌的不同影响。体外试验及动物实验表明,双歧杆菌(如长双歧杆菌、青春双歧杆菌及婴幼儿双歧杆菌等)均可利用木二糖、木三糖、木四糖或以三者为主要成分的低聚木糖;但大肠埃希菌、肠球菌及梭状芽孢杆菌等有害菌却不能利用低聚木糖。低聚木糖增殖有益菌的机制是为其提供碳源,低聚木糖是一类非消化性低聚糖,不被胃酸及消化酶降解,也不被肠黏膜吸收,进入肠道的低聚木糖可作为碳

源直接被双歧杆菌等有益菌利用。低聚木糖被双歧杆菌利用后会产生某些抗生素，有效抑制有害细菌，减少其产生的有毒物质对机体的损伤。

4. 低聚木糖对治疗肠道炎症的功效　肠道微生物在肠道健康中具有重要的作用，既影响着食物的消化、营养吸收和能量供应，又调控着宿主正常的生理功能以及疾病的发生发展。由于肠道是人体最大的免疫器官，肠道微生物与宿主肠道黏膜表面的相互作用促进了免疫系统的建立和发展，成为人体重要的免疫屏障。肠道微生物菌群失调会导致各种疾病的发生，过去，使用抗生素是治疗菌群失调的主要措施，但是现在人们已经认识到，该治疗方案不仅会增加肠道疾病发生的概率，还会导致耐药性的产生。因此，在疾病的治疗和预防及动物饲养中，使用诸如酶制剂、益生元和益生菌等抗生素替代品来改善宿主肠道环境，越来越受到研究者的关注。为此，使用低聚木糖增殖肠道内的双歧杆菌等有益菌，对治疗肠炎有着明显的效果。

5. 低聚木糖润肠通便、改善腹泻的双重调节作用

(1)低聚木糖有防治便秘的功能，摄入低聚木糖后能增加便中水分，从而改变粪便的形态。以低聚木糖为碳源的双歧杆菌等有益菌可利用低聚木糖产生乙酸、乳酸等有机酸，使肠道呈酸性，并刺激肠蠕动，改善肠动力。

(2)低聚木糖还有治疗腹泻的作用。低聚木糖对大肠埃希菌等有害菌有较强的吸附力，肠道内被有益菌利用后的剩余低聚木糖可携带附着的有害菌排出体外，从而防止有害菌在肠道内集群，达到抑制腹泻的目的。这表明低聚木糖对有益菌的增殖作用可缓解菌群失衡而引起的腹泻，并避免肠道失调引起的结肠炎及胃炎等。

(二)功能性甜味剂——木糖醇

木糖醇(xylitol)是一种五元醇，甜度相当于蔗糖的1.2倍，广泛存在于自然界的果蔬当中，但含量很少。木糖醇的工业生产通常是采用含有木聚糖的植物原料，如玉米芯、甘蔗渣、桦木等，经水解、氢化后获得结晶木糖醇，其化学结构与自然界中的木糖醇完全相同，是一种天然安全的功能性食品配料。木糖醇可以防龋齿、不增加血糖值、改善肝功能，已被广泛应用在食品工业当中。在国际上，欧洲、美国、日本等几十个国家和地区，木糖醇均被批准为安全的食品添加剂。

1. 木糖醇可作为糖尿病患者使用的甜味剂，而且不影响血糖值　木糖醇作为一种功能性甜味剂，能参与人体代谢，进入血液后，不需要胰岛素即能进入细胞，而且代谢速度快，不会引起血糖值的升高；同时，木糖醇

代谢产生的能量与葡萄糖相同，且与蔗糖相比具有相当的甜度，因此木糖醇是适合于糖尿病患者服用的营养性食糖替代品。

2. 与蔗糖相比木糖醇作为甜味剂的特点

(1)清凉感：当各种食品中加入木糖醇结晶后，吃起来会有一种清凉感，这是由于木糖醇比蔗糖的溶解热几乎大 10 倍，溶解时会吸收大量的热，使介质产生低温。但当木糖醇溶解后制成饮料，饮用时就没有清凉感了。

(2)木糖醇在食品加工受热时，不会与氨基酸产生美拉德反应，添加有木糖醇的食品能长期保持色泽鲜艳，不易变色。

(3)木糖醇不被酵母发酵，在不添加人工防腐剂的情况下可延长食品的保存期。

3. 木糖醇具有防龋齿功效

(1)木糖醇不会被口腔中可产生龋齿的微生物发酵，能够抑制牙菌斑增长。

(2)木糖醇在口腔中呈中性而非酸性状态，可防止牙被酸蚀。

(3)木糖醇可以促进牙再矿化过程，除了正常的含蔗糖饮食之外，食用少量木糖醇，可以增强现有的氟化物在口腔卫生用品中的作用，从而减少新龋病的发生率。

(三)新型低热甜味剂——阿拉伯糖

L-阿拉伯糖(L-arabinose)又称为树胶醛糖、果胶糖，是一种戊醛糖。在自然界中，阿拉伯糖很少以单糖的形式存在，通常与其他单糖结合，以杂多糖的形式存在于胶质、半纤维素、果胶酸、细菌多糖中。目前 L-阿拉伯糖主要是通过对植物纤维(如玉米芯)进行酸解制得。作为五碳糖的阿拉伯糖，是一种新型的低热量甜味剂，具有调节血糖、预防高血压、预防高血脂、减肥、排毒养颜、防止便秘、防止龋齿、增加肠道有益菌和清除血管脂肪等功效，现已被美国食品药品监督管理局(FDA)和日本厚生省批准列入健康食品添加剂，美国医疗协会也将阿拉伯糖列入抗肥胖剂的营养补充剂或非处方药。

1. L-阿拉伯糖具有调节血糖的功效　L-阿拉伯糖能选择性地影响小肠中的蔗糖酶，因此可以抑制因蔗糖的摄入(在小肠蔗糖酶的作用下分解成葡萄糖和果糖而被吸收)而导致的血糖升高，简称为抑制双糖水解的降血糖作用。临床试验表明，L-阿拉伯糖对蔗糖的代谢转化具有阻断作用，可以达到控制肥胖、糖尿病等疾病的发生。将 L-阿拉伯糖与食物纤维配合，会明显地抑制血糖升高。

2. 阿拉伯糖具有增加肠道有益菌的功效 L-阿拉伯糖选择性地影响小肠中的蔗糖酶活性，从而抑制蔗糖的分解吸收，而未被吸收的蔗糖会被肠道内的有益菌利用，并可以产生大量的短链脂肪酸，有机酸与酒精反应可以产生有机酸酯，阻止乙醇进入肝，在一定程度上起到保护肝的作用。

3. L-阿拉伯糖具有排毒养颜的作用 在服用健康白糖中添加5%的L-阿拉伯糖，抑制蔗糖吸收的效果非常明显。未被吸收的蔗糖和L-阿拉伯糖进入大肠后，会大量增殖双歧杆菌与嗜酸乳杆菌等厌氧菌，起到增强肠道功能、预防或延缓肠道疾病的作用，体内的垃圾、毒素可得到快速清理，最终以液体或气体的形式排出体外，从而起到美容、排毒养颜的作用。

4. L-阿拉伯糖具有预防肥胖、高血压、高血脂的作用 L-阿拉伯糖具有对蔗糖代谢转化的阻断作用，因此可以作为身体脂肪堆积的抑制药，用于预防肥胖、高血压、高血脂等疾病。同时，L-阿拉伯糖增殖的有益菌能促进高密度脂蛋白的形成，降低低密度脂蛋白、三酰甘油和胆固醇等血脂，还能清除血管内膜上的油脂并修复血管壁，恢复血管弹性。

5. L-阿拉伯糖具有防治龋齿的作用 L-阿拉伯糖不会被可造成龋齿的细菌发酵产酸腐蚀牙，同时L-阿拉伯糖的甜味还能促进唾液的分泌，补充唾液中的磷和钙，促进牙的自然修复。L-阿拉伯糖还可以改善口腔环境，使酸性的口腔环境恢复为中性，减弱对牙的腐蚀作用。

（龙力生物科技股份有限公司　刘国磊）

第4章
医院膳食种类

一、治疗膳食

1. 治疗膳食的概念是什么?

在常规膳食基础上,根据病情特点,采用调整膳食中营养素成分或制备方法而达到治疗目的而设置的膳食,称为特殊治疗膳食或调整营养成分的膳食。

2. 医院常见的治疗膳食种类有哪些?

常见种类:特殊流食(如纯糖流食、冷流食等)、特殊半流食(如少渣半流食、口腔半流食等)、低蛋白质膳食、高蛋白质膳食、低脂肪膳食、低盐膳食(含低盐、无盐和低钠膳食)、贫血膳食、糖尿病膳食、限嘌呤膳食和管饲膳食等。

3. 普通流食的适用范围是什么?

急性病患者,高热患者,胸、腹部大手术后,口腔、耳鼻喉部手术后,消化道急性炎症或溃疡等。

4. 普通流食的食物选择有哪些?

制作成流体性状的一切食物,如米糊、各种汤类、蛋羹、豆腐脑、藕粉、黑芝麻糊、米粉、营养粉等。

5. 普通流食的制作要求是什么?

各种原料食物蒸熟煮透后,用胶体磨或绞碎机绞成糊状,食用前需再次蒸开消毒。各种汤类需煲成浓汤。成品粉剂按说明书冲调。

6. 清流食的适用范围是什么?

适用于腹部,胃肠道施行大手术后,营养价值极低,只能短时间采用。

7. 清流食的食物选择有哪些？

只供应流体食物，且无实质食物，浓度约为普通流食的一半，如米汤、去油鸡汤、稀藕粉、稀米粉等。

8. 清流食的制作要求和餐次是什么？

可在流食的基础上稀释制作。要求每日六餐，主餐全量为每餐400ml，加餐全量为每餐200ml。

9. 纯糖流食(全糖流食)的特点和适用范围是什么？

即食物只含有糖类成分，蛋白质含量极低，无脂肪。适用于急性胰腺炎、急性胆囊炎、胆石症、急性肾炎等患者；此种膳食营养素含量不全，只能短期采用。

10. 纯糖流食(全糖流食)的食物选择是什么？

适用米汤、米糊、藕粉、杏仁霜、菜汁等。禁用黑芝麻糊、豆浆、豆腐脑、蒸蛋羹、鸡汤、牛肉汤、肉泥粥等含有脂肪和蛋白质的食物。

11. 纯糖流食(全糖流食)的制作要求和餐次是什么？

制作要求同流食。要求每日六餐，主餐全量为每餐400ml，加餐全量为每餐200ml。

12. 冷流食的特点和适用范围是什么？

即各种放凉的流食。适用于喉部手术后一二日，如扁桃体摘除患者，消化道出血患者也需用适当的冷流食食品。

13. 冷流食的食物选择有哪些？

适用冷牛奶、冷豆浆、冷蛋羹、杏仁豆腐、冰激凌、冰砖、冰棍、不酸的果汁、煮果子水、果汁胶冻等；禁用热食品、酸味食品及含刺激性香料的食品，防止引起伤口出血及对喉部刺激；还应禁用含动物肉类的流质制品。

14. 口腔半流食的适用范围是什么？

适用于口腔疾病、颌面部整形手术后；喉部疾病的手术前、后；食管疾病的手术前、后；牙不好的老年人。

15. 口腔半流食的膳食原则和食物选择是什么？

要求保证热能充足，食物均切碎制软，入口不需咀嚼即可吞咽。

适用的食物：馒头、面条、面片、面包、松软的发糕等；各种粥类；一般蔬菜要切碎制软，有些含粗硬纤维较少的蔬菜，如胡萝卜、菠菜、冬瓜、菜花等制软均可；蒸蛋羹、卧鸡蛋、煮嫩鸡蛋；牛奶、奶酪等；肉末（猪肉、鸡肉、鸭肉等）、鱼丸、虾丸；豆腐脑、豆腐汤、鸡蛋烩豆腐、各种腐乳等。禁用米饭、饺子、馅饼、烙饼等粗、硬、不好消化的主食；大块肉类、大块蔬菜、含粗纤维较多的食物（如韭菜、芹菜、藕等）；油炸食品等；口腔科患者禁用西红柿、醋、酸奶等过酸的食物及蛋花汤、紫菜、虾皮等。

16. 口腔半流食的制作要求和餐次是什么？

要求主食应使用易消化，便于咀嚼的食物，如鸡蛋碎小面片、鸡蛋细挂面、碎菜粥、小面包、蛋糕等；所有蔬菜均要剁成碎末（米粒大小）；肉类只给肉末，如肉末豆腐、氽小丸子、肉末茄子等；烹调避免用油煎、炸、爆炒等方法；避免用辣椒、芥末等酸、辛辣刺激食品及调味品。每日六餐。

17. 口腔硬化半流食的适用范围是什么？

即禁骨刺饮食，适用于食管、胃底静脉曲张及使用硬化剂治疗的患者。

18. 口腔硬化半流食的膳食原则和食物选择是什么？

原则上食用质软的食物或经过烹调后变软的食物，避免有骨刺或粗纤维食物成分划破血管造成消化道出血的危险。

适用的食物有馒头、面条、面片、面包、松软的发糕等；各种粥类；选用瓜类、根叶茎类中质地较软的蔬菜（冬瓜、菜花、胡萝卜、生菜等）；蒸蛋羹、蛋花汤、卧鸡蛋、煮嫩鸡蛋、松花蛋、咸蛋、蛋糕等；牛奶、奶酪、酸奶等；嫩肉丝、肉末（猪肉、鸡肉、鸭肉等）、鱼丸、虾丸等；豆腐脑、豆腐丝、鸡蛋烩豆腐、各种腐乳等。禁用饺子、馅饼、烙饼等粗、硬、不好消化的食物；不用坚硬、粗糙、油炸、含粗纤维多的蔬菜，如质硬的绿叶菜、芹菜、藕、黄豆芽、脆黄瓜等；带有骨、刺断面的鱼、虾、鸡块、鸭块、排骨等食物，以免引起消化道大出血。

19. 口腔硬化半流食的制作要求和餐次是什么？

要求选用质地软、粗纤维含量少的蔬菜，切丁或切丝（1cm 大小）制软；肉类只给肉丝、肉末，制作需上浆，即用淀粉浆后用油滑炒，可使肉丝等软嫩（不给肉片）；烹调避免用油煎、炸、爆炒等方法；避免用辣椒、芥末等酸、辛辣刺激食品及调味品。每日五餐。

20. 少渣半流食的特点及适用范围是什么？

即低膳食纤维饮食，选择低膳食纤维的食物，减少对消化道的刺激，减少粪便量。适用于慢性结肠炎;结肠、直肠、肛门手术前;肠镜检查前;伤寒病恢复期。

21. 少渣半流食的膳食原则及食物选择是什么?

原则上少量多餐,热能充足,但应注意控制脂肪摄入。

适用的食物有雪花粉制作的馒头、面条、面片、面包、松软的发糕等;各种粥类(如白米粥、肉末粥、山药粥、南瓜粥);选用每100g蔬菜含膳食纤维素少于1g的瓜类、根茎类(如土豆、胡萝卜、冬瓜、西葫芦、茄子等);蒸蛋羹、蛋花汤、卧鸡蛋、煮嫩鸡蛋、松花蛋、咸蛋、蛋糕等;牛奶、奶酪、酸奶等;嫩肉丝、肉末、肉丁(猪肉、鸡肉、鸭肉等)、鱼丸、虾丸等;豆浆、豆腐脑、豆腐丝、鸡蛋烩豆腐、各种腐乳等。禁用豆粥、粗粮、含粗纤维的蔬菜,如绿叶菜、韭菜、芹菜、藕等;禁用整粒干果、干豆等。

22. 少渣半流食的制作要求及餐次是什么?

要求所有蔬菜均要去皮、去籽,切丁或丝(1cm大小)制软;肉类只给肉丝、肉末等,制作需上浆,即用淀粉浆后用油滑炒,可使肉丝等软嫩(不给肉片);烹调避免用油煎、炸、爆炒等方法;避免用辣椒、芥末等酸、辛辣刺激食品及调味品。每日五餐。

23. 低蛋白膳食的特点及适用范围是什么?

控制膳食中的蛋白质含量,减少含氮代谢产物,减轻肝、肾负担。适用于急性肾炎患者、肾衰竭患者。

24. 低蛋白膳食的膳食原则是什么?

常规低蛋白膳食全天蛋白质量在40g左右,特殊情况另开医嘱。在控制蛋白质摄入量的前提下,提供充足的能量和其他营养素。鼓励患者多进食糖类食品,必要时可采用纯淀粉以增加能量摄入,晚上提供一次加餐可供能量200kcal。

25. 低蛋白膳食的食物选择有哪些?

肾功能不良者,在蛋白质限量范围内,选用含8种必需氨基酸丰富的食物,如牛奶、鸡蛋、瘦肉等,使优质蛋白质在50%以上;每天可用麦淀粉花样代替部分主食;选择100g中含量少于2g蛋白质的蔬菜。肾病患者禁用干豆类和粗粮。肝衰竭患者应选用含高支链、低芳香族氨基酸的食物,通常以豆类蛋白为主,避免动物性食物(一般膳食医嘱为低脂肪普食,全天脂肪量不超过40g)。

26. 低蛋白膳食的制作要求及餐次是什么?

要求一般午餐和晚餐中以半荤菜(含25g肉)为主,炒鸡蛋白限2个、炒鸡蛋限1个,另加1个或2个素菜;控制肉类、鱼虾、鸡蛋、豆腐等食物的用量,如午、晚餐半荤菜用肉量为 25g;肾病患者可适当增加烹调油用量以提高能量摄入,但若血脂异常,则需限制油用量。每日三餐。

27. 高蛋白膳食的特点及适用范围是什么?

平均每日蛋白摄入为 1.2～2g/kg 理想体重,占总能量的 15%～20%。适用于蛋白质热能营养不良;慢性肝炎,肝硬化腹水(不伴有血氨升高);各种消耗性疾病,如结核病、烧伤患者等。(可请营养医师评估后,推荐适宜的蛋白摄入量)

28. 高蛋白膳食的膳食原则和食物选择是什么?

(1)在供给充足热能的基础上,可通过加餐方式增加膳食中蛋白质含量,但以不超过摄入能量的 20%为原则,其中蛋、奶、鱼、肉、大豆制品等优质蛋白质应占总蛋白的 1/3～2/3。

(2)食欲欠佳者可采用高蛋白配方制剂,如酪蛋白、乳清蛋白、大豆分离蛋白制品。

(3)同时应增加维生素 A、胡萝卜素、钙的摄入量。

各种饮食均可选用,推荐食入牛奶、鸡蛋、瘦肉、鱼肉、虾、豆制品等高蛋白食物。

29. 高蛋白膳食的制作要求和餐次是什么?

要求在原饮食基础上,早餐加煮鸡蛋一个,晚餐加牛奶一杯。每日四餐。

30. 低脂膳食的特点是什么?

减少食物脂肪的摄入,改善脂肪代谢紊乱和吸收不良而引起的各种疾病。(按疾病的不同和病情发展情况分为脂肪每日 50g,每日 40g,每日 20g,每日 10g。)

31. 每日 50g 脂肪量低脂膳食的特点及原则是什么?

膳食医嘱一般为低盐低脂普食,适用于糖尿病、高血压、肝硬化患者。原则上食物配制以清淡少油,脂肪占总能量的 25%以下,全日摄入脂肪总量小于 50g。

32. 每日 50g 脂肪量低脂膳食的食物选择和制作要求是什么?

适用的食物有各种主食、蔬菜和豆制品;少量猪瘦肉、牛瘦肉、鸡肉(去皮)、鱼、虾、贝类、鸡肉蛋白等食物;禁用肥肉、肉汤、填鸭等;高胆固醇者蛋黄限定为每周不超过 3 个,禁食动物内脏、鱼子、肝、肾等;禁用油炸食品及过油食物,如干炸里脊、鸡胸肉、狮子头等。

要求烹调油要选择植物油,全天不超过 25g;炒肉丝、肉片均不用过油,改用过水焯后用少量烹调油翻炒;烹调时多采用蒸、煮、炖、烩、拌等方法。每日三餐。

33. 每日 40g 脂肪量低脂膳食的特点及原则是什么?

膳食医嘱多为低脂半流食。适用于消化科慢性胰腺炎;慢性胆囊炎、胆石症和慢性肝炎、高血脂、冠心病、脂肪肝和肥胖,肝胆术后恢复期。原则上脂肪占总能量的 20%以下,总量控制在每日 40g 以下。

34. 每日 40g 脂肪量的低脂膳食的食物选择和制作要求是什么?

适用的食物有各种主食和蔬菜;少量猪瘦肉、牛瘦肉、鸡肉(去皮)、鱼、虾、贝类、鸡蛋等食物;可选择炖煮、清蒸等食品,如清炖牛肉白萝卜,氽丸子西红柿,虾仁黄瓜及去油肉汤等。禁用肥肉、肉汤、蛋黄(胆囊炎、胆石症患者)、填鸭、内脏、鱼子、肝、肾等;急性胰腺炎患者禁食粗粮及干豆类;禁用油炸食品及过油食物;禁用全脂奶,若当日食用 1 个鸡蛋,则使用精瘦肉当日不超过 50g,里脊肉可食用 100g。

要求烹调油要选择植物油,全天不超过 20g;炒肉丝、肉片均不用过油,改用过水焯后用少量烹调油翻炒;烹调时多采用蒸、煮、炖、烩、拌等方法。每日三餐。

35. 每日 20g 脂肪量低脂膳食的特点及原则是什么?

膳食医嘱多为低脂口腔半流食。适用于急性胰腺炎、急性黄疸、急性胆囊炎等术后或缓解期,中度以上肥胖,重度脂肪肝,肝硬化急性期,肝胆术后急性期等。原则上要求清淡,少油,易消化,限制脂肪摄入,全天脂肪含量不超过 20g。

36. 每日 20g 脂肪量的低脂膳食的食物选择和制作要求是什么?

适用的食物有在口腔半流食制作原则基础上选择各种主食和蔬菜;少量猪瘦肉(全日精瘦肉用量不超过 50g,里脊肉用量不超过 100g)、牛瘦肉、鸡肉(去皮)、鱼、虾、贝类、鸡肉蛋白等食物;可适量补充豆制品,如豆腐,豆干;所有素菜均应切碎制软,禁用粗纤维蔬菜。禁用肥肉、肉汤、蛋黄、填鸭、动物内脏、鱼子、肝、肾等;急性胰腺炎患者禁食粗粮及干豆类;豆腐脑等避免使用油浇汁;禁用油炸食品及过油食物。

要求烹调油要选择植物油,全天不超过 10g;炒肉丝、肉片均不用过油,改用过水焯后用少量烹调油翻炒;烹调时多采用蒸、煮、炖、烩、拌等方法。每日六餐。

37. 每日 10g 脂肪量低脂膳食的特点及要求是什么?

膳食医嘱多为纯素口腔半流食。适用于急性胰腺炎、急性黄疸、急性胆囊炎,肝胆术后等。原则上严格限制脂肪摄入,每日小于 10g。

适用的食物要食物细软易消化,所有素菜均应切碎制软,在口腔半流食制作原则基础上只选择植物性食物，不给动物性食物及豆制品；禁用牛奶、鸡蛋、肉类和豆制品；禁用粗纤维蔬菜。烹调方法应采用蒸、煮、烩、炖、拌、氽等。每日六餐。

38. 低盐膳食的特点及适用范围是什么？

调整膳食中的钠摄入量，纠正水、钠潴留，达到维持机体水、电解质平衡的目的。适用于急性肾炎恢复期、慢性肾炎、肝硬化有腹水、高血压、心脏病及水肿患者。

39. 低盐膳食的膳食原则及食物选择是什么？

根据24小时尿钠排出量、血钠、血压等临床指标来调整钠盐的摄入。包括低盐饮食（一般全天不超过3g盐，全日供钠＜2000mg）、无盐饮食（全日供钠500～1000mg）、低钠饮食（全日供钠500mg以下）（1g盐＝393mg钠；1g盐＝5ml酱油）。

禁用食物包括各种酱菜、酱豆腐、泡菜、雪里蕻咸菜、川冬菜、榨菜等；咸蛋、松花蛋、腌制的肉类（如酱肉、肉肠）等；含盐较多的海米、虾皮。

40. 低盐膳食的制作要求及餐次是什么？

烹调时全天用盐不超过3g；无盐饮食烹调时不加盐；低钠饮食除烹调时不加盐和酱油外，还要限制加碱的发面食品，如馒头、发面饼，加发酵粉制作的饼干、点心等，以及100g含钠高于50mg的蔬菜，如油菜、茴香、芹菜、菠菜、蒿子秆等。鸡蛋只给白水煮鸡蛋。烹调时为注意色、香、味可加糖醋或钾盐酱油。每日三餐。

41. 糖尿病膳食的适用范围是什么？

适用于糖尿病患者和肥胖减体重患者。

42. 糖尿病膳食的膳食原则和食物选择是什么？

原则上要求提供适宜能量，避免食用含糖分高的食物，烹调禁用糖和勾芡，特殊标注主食定量的给糖尿病盒饭。

适用的食物有莜麦、荞麦燕麦片、玉米面等花样，粗细搭配，定时定量用餐；副食可选用大豆、豆制品、鱼、虾、奶、瘦肉，以及每100g含糖类低于14g的蔬菜，如苦瓜、黄瓜、西红柿、白萝卜、绿叶菜等。禁用含单糖的甜食；限量食用含糖类较高的蔬菜，如土豆、芋头、藕等。

43. 糖尿病膳食的制作要求和餐次是什么？

烹调菜肴不加糖，不勾芡；不用糖醋、煎、炸等烹调方法；主、副食不得随意加量;米饭定量(1 碗 50g);包子定量 25g 一个,饺子定量 50g 五个。烹调油选择植物油,每人每日 25g。每日三餐。

44. 低嘌呤普食(急性发作期)的特点及要求是什么?

适用于痛风病急性发作期。原则上要求严格限制饮食中嘌呤含量,禁食肉汤、海鲜、干豆类和菌藻类,全天肉量不超过 50g。

适用的食物有清淡、少油腻;奶类、蛋类及其他含嘌呤低的蔬菜;可选用少量瘦肉、鸡肉等。禁用含嘌呤高的食物,如各种野味、动物内脏、鹅肉、海鲜(海参除外)等;还包括肉汁及各种肉汤等;嘌呤含量中等的鱼、豌豆、扁豆、干豆类、蘑菇、香菇、龙须菜、芹菜、菠菜、菜花、韭菜、芦笋等。

制作上一般午餐和晚餐中给半荤菜(含 25g 肉)和 1 个或 2 个素菜;厨师制作菜肴时应避免用各种肉汤;烹调用油应控制在每人每日 25g;痛风急性期的低嘌呤饮食炒菜只用蛋白。每日三餐。

45. 低嘌呤普食(缓解期)的特点及要求是什么?

适用于痛风病缓解期;高尿酸血症者。原则上要求食用嘌呤含量中等的食物,禁食肉汤、海鲜和干豆类。全天肉量不超过 100g。

适用的食物有清淡、少油腻;奶类、蛋类及其他含嘌呤低的蔬菜;可选用瘦肉、鸡肉等;豆腐可适量选用。嘌呤含量中等的蔬菜亦可选用,如菜花等。禁用含嘌呤高的食物,如海鲜、肉汁及各种肉汤。

制作菜肴时应避免用各种肉汤;烹调用油应控制在每人每日 25g。每日三餐。

46. 胃切膳食的适用范围是什么?

胃、肠大部切除后;身体衰弱,消化功能不良但有咀嚼功能者。

47. 胃切膳食的食物选择及要求是什么?

适用的食物有主食面条只给龙须面及手擀细切面,其他,如碎面片、白米粥、鸡泥或菜泥粥等;猪肉选用里脊、嫩鱼肉,以氽丸子、清蒸鱼的形式;加餐可食用蒸蛋羹、嫩豆腐、烤蛋糕片或烤馒头片等。禁用饺子、饼、牛奶和蔬菜等。

制作上要求氽丸子的肉需绞两遍,氽成嫩的金钱小丸子;肉茸的肉需绞三遍;可用蔬菜汁烹调。每日六餐。

48. 贫血膳食的适用范围是什么?

适用于贫血患者,血色素 10g 以下者。

49. 贫血膳食的膳食原则和食物选择是什么？

原则上午餐或晚餐时另给1个菜，如含铁丰富的猪肝、血豆腐等原料制作的菜肴。适用的食物含铁、叶酸、维生素B_2、维生素B_{12}、维生素C、蛋白质等丰富的食品，如猪肝、血豆腐、鸡蛋、瘦肉、蛋黄、枣、芝麻、木耳等。

50. 贫血膳食的制作要求和餐次是什么？

制作上要求每日午餐增加一个含铁量高的菜，如炒猪肝或木须肉等。每日三餐。

51. 幼儿膳食的特点及食物选择是什么？

适用于所有1～3岁幼儿。

适用的食物有主食：蒸软米饭、馒头或面条、面片、面包、松软的发糕等；各种粥类，如白米粥、肉末粥、肉末碎菜粥、碎鸡肉粥、豆沙甜粥、枣泥粥等；一般蔬菜要切碎制软，有些含粗硬纤维较少的蔬菜，如胡萝卜、菠菜、冬瓜、圆白菜等制软亦可；蒸蛋羹、蛋花汤、卧鸡蛋、煮嫩鸡蛋、蛋糕等；牛奶、奶酪、酸奶等；肉末（猪肉、鸡肉、鸭肉等）、鱼丸、虾丸等；豆浆、豆腐脑、豆腐汤、鸡蛋烩豆腐、各种腐乳等。禁用烙饼等粗、硬、不好消化的主食；需避免用带骨刺的鱼、排骨及整粒坚果（如花生）。

52. 幼儿膳食的制作要求和餐次是什么？

制作上要求所有绿叶蔬菜均要改刀切成1cm长、质硬蔬菜应制软；小馄饨均不放虾皮；烹调避免用油煎、炸、爆炒等方法；避免用辣椒、芥末等酸、辛辣刺激食品及调味品。

一日三餐。幼儿提倡三餐两点制，加餐可由家长按幼儿饮食习惯和喜好自行添加。

53. 婴儿辅助膳食的特点是什么？

该膳食适用于6～12月龄消化功能正常的婴儿；为满足婴儿生长发育需要，随婴儿年龄的增长，除喂母乳或配制牛奶之外，需增加辅助食品。一般在医院里提供的婴辅食品包括鸡蛋羹、各种粥、龙须面、氽小丸子、蛋糕等。每日提供三次。

54. 门冬餐的适用范围是什么？

儿童白血病，使用左旋门冬酰胺酶进行化疗者，在使用左旋门冬酰胺酶药物的前一天开始采用门冬餐，直到用药结束后一天。

55. 门冬餐的食物选择及要求是什么?

原则上要求采用高糖类、低脂肪膳食,防止引起急性胰腺炎。全天总脂肪量不超过 40g,烹调用油不超过 10g。

食物选择上,同全天总脂肪 40g 的低脂肪普食;不提供牛奶,可提供咸鸭蛋,蛋羹等;选择瘦肉、鱼肉、鸡肉等,全天用量不超过 150g。烹调方法多选择热拌和蒸、煮、氽,避免炒。

56. 门冬餐的制作要求及餐次是什么?

制作上要求烹调油选择植物油,且需严格限制烹调用油;全天不超过 10g。烹调食物多以氽、炖、蒸、煮、烩、拌等少油的方法;幼儿门冬餐要同时遵循幼儿饮食制作要求。每日三餐。

57. 低铜膳食的适用范围是什么?

适用于肝豆状核变性患者。

58. 低铜膳食的膳食原则和食物选择是什么?

食物需限量,全天食物铜低于 2mg。

适用的食物有精白米面、奶类、蛋清等,除含铜高的蔬菜外均可食。限量食用食物有蛋黄、瘦肉、禽、鱼、水果。禁用粗粮、动物肝、动物血、虾、蟹、贝壳类、乌贼鱼、鱿鱼、牡蛎、豌豆、蚕豆、干豆类、玉米、硬果类、蕈类、干蘑菇、可可、巧克力、芝麻、椰子、明胶、樱桃等;含铜高的蔬菜(如荠菜、菠菜、油菜、芥菜、茴香、龙须菜)等。

59. 低铜膳食的制作要求和餐次是什么?

制作上要求不用铜制器皿来烹调食物和烧煮饮用水。每日三餐。

60. 低碘饮食的适用范围是什么?

适用于甲状腺功能亢进者及用放射性核素检查甲状腺吸碘率者。

61. 低碘饮食的食物选择和制作要求是什么?

限制一切含碘丰富的食物,如海带、紫菜、海虾、海鱼、虾皮、海蜇等海产品。烹调食物时用无碘盐制作,如用含碘盐,需应先炝锅,使碘挥发。每日三餐。

62. 免麦胶膳的适用范围是什么?

适用于对麦胶蛋白过敏的患者。

63. 免麦胶膳的膳食原则和食物选择是什么?

原则上采用高热量、高蛋白质、低脂肪、少渣饮食。

适用的食物有动物类食品牛奶、鸡蛋、瘦肉、禽类、鱼、虾、蟹等水产类;植物类食品包括精制大米、玉米、小米、高粱、豆类、土豆、面粉、香蕉粉、木薯粉、淀粉类或用米粉制作的糕点等;蔬菜类、水果类等。禁用小麦、大麦、燕麦、莜麦、黑麦等麦类及其制品,如啤酒、面酱、面筋、糕点和以麦类制作的饮料、酒类等。

64. 免麦胶膳的制作要求和餐次是什么?

要求厨师制作菜肴时应制软,做烂;避免添加含麦胶食物,如面包渣、面糊、馒头、增稠剂等;烹调用油应控制在每人每日 25 克;对成年人,可采用中链三酰甘油。每日三餐。

65. 管饲膳食(制剂)的性质和特点是什么?

管饲膳食是一种由多样食物混合制成的流质状态的膳食,它应具有充分而适当的营养,黏稠度适宜,便于通过导管饲喂,是供给不能口服自然食物患者的一种营养较为全面的肠道营养膳食,因此对它的应用与配制不容忽视。

66. 管饲膳食(制剂)的适用范围是什么?

(1)不能经口摄食,需用管喂方法来维持营养的患者,如头、颈部手术或经放射治疗而致咀嚼吞咽困难,食管、胃手术后或食管黏膜被强碱损伤、颜面烧伤等。

(2)严重昏迷、失去知觉(如脑外伤)、脑血管意外、脑肿瘤。

(3)患者处于营养缺乏状态,急需增进营养,但又食欲减退,不能经口摄入充分的食物以满足营养需要时,如严重烧伤、肿瘤切除后采用化疗的患者等,可用管喂补充口服饮食的不足。

67. 管饲饮食包括哪些种类?

(1)要素膳:又称化学组成明确膳,它是单体物质(要素形式)为氨基酸(或蛋白质水解物)、葡萄糖、脂肪、矿物质和维生素的混合物,并经胃肠道供给。要素膳既能为人体提供必需的能量及营养素,又无须消化即可直接或接近直接吸收和利用。常用的肠内营养制剂分为两种类型:氨基酸型和短肽型。

(2)非要素膳:属整蛋白型;常用的有匀浆膳和商品营养制剂。匀浆膳系采用天然食物经捣碎器捣碎并搅拌后制成。其成分需经肠道消化后才能被人体吸收和利用,且残渣量较大,故适用于肠道功能正常的患者。

68. 管饲喂养途径有哪些?

通常有鼻胃管喂养、鼻十二指肠管喂养,胃造口喂养、十二指肠造瘘、空肠造口喂养等。

69. 管饲方式有哪些?

(1)持续滴注:在 24 小时内连续不断均匀地给入,通过重力或使用输注泵匀速滴注。适用于危重患者、十二指肠及空肠造口喂养的患者。

(2)分次给予:包括分次推注和分次(间歇)滴注,每日 4～6 次或与正常进餐时间一致。每次给予的量为 100～300ml。此种方式适用于鼻胃管或胃造口管及患者胃肠道正常或病情不严重时,多数可以耐受。

70. 匀浆膳的制作要求是什么?

要求按营养科的配方制作。

(1)匀浆膳制作过程要求卫生,最大限度地减少污染,因此制作间内不得同时超过 3 人,制作人需戴帽子、口罩、手套。

(2)制作匀浆液所需器具均需高温蒸汽(120～125℃)灭菌,并且制作前所有相关容器必须再次开水消毒,如盆、桶、量杯、搅拌器、剪刀等。

(3)配制匀浆液的水需烧开后室温冷却至 60～70℃方可使用。

(4)按配方配制好的匀浆液需用打蛋器彻底搅拌均匀,无大颗粒及沉淀方可分装。

(5)匀浆液完成分装后,及时清洗分装机,做到无浆液残留。

(6)每天下班前制作间需紫外线消毒 30 分钟。

(7)每天制作者需登记《匀浆液制作登记表》,制作的匀浆液需留样(48 小时),并记录。

(8)匀浆液需 4℃冷藏保存,最长不得超过 48 小时。

71. 什么是生酮饮食?

生酮饮食是指一种高比例脂肪、适量蛋白质和低糖类的饮食结构,防治儿童难治性癫痫的惊厥发作。

72. 生酮饮食的适用范围有哪些?

难治性癫痫、婴儿痉挛症、葡萄糖转运体综合征和丙酮酸脱氢酶缺乏症等。

73. 生酮饮食的饮食搭配原则有哪些?

(1)限制热量摄入,推荐给予生酮饮食的患者的能量为能量推荐量的 75%。

三大营养素产热比为脂肪：(糖类＋蛋白质)＝(4～9)：1。

(2)启动生酮饮食治疗前，应充分禁食，可以禁食四餐至五餐，但一般不超过36小时。

(3)生酮饮食治疗期间为避免影响患儿的生长发育，应补充多种维生素和矿物质，同时为降低肾结石的发生风险，给予枸橼酸钾口服补充。

(4)生酮饮食治疗期间严禁喝含糖饮料，禁食各种主食，加餐食物应计入全天摄入能量中，食材需严格定量。

(5)按要求坚持生酮饮食治疗3个月仍无明显效果或出现一些严重的副作用，建议停止该治疗。如果疗效较好，应正规生酮饮食治疗2年，评估脑电图和复发风险后缓慢过渡到正常饮食。

(6)如果出现低血糖反应应立即口服果汁20ml。

74. 生酮饮食有哪些制作要求和技巧？

生酮饮食制作时除味精(鸡精)、糖、番茄酱及辣椒等刺激性调味品外，其他调味品可少量食用；肉末拌入油后，放入炒锅煸炒，待肉五分熟后，放入其他辅菜，降低油脂损失；炒菜后，可用炒锅中剩余的油做汤，确保油量的充分摄入。

二、试验膳食

1. 葡萄糖耐量试验方法及注意事项是什么？

目的是配合诊断糖尿病及糖尿病分型。临床上较常采用口服葡萄糖耐量试验(OGTT)测定胰岛细胞功能，确诊糖尿病。正常人进食糖类后血糖会暂时升高，0.5～1小时后升到最高峰，但不超过8.9mmol/L，2小时后回到空腹水平。糖尿病患者及糖耐量异常者则不遵循此规律，出现血糖值升高及节律紊乱。

方法是清晨空腹(禁食8小时以上)时给受试者口服75g无水葡萄糖，溶于200～300ml温水内。为了确保试验的准确性，要求在5分钟内喝完糖水。从喝葡萄糖水的第一口开始计时，于喝糖水后30、60、120、180分钟抽血，观察进食后血糖上升和下降的变化来推测糖耐量是否正常。糖尿病患者空腹血糖可以正常或高于正常范围，但进食后血糖升高且高峰出现早，持续时间长，进食后2小时，仍不能恢复到进食前水平。糖尿病及糖耐量受损/空腹血糖受损的血糖诊断标准见表4-1。

需要注意口服葡萄糖耐量试验前3天必须有足够的糖类的进量，并排除重体力活动、情绪激动、升血糖药物等干扰因素。由于该测试是属于口服血糖来增加血糖水平值，当患者已被确诊为糖尿病时不宜做此项试验，所以仅对血糖高于正常值而又未达到诊断糖尿病标准时才进行试验。试验过程中，受试者不喝茶及咖啡，不吸烟，不做剧烈运动，但也无须绝对卧床。

表 4-1 糖尿病及糖耐量受损(IGT)/空腹血糖受损(IFG)的血糖诊断标准(WHO 1999)

项目	全血[mmol/L(mg/dl)]		血浆(静脉)[mmol/L(mg/dl)]
	静脉	毛细血管	
糖尿病			
空腹	≥6.1(110)	≥6.1(110)	≥7.0(126)
负荷后2小时	≥10.0(180)	≥11.1(200)	≥11.1(200)
糖耐量受损(IGT)			
空腹(如行监测)	<6.1(110)	<6.1(110)	<7.0(126)
负荷后2小时	≥6.7(120)～<10.1(180)	≥7.8(140)～<11.1(200)	≥7.8(140)～<11.1(200)
空腹血糖受损(IFG)			
空腹	≥5.6(100)～<6.1(110)	≥5.6(100)～<6.1(110)	≥6.1(110)～<7.0(126)
负荷后2小时(如行监测)	<6.7(120)	<7.8(140)	<7.8(140)
正常			
空腹	<5.6(100)	<5.6(100)	<6.1(110)
负荷后2小时	<6.7(120)	<7.8(140)	<7.8(140)

2. 馒头餐试验方法及注意事项是什么？

馒头餐试验目的和原理与口服葡萄糖耐量试验相同。是适用于门诊大批量人员体格检查时检查血糖的一种便捷的检测方法。

方法是清晨空腹(禁食8小时以上)时给受试者口服提供用面粉100g制成的馒头(含糖类75g)和咸菜丝25g。为了确保实验的准确性，要求在5分钟内吃完。从吃第一口开始计时，于餐后30、60、120、180分钟抽血，观察进食后血糖上升和下降的变化来推测糖耐量是否正常。糖尿病患者空腹血糖可以正常或高于正常范围，但进食后血糖升高且高峰出现早，持续时间长，进食后2小时，仍不能恢复到进食前水平。

注意事项同葡萄糖耐量试验。

3. 隐血试验膳食方法及注意事项是什么？

是为了配合检查粪便中是否有隐血，协助诊断消化道有无出血性疾病。隐血是指胃肠道少量出血，粪便外观颜色无变化，肉眼及显微镜均不能证实的出血。近年来虽已有特异性高的免疫学检查法，但传统的联苯胺法应用仍较为广泛。血红蛋白有类似过氧化物酶作用，能催化过氧化氢释放新生态氧，将联苯胺氧化成蓝色醌类化合物。该方法灵敏度高，易受药物和饮食影响而产生假阳性，因此受试者饮食应限制。

试验期 2～3 天：①禁食的食物有肉类、肝、动物血、蛋黄、深色蔬菜及其他含铁丰富的食物。②膳食中主食不受限。③可食用的食物有牛奶、蛋白、冬瓜、白菜、藕、土豆、白萝卜、菜花、梨、苹果等。

注意事项：为了防止食物中含铁丰富的食品摄入而干扰检查结果。因此，受检查者须在试验前 3 天内禁食富含铁的食物。

4. 胆囊造影检查膳食试验方法及注意事项是什么？

是为了配合胆囊造影术的一种膳食，有助于观察胆囊及胆管的形态与功能是否正常。口服造影剂后，造影剂在小肠吸收一部分并蓄积于肝内，它与胆汁同时分泌入胆管及胆囊，观察胆囊轮廓，显影后进食高脂肪膳食，大量的脂肪摄入可引起胆囊的收缩和排空，若胆囊不缩小，提示功能异常。

检查当天早晨空腹服造影剂，按指定时间再进食高脂肪餐（给 3 个煮鸡蛋）。

注意事项：造影前一天中午进食高脂肪餐（在原膳食基础上增加油煎鸡蛋 2 个），晚 5 点进食无脂肪餐（如白米粥、馒头、酱豆腐、咸菜等）。

5. 无渣膳食试验方法及注意事项是什么？

是为了尽量减少肠道刺激及粪便的形成，为胃、肠镜检查做准备的一种膳食。通过电子结肠镜前端的电子摄像探头（图 4-1），将结肠黏膜图像传输于电子计算机处理中心后显示于监视器屏幕上。食入少渣食物和脂肪，便于清除肠道内粪便，保证观察到大肠黏膜的微小变化，避免干扰。

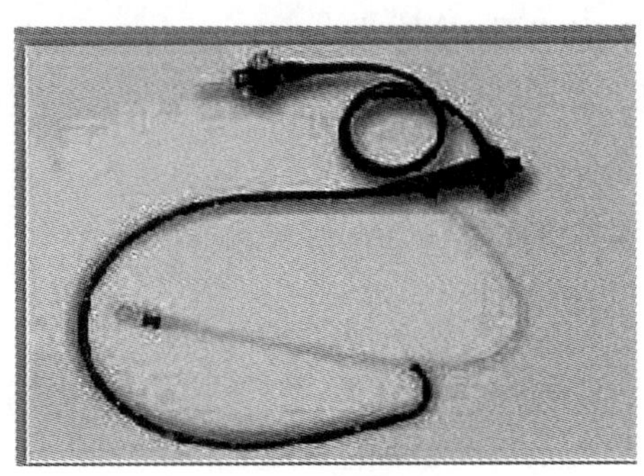

图 4-1　结肠镜

选用消化后产渣极少的食物,如精白米粥、精白面条、馒头、蒸蛋羹、豆腐、肉泥、鱼肉、肉汤等。菜泥、果泥等均不宜采用。

注意事项:检查当日早晨禁食、禁水,糖尿病患者需自备糖块,防止发生低血糖。

6. 肌酐试验膳食方法及注意事项是什么?

是为了测定内生肌酐清除率,估计患者的肾小球滤过情况。肌酐是体内蛋白质代谢的产物,是含氯物质正常代谢的最终产物,随尿液经肾排出体外。受试者先进低蛋白质膳食 2～3 天,使体内外源性肌酐均被清除,然后再测全日尿中的内生肌酐含量,一般情况下,内生肌酐由肾小球滤过后,肾小管既不能吸收又不分泌,因此内生肌酐清除率可反映肾小球的滤过率,它亦是测定肾小球功能的最简便而有效的方法。内生肌酐清除率如降到正常值 80%以下,则表示肾小球滤过功能已有减退。

用试验膳食 3 天,前 2 天是准备期,最后 1 天是试验期,留取 24 小时尿液。每天膳食中蛋白质含量限制在 40g 以内。免用各类肉,在蛋白质限量范围内可用牛奶、鸡蛋、谷类及其制品。蔬菜、水果可不限量。由于谷类含蛋白质 7%～10%,故主食的全日进量不宜超过 400g。

如患者有饥饿感,可以增加蔬菜、藕粉、甜果汁等糖类多而不含蛋白质的食物,以补充热量的不足。

7. 无色素膳食试验方法及注意事项是什么?

是为了测定尿香草基杏仁酸的含量,诊断高血压原因是否由于嗜铬细胞瘤引起。

试验时间:3～5 天。试验前 3 天可进食各种蔬菜、肉类、海鲜类,但禁食西红柿、胡萝卜、饮料(碳酸饮料)、水果(如橘子、柠檬、葡萄柚,包括果汁)、牛奶、咖啡、茶、巧克力及其他含香草的食品(冷饮等)。

注意事项:烹调时不放酱油、糖、味精、胡椒等调料,只用油和盐烹饪,以避免假阳性。

8. 钡剂灌肠检查膳食试验方法及注意事项是什么?

是为了检查结肠疾病。常规钡剂灌肠是在高压 100～110cmH_2O 下进行的,从肛门注入稀释钡剂,然后再打少量气体,使得直肠、全部结肠及盲肠显影,X 线造影检查观察直肠、全部结肠及盲肠的排空情况。

为减少食物中纤维素及脂肪含量,检查前一天早、午餐可吃馒头、面包、面条、稀饭、糖果汁、藕粉、豆腐、酱豆腐、果酱;晚餐不进食,可喝糖水、果汁水、冲杏仁霜、藕粉、米粉，吃些巧克力等。

注意事项：禁食蔬菜、土豆、肉类、蛋类、牛奶、含油脂多的食品，检查当天早晨禁食。

三、代谢膳食

1. 钙、磷定量试验膳食是什么？

是为了配合检查甲状旁腺功能亢进的一种膳食。甲状旁腺功能亢进（如甲状旁腺腺瘤或增生），使甲状旁腺素分泌增多，血中浓度增高，使钙、磷从骨中溶出，进入血中使血钙和血磷升高，进而尿钙增多；同时，甲状旁腺素作用于肾，使肾小管对磷的重吸收减少，尿磷增多，血磷随之降低。采用此膳食，同时测定血和尿中的钙磷含量及肾小管磷重吸收率，对诊断有一定价值。

2. 低钙、正常磷代谢膳食试验方法及注意事项是什么？

是为了配合检查甲状旁腺功能亢进的一种膳食。正常人进食低钙、正常磷膳食后，尿钙排出迅速减少为 100～150mg，而甲状旁腺功能亢进者，尿钙排出量大于 200mg。

试验期 6 天，前 3 天为适应期，后 3 天为代谢期，收集最后 1 天 24 小时尿液，测尿钙含量。每日膳食含钙量不超过 150mg，磷 600～800mg。膳食宜选择低钙高磷的食物，如米、面、鸡蛋、番茄、莴笋、粉皮、粉丝、绿豆芽等。牛奶含钙高不宜选择，酱油中钙、磷含量不恒定，故不宜选择。

3. 低蛋白正常钙、磷代谢膳食试验方法及注意事项是什么？

是为了配合检查甲状旁腺功能亢进的一种膳食。肾小管磷重吸收率正常值平均为 80%，甲状旁腺功能亢进者低于此值。

试验期 5 天，前 3 天为适应期，后 2 天为代谢期，试验期最后 1 天测空腹血肌酐和血磷，并留 24 小时尿，测尿肌酐和尿磷，从而计算出肾小管磷重吸收率。每日膳食中蛋白质总量不超过 40g，全日主食均为细粮不超过 300g，钙为 500～800mg，磷为 600～800mg。饥饿时可食粉条、粉块、瓜果等，可适当增加植物油用量，因瘦肉、动物内脏含大量肌酐和磷酸肌酐，易影响内生肌酐清除率，所以应禁用。

4. 钾、钠定量试验膳食试验方法及注意事项是什么？

是为了配合诊断原发性醛固醇增多症的一种膳食。醛固醇是有肾上腺皮质的球状带细胞所分泌，在肝内降解受肾上腺素-血管紧张素系统调节。醛固醇的主要生理功能是促进肾远曲小管潴钠排钾，维持体液容量和渗透压平衡。当肾上腺有病变（如腺瘤或增生），血醛固醇分泌增多，使水、钠潴留，血压升高，大量排钾，产生低钾血症，用醛固醇拮抗药——螺内酯进行治疗，可使代谢紊乱得到纠正，有协助诊断的意义。

注意事项：①营养技师根据试验要求，见患者了解饮食习惯并给患者交代试验要求。②需根据全天钠和钾的需要量经计算制订食谱。③所有食物均需称重，厨师需认真仔细按单制作，不得擅自更改菜品。④食物在制作过程中不放盐、味精、醋和酱油，由患者在食用前自行用定量盐调拌后食用。试验期间每天的饮食内容完全一样，必须全部吃完，不能剩下或倒掉，每日用盐若有剩余，可用开水冲服。不得吃自备的食物（包括水果、咸菜、饮料、点心、糖果等）。可以服用临床医师指定的药物和饮白开水。

四、检查前膳食要求

1. 血液标本采集前膳食要求是什么？

【目的】 通过化验静脉血监测血脂、血糖、肝功能、肾功能等指标。

【检查原理】 空腹状态下，通过静脉血化验各种血液指标，避免饮食对化验结果造成影响。

【膳食种类】

（1）多数试验要求在采血前禁食12小时，因为饮食中的不同成分可直接影响试验结果。一顿标准餐后，可使血中三酰甘油（TG）增高50%、血糖增高15%。进食高糖食物，可引起血糖增高；进食高蛋白质或高核酸食物，可引起血中尿素及尿酸的增高；进食高脂肪食物，可引起三酰甘油大幅度增高。餐后采集的血液标本，其血清常出现乳糜状，可影响到许多检验项目的准确性。如咖啡可引起淀粉酶（AMY）、AST、促甲状腺素（TSH）、血糖等升高。

（2）空腹并非时间越长越好，空腹指进食后12小时，空腹时间过长，可使血糖、蛋白质降低，胆红素升高。虽然说是空腹，但却不必禁水，少量饮水一般不会对检验产生明显的影响，但应该避免大量饮水，因为这会造成血液稀释。但急诊检验则不受其限制。

（3）饮酒：采血前24小时内不能饮酒，乙醇可使血糖降低，使三酰甘油、高密度脂蛋白胆固醇升高。

（4）吸烟：吸烟可使儿茶酚胺、胃泌素、皮质醇、生长激素、碳氧血红蛋白、血细胞比容、癌胚抗原升高，使免疫球蛋白降低。烟瘾者血液一氧化碳血红蛋白含量可达8%，而不吸烟者含量在1%以下。

2. ^{13}C 尿素呼气试验膳食要求是什么？

【目的】 ^{13}C 尿素呼气试验是一种非创伤、安全、无辐射、经济、方便、可重复性、高准确性、可全面反映胃内幽门螺杆菌（helicobacter pylori，Hp）感染的非侵入性检测方法。Hp 是一种革兰阴性微需氧杆菌，是慢性胃炎、胃十二指肠溃疡的重要致病因素，与胃癌、胃黏膜相关淋巴组织淋巴瘤发生密切相关，世界卫生组织已将其列为一类致病因子。

【检查原理】 Hp 分泌的特征性尿素酶具有快速分解尿素成为 CO_2 和 NH_3 活性，让受试者摄取同位素 ^{13}C 标记的尿素后，分解产生的带有同位素的 CO_2 吸收入血至肺随呼气排出，根据呼气中 O 试管与 30 分钟试管含 ^{13}C 的 CO_2 含量的对比，判断胃内 Hp 是否存在及其含量。其阳性判断值为 DOB ≥ 4.0。

【膳食种类】 受检者在早上禁食、禁水 4 小时以上。嘱患者晨起不刷牙、漱口。

3. 人体代谢动态测评膳食要求是什么？

【目的】 通过监测静息代谢率可以了解每天身体所消耗的能量，从而决定实现预定目标的能量计划（即确定每天摄入多少食物），建立个性化的运动及营养目标从而使体重达到或维持在合理范围内。

【检查原理】 通过检测呼气、吸气的气流、氧气的浓度及环境的状况，静息状态下氧气消耗量（VO_2）并进而计算出静息代谢率（resting metabolic rate，RMR）和机体消耗所需的基本能量。

【膳食种类】 受测者 4 小时前禁食，可饮水。由稳定的速率提供的连续静脉及管饲营养者，摄食产热效应稳定，不需要停止静脉及管饲营养。受测前至少 1 小时不得吸烟。受测前至少 4 小时不得饮用任何含咖啡因的饮料。

4. 无痛胃肠镜检查膳食要求是什么？

【目的】 即实现直观胃肠道病变，比如糜烂、出血、萎缩、息肉等，又可实现内镜息肉切除、止血、胃癌黏膜剥离等治疗的目的。

【检查原理】 胃肠镜分别借助于一条纤细、柔软的管子伸入胃和大肠道内，通过胃镜及肠镜前端的摄像把图像传送到显示屏上，医师通过显示屏上的胃肠镜图像结果对患者胃肠镜进行诊断、治疗。

【膳食种类】 ①行胃肠镜检查前 1 ～ 2 天根据医嘱，进食少渣半流食（如稀粥、牛奶、蛋羹、面包、馒头、土豆、冬瓜。不吃富含纤维的蔬菜、鱼肉类、血制品、动物肝等）。②检查前 4～5 小时口服泻药进行肠道准备，直至排出清水样便。③检查前 2 小时禁止饮水。④检查后若无特殊治疗，1 小时后可试饮小口温水，无呛咳方可用餐。⑤检查后饮食注意：3 天内避免生、冷、热、硬、辛辣刺激食物，不吃鸭血、鸡血等血制品。少喝豆浆、牛奶，避免产气引起腹胀。

5. 胶囊内镜检查膳食要求是什么?

【目的】 通过无创技术实现全小肠直视性检查。

【检查原理】 受检者像服药一样用水将智能胶囊吞下后，胶囊即随着胃肠肌肉大肠镜的运动节奏沿着胃→十二指肠→空肠与回肠→结肠→直肠的方向运行，同时对经过的腔段连续摄像，并以数字信号传输图像给受检者体外携带的图像记录仪进行存储记录，工作时间达 7～8 小时，吞服 8～72 小时后在智能胶囊就会随粪便排出体外。医师通过影像工作站分析图像记录仪所记录的图像就可以了解受检者整个消化道的情况，从而对病情做出诊断。

【膳食种类】 检查前 1 天吃少渣半流食(如粥、牛奶)，忌蔬菜、水果、油腻食物。检查前 1 天 20:00 后服用轻泻药清洁肠道，检查前禁食 10～12 小时、禁水 4 小时。吞服胶囊内镜 2 小时后可饮清水，4 小时后可进食。

6. 腹部超声检查膳食要求是什么?

【目的】 通过超声检查肝、胆、胰腺、脾、胃肠道、泌尿、生殖系统及腹膜后脏器。

【检查原理】 超声在人体内传播，由于人体各种组织有声学的特性差异，超声波在两种不同组织界面处可以产生反射、折射、散射、绕射、衰减，以及声源与接收器相对运动产生多普勒频移等物理特性。应用超声诊断仪采用各种扫查方法，接收这些反射、散射信号，显示各种组织及其病变的形态，结合病理学、临床医学，观察、分析、总结不同的反射规律，而对病变部位、性质和功能障碍程度做出诊断。

【膳食种类】 ①腹腔的肝、胆、胰的检查前 3 天最好禁食牛奶、豆制品、糖类等易于发酵产气食物。②做超声检查前 1 天要少吃油腻食物，检查前 8 小时不应再进食，可饮少量白开水。如超声检查时胆囊不显示，则需要复查，复查前需禁食脂肪食物 24～48 小时。在胃肠钡剂造影 3 天之后、胆道造影 3 天之后进行腹部超声检查。③单纯检查脾无须特殊准备以空腹为好。④肾检查前一般无须特别准备，最好是空腹进行。⑤盆腔的子宫及其附件、膀胱、前列腺等脏器，可以正常饮食。

7. 热扫描成像膳食要求是什么?

【目的】 监测细胞新陈代谢。

【检查原理】 利用红外热辐射接收扫描器接收人体细胞新陈代谢过程中的热辐射信号，经计算机处理、分析，基于特定规律和算法重建出对应于人体所检查部位的细胞相对新陈代谢强度分布图，对人体健康态、亚健康态、疾病的状态进行定性、定量的综合评估。

【膳食种类】 检查前12小时不能饮酒和食用辛辣刺激性的食物。最好空腹，如已用餐须在用餐1小时后进行热扫描成像(TTM)扫描。

8. PET/CT检查膳食要求是什么?

【目的】 扫描全身炎症、增生、肿瘤、神经活动异常等任何葡萄糖参与代谢的疾病。

【检查原理】 静脉注射被标记的葡萄糖，等待40～50分钟，进行全身扫描，炎症、肿瘤等异常组织对葡萄糖吸收增加，依据有放射性的葡萄糖量，进行疾病诊断。

【膳食种类】 ①检查前1天晚上22:00后禁食，禁饮含糖饮料4～6小时，可饮白开水。②检查前1天晚饭进高蛋白质、低糖饮食(如肉类、蛋类、海鲜，少吃谷物类、水果)。③检查前禁食4～6小时(预约上午受检者不要吃早饭、预约下午受检者不要吃午饭)做心肌检查者例外。④检查后可正常饮食。身体内会短时间存有微量的放射性物质，约6小时后可以排出，期间可多饮水(6小时饮水2000ml)以促进放射性物质排泄。

五、特殊饮食

1. 回民膳食的适用范围是什么?

为照顾民族习惯，只限于回族、维吾尔族和穆斯林患者等。

2. 回民膳食的食物选择及要求是什么?

适用的食物有鸡肉、牛肉、羊肉和各种蔬菜。禁用猪肉。

制作上要求必须单用炊具、专人制作；烹调用油必须用新的植物油或专用植物油(包括主食中糕点花样的用油)。要用专用餐具或一次性饭盒及专用勺分装饭菜。每日三餐。

3. 素食的特点及要求是什么?

(1)普通素食：多为照顾僧人及有不吃肉类饮食习惯的人。食谱中不安排猪肉、牛肉、鸡肉、鱼类等，只给予植物性食物、豆制品及蛋、奶。若有其他特殊要求应标注清楚，如可吃鱼虾、不吃豆制品等。每日三餐。

(2)普通纯素食：多为照顾饮食习惯或食欲欠佳、进食困难者。只采用植物性食物，以蔬菜、豆类制品为主。有特殊要求者应标注清楚。消化科纯素食多为纯素口腔半流食。每日三餐。

第5章

营养配膳与治疗护理

一、循环系统疾病营养治疗与护理

(一)高血压

高血压分为原发性高血压和继发性高血压,其发病与环境、饮食习惯、膳食营养素摄入、酗酒及体重均有一定相关性。高血压是常见的心血管疾病,其中高血压发病与盐的过多摄入的相关性已引起临床医师的高度关注。其治疗原则是限制钠的摄入,适当增加钾、钙营养素的摄入,加强对患者合理膳食营养的宣教指导,高血压患者在接受药物治疗的同时,要通过膳食营养治疗,调整营养素的合理摄入,改善饮食习惯是高血压患者的治疗基础,其中合理膳食营养是防治高血压的重要环节。

1. 高血压的定义与高血压的分级是什么?

高血压目前被认为是一个由许多病因引起的处于不断进展状态的心血管综合征,可导致心脏和血管功能与结构的改变。

按照血压的水平:高血压定义为未服抗高血压药情况下,收缩压≥140mmHg和(或)舒张压≥90mmHg。

根据收缩压和或舒张压水平分类:理想血压,收缩压<120mmHg和舒张压<80mmHg。正常高值,收缩压130~139mmHg和(或)舒张压85~89mmHg。将高血压又分为:1级高血压(轻度高血压),收缩压140~159mmHg和(或)舒张压90~99mmHg;2级高血压(中度高血压),收缩压160~179mmHg和(或)舒张压100~109mmHg;3级高血压(重度高血压),收缩压≥180mmHg和(或)舒张压≥110mmHg;单纯收缩性高血压,收缩压≥140mmHg和舒张压<90mmHg。

2. 高血压和钠、钾、钙等营养素的摄入有什么关系?

钠、钾、钙是人体不可获缺的营养素,其中高血压发病与每日钠的摄入量有关,如每日摄入食盐10g，高血压发病率约为8.6%；每日摄入食盐26g，高血压发病率可高达39%。钾不仅可以减少体内钠的不良作用，还能阻止过多食盐引起的高血压，钾对轻型高血压有调节作用；钙的摄入量与血压呈负相关，当钙摄入不足，促使血管平滑肌细胞收缩，阻力增加使血压上升，同时钙还与血管的收缩和舒张有关，钙摄入增加时，促进钠的排泄可以降低血压。

3. 摄入过多的食盐会引发高血压吗？

钠以食盐的形式被广泛应用于烹调，临床研究证实，高血压的发病与盐的过多摄入有直接关系，所以食入过多食盐会引发高血压。当今控制钠盐的摄入作为预防高血压的一种可控因素，备受广大医务人员的重视。有研究表明，膳食钠盐摄入量平均每天增加2g，收缩压和舒张压分别增高2.0mmHg和1.2mmHg，当人体摄入含钠较高的食物会增加对钠的吸收，并促使在人体内积蓄，导致血容量增加，心肌收缩加强，血管平滑肌细胞反应增强，同时也增加肾负荷以排出过量的钠和水，钠还会增加血管对升血压药物的敏感性引起小动脉痉挛、外周血管阻力增加，而导致高血压。

4. 如何减少或限制钠的摄入？

中国的传统饮食自有烹饪记载起就在美食与健康之间寻找适宜的平衡点，国际世界卫生组织也推荐了每日食盐摄入量为6g以下。为此应提倡科学烹饪方法与食用新鲜食品结合，改变烹饪时盲目使用食盐与喜好腌渍食物表现以味的享受为核心等不良饮食习惯，如食用榨菜、咸菜、咸肉等，如果每天摄入食盐从10g减至5g，血压可下降10/5mmHg，长期坚持每天摄入食盐低于5g，少用味精、酱油及辛辣调味品，有利于稳定血压。

5. 高血压患者为什么要多吃富含钾的食物？

钾是构成人体重要的化学元素之一，血清中钾的浓度保持在3.5～5.5mmol/L，对人体内酸碱平衡起着重要作用。钾不仅可以减少体内钠的不良作用，阻止过多食盐引起的血压升高，还对轻型高血压具有调节作用。饮食中增加钾的摄入有利于水和钠的排出，对防治高血压有一定好处。每日成年人需钾量为1875～5625mg，特别在多尿、多汗时，要及时补充富含钾的各类蔬菜与水果，如蚕豆、毛豆、黄豆、花生、海带、紫菜、西红柿、柿子、芋头、桂圆、荔枝及柑橘等。

6. 高血压患者选择哪种烹调油好？

高血压患者在选用食用油时应慎重，建议选用植物油，尽量不吃动物油脂。植物油的选择以单不饱和脂肪酸和多不饱和脂肪酸含量高者为佳。适量选用橄榄油和茶油。因为橄榄油含有较高的单不饱和脂肪酸，主要是油酸，对降低血胆固醇、三酰甘油和低密度脂蛋白胆固醇有益，每周 3 次或隔天 1 次即可。橄榄油可用于凉拌菜，也可用于炒菜，应注意将温度控制在 150℃ 以下。为此，建议高血压患者进食烹调油的四点注意：①选择安全的油，即卫生学指标、工艺及质控符合国家标准。②选择脂肪酸数量及构成比合理的油脂，如橄榄油、茶油。③每日烹调油的用量小于 25g(25g，相当于 2.5 汤匙)。④控制烹调温度，油温不宜太高。油温越高，烹调时间越长，不饱和脂肪酸氧化越快，营养流失越多。

7. 高血压患者该如何食用肉类？

高血压患者应少食用肉类食品，但在生活中完全不吃肉是不可能的，也是不正确的(即使一口肉都不吃，也不一定能逃脱高血压的困扰)。对高血压患者来说，并非一点肉都不能吃，只是不能吃肥肉，注意选择适宜的肉类：①要限制饱和脂肪酸含量高的食物，如猪肉，100g 猪肉中脂肪含量高达 30.3g；禽肉脂肪含有较多的亚油酸，易于消化吸收，可适当食用。②要多吃不饱和脂肪酸的食物，如鱼肉，可为人体提供多种必需氨基酸、维生素及一种特殊的多链不饱和脂肪酸，能预防动脉粥样硬化，抑制血小板聚集，从而减少动脉血栓形成和心肌缺血。高血压患者在肉类的选择中以鱼肉类为首选。

8. 高血压患者吃柠檬能降低血压吗？

柠檬具有降血压的功效，对一些病情不严重的患者来说，食用柠檬是用食疗方法辅助治疗的正确选择。柠檬中含有的柠檬酸与钙离子结合后会生成可溶性复合物，它能减缓钙离子促使血液凝固的作用，对高血压和心肌梗死有一定的防止作用；柠檬酸还有收缩和加固毛细血管的作用，能有效降低血管的通透性，提高血小板数量，缩短凝血时间和出血时间。另外，建议每天清晨起床后空腹喝上一杯柠檬蜂蜜水，既美容又清洁肠道，稍后再吃早餐。

9. 多吃冬瓜对高血压患者有益处吗？

冬瓜不仅是一种蔬菜，而且还是一种药材，无论是冬瓜粉、皮、肉质层还是瓤及子，都可以入药，甚至连藤、叶及花也都有较好的药用价值。对于高血压患者来说，常吃冬瓜好处多。冬瓜中含有的丙醇二酸能抑制糖类转化为脂肪，还有清除脂肪的作用。冬瓜子可以促进人体的免疫功能，其包含的不饱和脂肪酸可以使容颜红润光泽。冬瓜瓤中的葫芦巴碱能促进人体的新陈代谢。此外，冬瓜含维生素 C 较多，且钾含量高，钠盐含量较低，高血压、肾病、水肿等患者食用，可达到消肿、降血压的作用。

10. 经常吃快餐会导致血压升高吗?

爱吃快餐的人群患高血压的风险要高于其他人群:①快餐食物含盐量高。世界卫生组织建议,健康人每日通过饮食摄取最佳盐量不超过 6g,而速成、冷冻食品和方便面等快餐食物都含相对较高的盐分。②快餐食物中一般都含有较多的油和脂肪,新鲜蔬菜量少,对于活动量少及消化吸收慢的人群,会增加体重,超重或肥胖症患者是高血压的危险人群。建议那些忙于工作而无暇做饭,常依靠快餐过日子的人们,要尽量减少快餐的食用量,在选择饮食时要合理搭配,选择低钠、低糖、高膳食纤维食物的同时,多吃些新鲜的蔬菜和水果。

11. 为什么不提倡高血压患者饮酒?

饮酒后人体兴奋,心跳过速,致使心肌泵血量增加,同时增加血管的压力,使血管一直处于扩张状态。饮酒还可影响抗药物的降血压作用,使血压不易控制。因此,专家不提倡高血压患者饮酒,鼓励限制酒或戒酒;酗酒者逐渐减量;酒瘾严重者,可借助药物戒酒。尽管有报道说少量地饮酒可减少冠心病发生的风险,但是“少量饮酒”的定义不同,不同饮酒量与健康的关系很难达成共识,高血压患者最好不饮酒。如果不得不饮酒,则应少量,白酒每天 25～50ml,葡萄酒每天 100～150ml,啤酒每天<250ml,同时要尽量放慢饮酒速度,避免“干杯”或“一口杯”。饮酒要伴菜,以减缓乙醇的吸收速度,减轻乙醇对胃的刺激。不饮高度烈性酒。临床观察发现戒酒后,除血压下降外,患者对药物治疗的效果也可大为改善。

12. 长期饮酒会导致高血压吗?

高血压的发病机制尚未明确,但有研究认为与遗传和环境因素有关。环境因素主要指不良生活习惯。长期过量饮酒是引发高血压、心血管疾病发生的危险因素。乙醇本身能扩张血管,刺激神经,使神经处于兴奋状态。兴奋的神经会刺激心脏,心跳过速,致使心肌泵血量增加,同时增加血管压力,使血管一直处于扩张状态。另外,长期饮酒会使血管弹性回缩力降低、失去弹性,使血压居高不下,造成心脏负担加重,导致心肌供血不足,甚至是心脏破裂。

13. 高血压患者能喝咖啡吗?

从传说的公元 6 世纪伊索比亚牧羊人发现咖啡以来,人们就用咖啡解乏。咖啡是公认的健康饮品,咖啡中含有的咖啡因是最好的良性兴奋剂,咖啡因对中枢神经系统的兴奋作用很明显,同时能促进血液循环,扩张血管,加快心率。高血压患者在清晨喝一杯咖啡可醒脑,白天工作时轻呷一口咖啡可提神,但是喝咖啡要掌握一定的时间,晚上睡前禁喝咖啡,以免影响睡眠质量,导致血压升高。

14. 肥胖与高血压发病有什么关系？

肥胖(图 5-1)与高血压密切相关,且体重超重的程度与高血压的发生也有关系,即体重越重,患高血压的危险性也就越大。肥胖者容易患高血压其原因主要有几点:①肥胖者的血液总容量增高,心脏的输出量增多,每分钟泵入血管的血量增加,使血管阻力增大,这是造成肥胖者易于合并高血压的重要原因。②肥胖者常多食,他们血液中的胰岛素水平常高于正常人,这种多食和高胰岛素血症能刺激交感神经功能,使血管收缩,增大血管的外周阻力,造成血压升高。同时高胰岛素血症引起肾对钠的重吸收增多,增加血液容量,也可使血压升高。③肥胖高血压患者容易合并脂质异常症和糖尿病,加之肥胖者的体力活动相对较少,故动脉硬化的发生危险增高,变硬的血管就难以随着血液的排入而扩张,导致血压进一步升高。然而,经过减肥,高血压是可以明显减轻甚至完全恢复正常的。在降低血压的同时,减肥还可以减轻糖尿病和脂质异常症,并增强体质,所以大大降低心脑血管病的危险。

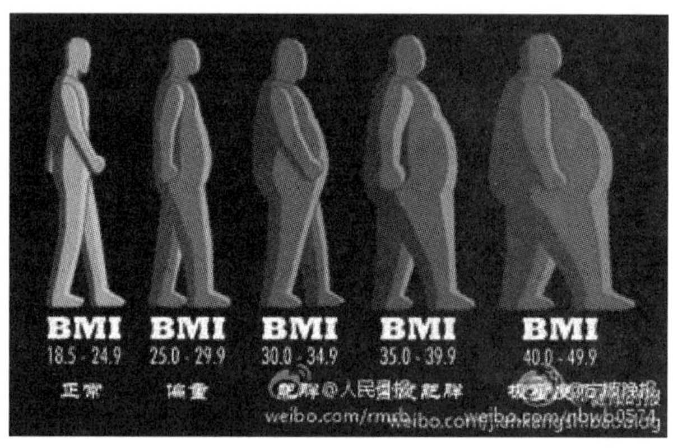

图 5-1　体重指数(BMI)超重标准

15. 高血压患者应如何控制体重？

高血压患者要使体重维持在标准体重的±5%。每日摄入的能量应以标准体重计算,并且注意平衡膳食合理营养,避免高糖类与高脂肪食品的过量摄入。

16. 高血压患者能喝茶吗？

茶是中国人传统的饮品,经常作为馈赠贵宾、招待亲朋好友的上等礼品。茶能降低血清胆固醇水平,减轻动脉粥样硬化程度,增强毛细血管壁的弹性,并具有抗凝和促进纤维蛋白溶解的作用,是预防心血管病的首选保健饮料。所以,高血压的患者除了坚持药物治疗外,还可以泡茶饮用。但需要注意的是,喝茶也要讲究方法，茶叶中的咖啡因、可可碱、茶碱等活性物质对中枢神经有兴奋作用，大量饮茶可加快心率，增加心脏负担，浓茶可引起脑血管收缩，对脑动脉硬化和高血压患者是一种潜在危险，易引发脑血管意外。高血压患者饮茶原则：宜淡不宜浓，晚间不宜喝茶，尤其不能喝浓茶。

(二)冠心病

冠状动脉粥样硬化性心脏病，是冠状动脉粥样硬化致血管腔狭窄或阻塞和(或)冠状动脉功能性改变(痉挛)导致心肌缺血缺氧或坏死而引起的心脏病，统称冠状动脉性心脏病，简称“冠心病”。冠心病是一种慢性非传染性疾病，是常见病、多发病。中国人群由于饮食不均衡、吸烟、酗酒等不良生活习惯导致的高血压、高胆固醇、糖尿病、肥胖等主要冠心病危险因素，上述危险因素会造成血管内皮损伤，进而粥样硬化斑块形成，出现心肌缺血缺氧等冠心病临床表现。因此，对于冠心病患者在接受药物治疗的同时，还需要进行积极的营养干预，如控制热量摄入、限制胆固醇和脂肪摄入、适量蛋白质、低盐清淡饮食、充足维生素、忌烟酒等，从而达到延缓病变发展，减少中国人群心血管病的发病及心血管病所致的过早死亡的目的。

1. 冠心病患者的饮食原则是什么?

冠心病与营养水平不均衡有关，长期高热量、高胆固醇、高脂肪的饮食习惯，与冠心病密切相关。冠心病患者应严格避免不良的饮食习惯，调整合理的膳食结构，对稳定病情，防止和减轻动脉硬化的发展起着至关重要的作用。因此，冠心病患者的饮食原则是：①控制总能量，以维持理想体重为宜，注意能量的适宜比例；②限制高脂肪、高胆固醇食物的摄入；③多食五谷杂粮，摄取适量的糖类和蛋白质；④多吃新鲜水果和蔬菜，补充丰富的膳食纤维和维生素；⑤避免吃过油腻、过咸的食物。

2. 冠心病患者如何控制饮食的总能量?

维持热能平衡，冠心病患者每天平均膳食热量为8372kJ(2000kcal)左右，急性心肌梗死时，能量摄入更应严格控制，原则上每天供能一般在1000千卡左右，以减轻心脏的负担。主食每日不超过500g，尽量少选用单糖和双糖食品。每天脂肪摄入量中动物脂肪应低于10%，胆固醇摄入量应控制在每日300mg以下。糖类通常可作为膳食中脂肪的替代品，其含量丰富的食物有面包、谷物、米饭、豆类及一些蔬菜。用这些食物来代替饱和脂肪量丰富的食物，可以降低血液胆固醇的水平，注意要摄入全谷物食物，高精米、白面和精糖的摄入会升高血糖。保证蛋白质的质和量，蛋白质应占总热能的15%或按2g/kg供给，肥胖者的蛋白质供给要注意动物性蛋白质和植物性蛋白质的合理搭配，动物性蛋白质摄入量应占总蛋白质摄入量的30%～50%。

3. 冠心病患者为什么要控制含糖食品的摄入?

糖类物质是体内产生热量的主要来源,人体所需热量的50%以上是由糖类食物提供的。冠心患者应该控制在每天主食不超过500g。如果主食吃的过量,超过人体的需要量,就会营养失调。另外,摄入含糖量过高的食品,如糖果、甜点、巧克力、含糖饮料等,就会大大超过人体糖量摄入的需要,即热量过剩,超过人体消耗,而多余的糖便转化成脂肪在体内堆积,久而久之则会使体重超重、心肺负担加重。而且食糖过多可使血中三酰甘油急剧上升,造成高脂血症,进而影响凝血机制和血小板功能。而肥胖、高血压、高脂血症都是冠心病的危险因素,故要减少含糖食品的摄入,以更好地防治冠心病。

4. 冠心病患者为什么要控制脂肪摄入?

脂肪的摄入对血清脂质和脂蛋白有重要的影响。主要导致动脉粥样硬化的脂蛋白是低密度脂蛋白(LDL),血清LDL的升高,会促进动脉粥样硬化,与发生冠心病的危险性呈正相关。过多食用高脂肪、高胆固醇的食品会使血脂升高、血液黏稠度增高,易于形成血栓。年龄大于40岁人群,每天应该限制饱和脂肪酸(如动物内脏、卤煮、肥肉、蛋黄及奶油等)的摄入,避免血胆固醇增高,脂代谢异常者每日摄入量应低于200mg饱和脂肪酸。

5. 冠心病患者可以吃海产品吗?

流行病学调查发现,海边渔民患冠心病的普遍较少,海产品能有效的预防冠心病的发生。因为鱼类含有的脂肪酸的碳链很长,不饱和的程度很高,这是陆地动物和植物所不可比拟的。脂肪酸的碳链越长,不饱和程度越高,降低胆固醇作用越显著,还可以降低血脂和血液凝固性、抗血小板凝集。所以海产品从多方面起着预防冠心病的作用,对冠心患者来说,食用海产品是十分有益的。

6. 冠心病患者该如何选用肉、禽、蛋、奶类食品?

冠心患者选择肉类的顺序依次为鱼肉、鸡肉、鸭肉、牛肉、猪肉、羊肉。鱼肉以海鱼为宜,不吃鸡、鸭皮,少吃动物内脏。

蛋类所含的蛋白质都是优质蛋白,蛋清含蛋白高,容易被人体吸收;脂肪存在于蛋黄中,并且以不饱和脂肪酸居多。1个鸡蛋含200mg胆固醇,对高胆固醇的冠心病患者建议每周吃1～2个蛋黄。

牛奶是最适合冠心病患者的饮料,可以降低胆固醇,有助于防止冠心病的进展;其特点:①含有大量的蛋白质、钙、铁等多种人体需要的物质,蛋白质是人体新陈代谢必需的物质,牛奶中所含的乳清酸,能影响脂肪的代谢。②还含有一种耐热的低分子化合物，可以抑制胆固醇的含量。③牛奶中所含的钙质和胆碱具有促进胆固醇从肠道排泄，减少其吸收的作用，故牛奶是一种可以降低胆固醇的食物。随着年龄的增长，特别是大于50岁的人群，骨钙丢失日趋严重，出现骨质疏松、骨质增生等，因缺钙引起的疾病也随之而来。牛奶不仅含钙量高，而且吸收好，钙对心肌还有保护作用。④牛奶中还含有多种维生素和无机盐。冠心病患者应选择脱脂奶、酸奶，对维持身体良好的营养状况、延缓冠心病的发展有益处。

7. 食物中补充膳食纤维能降低冠心病的风险吗?

高胆固醇是冠心病的危险因素之一，研究显示，某些膳食纤维（燕麦麸、果胶）加入到饮食中可促进胆固醇从粪便排泄。多选择富含水溶性纤维的食物，如燕麦、荚豆类、蔬菜类等，能使血浆胆固醇水平降低5%～18%。但要注意过量膳食纤维摄入会影响对某些矿物质和微量元素的吸收。

8. 摄入维生素有助于改善冠心病的症状吗?

维生素能改善心肌代谢和心肌功能。维生素 B_6 能降低血脂的水平。维生素C不仅能使部分高胆固醇血症者血胆固醇水平下降，还能改善毛细血管通透性，保护血管壁的完整性而防止出血。尤其对于心肌梗死患者，维生素C能促进心肌梗死的病变愈合。维生素E是抗氧化剂，能防止脂质过氧化，改善冠状动脉血液供应，降低心肌的耗氧量。在平时应注意补充富含B族维生素、维生素C、维生素E的食物。

9. 冠心病患者食用哪些蔬菜好?

(1)海带、紫菜等海藻类植物大多含有丰富的蛋白质、维生素、微量元素等，对降低胆固醇、三酰甘油有良好的作用。

(2)香菇、木耳中含有大量维生素及有益于身体的微量元素，香菇中含有一种诱发剂，可以使人体产生干扰素——双链核糖核酸，有提高身体对肿瘤的抵抗力的作用；还含有腺嘌呤，具有降低胆固醇的作用，对于胆固醇过高而引起的动脉硬化、高血压，以及急、慢性肾炎、糖尿病患者，无疑是食物疗法的佳品。

(3)芹菜、芫荽这两种菜具有降血压、镇静安神的作用，尤其对冠心病伴高血压患者更为适宜。

(4)葱、生姜、大蒜等这些调味品具有多种挥发油、纤维等，具有明显的改善脂质代谢、减少胆固醇在肠道中的吸收作用，能有效地防止冠心病的发生。

10. 冠心病患者为什么要戒烟?

吸烟会促进肾上腺释放儿茶酚胺，增加血小板黏稠度，易诱发心律失常，甚至猝死。吸烟时吸入一氧化碳使碳氧血红蛋白增加，影响红细胞携氧能力，易出现心肌缺氧，加重心肌缺血。减少吸烟可使动脉硬化和冠心病病情减轻，减少冠心病的反复发作和死亡。

11. 冠心病患者如何选择低盐饮食?

摄入过多食盐是高血压的高危因素，而高血压又是冠心病的独立危险因素之一。冠心病患者应减少盐的摄入，一般每天摄入量不超过 6g。烹调食物中少放盐；注意食物中看不见的“盐”。

在常用食物中，谷类、瓜类、水果中含钠较少；动物性食物中含钠较高；有些调味品、熟食、半熟食、饮料等含盐量较高，在选用食品时，要注意其盐含量(表 5-1)。

表 5-1 常用食物中的盐含量

食物	含盐量(g)	食物	含盐量(g)
1 勺酱油	1.4	1 袋方便面	2.5
1 勺番茄酱	1.0	1 个咸鸭蛋	2.0～4.0
1 片火腿肠	0.5	100g 榨菜	11.3
100g 油饼	1.5	1 片配餐面包	0.8

12. 冠心病介入手术治疗膳食护理管理有何要求?

冠心病合并血脂增高、血糖异常的患者，住院期间医师根据患者化验指标开出了低盐、低脂肪饮食原则，接受冠状动脉介入诊疗患者在术前一日晚应正常饮食，无须增加额外营养，术前清晨正常饮食饮水，保证能量在 500kcal，早餐包括馒头 100g、鸡蛋 1 个、小菜、牛奶。术后正常饮食，注意无须补充高脂、高热量的饮食。

13. 急性心肌梗死患者为什么要保持排便通畅及需要补充高膳食纤维的食物?

当冠心病患者排便用力或不畅时，易导致心肌缺血、心绞痛，诱发心律失常，而导致心源性猝死。因此，需要保持排便通畅，鼓励患者多食用高膳食纤维食物，如大麦、燕麦、大豆、玉米、萝卜、芹菜等，但由于患者急性心肌梗死期间，限制饮食为流食、半流食，进食六七分饱，且限制为卧床休息，故应适当补充功能性食品，如低聚木糖豆浆粉、菊粉、低聚果糖等高膳食纤维类食品。

(三)心力衰竭

心力衰竭是各种心血管病的最严重阶段。据国内 50 家住院病例调查，心力衰竭住院率只占同期心血管病的20%,但病死率却高达40%。心力衰竭是以体重增加、摄入水分过多,排出减少导致心脏负荷加重的一种慢性、居家、自发进展性疾病,很难根治,但可预防。对于心力衰竭患者除针对病因积极治疗和精心护理外,合理的饮食与营养也是减轻症状、缩短病程、促进康复的一个重要环节。

1. 心力衰竭患者除加强药物治疗外还需要注意饮食营养治疗吗?

心力衰竭患者除了药物治疗,正确饮食营养同样重要,特别是对于慢性心力衰竭患者,若饮食不当,常会造成疾病的反复发作。目前,心力衰竭的治疗中,很多患者不能很好地配合治疗,对限盐的认识很不到位,不理解限盐的重要性而不配合治疗。

注意:限盐不仅是指常说的炒菜中加入的食盐,也包括方便面、咸菜、肉类罐头等食品中含的食盐。

2. 心力衰竭患者对于钠、钾营养素的摄入有何要求?

心力衰竭患者要遵医嘱低盐低脂饮食,给予高维生素、低热量、少盐、少油,富含钾、镁及适量纤维素的食物,宜少量多餐避免刺激性食物,对少尿患者应根据血钾水平决定食物中含钾量,每日钠盐控制在4～5g,水肿和心功能3～4级的患者饮水量严格控制在500～600ml。

3. 心力衰竭患者严格限钠的同时会导致低血钾而诱发心律失常吗?

心力衰竭患者服用的利尿药具有排钾的作用,当严格限制钠盐的摄入,此时患者食欲减退,又不能保证钠盐摄入会导致血钾降低,当血钾低于2.5mol/L时,诱发致命心律失常——心室颤动。

4. 心力衰竭患者为什么要注意营养素钾的摄入?

营养素钾对人体内酸碱平衡起着重要调节作用。钾可以减少体内多余钠的不良作用,阻止过多食盐引起的水钠潴留。饮食中增加钾的摄入量有利于水和钠的排出,对有效控制心力衰竭症状有重要作用。

5. 心力衰竭患者每日几餐合适及每餐吃几分饱?

慢性心力衰竭的患者要根据心功能的情况,不宜劳累,活动量因人而异,慢性心功能不全,再加上肝和胃肠道淤血,食欲减退与消化能力均较差,有的患者还出现腹胀、恶心、呕吐等消化道症状。如果每餐都吃得过饱,使胃腔扩大,影响膈肌活动,致使心肌功能减退,不利于心脏的恢复。因此,对于心力衰竭患者应采用定时定量和少食多餐的方法，一日最好吃4～5餐，每餐吃七分饱。

6. 心力衰竭患者适宜进食何种食物？

所烹制的食物以流食和半流食为好，如大米粥、藕粉、蛋花汤、牛奶、酸牛奶、细面条、薄馄饨皮、饼干、面包干等容易消化的食物。避免空腹吃坚硬、生冷、油腻及刺激性食物，容易产生胀气的食物，如土豆、南瓜、红薯等也应尽量少吃或不吃，以免加重胃肠道的负担。

7. 摄入过多的食盐会引发心力衰竭吗？

钠盐能使血管对各种升血压物质敏感性增加，引起细小动脉痉挛，使血压升高。钠盐还有吸附水分的作用。实验证明，每1g食盐在体内可携带水分200～250ml。如果体内摄入钠盐过多，水分就要按比例增加，全身血容量也就增加，直接增加了心脏的负担，使本来已经心力衰竭的程度加重。因此，一定要限制食盐的摄入量。轻度心力衰竭的患者，每天限制在3g以内(正常人每天需要食盐6～8g)；重度心力衰竭的患者，如全身明显水肿、尿量减少、心慌、气急、不能平卧，可吃无盐饮食。各种咸食，如咸菜、酱菜、咸鱼、咸肉、酱油和一切腌制品都应禁食，蔬菜中金花菜、芹菜、茴香菜、蕹菜等含钠量较高宜少食。

8. 多样化的膳食对心力衰竭患者有益处吗？

在不增加心脏负担的同时，要特别注意机体营养成分的供给，以便营养心脏，加强心脏功能，改善全身营养状况，增强机体抵抗力。所以，平时宜适当多吃些营养丰富的食物，尤其是富含各种必需氨基酸的优质蛋白质、B族维生素和维生素C。鼓励患者尽可能地多吃一些瘦肉、鱼类、蛋类、乳类、豆类及新鲜蔬菜和瓜果。多吃蔬菜和瓜果，既能补充体内所需的维生素、矿物质及纤维素，又能疏通大便、防止便秘，对患者大有益处。

9. 心力衰竭患者需要补充铁剂吗？

对于心力衰竭患者，尤其原发病是贫血性心脏病患者，常需补充铁剂，富含该营养素的食物有瘦肉、猪肝、羊肝、大枣、黑木耳、菠菜、油菜、芝麻酱等，补血食品适宜常进食。

10. 进食普通饮食对心力衰竭患者有影响吗？

心力衰竭患者肝和胃肠道都有淤血，食欲减退及消化吸收能力都比较差，因此应以流食或半流食为宜，促进各种营养素的全面吸收。

11. 急性心力衰竭患者饮食原则有哪些?

控制钠盐的摄入,给予低胆固醇、低动物脂肪、高蛋白质、高热量、富含高维生素、清淡易消化的饮食。

12. 什么食物富含营养素钾?

成年人每日需钾量为2000～2100mg,特别在多汗、多尿时,要及时补充富含营养素钾的各种食物,如花生、黄豆、毛豆、蚕豆、芋头、海带、紫菜、西红柿、柿子、桂圆、柑橘、土豆、香蕉及荔枝等。

13. 多吃冬瓜对心力衰竭患者有益处吗?

冬瓜含维生素C较多且富含营养素钾,钠盐含量低,因此对于心力衰竭水肿患者多食冬瓜可以达到消肿、利尿的功效。

14. 心力衰竭患者如何控制体重?

心力衰竭患者每日体重减轻应控制在0.5～1kg,利尿药物配合中度限制钠盐摄入(3～4g),每日准确记录出入量,保持出入量平衡,每日下午观察尿量,如尿量少于500ml,应尽早使用利尿药,而非一味依赖饮食控制。

15. 心力衰竭患者限制蛋白质和热能摄入的标准是什么?

心力衰竭患者急性发作时,每日蛋白质可控制在25～30g,热量600kcal;2～3日后,蛋白质可加至40～50g,热量1000～1500kcal;病情好转后逐渐增加蛋白质和热能的摄入,但不宜太高,以免增加心脏的负荷。

16. 心力衰竭患者每日饮水量如何控制?

轻度心力衰竭的患者,每日食盐量应限制在3g以内,饮水量控制在每天1500ml以内。如重度心力衰竭伴全身水肿明显患者,每日的饮水量一般是按照前日的尿量加500ml。

17. 减少或限制钠的摄入会减轻心力衰竭的症状吗?

世界卫生组织推荐的每日食盐摄入量为6g以下。应提倡科学烹饪方法与食用新鲜食品,改变烹饪时盲目使用食盐与喜好腌渍食物等不良饮食习惯,如咸菜、腌肉、酱豆腐等。每1g食盐在体内可携带水分200～250ml。如果体内摄入钠盐过多,水分就要按比例增加,全身血容量也就增加,直接增加了心脏的负担,加重了心力衰竭的症状,反之,减少或限制营养素钠的摄入会减轻心力衰竭的症状。

二、消化系统疾病营养治疗与护理

(一)胃炎

胃炎是一种常见的消化系统疾病,临床上可分为急性胃炎和慢性胃炎,是由于多种原因引起的胃黏膜炎症,但多数原因是由于全身性因素及胆汁反流至胃内引起。其中急性单纯性胃炎属多发病;慢性胃炎可由急性胃炎反复发作迁延而来,慢性胃炎可分为慢性浅表性胃炎、慢性萎缩性胃炎、慢性肥厚性胃炎。长期进食对胃黏膜有强烈刺激的食物,如烈酒、浓茶、咖啡或过量的辣椒等,不合理的饮食习惯、进食不规律、咀嚼不充分,以及摄入过酸、过咸、过多粗糙的食物反复刺激胃黏膜,吸烟过度也能损伤胃黏膜,另外,营养素的缺乏也是一个重要因素,蛋白质和B族维生素长期缺乏,可使消化道黏膜变性。因此,胃炎的营养治疗与护理,要在尽快查清病因后积极实施,以减轻胃的负担,促进胃黏膜修复。

1. 引发急性胃炎与哪些不良饮食习惯有关?

急性胃炎的胃黏膜表现为充血、水肿、糜烂、出血等改变,甚至有一过性浅表溃疡形成。其病因多为摄入过冷、过热、过粗食物;茶水过浓、调味品过刺激;咖啡与乙醇饮料过量及某些对胃黏膜有刺激和不良反应的药物所致。

2. 急性胃炎患者营养治疗与护理原则是什么?

急性胃炎患者表现为胃部痉挛、腹部饱胀、大量呕吐。治疗原则如下。

(1)大量呕吐及腹痛剧烈者应暂禁食,对症治疗,卧床休息。为了保证胃休息及恢复,通常要禁食24~48小时或更长。

(2)大量饮水。因呕吐腹泻、失水量较多,宜饮糖盐水,补充水和钠,并有利于毒素排泄;若有失水、酸中毒,应静脉注射葡萄糖盐水及碳酸氢钠溶液。

(3)病情缓解后,可先给清流食,如米汤、藕粉、去核去皮红枣汤、薄面汤等,以咸的食物为主,目的为补液,并使胃得到适当休息。

(4)待症状缓解后可逐步增加牛奶、蛋羹、蛋汤等,以保护胃黏膜;但若伴有肠炎、腹泻、腹胀等,应尽量少用产气及含脂肪多的食物,如牛奶、豆奶、蔗糖等。

(5)少量多餐,每天5~7餐,每餐宜少于300ml,以减轻胃的负担。

(6)禁忌烟酒,以减少对食管及胃黏膜的刺激。

(7)病情逐渐好转后,可用低脂少渣半流食或软饭,痊愈后,逐渐转为普食。

3. 急性胃炎患者为什么重视微量营养素的补充?

由于急性胃炎患者胃部的症状,是上腹部不适或疼痛、恶心、呕吐与食欲减退等，对摄入食物的质和量均有影响，所以科学的营养饮食设计对调整胃部功能、增进食欲、减轻胃黏膜负担尤其重要。在补充能量时，选用米汤、牛奶、豆奶、蛋汤与果汁均可补充部分的微量营养素，如维生素 B_1、维生素 B_2、维生素 C、钙、铁及蛋白质等。在饮食配餐时，要每天选多种类、多品种、多颜色的食物，且注意食物温度，宜保持在 30℃左右，因为食物过热或过冷对胃黏膜修复不利。

4. 急性胃炎患者如何补充饮水量?

患者由于疾病本身会丢失水分，再加摄水量不够，患者可能会出现血容量不足的危险，所以在发病后鼓励其多饮温开水，从少量 50ml 开始，每隔 2 小时补充 100～150ml。根据患者个人情况可以在温开水中加入适量盐或糖，但切忌喝咖啡或碳酸饮料，否则会增加胃酸分泌与干扰胃的功能，从而影响疾病治疗。

5. 急性胃炎患者不宜选用何种食物?

急性胃炎会造成胃黏膜的急性损伤，凡对胃黏膜有刺激的食物均不能食用。如乙醇类饮料、碳酸饮料、辛辣的调味品类与咖啡类；火锅类食物、油炸与油煎类食物、高温食物与冰镇食物等。常见如白酒、啤酒、黄酒、苏打水、辣酱、黑胡椒、白胡椒、芥末、咖喱、油条、炸鸡、烧烤类、油饼、冰棒、雪糕、冰激凌等。

6. 慢性胃炎患者营养治疗与护理原则是什么?

(1)去除病因：彻底治疗急性胃炎，戒烟酒，烟酒可降低食管下括约肌张力，引起胃食管反流，对治疗不利；避免对胃黏膜有损害作用的食物及药物；积极治疗口腔、鼻腔、咽喉部的慢性炎症等。

(2)提供平衡膳食：膳食中所供能量和各种营养素充足、均衡，能维持或促进机体健康，要注意维生素 C 和 B 族维生素的补充，尤其是维生素 B_{12} 和叶酸的补充。

(3)宜选择清淡、少油腻、少刺激性、易消化的食物；油腻食物(如肥肉、奶油、油煎炸食物)、刺激性食物(如辣椒、洋葱、大蒜、胡椒等)及生冷硬的食物禁食。

(4)宜选择含蛋白质及富含多种维生素的食物：如动物肝、鸡蛋、瘦肉及新鲜瓜类蔬菜等。

(5)少量多餐，进食易消化半流食或少渣软饭。

(6)维持酸碱平衡：浅表性胃炎胃酸分泌过多时，禁食成酸性食品，如浓肉汤、浓鸡汤、大量蛋白质等，可多用牛乳、豆浆、肉泥、菜泥、面条、馄饨、涂黄油的烤面包或带碱味的馒头干以中和胃酸。萎缩性胃炎胃酸少时，可多用浓缩肉汤、鸡汤、酸牛奶、带酸味的水果或果汁，带香味的调料品及适量的糖醋食物，以刺激胃液的分泌，帮助消化。

7. 为什么要重视慢性胃炎患者产能营养素的补充?

慢性胃炎患者消化功能差,对营养素全面吸收偏低,体重偏轻或消瘦,能量的提供需要适量增加。糖类可占每日总能量的65%~70%,分为3~5餐补充,也可在正常三餐之间加餐。可以选用易消化且不伤胃黏膜和胃功能的主食,如软饭、粥、软面条、米粉和河粉等。蛋白质选择应重视优质蛋白质的比例至少应保持1/3以上。脂肪摄入宜保持健康人的标准,具体根据患者的体重指数核定。

8. 慢性胃炎患者合并贫血时饮食应注意什么?

要注意补充氨基酸、单糖及维生素C,因某些氨基酸、单糖和维生素C可以促进铁的吸收,可随餐饮鲜榨果汁或是进食新鲜水果促进铁的吸收也可给予注射用维生素B_{12}治疗。

9. 哪些食物能为慢性胃炎患者提供微量营养素?

慢性胃炎患者可选择各种不同颜色的蔬菜、水果,以补充β-胡萝卜素、维生素B_2、维生素C等。选择鱼、肉、畜与禽类,烹调时可切碎块和切末,不仅有利于消化与吸收,还可减轻胃的负担,能提供丰富的维生素B_1、维生素B_{12}、维生素E等。同时可补充人体所需的钠、钾、钙、锌与镁等元素。在选择蔬菜和水果时,减少不可溶性膳食纤维的过量摄入,以减少对胃黏膜的损伤,影响微量元素的吸收。对于食欲欠佳、进食不多的患者,可酌情选用膳食补充剂。

10. 慢性胃炎患者忌选食物有哪些?

慢性胃炎患者忌乙醇饮料和咖啡,乙醇对胃黏膜有刺激作用,喝酒后会损伤黏膜,增加糜烂或者发生出血。喝咖啡后会促进胃酸的分泌,过多的胃酸可刺激胃部出现不适或疼痛。忌食各种辛辣的调味品,如胡椒、辣椒、大蒜、洋葱等;不宜选吃火锅及其各类调料;避免用过冷或冰镇食品,如冰棒、雪糕、冰激凌、酸奶等;不宜选膳食纤维素高的食物,如地瓜、玉米、芹菜等。不宜选油炸食品,如油条、油饼、炸鸡腿、炸薯条等;不宜选糯米类食品,如年糕、糯米饭团等;不饮各类酒。

11. 慢性胃炎患者并发肠炎时饮食应注意什么?

慢性胃炎患者并发肠炎时,避免用引起胀气和含粗纤维素较多的食物,如蔗糖、豆类和生硬的蔬菜和水果。

(二)消化性溃疡

消化性溃疡主要指发生在胃、十二指肠的溃疡。因为溃疡的形成与胃酸和胃蛋白酶消化作用有关，故称为消化性溃疡。消化性溃疡可分为十二指肠溃疡和胃溃疡，患者主要表现为慢性上腹痛，疼痛的特征为慢性、周期性、节律性，制酸剂常能缓解疼痛。并发症有大出血、穿孔、幽门梗阻。约5%的胃溃疡可发生癌变。做好饮食营养调理，可促进消化性溃疡的症状减轻或缓解，减少复发，有效防止并发症的发生，改善患者营养状况。

1. 消化性溃疡的主要诱因有哪些？

(1)饮食对胃分泌功能的影响：咖啡、浓茶、酒、黑胡椒、大蒜、丁香、辣椒、肉汤等食物对十二指肠壶腹部溃疡患者，能引起强烈的胃酸分泌。

(2)饮食对胃黏膜屏障的影响：食物和饮料对胃黏膜可引起物理性和化学性的损伤作用，如过分粗糙的食物、骨刺或过冷、过热的食物对胃产生机械的刺激，长期服用水杨酸类(阿司匹林)抗癌药物、肾上腺皮质激素和某些抗生素可损伤胃黏膜屏障。

(3)酗酒和吸烟对胃的不良影响：乙醇对胃黏膜有直接刺激作用，并消耗机体大量能量，从而引起胃黏膜的营养障碍，削弱胃黏膜的屏障作用。

2. 消化性溃疡患者饮食治疗原则的最终目的是什么？

胃和十二指肠溃疡发生部位和症状有所不同，但膳食治疗的原则相同，最终目的：①减轻机械性和化学性刺激，减少和中和胃酸分泌。②维持胃肠道上皮组织的抵抗力，缓解和减轻疼痛。③合理营养有利改善营养状况，纠正贫血。④可促进溃疡愈合，避免发生并发症。⑤长期注意营养治疗，减少溃疡复发。

3. 消化性溃疡患者饮食治疗时对三大营养素的比例供给有哪些要求？

蛋白质对胃酸起缓冲作用，可中和胃酸，但蛋白质在胃内消化又可促进胃酸分泌，因此，供应足够的蛋白质以维持机体需要则为每日每公斤体重按1g适宜；不需严格限制脂肪，因为脂肪可以抑制胃酸分泌，适量脂肪对胃肠黏膜没有刺激，每日可供给70～90g，选择易消化吸收的乳融状脂肪(如奶油、牛奶、蛋黄、黄油、奶酪等)，也可用适量植物油；糖类既无刺激胃酸分泌作用，也不抑制胃酸分泌，每日可供给300～350g。选择易消化食物，如浓厚的粥、面条、馄饨等，主食以面食为主。蔗糖不宜太多，因其可使胃酸分泌增加，且易胀气。

4. 消化性溃疡患者饮食治疗时对食物的选择有哪些要求？

(1)选择营养价值高且细软易消化的食物：如牛奶、鸡蛋、豆浆、鱼、瘦肉等。经加工烹调使其变得细软易消化、对胃肠无刺激。

(2)供给含丰富维生素的食品：选富含B族维生素、维生素A和维生素C的食品。

（3）避免刺激性、机械性和化学性刺激食物：机械性刺激增加对黏膜损伤，破坏黏膜屏障，如粗粮、芹菜、韭菜、雪菜、竹笋及干果类等；化学性刺激会增加胃酸分泌，对溃疡愈合不利，如咖啡、浓茶、烈酒、浓肉汤等。

（4）禁忌易产酸产气和生冷、难消化食物及避免食用强烈调味品：产酸食物，如地瓜、土豆、过甜点心及糖醋食品等；易产气食物，如生葱、生蒜、生萝卜、蒜苗、洋葱等；生冷食物，如大量冷饮、凉拌菜等；难以消化的食物，如腊肉、火腿、香肠、蚌肉等；强烈刺激的调味品，如胡椒粉、咖喱粉、芥末、辣椒油等。

5. 消化性溃疡患者饮食治疗时对食物的制作有哪些要求？

应供给少盐饮食（每日少于 6g），以减少胃酸的分泌。溃疡病所吃食物必须切碎煮烂，烹调方法可选用蒸、煮、汆、软烧、烩、焖等，不宜用油煎、炸、爆炒、醋熘、凉拌等方法加工食物。

6. 消化性溃疡患者饮食治疗时进餐应该如何安排？

（1）少量多餐：定时定量，每天 5～7 餐，每餐量不宜多。少量多餐可中和胃酸，减少胃酸对溃疡面的刺激，又可供给营养，有利溃疡面愈合，对急性消化性溃疡更为适宜。

（2）睡前加餐：对十二指肠溃疡尤为适宜，可减少饥饿性疼痛，有利于睡眠。进食时应心情舒畅、细嚼慢咽，以利于消化。

7. 十二指肠溃疡患者粪便隐血弱阳性的饮食治疗原则是什么？

少量多餐、少渣半流食、戒粗糙食物、限制刺激性食物，可进食全脂牛奶、浓米汤、蒸蛋羹及淡藕粉。恢复期应给予软饭。①半流食期：糖类 55%，蛋白质 15%，脂肪 30%。②流食期：糖类 60%，蛋白质 20%，脂肪 20%。

8. 消化性溃疡患者分期治疗应该怎样进行饮食治疗？

通常膳食治疗可以根据病情轻重分为Ⅰ、Ⅱ、Ⅲ、Ⅳ四个阶段。

（1）溃疡病Ⅰ期：膳食治疗适用于溃疡病急性发作或出血刚停止后。进流食膳食，每天 6～7 餐。每天两次牛奶，若牛奶不习惯或腹部胀气者，用豆浆代替或加米汤稀释。限用肉汤、鱼汤、鸡汤、浓茶、咖啡和酒及含有乙醇的饮料等。全天膳食中营养素的供给量标准：蛋白质 52～65g、脂肪 40～45g、糖类 200～300g、能量1400～1860kcal（5858～7782kJ）。

（2）溃疡病Ⅱ期：膳食治疗无消化道出血，疼痛较轻，自觉症状缓解，食欲尚可者用。易进厚流质膳食或细软易消化的少渣半流食软食，如鸡蛋粥、肉泥、烂面条等，每天6餐，每餐主食50g；加餐可用牛奶、蛋花汤等。禁食碎菜及含渣较多的食物。每日营养素供给量：蛋白质78～91g，脂肪78～91g，糖类200～300g，能量1800～2400kcal(7531～10 042kJ)。

(3)溃疡病Ⅲ期：膳食治疗适用于病情稳定，自觉症状明显减轻或基本消失者。膳食仍以细软易消化的半流食为主。每天6餐，每餐主食不超过100g，仍禁食含食物纤维素较多的蔬菜，避免过咸等。

(4)溃疡病Ⅳ期：膳食治疗即胃病5次饭，适用于病情稳定，溃疡基本愈合并逐渐康复的患者。本膳食为食物细软、清淡少油腻、弱刺激、营养全面易消化的抗溃疡病膳食。主食不限量，除三餐外另增加两餐点心。除溃疡前三期可食用的食物外，还可采用一些含纤维素少的瓜菜和水果，要切细煮烂或做成泥状。禁用含纤维素多的蔬菜，以及含有挥发油的蔬菜，如葱头、生蒜、生葱、小茴香等。成熟的水果，如苹果、桃、梨等，主要含单糖、双糖及苹果酸、枸橼酸，并含有可溶性的植物纤维素与果胶，煮熟后更易消化，可以减少对胃的机械性刺激。一日进食5次。其营养素供给量为，蛋白质85～95g、脂肪85～95g、糖类300～350g，能量2300～2700kcal(9623～11 297kJ)。

9. 消化性溃疡患者并发症的膳食治疗应注意什么？

(1)出血：活动性出血患者需禁食水。出血停止后可给予冷米汤、冷牛奶等温凉的流食，以中和胃酸，抑制胃饥饿性收缩，对止血有利。

(2)幽门梗阻：当发生了幽门梗阻时，患者表现为恶心、呕吐、疼痛、腹胀等症状，故在幽门梗阻初期经胃肠减压治疗有所改善或不完全梗阻可进清流食，凡有渣及牛奶等产气的流食均不可食。待梗阻缓解后，可逐渐调整进食的质和量，完全梗阻应禁食。

(3)急性穿孔：急性穿孔是胃溃疡的严重并发症，需禁食禁水。

(三)肠道吸收和排泄

肠道是人体最大的消化器官，也是人体最大的排毒器官。因此，肠道的状态也直接决定着人们的健康。从解剖学来讲肠指的是从胃幽门至肛门的消化管。肠是消化管中最长的一段，也是功能最重要的一部分，人类的肠包括小肠、大肠和直肠三大段，大量的消化作用和几乎全部消化产物的吸收都是在小肠内进行的，大肠主要浓缩食物残渣，形成粪便，再通过直肠经肛门排出体外。常言："病从口入"，大部分病菌都是从嘴里吃进去的，并且细菌进入人体各处主要途径就是肠。这些病菌就会受到肠内有益菌群的抵抗，不能在短时间内侵入人体其他的循环，很快就随着粪便、尿液排出体外，自然不能致使人患病。不难想象，肠道的健康取决于肠道的活动性。但是，如饮食不洁导致肠道内菌群失调则会导致一系列肠道疾病。

1. 吸收不良综合征患者应选择什么饮食治疗?

吸收不良综合征(malabsorption ayndrome)是由多种原因造成小肠吸收功能障碍,以致一种或多种营养物质不能顺利透过肠黏膜转运进入组织,而从粪便中过量排泄,引起营养素缺乏的表现。主要是脂肪吸收障碍,临床上以脂肪吸收不良常见,所以应选择高蛋白高能量低脂肪半流食或软饭。

2. 吸收不良综合征患者饮食治疗应注意什么?

(1)选择高蛋白高能量低脂肪半流食或软饭:蛋白质 100g/d 以上,脂肪 40g/d 以下,总能量为 10 475kJ(2500kcal),选择脂肪少且易消化食物,如鱼、鸡肉、蛋清、豆腐、脱脂奶等。植物油不宜多,腹泻严重者可给中链脂肪酸,严重者可采用静脉高营养或要素膳及匀浆膳,以保证能量及正氮平衡。

(2)补充足够维生素:早期小肠吸收不良,除从食物中补充外,必要时注射补给。结合临床症状,重点补充相应的维生素,如维生素 A、维生素 C、维生素 D、维生素 K 和复合维生素 B 等。

(3)注意电解质平衡:特别是严重腹泻时电解质补充极为重要。早期可静脉补充,膳食中宜给予鲜果汁、无油肉汤、蘑菇汤等。在膳食中多加些含钙、镁、铁和脂溶性维生素较多的食物。缺铁性贫血者进食含铁丰富食物,如动物肝等,必要时口服铁剂。

(4)选择细软易消化食物:可做成糊状,烹调以煮、烩、烧、蒸等为宜,避免煎、炸、爆炒等。

(5)少量多餐:每日 6~8 餐,既保证足够营养,又不致一餐体积过大增加小肠负担。

3. 脂肪痢对机体营养代谢状况有什么影响?

长时间的脂肪痢可引起脂肪吸收率下降,脂肪吸收率<90%,使每天粪脂排出量大于 7g,量多恶臭,并伴腹胀、恶心或呕吐。导致脂肪吸收不良,脂溶性维生素缺乏,电解质紊乱。

4. 脂肪痢患者饮食治疗应注意什么?

首先要找出引起脂肪痢的原因并进行治疗。

(1)高蛋白高能量膳食:发生体重减轻者必须增加能量的摄入;腹泻严重者可给中链脂肪酸,严重者可采用静脉高营养或要素膳及匀浆膳,以保证能量及正氮平衡。

(2)补充足够维生素和微量元素:有多种维生素和矿物质缺乏者,要进行补充治疗，重点强调脂溶性维生素及钙、锌、锰和铁的补充。

(3)若为麦胶过敏者应严格、长期地食用无麦胶膳食，并禁饮啤酒。通常用去麸质营养治疗 1～2 周即可显效。

5. 克罗恩(Crohn)病和溃疡性结肠炎对机体营养代谢状况有什么影响？

Crohn 病由于肠受损面积较广泛，影响营养素的吸收，因而有不同程度的营养不良，表现为贫血、低蛋白血症、维生素缺乏、电解质紊乱等。由于缺钙，可出现骨质疏松、生长发育延迟。溃疡性结肠炎多起病缓慢，由于消瘦、贫血、水与电解质平衡失调及丢失大量的蛋白质等，可发生低蛋白血症和营养障碍。常发生小细胞低色素性贫血，可能与失血、缺铁与溶血有关。

6. 克罗恩(Crohn)病患者如何选择适当膳食？

急性 Crohn 病期，使用药物治疗的同时，必须使肠道休息并采用肠外营养，以纠正负氮平衡，1～2 周后症状减轻，可辅以少量流食。肠道炎症减轻后，可给予少渣流食。恢复期消化道症状消失后，可采用少渣软饭。4 周后逐渐改为普食。当患者无法接受全膳食时，通过口或管饲要素膳食是必要的。

7. 克罗恩(Crohn)病患者饮食治疗应注意什么？

(1)高能量高蛋白质膳食：每日供给能量 30～35kcal/(kg・d)；蛋白质为 1.5g/(kg・d)左右，因患者系慢性病过程，故易出现负氮平衡，应供给高能量高蛋白膳食，蛋白质中 50%应为动物蛋白。

(2)补充维生素及微量元素：因疾病影响脂溶性维生素及维生素 B_{12} 的吸收，故应注意充分补充 B 族维生素、维生素 A、维生素 D、维生素 K 和维生素 C 等，除给予菜汤、果汁、枣泥、去油肉汤等外，还应补充矿物质及微量元素，纠正水和电解质失调。补充钾、钠、镁、铁等，还应补充锌。由于脂肪吸收障碍，脂肪在肠内与钙形成钙皂，故还要补充钙。

(3)主食以精制米面为主，禁用粗粮。副食以瘦肉、鸡、鱼、动物肝，以及蛋类为蛋白质的主要来源，补充适当豆制品。限用牛奶，以免引起腹胀。

(4)少渣低脂膳食：每天膳食中应限制脂肪在 40g 以下，可采用短、中链脂肪酸。少用茎、叶类蔬菜，可用根块类蔬菜，如山药、土豆、胡萝卜等。

(5)少量多餐，每日进餐 4～5 次，尽量压缩食物体积，提高单位数量中的营养价值。

(6)烹调以煮、烩、蒸等为主，禁用油炸、油煎；不用浓味调料。

8. 溃疡性结肠炎患者如何选择适当膳食？

急性发作期给予清流食，以免刺激肠黏膜。病情好转后，应采用流食，逐步过渡到营养充足、无刺激性的少渣半流食，恢复期可进食少渣软饭。重症则应采取胃肠外营养支持。

9. 溃疡性结肠炎患者饮食治疗应注意什么？

（1）高能量高蛋白膳食：给予足够的能量，以补充经肠丢失的能量和蛋白质，满足机体的需要。每日供给能量30kcal/(kg·d)左右，蛋白质按1.5～2.0g/(kg·d)，选用含蛋白质丰富的食品，如瘦肉、家禽、鱼类、蛋类及适量奶类。严重腹泻者宜提供煮过的牛奶等。

（2）纠正水、电解质平衡紊乱和补充丰富的维生素和矿物质：特别应补充足量的B族维生素，以及铁和钙等矿物质和微量元素。

（3）补充水分：每天应供给1200～1600ml，若腹泻失水过多者，可饮糖盐水或辅以输液治疗。

（4）饮食应制成柔软易消化的食物：忌粗糙、坚硬、产气、油腻、不易消化及刺激性的食物。禁忌食生蔬菜、生水果和带刺激性的葱、姜、蒜、辣椒等调味品。

（5）少食多餐：一日进餐4～5次。

10. 诱发便秘的因素有哪些？

按照便秘的发病原因可分为三种。

（1）痉挛性便秘：是由于肠壁肌肉紧张过度，引起痉挛性的收缩，使粪便不易排出。膳食因素包括吸烟、使用泻药，饮用浓茶、咖啡和酒，过多摄入粗糙食物和强烈调味品等。

（2）弛缓型便秘：多次妊娠、肥胖、年老体弱，久病及营养不良等，均可以导致肌肉松弛而引起便秘。饮食中长期缺乏膳食纤维素及维生素B_1，因食欲差、进食量少，形成机械性或化学性刺激不足，引起便秘。饮水不足，膳食中缺乏适量脂肪可引起便秘。此外，长期坐位工作，缺乏活动，无定时排便习惯，滥用泻药或灌肠影响肠功能等，都可引起此种便秘。

（3）阻塞性便秘：主要由原发病引起。多数便秘患者与膳食因素有关，便秘后经常会引起腹胀，饱腹感，体内残渣物质排不出去，影响各种营养素的正常代谢与吸收，久而久之，易引起结肠病变，以致结肠癌。

11. 便秘患者应该如何培养良好生活习惯？

营养治疗应根据不同类型，给予适当的膳食。养成定时排便的习惯，加强体力活动和锻炼，避免经常服用泻药和灌肠。泻药可加速食物在肠道的通过，减少消化和吸收，致使多种营养素的流失。长期使用泻药，可使肠肌松弛，加重便秘。

12. 痉挛性便秘患者饮食治疗应注意什么?

(1)膳食中应少渣,减轻肠道的刺激。可先进食少渣半流食,禁食蔬菜及多纤维素的水果,后改为少渣软饭。

(2)适当增加脂肪量:脂肪能润肠,脂肪酸促进肠蠕动,有利排便;但不宜过多,应每日少于 100g。

(3)多饮水及饮料(如果汁、菜汁等),保持肠道粪便中水分,以利通便。早晨饮蜂蜜水有助于通便。

(4)少量多餐。

(5)进食洋粉制品,如洋粉冻、洋粉果汁冻或拌洋粉等。因洋粉在肠道中能吸收水分,使粪便软滑,又无刺激性,有利排泄。

(6)禁食对肠道有刺激性的食物,如产气的、辛辣的、浓茶、咖啡、辣椒、咖喱等刺激性食品,禁止饮酒。

13. 阻塞性便秘患者饮食治疗应注意什么?

如果是由器质性病变引起,应首先治疗疾病,去除病因,如直肠癌、结肠癌等。若为不完全性肠阻塞,可考虑给予清流食。膳食仅限于提供部分能量,并最低限度控制食物残渣。其余由静脉补液供给。

14. 弛缓型便秘患者饮食治疗应注意什么?

(1)多供给含粗纤维食物:包括可溶性和不可溶性纤维,刺激肠道,促进胃肠蠕动,增强排便能力,如粗粮、带皮水果、各种新鲜蔬菜等。婴儿便秘不少见,尤其是人工喂养的婴儿,可饮菜水、蜂蜜水和梅汁缓解。

(2)多饮水及饮料:每晨空腹喝 200~400ml 热淡盐水或蜂蜜水,每天饮水量不少于 1200ml,使肠管保持足够的水分,有利粪便排出。若只吃纤维素,没有足够的水,也难预防便秘。

(3)食用富含维生素 B_1 的食物:如粗粮、酵母、豆类及其制品等。维生素 B_1 可促进消化液分泌,维持和促进肠管蠕动,有利于排便。

(4)多食产气食物:以促进肠蠕动加快,有利排便,如洋葱、萝卜、蒜苗等。

(5)适当增加高脂肪食物:油脂能直接润肠,且分解产物脂肪酸有刺激肠蠕动作用,如花生、芝麻、核桃、花生油、芝麻油、豆油等,每天脂肪总量可达 100g。

(6)其他:禁忌烟酒及辛辣食物等,有食欲减退、腹胀、作呕时,禁食猪油及油腻过多的食物。

15. 肠道易激综合征患者饮食治疗应注意什么?

(1)食用高纤维膳食:患者需要提供正常膳食,尤其强调高纤维膳食,推荐每天

20～30g 膳食纤维。

(2)避免刺激性因素:奶制品、巧克力、鸡蛋及谷物产品都被认为是不利于肠道易激综合征患者康复的食物。

16. 憩室病患者饮食治疗为什么选用高纤维膳食?

高纤维膳食利于松软、大量粪便的产生,使排便更容易,从而减小结肠内压力。对大多数患者来说,每天两勺麸质(如燕麦粉)或长期高纤维的摄入可以减轻症状。长期低纤维膳食者需逐渐增加高纤维膳食的摄入。对于不能进食所需要量的麸质的患者,使用增加体积的物质(如甲基纤维素)也可以达到同样的效果。

17. 憩室炎急性发作患者应如何进行饮食治疗?

憩室炎急性发作的患者,适宜食用低渣膳食或要素膳食,然后再逐渐恢复高纤维膳食。

18. 憩室病饮食治疗为什么应采用低脂膳食?

食用高脂膳食后可以加重结肠平滑肌收缩而使憩室患者感到不适,因此建议食用低脂膳食。

(四)胆囊炎和胆石症

胆道中最常见的疾病是胆囊炎和胆石症,两者常同时存在,互为因果。胆囊炎常由于胆囊内结石或继发于胆管结石和胆道蛔虫等疾病,胆管阻塞和细菌感染是常见原因。胆石症是指胆道系统,包括胆管和胆囊在内的任何部位发生结石的疾病。尽管病因是多种的,但饮食营养与本病的发生、发展和防治有着密切的关系。

1. 哪些饮食因素可导致胆石症?

胆石的形成在某种程度上与营养过度、缺乏或不平衡有一定关系。如西方膳食中热能高、多动物性脂肪和精致糖,但缺少食物纤维,成为诱发胆石症的饮食因素。实践证明:食物纤维(如麦麸)可与胆酸相结合,使胆汁中胆固醇的溶解度增加。而胆汁成分的改变可减少胆石的形成。非洲土著居民膳食中多食物纤维而少精致糖,其胆石症的发病率最低。摄入大量精致糖可使肝内合成胆固醇增多,并能抑制肝分泌胆汁酸,使胆汁酸代谢池缩小。多食、少动与热能摄入超量可使人发胖,肝中合成和分泌胆固醇增多,为形成胆石提供了有利条件。

2. 胆石病与饮食习惯有什么关系?

胆石病指胆道系统的任何部位发生结石的疾病。胆结石有三种:以胆固醇为主的胆固醇结石，以含胆红素为主的胆色素性结石，混合型结石。由于中国、日本等东方国家的饮食习惯与西方国家有显著的区别，故胆石的性质与西方国家也有显著的差别：西方人胆固醇结石占70%～80%，而东方人由于动物性脂肪食用少，血中胆固醇浓度一般低于西方人，故胆固醇结石较少见，胆色素结石较西方人多见。我国各地区胆石病的种类和发病率也有区别。

3. 膳食因素对胆石症的发生有什么影响？

食物纤维可与胆酸结合，使胆汁中胆固醇的溶解度增加。胆汁成分的改变可以减少胆石的形成。食用高糖类低蛋白膳食的人，以胆红素结石为主；而以高脂肪高蛋白质膳食为主的人群，以胆固醇结石多见。

4. 胆石症患者营养治疗原则和措施是什么？

通过对膳食脂肪和胆固醇量进行调控，辅以高糖类膳食，供给足够营养。

(1)适量能量：既要满足患者的生理需要，又要防止能量入超。对于肥胖者需限制能量摄入以利于减轻体重。对于消瘦者则应适量增加能量供应，以利于康复。

(2)低脂肪：限制脂肪摄入量，避免含脂肪多的食物刺激胆囊收缩以缓解疼痛。主要应严格限制动物性脂肪，而植物油有助于胆汁排泄，可适量选用。

(3)低胆固醇：控制含胆固醇高的食物，以减轻胆固醇代谢障碍，防止结石形成。禁止食用含胆固醇高的食物，如动物内脏、蛋黄、咸鸭蛋、松花蛋、鱼子、蟹黄、肥肉等。

(4)适量蛋白质：供应充足的蛋白质可以补偿消耗，维持氮平衡，增强机体免疫力，对修复损伤的肝细胞恢复其正常功能有利。

(5)适量糖类：以达到补充能量、增加肝糖原、保护肝细胞的目的。糖类易于被消化、吸收，对胆囊的刺激亦较脂肪和蛋白质弱，但不可过量，以免引起腹胀。应供应含多糖为主的食物，适当限制简单糖，如砂糖、葡萄糖的摄入。

(6)供给丰富维生素和矿物质：维生素A有防止胆结石的作用，其他，如B族维生素、维生素C和脂溶性维生素都很重要，也应充分供给。同时还应选择富含钙、铁、钾等的食物。

(7)高膳食纤维：食物纤维能增加胆盐排泄，抑制胆固醇吸收，降低血脂，可使胆固醇代谢正常，减少形成胆石的机会。

(8)大量饮水：多喝水和饮料，可以稀释胆汁，促使胆汁排出，预防胆汁淤滞，有利于胆管疾病患者的恢复，每天供水量以1000～1500ml为宜。

(9)节制膳食：少量多餐、定时定量。

(10)膳食禁忌：戒酒及不用一切辛辣食物和刺激性强的调味品，如辣椒、咖喱、芥末等；还要避免食用油炸及产气食物，如牛奶、洋葱、蒜苗、萝卜、黄豆等。

5. 胆石症患者与鸡蛋“绝缘”吗?

鸡蛋是高胆固醇食物,可能会促进胆固醇结石的形成。所以,医师一般会建议慢性胆囊炎和胆石症患者尽量少吃鸡蛋,特别是煎鸡蛋,因其脂肪含量较高,会使胆囊收缩的更厉害,并会进一步加重原来的胆囊炎症。其他煎炸、油腻食物也应尽量避免。

6. 胆囊炎和胆石症的患者可以喝茶吗?

茶文化是中华传统文化的组成部分。唐代《本草拾遗》中有“久食令人瘦”的记载,这是因为茶叶有助于消化和降低脂肪含量的作用。茶叶发挥药理作用的主要成分是茶多酚、咖啡因、脂多糖等,由于茶叶中的咖啡因能增加胃液的分泌量,从而达到主消化、降低脂肪的目的,所以说茶对于慢性胆囊炎人群是有益的。

7. 急性胆囊炎患者营养治疗的目的是什么?

严格限制脂肪和胆固醇的摄入,供给充足的糖类及维生素,保护肝及胆囊功能。

8. 急性胆囊炎患者营养治疗原则和措施是什么?

(1)急性发作期:应禁食,使胆囊休息,以利于疼痛缓解。为保证机体的营养需要,可由静脉补给营养。

(2)缓解期:疼痛缓解后,根据病情循序渐进调配饮食,可选用纯糖流食,如藕粉、浓米汤、蔬菜汁、鲜果汁、米汤加蜂蜜或蜂蜜水。

(3)恢复期:可给予低脂低胆固醇半流食,逐渐改为低脂低胆固醇软饭。

(4)饮食禁忌:忌辛辣调味品及兴奋神经系统的食物,如辣椒、胡椒、芥末、浓茶、咖啡、含乙醇饮料及肉汤、鸡汤、鱼汤等。忌油腻食物。

(5)烹调方法:宜采用煮、蒸、炖、熬等烹饪方式。忌用油煎、炸、炒等方式。

(6)饮食温度:宜进食温热的食物。温热的食物能使胆道口和胆道壁的肌肉松弛,利于胆汁排出。

(7)饮食制度:少量多餐,每日进餐5～6次。

9. 慢性胆囊炎患者进行营养治疗的目的是什么?

限制饮食中脂肪和胆固醇的摄入,供给适量的能量及蛋白质,保护肝及胆囊的功能,减轻临床症状,预防结石形成。

10. 慢性胆囊炎患者营养治疗原则和措施是什么?

(1)能量:每日供给能量7560～8400kJ(1800～2000kcal)。肥胖者应适当减

少,消瘦者可酌情增加。

(2)蛋白质:每日供给1～1.2g/kg为宜。可选用大豆制品及高蛋白低脂肪的动物性食物,如鸡蛋清、鱼类、虾类、兔肉、瘦肉、鸡肉等。

(3)脂类:限制脂肪摄入,每日供给脂肪30～45g,应平均分配到三餐中,切忌集中于一餐,以免引起胆绞痛。最好采用植物油,多不饱和脂肪酸、单不饱和脂肪酸及饱和脂肪酸的比例以1∶1∶1为宜。每日胆固醇供给量<300mg。限制含胆固醇高的食物,如动物内脏、脑,蛋黄、鱿鱼、鱼子等,以减轻肝对胆固醇的代谢负担,保护肝功能,防止胆结石形成。补充卵磷脂。磷脂占胆汁的25%～35%,胆固醇、胆汁酸和卵磷脂三者保持一定比例,才能使胆固醇保持溶解状态,而不致析出形成结石。

(4)糖类:每日供给300～350g为宜。应选用含复合糖为主的食物,如米、面、马铃薯等,适量限制蔗糖和葡萄糖的摄入。肥胖患者应适当限制主食和甜食。

(5)膳食纤维:每日摄入25g左右为宜。

(6)维生素和矿物质:多选用含钙、钾、镁、铁、锌及B族维生素、维生素C和脂溶性维生素丰富的食物。维生素K可缓解胆管痉挛和胆石病引起的疼痛,故应多选食富含维生素K的绿叶蔬菜及牛奶、奶制品、肉类、蛋类、谷类及水果。

(7)多饮水:每日至少2000ml以上,可稀释胆汁,减少胆石形成。

(8)食物禁忌:酒、辛辣食物及辛辣调味品可增强胆囊收缩,使胆道口括约肌不能及时松弛,影响胆汁的排出,引起胆绞痛,加重病情,故应禁忌。

(9)烹调方法:饮食宜清淡、少渣、易消化。可采用蒸、煮、炖、烩、氽等方式。忌用油炸、煎、炒等烹饪方式,因脂肪摄入量太高可引起胆绞痛。应避免胀气的食物。饮食的温度以温热为宜,温热的食物可使胆道口和胆道壁肌肉松弛,利于胆汁排出。

(10)饮食制度:少食多餐,定时定量,每日进餐4～5次。多餐可刺激胆汁分泌和排出,保持胆道通畅。

11. 膳食纤维对慢性胆囊炎的营养治疗有什么作用?

膳食纤维可促进肠蠕动,增加粪便量及排便次数,可抑制肠道内胆汁酸及胆固醇的吸收。可溶性膳食纤维可降低人的血浆胆固醇,故可减少胆石的形成。富含可溶性膳食纤维的食物有水果、蔬菜、大麦、燕麦麸和荚豆,富含不可溶性膳食纤维的食物有麦麸及豆类。

12. 胆囊炎和胆石症的患者需要限制脂肪的摄入吗?

需要。限制脂肪,避免刺激胆囊收缩以缓解疼痛。手术前后饮食中脂肪应限制在每日20～30g。随病情好转,如患者对油脂能耐受可略为增多(每日40～50g)

以改善菜肴色、香、味,而刺激食欲。

13. 胆囊炎和胆石症的患者选择哪种食用油好?

烹调用植物油,既能供给必需脂肪酸,又有利胆作用,但应均匀分布于三餐中,避免食用过多的脂肪。控制含胆固醇高的食品以减轻胆固醇代谢障碍,防止结石形成。每日摄入量应少于300mg,重度高胆固醇血症应控制在200mg以内。对于动物内脏、蛋黄、咸鸭蛋、鱼子、蟹黄等含胆固醇高的食物应少用或限量食用。

14. 蛋白质对胆囊炎和胆石症患者有什么影响?

应补充充足的蛋白质。胆囊炎在静止期,肝功能并未完全恢复或有不同程度的病理损害。供应充足的蛋白质可以补偿损耗,维持氮平衡,增强机体免疫力,对修复损伤肝细胞、恢复其正常功能有利。

15. 糖类在胆囊炎和胆石症患者饮食治疗中起什么作用?

适量的糖类增加糖原储备、节省蛋白质和维护肝脏功能。它易于被消化、吸收,对胆囊的刺激亦较脂肪和蛋白质弱,但过量会引起腹胀。每日供给量为300~350g,应供给含多糖的复合糖类为主的食物,适量限制单糖,如砂糖和葡萄糖的摄入,对肥胖患者应适当限制主食、甜食和糖类。

16. 多食富含维生素和矿物质的食物对胆囊炎和胆石症的患者有益处吗?

选择富含维生素、钙、铁、钾等绿叶蔬菜、水果及粗粮,并补充维生素制剂和相应缺乏的矿物质。B族维生素、维生素C和脂溶性维生素都很重要。特别是维生素K,对内脏平滑肌有解痉镇痛作用,对缓解胆管痉挛和胆石症引起的疼痛有良好效果。

17. 胆囊炎和胆石症患者宜长期素食吗?

慢性胆囊炎的急性发作,常与进脂肪餐有关,但如果胆囊炎患者长期只吃素菜,则易加速胆石症的形成。因为,胆汁的排泄与食物的性质和进食量密切相关,含有脂肪和蛋白质的酸性食物最易刺激肠壁,释放缩胆促胰激素而引起胆囊的收缩排泄。如果长期只吃素菜就容易造成胆囊内胆汁排泄减少,胆汁过分浓缩淤积,有利于细菌的生长繁殖,破坏了胆汁的稳定性,从而导致和加速胆石的形成,使胆囊炎患者病情加重。因此,胆囊炎患者在急性发作期应避免进食油腻食品。而在病情稳定期间,可以少量多餐的进食一些荤菜,不仅可以保证营养的需要,而且有利于胆汁的分泌、排泄,防止胆石的形成,保持病情的稳定。

18. 不吃早餐易患胆石症的说法是否正确?

现代医学表明,早上空腹者易患胆石症。这是由于空腹时胆汁分泌少,而且胆汁中胆酸含量降低,形成一种高浓度的胆汁。时间一久,胆汁中的胆固醇饱和,在胆囊里沉积结晶而产生结石。另外,人在上午要消耗一天中40%的热量,若省略早餐,由于身体要求弥补,所以午餐及晚餐便会一次吃得较多,但胃肠的消化能力有限,结果是增加了胃肠负担,形成胃口欠佳的恶性循环。

(五)肝硬化

肝硬化是指由于多种有害因素长期反复作用于肝,导致肝组织弥漫性纤维化,以假小叶生成和再生结节形成特征的慢性肝病。本病主要以肝功能损害和门静脉高压为主要表现,晚期常会出现消化道出血、肝性脑病、继发感染等严重的并发症。长期嗜酒、饮食不节是肝硬化发病的一个重要因素。肝硬化患者一般食欲较差,消化功能下降。因此,不仅需要进行临床药物治疗,同时还需要借助于正确科学的饮食调养以此促使肝功能的有效恢复,强化机体抵抗能力,改善肝硬化不良症状,阻止肝硬化的发展。因此,妥善安排肝硬化患者的饮食,保证肝硬化患者的合理营养,对肝硬化患者的康复有非常重要的作用。肝硬化患者的饮食应根据肝硬化患者病情的轻重,以及并发症状的不同而不同,除了要有足够的营养外,还要避免可能导致病情恶化的食物。

1. 肝硬化的营养治疗目的是什么?

供给充足的蛋白质和维生素,以增进食欲,改善消化功能,控制病情发展,增强机体抵抗力,保护肝功能,促进肝细胞修复再生及肝功能恢复。

2. 肝硬化的饮食治疗原则和措施是什么?

可采用“三高一适量”膳食,即高能量、高蛋白、高维生素、适量脂肪的膳食。

(1)能量:通过各种途径保证足够的能量,供给量应较正常人为高,可按126~146kJ(30~35kcal)/(kg·d)供给,全天10 500~11 760kJ(2500~2800kcal)。

(2)蛋白质:可按1.5~2.0g/(kg·d)供给,全天供给蛋白质100~150g;注意供给一定量的优质蛋白质,可多给富含支链氨基酸的大豆蛋白。

(3)脂肪:脂肪摄入量不宜太高,应占总热量的25%,每日不超过50g为宜。

(4)糖类:应给予高糖饮食,每日可供给糖类300~500g。

(5)维生素:应多进食含维生素丰富的食物。

(6)水与电解质:有腹水、水肿的患者,应严格限制钠和水的摄入,水应限制在每日1000ml左右,如有稀释性低钠血症,则应限制在每日300~500ml。应采用低盐膳食，每天食盐量不超过2g；严重水肿时宜无盐膳食，钠限制在每天0.5g左右，禁用含钠多的食物，如加碱的馒头、面条、油条、咸肉、咸菜、蕹菜、油菜薹、芹菜等。服用排钾利尿药时应补充钾盐。

(7)微量元素：增加含锌量高、易吸收的动物性食品，如鲜牡蛎1490mg/kg、牛肉56mg/kg、鲜虾53mg/kg、羊肉和牛肝及羊肝39mg/kg、蛋黄25mg/kg。肝硬化患者常有贫血，应注意铁的补充。

(8)食物禁忌：忌用辛辣刺激性食品或调味品、含乙醇饮料等，以减轻肝负担。避免一切生、硬、脆和粗糙的食品，如带刺的鱼块、带碎骨的肉，以及含食物纤维多，未经切碎、剁细、煮软的蔬菜(如芹菜、韭菜、黄豆芽等)。对有食管或胃底静脉曲张者应注意以细软易消化、少纤维、少刺激性、少产气的软食或半流食为主。上消化道出血时应禁食。

(9)食物烹调方法：要求多样化，注意食物的色、香、味、形，以刺激患者的食欲。宜采用蒸、煮、炖、烩、熬等烹饪方式，使制成的食品柔软、易消化。忌用油炸、煎、炒等坚硬、有刺激性食物，防止食管静脉曲张者破裂出血。

(10)饮食制度：少量多餐，每日进餐4～5次。

3. 肝硬化患者摄入蛋白质应注意什么?

蛋白质的供给量以患者能够耐受、足以维持氮平衡并能促进肝细胞再生而又不致诱发肝性脑病为度，伴有顽固性腹水者，食欲极度减退，必要时可采用肠内营养或静脉营养。高蛋白质有利于保护肝功能，促进已经损坏的肝细胞恢复和再生。患者如因血浆白蛋白过低而有腹水和水肿时，更应给予高蛋白饮食。但当肝功能严重衰竭，出现肝性脑病先兆时，应严格限制蛋白质摄入量。

4. 肝硬化患者为什么要适当控制脂肪摄入?

脂肪摄入量不宜太高，过多的脂肪沉积于肝内，会影响肝糖原的合成，使肝功能进一步受损。肝有病变时，胆汁合成及分泌减少，影响脂肪的消化和吸收。但脂肪过少会影响脂溶性维生素的吸收和菜肴的品味，降低患者的食欲，故不应过分限制，而应选择易消化的植物油及奶油，也可采用中链三酰甘油(MCT)，对肝硬化有良好作用。

5. 肝硬化患者为什么应给予高糖饮食?

糖类能使肝糖原含量增加，促使肝细胞再生。肝中有足量的糖原存在可防止毒素对肝细胞的损害。如果患者不能多进食，可口服甜鲜果汁、糖藕粉、果酱、蜂蜜等甜品(蜂蜜和果糖易在肝中形成糖原，对保护肝细胞有利)。必要时可由静脉补充糖类。

6. 肝硬化患者为什么应多进食含维生素丰富的食物?

肝直接参与维生素的代谢过程,许多维生素在肝中形成辅酶,参与各种物质代谢,因此应多进食含维生素丰富的食物。

各种维生素对肝细胞及其功能有不同的作用:①维生素 B,有保护肝细胞和防止脂肪肝的作用,并参与核酸及胆碱的合成,参与脂肪和糖的代谢,故应多选食蛋、奶、瘦肉、燕麦、绿色蔬菜、酵母等富含 B 族维生素的食物。②维生素 C,可促进肝糖原的形成,有促进代谢和解毒作用。③维生素 B_{12} 和叶酸,肝硬化合并贫血时,应适当补充。④维生素 K,有凝血障碍者,可多选用含维生素 K 丰富的食物,如卷心菜、菜花、花生油等。⑤维生素 E,有抗氧化和保护肝细胞作用,也应适量补充。

7. 肝衰竭和肝性脑病患者饮食治疗原则和措施是什么?

应供给低蛋白、高糖类、充足维生素和适量能量膳食。

(1)能量:供给充足的能量,以满足人体及脑组织代谢需要,减少体内组织蛋白分解,促进肝功能恢复。

(2)蛋白质:控制蛋白质的质和量,以减少外源性氨的来源。蛋白质供给量应视病情而定,可分为低蛋白膳食、无动物蛋白膳食、逐步增加蛋白质供给和严格限制蛋白质。合理确定膳食蛋白质也极为重要。严重肝性脑病患者暂时不宜供给含动物蛋白质的食品,应补充植物蛋白质每日 10～20g,以大豆蛋白质为主,因植物性食物产氨少。病情好转后可增加少量动物性食品。开始增加动物蛋白时,应增加产氨少的动物蛋白,如牛奶产氨较少,鸡类次之,肉类产氨最多。此外还应注意选用富含支链氨基酸的蛋白质。黄豆、牛奶内富含支链氨基酸,而芳香族氨基酸含量较少,对恢复患者氨基酸代谢平衡有一定的作用。

(3)脂肪:肝衰竭患者对脂肪的消化吸收能力降低,但脂肪可以供给必需脂肪酸和脂溶性维生素,增加食物美味,促进食欲,并能润肠通便,故脂肪不必过分限制,每日供给脂肪 30～40g,宜选用植物油。

(4)糖类:采用高糖饮食,应占总能量的 70%～75%。

(5)维生素:应供给多种维生素丰富的食物,特别是富含维生素 C 的食物,以利于解毒。为促进维生素活化,可以与 ATP 等促进磷酸化合物质合并使用或与葡萄糖合用,都可以提高其利用率。

(6)水和电解质:饮食调配时要预防及纠正水、电解质紊乱,及时纠正低钾血症,可补充钾盐和含钾多的食物,如浓缩果汁、菜汁、蘑菇等,出现高钾血症则需避免用含钾多的食物,并注射葡萄糖以纠正。发生腹水、水肿时宜给予低盐或无盐膳食,并限制液体量。肝衰竭时,特别是进入肝性脑病阶段不能正常进食,液体全靠人工补给,通常是参考前一日排出量而定,一般在 1000ml 左右。

(7)防止便秘:供给适量质软而无刺激性的食物纤维,如水果中的果胶、海藻中的藻胶等。为减少氨的吸收,需防止便秘,可进食缓泻的食物,如蜂蜜、香油。严禁进食粗糙质硬的食品。

(8)少食多餐:每日 5～6 餐。

(9)饮食性质的选择:肝性脑病前期,宜给予极易消化的少渣半流食或流食。

8. 肝衰竭和肝性脑病患者能量供给量是多少?

肝性脑病患者每日供给能量 5040～5880kJ(1200～1400kcal),完全由葡萄糖提供能量,可由静脉或鼻饲输入,停用蛋白质,同时应补充多种维生素。葡萄糖除供给能量外,还可减少组织蛋白分解,促进氨与谷氨酸合成谷氨酰胺,从而降低血氨。患者复苏后,随着病情好转,每日供给能量 6720kJ(1600kcal)左右。

9. 为什么要控制肝衰竭和肝性脑病患者饮食中蛋白质的摄入量?

控制饮食中蛋白质的摄入量是防止血氨升高的基本措施之一。蛋白质摄入过多会诱发或加重肝性脑病,蛋白质摄入过少,则不利于受损肝细胞的修复,故蛋白质供给量应视病情而定。可分为低蛋白膳食、无动物蛋白膳食、逐步增加蛋白质供给和严格限制蛋白质。

(1)低蛋白膳食:血氨轻度或中度增高、无神经系统症状的患者,在第一天和第二天时,可用低蛋白膳食,每日供给蛋白质 0.5g/kg(一日总量约 30g)。病情好转后,每隔一天调整蛋白质供给量,每日增加 5～10g,直到每日蛋白质达 1g/kg。

(2)无动物蛋白膳食:如有血氨明显增高,并有精神神经症状时,在 48～72 小时或更长时间内,给予完全无动物蛋白膳食。

(3)逐步增加蛋白质供给:血氨不高但有精神神经症状者,在 24 小时内给予无动物蛋白膳食,继续观察血氨。监测血氨不高,表明肝性脑病与血氨无关,可以给予每天 0.2～0.3g/kg 的蛋白质。

(4)严格限制蛋白质:肝性脑病伴有肝肾综合征者要严格限制蛋白质。肝性脑病患者必须停用蛋白质,完全由葡萄糖提供能量,可由静脉或鼻饲输入。发病48～72 小时后,每日供给蛋白质 0.3g/kg,应采用无动物蛋白的食物。患者复苏后,每日可经口或鼻饲供给 20～30g 的蛋白质,若患者症状无进行性加重,血氨未升高,肝功能稍有好转,神志逐步清醒,可每隔 2～3 日,每日增加蛋白质 10g,直到每日供给蛋白质 50g。

10. 肝硬化患者饮食中应限制水、钠摄入吗?

对于有水肿和轻度腹水的患者,应给予低盐饮食,食盐的每日摄入量以不超过 1.0～1.5g 为宜,饮水量应限制在 2000ml 以内;严重水肿的患者,应给予无盐饮食，钠限制在每天 0.5g 左右，禁用含钠多的食物，如海产品、火腿、松花蛋、肉松、酱菜等；每天进水量应限制在 1000ml 以内。

11. 肝硬化患者应该如何选择性地补充微量元素?

近来有报道，肝硬化患者常存在体内锌和镁离子缺乏的现象，肝硬化患者血清锌水平减低，尿锌排出增加，肝内含锌降低，尤其饮酒时，血锌量会继续降低，因此应严禁饮酒，宜多用猪瘦肉、牛肉、羊肉、蛋类、鱼类等含锌量较高的食物。同时应补充含镁多的食物，如绿叶蔬菜、豌豆、乳制品和谷类等食物，大量叶酸和锌可加速脱氧核糖核酸的合成，增加组织修复力，有利于肝细胞再生。

12. 肝硬化患者可以吃鱼吗?

肝硬化患者吃鱼须谨慎，消化道出血是肝硬化患者常见的并发症和死亡原因，食鱼又往往是诱发出血的因素之一。过去多认为，出血是由于鱼刺刺破食管曲张的静脉和胃底静脉，目前看来，食用某些鱼后导致机体内凝血功能发生改变，可能是更重要的原因。

13. 粗纤维食物会加速肝硬化进展吗?

肝硬化患者食物宜柔软，不宜粗糙；应避免食用带刺带骨，以及芹菜、韭菜、老白菜、黄豆芽等含粗糙纤维的食物，更不能食用硬、脆的干食品，以防止刺伤食管造成破裂出血。伴有食管静脉曲张者宜给流质饮食，如菜泥、肉沫、烂饭等，上消化道出血时应禁食。

14. 肝硬化代偿期患者应如何饮食?

肝硬化患者的饮食要富含植物性蛋白、维生素、糖分、热量，要防止薯类、南瓜、豆类和牛奶等胀气食品，同时避免过甜的食物。要注意保持患者排便的畅通，有效的调节肠道菌群平衡，严格的禁止饮用刺激性饮料，比如啤酒、咖啡等。肝功能减退患者极易有脂肪泻、黄疸和腹泻等症状的出现，应当给予少量较为清淡的饮食，比如蛋、米饭、面包、麦片汤等，要以软食为主，坚持少食多餐。如果是重症患者，需要暂时的禁止饮食。对于处于恢复期的患者，要给予清淡易消化且植物纤维少的食物，切勿让患者食用冷或生蔬菜、水果、虾、蟹，以及辛辣或者油炸的食品等。另外，要注意适当的补充钾离子，比如食用橘子和香蕉等，以避免发生低钾血症。

15. 肝硬化失代偿期患者应如何饮食?

失代偿期，应给予患者清淡、高热量、易消化、适量蛋白及多维生素的软食。蛋白质以鱼、鸡肉、瘦肉、鸡蛋、牛奶、酸奶和豆制品为主，补充各类维生素，特别是 B

族维生素、烟酸、生物酸、泛酸及叶酸等，要给予新鲜的蔬菜与水果，提倡少食多餐，充分的确保均衡的营养摄入。

16. 脂肪肝营养治疗的目的是什么？

营养治疗是脂肪肝最基本的治疗措施。通过控制总能量，限制脂肪和胆固醇摄入，给予充足的蛋白质、维生素、矿物质及膳食纤维，可促进脂肪酸氧化分解，改善肝功能，防治脂肪肝的发生和发展。

17. 脂肪肝的饮食治疗原则和措施是什么？

饮食治疗原则是控制总能量，限制脂肪摄入，肥胖者应控制体重，维持理想体重，必要时结合药物治疗和增加运动锻炼。在采用抗脂肪肝药物以促进脂肪酸氧化的同时，膳食管理十分重要。

(1)控制能量摄入：对有肥胖或超重者要控制或减轻体重，每日能量控制在84～105kJ/kg(20～25kcal/kg)。对能量的控制不能骤然剧减，以免患者不适应。

(2)适当提高蛋白质供给量：每日供给蛋白质1.5g/kg左右为宜。可选用脱脂牛奶、去脂奶渣、鸡蛋清、鱼类、兔肉、煮过的猪瘦肉、牛肉、鸡肉等食物。

(3)适当控制糖类：糖类应小于总能量的55%。最好选用粗粮、米面及小米等粮谷类，不用精制糖类、蜂蜜、果汁、果酱、蜜饯等甜食和甜点心，避免过多的糖类转变为脂肪。

(4)控制脂肪和胆固醇：每日供给脂肪<25%，可采用植物油，因其不含胆固醇，且所含的谷固醇、豆固醇和必需脂肪酸可以阻止或消除肝细胞的脂肪变性，有较好的去脂作用，对治疗有利。应避免动物油(鱼油除外)，限制动物内脏、蛋黄、鱿鱼、沙丁鱼、脑髓、鱼卵等含胆固醇高的食物，每日胆固醇摄入量小于300mg。

(5)补充维生素、矿物质和食物纤维：膳食不宜过分精细，主食应粗细杂粮搭配，多用蔬菜、水果和藻类，以保证摄入足够数量的食物纤维。对肝功能明显障碍、伴有腹水或水肿者应限制钠盐。

(6)禁忌：戒酒，少吃刺激性食物，忌用肉汤、鸡汤、鱼汤及辛辣调味品。

(7)烹饪方式：应采用蒸、煮、烩、炖、熬、焖等方式，忌油炸、煎、炒的方法。

18. 脂肪肝患者为什么要控制能量摄入？

能量摄入过多对脂肪肝不利，可使脂肪合成增多，加速脂肪肝病变，应适当控制能量。

19. 脂肪肝患者为什么要提高蛋白质供给量？

高蛋白饮食有保护肝功能、促进已损坏的肝细胞复原和再生的作用，还可提供蛋氨酸、胱氨酸、苏氨酸、赖氨酸、色氨酸和胆碱等抗脂肪肝因子，使肝内合成的脂蛋白顺利运出肝，防止肝内脂肪浸润。

20. 脂肪肝患者为什么要控制糖类摄入？

糖类摄入过多易转化为脂肪而导致肥胖，不利于脂肪肝的恢复。另外，摄入过多的糖类能刺激胰岛素分泌，使肝合成三酰甘油增多，增加肝内脂肪堆积，对脂肪肝不利。

21. 脂肪肝患者为什么要控制脂肪摄入？

因脂肪过多对肝病不利，可影响胆固醇水平，还能在肝内沉积，妨碍肝糖原合成，并使肝功能减退，故应限制脂肪摄入量。

22. 脂肪肝患者为什么要多进食富含维生素和矿物质的新鲜蔬菜、水果？

多进食富含维生素和矿物质的新鲜蔬菜、水果，有助于维持患者的正常代谢，加速肝细胞修复，帮助患者康复。蔬菜、水果还富含膳食纤维，可以减少胆固醇的形成，减少脂肪和糖的吸收，从而起到降低血脂、血糖的作用。

（六）急性胰腺炎

急性胰腺炎由于胰液排出不畅而逆流到胰腺，使胰液“自伤”胰腺而致发炎。胰腺腺泡分泌的胰液，含有十几种消化酶，其中以淀粉酶、蛋白酶和脂肪酶为主，这些酶在胰腺内多以酶原的形式存在，而且因为有酶的抑制物，故无消化作用。胰液进入十二指肠后，它们受到肠激酶及胆汁作用，变成活性胰酶，便可对食物起消化作用。当胰胆共同出口处于正常状态，胰液排出顺畅时，被激活的胰液就不会逆流到胰管而对胰腺“自残”。但若共同出口堵塞，或出口的括约肌痉挛，胆汁不能入肠而倒流入胰腺，胰酶便被激活而对胰腺进行“消化”，于是，胰腺便被自己分泌的酶所消化，引起化学性炎症；甚至导致出血、坏死而引起重症胰腺炎。可见，胰液排出通畅十分重要。那么，哪些情况会影响胰液、胆液排出不畅呢？如何从饮食上预防和治疗急性胰腺炎呢？

1. 哪些不良的饮食习惯会引起急性胰腺炎？

主要是暴饮暴食，大量饮酒和胆石症所致。暴饮暴食，可促进胰液和胆汁大量分泌，胰管压力增加可致破裂，胰液溢出而被组织液激活，遂对胰腺进行“自残”；暴饮暴食还可致十二指肠乳头水肿或共同出口的括约肌痉挛而使出口狭窄至闭塞，而胆石嵌入出口，造成机械性阻塞也十分常见。临床上孕妇合并急性胰腺炎，多因胆石症和暴食所引起。不少孕妇怀孕前就有胆石或孕期“滥补”补出胆石而引起急性胰腺炎。

2. 急性胰腺炎患者膳食应注意什么?

患者由于胰腺分泌减少而造成代谢紊乱,膳食必须避免过多的脂肪和刺激性食物,以利于胰腺的休息;由胰腺炎引起的疼痛部分是与胰酶和胆汁的分泌机制有关。营养调控就是要尽可能减少对这些酶的刺激。

3. 急性胰腺炎患者进行营养治疗的目的是什么?

严格限制刺激胰腺分泌的食物,给予易消化的糖类食品,以减少胰腺的负担。

4. 急性胰腺炎患者营养治疗的原则和措施是什么?

原则

(1)急性期:急性发作期初期,应严格执行禁食制度,一般不少于3天,切忌过早进食。必要时行胃肠减压,给予肠外营养支持,以减少胰腺分泌。禁食应持续到腹痛消失、发热消退、白细胞及血淀粉酶基本正常,拔去胃管,再观察1~2天后,逐渐恢复进食。

(2)缓解期:病情缓解、症状基本消失后,可给予纯糖清流食,如稀藕粉、米汤、稀杏仁霜、菜汁、果汁等。每日餐次为6次,每次200ml左右。适应1~2天后,如无不适可增加食物用量或浓度,给予纯糖流质饮食,如藕粉、米汤、果汁、杏仁霜、绿豆汤等。忌用能刺激胃液、胰液分泌及胀气的食物,如浓肉汤、浓鱼汤、鸡汤、蘑菇汤、牛奶、豆浆、蛋黄等。

(3)恢复期:给予纯糖流食5~7天,病情逐渐稳定后,可给予低脂纯素半流食,以植物性食物为主,暂禁用豆制品及动物性食物,忌油腻食物,因油腻食物不易消化,并促进胆汁分泌,使病情加重。视患者耐受情况可逐步改为低脂半流食、低脂软饭,从脂肪含量很低的易消化食物开始,逐渐到可以耐受。

措施

(1)能量应尽可能满足生理需要量,每日供给5040~6300kJ(1200~1500kcal)为宜。

(2)蛋白质不宜过多,应选用鸡蛋清,少量鱼肉、瘦肉等,每日0.8~1.0g/kg,以修复受损的胰腺,满足机体需要。

(3)供给充足糖类,供给量应占70%以上为宜。

(4)每日供给脂肪30g,禁食坚果类、肥肉类等含脂肪多的食品。

(5)多食用含维生素丰富的食物,如鲜水果、胡萝卜等,有助于疾病的恢复。

(6)禁食后易出现钾、钠、镁、钙等矿物质的缺乏,应注意补充。

(7)忌辛辣调味品及某些饮料,如辣椒、胡椒、芥末,以及浓茶、咖啡、乙醇饮料等。

(8)烹调方法多采用蒸、煮、烩、炖、卤、氽等方式，忌油炸、煎、炒等方法。

(9)少量多餐，每日进餐5～6次。

5. 慢性胰腺炎患者进行营养治疗的目的是什么?

限制强烈刺激胰液、胆汁分泌的食物，供给含糖类和维生素丰富的食物，以保护胰腺功能。

6. 慢性胰腺炎患者营养治疗的原则和措施是什么?

慢性胰腺炎的营养治疗基本上与急性胰腺炎相同，在急性发作期应禁食；待病情缓解后，可给予高糖类、低脂少渣半流膳食。

(1)能量：供给充足的能量，以满足人体生理需要，能量来源主要由糖类供给。

(2)脂肪：限制脂肪的摄入，每日供给30～40g，病情好转后每天可增至40～50g。可采用含中链脂肪多的油类，如奶油、椰子油等，此类脂肪无须脂肪酶即可吸收。必要时可用中链三酰甘油(MCT)代替某些膳食脂肪。

(3)适量的蛋白质：每日蛋白质供给50～70g为宜。注意选用含脂肪少、高生物价蛋白食品，如鸡蛋清、鸡肉、虾、鱼、脱脂奶、豆腐、瘦牛肉等。

(4)糖类：每日可供给300g以上，占总能量的70%以上为宜，可采用藕粉、米、面、燕麦、蔗糖、蜂蜜等。

(5)胆固醇：慢性胰腺炎患者多伴有胆道疾病或胰腺动脉硬化，每天胆固醇供给量以不超过300mg为宜。

(6)维生素：应供给充足，多选用富含B族维生素和维生素A、维生素C的食物，特别是维生素C每日应供给300mg以上，必要时给予片剂口服。

(7)食物选择：忌用化学性和机械性刺激的食物，限制味精用量，严格禁酒。禁用含脂肪多的食物，如油炸食品。忌食萝卜、黄豆、豆芽及肉汤、鸡汤、鱼汤及油腻的、易引起胀气并增加胰腺负担的食品。

(8)进食方式：采用少量多餐的方式，每日4～5次，避免过饱和暴饮暴食。

7. 急性胰腺炎患者初期为什么要禁食?

胰腺炎更确切地说是胰腺因胰蛋白酶的自身消化作用而引起的疾病。胰腺分泌是受神经和体液双重控制的，以体液调节为主。食物的形象、气味，食物对口腔、食管、胃的刺激都可通过神经反射(包括条件反射和非条件反射)引起胰液分泌，反射性的传出神经是迷走神经。盐酸、蛋白质分解产物、脂肪、脂酸钠均可刺激小肠黏膜分泌促胰激素、胆囊收缩素，后二者可使胰液分泌增加。盐酸是促胰激素分泌最强的促进因素，食物进入胃以后，扩张刺激胃底胃体部的感受器，通过壁内神经从的短反射引起胃腺分泌盐酸。因此,急性胰腺炎患者初期禁食尤为重要。

8. 胰腺炎恢复期患者饮食上应注意哪些问题?

患者开始进食1天后,若腹痛无加重,在以上基础适应后,再开始给予逐渐浓稠的米粥及炖烂的蔬菜,仍然为每4小时200ml,症状进一步好转病情稳定后可改为无脂肪(极低脂肪)的半流食。食物除流食外还包括米粥、素挂面、素馄饨、面包、饼干(少油)及少量碎软菜、水果等。每顿饭菜量要少于250ml直至出院,为15~20天。

9. 急性水肿型胰腺炎患者饮食治疗有何要求?

通常在3~5天后,患者腹痛明显减轻、肠鸣音恢复、血淀粉酶降至正常,可直接进无脂高糖类,如果汁、果冻、藕粉、米汤、菜汁、绿豆汤等食物。禁食浓鸡汤、鱼汤、牛奶、豆浆、蛋黄等食物。由于膳食成分不平衡,热量和各种营养素含量很低,不宜长期食用。病情稳定后,可改为低脂肪半流食。

10. 急性胰腺炎患者愈后应该吃什么比较合适?

恢复期吃米汤、蛋白水、绿豆汤等食物,病情逐渐稳定后吃米粥、面包、豆腐、蛋类、瘦肉泥、肝泥、浓果汁、浓菜汁等食物。

11. 慢性胰腺炎患者愈后应该吃什么?

主食及豆类的选择谷类及豆制品;肉蛋奶的选择猪瘦肉、牛肉、猪肝、鸡肉、虾、鱼、鸡蛋清、脱脂奶;蔬菜可以吃土豆、菠菜、胡萝卜、豇豆、莴笋等。各种果汁也是不错的选择。

12. 急性胰腺炎患者不能吃什么?

恢复期禁食浓鸡汤、浓鱼汤、肉汤、牛奶、豆浆、蛋黄等食物。病情逐渐稳定后禁食含脂肪多的和有刺激性的食物,如辣椒、咖啡、浓茶等,绝对禁酒。

13. 急性胰腺炎患者出院后可以正常饮食吗?

患者出院后20天内仍低脂饮食,动物蛋白只能进食蛋清,20天后可过渡到含其他动物蛋白的低脂饮食,但不能进食蛋黄、动物内脏及辛辣食物,不能饮酒(包括果酒及啤酒),恢复正常饮食,也要以吃低脂的食品为主,例如豆制品、鱼、虾、蛋及一些瘦肉。最好终身戒烟和酒,防止再度发作。已有慢性胰腺炎的人,在平时也要少食多餐,每天吃4~6餐,每餐的量减少。

三、慢性肾病营养治疗与护理

肾是人体泌尿系统重要的排泄器官，肾炎是泌尿系统中的多发病，根据发病与代谢特点分为急性肾小球肾炎和慢性肾小球肾炎。肾病和饮食治疗关系密切，在治疗中营养治疗与护理很重要，需要结合临床的表现，特别是水肿、尿量、尿蛋白、血白蛋白水平等，及时调整营养治疗与护理方案，深入了解患者的个性和嗜好，加强对患者的健康教育，提高其对疾病的认识，主动配合治疗。如治疗不及时或治疗效果不理想，有可能转为肾衰竭，肾衰竭是严重的预后较差的疾病，需要及时治疗。早期发现的肾病，通过积极的营养治疗与护理，可以有效改善与稳定病情。

（一）急性肾小球肾炎

1. 什么是急性肾小球肾炎及相关的营养要素包括哪些？

急性肾小球肾炎简称急性肾炎，是因人体链球菌感染后发生变态反应至双侧肾小球的弥漫性损害的疾病，多发于儿童。临床可表现晨起眼睑水肿，午后双下肢水肿，少数患者可出现高血压。相关的营养要素主要包括蛋白质、矿物质、水。

2. 为什么急性肾小球肾炎患者需要摄入蛋白质？

急性肾小球肾炎患者通常出现尿蛋白阳性，少者“＋”，多者“卌”，尿中丢失一定的蛋白之后，人体的胶体渗透压下降可出现水肿。早期多见眼睑水肿，严重者下肢水肿。长期的蛋白尿还可导致低蛋白血症和营养不良。因此，在对急性肾小球肾炎患者的营养治疗与护理中，要注意保证患者适度摄入体内所需蛋白质。

3. 急性肾小球肾炎患者如何适度摄入蛋白质？

首先要重视个体的临床特点，因为患者的临床表现与病情不尽相同。要仔细观察病情和蛋白尿的动态情况，做到合理、适度、及时平衡蛋白质的摄入，这对全身营养与肾康复很重要。轻型病例尿中出现少量蛋白质，不需严格限制蛋白质的摄入，蛋白质的供给量可为8.0～1.0g/(kg・d)；患者的尿蛋白逐步增多，出现肌酐、尿素氮逐渐升高，则应要限制蛋白质摄入，其供给量宜在0.6g/(kg・d)左右，可减轻肾负担。

4. 急性肾小球肾炎患者为什么需要监测血钾和血钠水平？

急性肾小球肾炎患者的肾小球滤过率降低，钠会在体内潴留而引起水肿，重症患者出现血压升高，同时尿量会有减少，严重者出现少尿现象，此时患者的血钾会增高，既而出现高钾血症，部分患者的血钠也会偏高，甚至出现高钠血症。因此，在营养治疗与护理上需要关注血钾和血钠的水平。

5. 急性肾小球肾炎患者如何限制钠盐摄入？

原则上低盐饮食。具体是指烹调每日用盐2～3g或酱油10～15ml，不选用高钠食品，如咸菜、咸鸭蛋、榨菜、豆腐乳等。对严重水肿患者，在短期内要给以无盐膳食，每日用盐1g或酱油<5ml，绝对不选高钠食品。部分患者，临床表现在短期内只能低钠膳食，指不摄含盐和酱油的食物，每日钠摄入<500mg。儿童患者限制钠盐的程度需根据临床表现与实验室检查考虑。并发高血压患者，限制钠的摄入后有利于血压的控制，一旦患者血压下降，水肿消退后，再逐渐增加食盐量。

6. 如何平衡急性肾小球肾炎与水的关系？

急性肾小球肾炎患者临床表现常有水肿，做好合理饮水和控制饮水量能改善水肿的程度。要密切观察水肿的部位，如眼睑、双下肢，这对控制饮水量有一定参考价值。水肿明显时，一般同时尿量会相对减少，如果遇有少尿患者，需要准确记录尿量，原则上患者饮水量要根据水肿程度和每日尿量多少而定。临床往往要使用利尿药增加尿量并减轻水肿。

7. 急性肾小球肾炎如何合理控制水的摄入？

急性肾炎患者水肿时，排尿次数和尿量相对减少，提示要控制每日的摄入水量。由于临床表现十分复杂与个性化，原则上要观察每日的尿量，使用量杯计量并做好排尿时间与排尿量的记录，每日摄入水量由排尿量多少而定。轻度水肿者，适当限制饮水量即可，计算原则是全天饮水量是前一天尿量加上500～1000ml；重度水肿或少尿患者，每日入水量应限制在1000ml以内。

8. 急性肾小球肾炎患者需要摄入糖类和脂肪吗？

由于病情需要控制蛋白质摄入量，因此要适当提高糖类的供给量，以满足患者尤其是儿童患者的生理能量的需求，供给的蛋白质用于肾的修复和儿童生长发育所需。对合并高血压的患者，要适度限制动物脂肪的摄入，可选富含不饱和脂肪酸的食物，以保持心血管的健康。

9. 如何保证急性肾小球肾炎患者维生素和矿物质的摄入？

可以选用新鲜的各种颜色蔬菜和水果（富含β-胡萝卜素、B族维生素和维生素C）能促进肾康复。同时蔬菜、水果为碱性食物，有利于尿液pH的调整。处于康复期阶段的患者，可适量选用维生素与矿物质丰富的食物，如红枣、桂圆、银耳、莲子等。对合并有贫血的患者，要多选含铁丰富的食物。

(二)慢性肾小球肾炎

1. 慢性肾小球肾炎的相关营养素包括什么?

慢性肾小球肾炎简称慢性肾炎，其特点因发病原因与临床个体表现不一，常被忽视或不能及时明确诊断。病情进展缓慢，最终发展为慢性肾衰竭的一组肾小球疾病。在疾病治疗全程中，要及时做好饮食营养治疗与护理，有利于缓解病情和促进康复，相关的营养素包括蛋白质、水与电解质。

2. 为什么慢性肾炎患者要把控蛋白质的摄入?

慢性肾炎患者由于持续出现尿蛋白，又因消化道症状对膳食摄入的局限性，蛋白质摄入不足，影响人体免疫力，临床多见贫血或营养不良。由于慢性肾炎在不同患者表现不一，蛋白质摄入量要根据尿蛋白的排出情况进行合理补充，如补充不足容易发生低蛋白血症。但对肾已有功能损害时，过多的蛋白质补充又会加重肾的负担，因此要紧密结合病情动态观察，特别注意患者的个性化选择合理的蛋白质摄入。

3. 慢性肾炎患者怎样合理摄入蛋白质?

以摄入优质蛋白为主，结合病情和尿蛋白状况来制定每天膳食蛋白质的供应量。肾功能正常患者，蛋白质不需严格控制，宜 1.0g/(kg・d)；如尿蛋白较多，同时血白蛋白偏低者，以 1.0g/(kg・d)加上尿蛋白丢失量(g・d)作为蛋白质供给参考量；对肾功能减退，已出现氮质血症时，需要低蛋白饮食，每日蛋白质摄入量＜30g，以 0.6g/(kg・d)标准供给。同时要仔细观察临床指标，及时作合理的调整。

4. 为什么慢性肾炎患者发生高钾血症?

因为慢性肾炎可引起继发性醛固酮增多，出现肾小管对水和钠的重吸收增加，体内有过多水和钠潴留，临床表现为水肿、少尿、高血压。严重患者因少尿或无尿导致排钾减少而发生高钾血症。

5. 慢性肾炎患者如何限制钠盐摄入?

根据病情，采取低盐或无盐饮食。同时有水肿或高血压患者，每日食盐量要控制在 2～3g；严重水肿患者，每日食盐量要控制在 2g 或必要时短期内给予无盐饮食，但需注意有无合并低钠血症。对并发高血压患者在血压控制正常后，仍要坚持清淡饮食，每日食盐量要控制在 3～5g，对部分患者仍处于多尿期时，应及时监测血钠、血钾,酌情作相应的膳食营养调整,必要时要静脉补充缺乏的营养素。

6. 为什么慢性肾炎患者需要摄入一定量的糖类?

患者常有营养失衡,体重不足与贫血,应重视每日能量的摄入,糖类的摄入不仅能满足人体能量需求,同时也能减少体内蛋白质的消耗,因患者的个体情况不同,原则上按轻体力活动提供能量,宜 30kcal/(kg·d)。

7. 慢性肾炎患者怎样及时补充维生素和矿物质?

患者由于饮食受到一定的限制,部分患者出现维生素 A、维生素 B、维生素 C、维生素 D、维生素 E 的缺乏,在配置膳食营养餐时,要根据患者个体情况,针对性给予补充营养素。患者因肾的损伤程度不同,处于少尿期和多尿期,体内的重要元素,如血钾、血钠的水平相差甚大,必须根据患者瞬时检测的血钾、血钠水平酌情处理。鼓励多选食物补充,必要时争取口服药物或静脉用药。

8. 慢性肾炎患者饮食的原则和要求是什么?

(1)供给能量:以糖类、脂肪来提供能量,成年人每天 8400～10 080kJ(2000～2400kcal)。

(2)供给蛋白质:在肾功能代偿期间,对有大量蛋白尿者可每天供给 70～90g,如果无大量蛋白尿,肾功能减退而血肌酐>221μmol/L(2.5mg/dl),给予低蛋白饮食(每日<40g)。

(3)供给脂肪:每天 60～70g。

(4)补给水分:有水肿者适当限制水分,每天 1000～1500ml。

(5)食盐摄入:有水肿者应为无盐及少盐饮食,每天不超过 2～4 g。

(6)补充维生素及少量矿物质:供给绿色蔬菜、酸性水果及含钙丰富的食物。

9. 慢性肾炎患者限制钾饮食的原则和要求是什么?

有些慢性肾炎患者因为疾病本身或临床治疗可能会出现高钾血症。因钾离子易溶于水,且普遍存在于各类食物中,所以可用下列方法减少钾的摄入量。

(1)蔬菜:用开水烫过后捞起,再以油炒或油拌。避免食用菜汤及生菜。

(2)水果:避免食用高钾水果,如奇异果、哈密瓜、草莓、枣、香蕉等,以及避免饮用果汁。

(3)肉类:勿食用浓缩汤及肉汁拌饭。

(4)饮料:避免饮用咖啡、茶、运动饮料等。白开水及矿泉水是最好的选择。

(5)调味品:勿使用已含钾盐代替钠的钠盐、健康美味盐及无盐酱油等。

(6)其他:坚果类、巧克力、梅子汁、番茄酱、干燥水果干及药膳汤等均含高钾,需注意食用。

(三)肾病综合征

1. 肾病综合征的相关营养要素有哪些?

肾病综合征是由多种原因和多种病理引起的肾小球疾病中的一组临床综合征,分为原发性和继发性两类。前者多见于儿童,后者常见于系统性红斑狼疮、过敏性紫癜、糖尿病及某些药物所致。临床特点是大量蛋白尿、低白蛋白血症、水肿伴或不伴高脂血症。在治疗的全过程中要十分重视营养治疗与护理。主要营养要素包括蛋白质、脂类、矿物质和水等。

2. 肾病综合征患者如何选择蛋白质饮食?

适量优质蛋白饮食,患者的膳食蛋白质量摄入与人体蛋白质代谢状况和尿蛋白量有关。优质蛋白质膳食可提高血白蛋白水平,同时也会增加肾小球的负担,如过量摄入膳食蛋白质有可能促进肾小球硬化的进展。一般以0.8～1.0g/(kg·d)加上尿蛋白丢失量(g/d)作为供给参考,以纠正低白蛋白血症,改善水肿程度。儿童患者的膳食蛋白质提供量要兼顾其生长发育的需要,可适当增加30%～50%,但应密切观察相关指标。

3. 肾病综合征患者需要适当控制脂肪摄入吗?

患者出现脂代谢异常,如不及时给予营养干预与治疗,对血管和心脏的健康有一定的风险。营养治疗的原则是控制膳食的脂肪摄入,尤其是动物脂肪。对富含胆固醇的食物也要控制。宜采取低脂肪低胆固醇膳食。多选用富含不饱和脂肪酸的食物。

4. 肾病综合征患者如何提供能量摄入?

供给足量能量,肾病综合征患者的日能量尽量做到充足,原则上住院患者按30～35 kcal/(kg·d)供给。由于患者多有消化道症状,进食量受到一定的影响,需要提高一日三餐主食的质量与品种,做到多样化合理搭配,副食要做到色、香、味、形、养齐全。必要时可安排适量加餐。

5. 肾病综合征患者怎样做好食盐与水分的管理?

合理限制食盐饮食是有效减轻水肿的措施之一。根据患者的全身病况与实验室检测指标,可采取不同量的食盐摄入,要全面了解临床及用药的情况,如有无高血压、水肿的程度、采用糖皮质激素的用量、利尿药的选择等。合理摄入水量对缓解水肿,维持一定的尿量十分重要。由于患者的病情与肾功能状态不相同,要对个体进行分析与观察。

6. 肾病综合征患者糖类的摄入应注意哪些?

要保证充足的糖类,但患者的病情不可摄入较多的蛋白质和脂肪,因此要适当增加糖类的摄入量,如相应提高蔬菜、水果在总能量中的比例,可达70%。鼓励患者选用适量的可溶性膳食纤维,有助于调节脂代谢。

7. 为什么要注意肾病综合征患者微量营养素的平衡?

因为患者的病情不允许摄入较多的蛋白质和脂肪,维生素A、维生素D与维生素E、维生素C的摄入相对减少了,由于低盐饮食使用利尿药,患者容易发生钠、钾、钙与锌的失衡。因此,患者应增加蔬菜、水果的摄入,必要时要使用药物补充。

8. 肾病综合征患者宜选食物有哪些?

宜选谷类(如米饭、米面、米线、面条、馒头等)、蛋类(如鸡蛋、鸭蛋、鹌鹑蛋等)、畜禽瘦肉、蔬菜和水果及各种植物油等。

(四)慢性肾功能不全

1. 慢性肾衰竭患者如何控制蛋白质摄入?

要适量优质蛋白质摄入。由于患者的年龄、病情、肾功能状态都不相同,因此蛋白质摄入量要结合慢性肾衰竭的不同阶段,提供适量的蛋白质,原则上最低供给量宜0.3～0.5g/(kg·d);儿童患者考虑到生长发育,蛋白质供给量宜为1.0～2.0g/(kg·d),优质蛋白质至少应占50%。

2. 慢性肾衰竭患者可以摄入脂肪吗?

要适宜摄入脂肪。患者出现的脂肪代谢紊乱,长期不纠正容易发生动脉粥样硬化。饮食中适宜摄入脂肪是可取的,主要是控制饱和脂肪酸和胆固醇的摄入,脂肪总供给量不能超出总能量的30%,其中饱和脂肪酸应低于10%,胆固醇摄入量每日应少于300mg。在烹饪时少用油,不用动物油。多选用各种鱼类,少选用畜类食物。

3. 慢性肾衰竭患者如何密切关注液体出入量?

当患者的尿量处于正常状态,摄入水量不要控制,有利于人体的水代谢。如果尿量每日少于1000ml，水肿明显要限制摄入水量。具体根据患者病情酌情考虑。如果尿量过少或无尿时，要严格控制摄入水量，原则是“见尿补钾”，临床医师会采取一系列医疗措施应对，同时要注意饮食中的水量与观察患者的饮水行为。

4. 慢性肾衰竭患者应注重微量营养素的合理摄入吗？

要注重微量营养素的合理摄入。患者要限制食盐的摄入，在无水肿和高血压时，每日盐摄入量约5g；反之，要采取低盐饮食，根据患者的水肿程度和高血压状态，每日盐摄入量3～5g；对高度水肿患者，在短时间内采取无盐或少钠的膳食。当患者出现低钙高磷时，要及时调整营养配餐，高磷时对含磷丰富的茶叶等要慎用。当患者因进食少出现某些维生素缺乏时，要及时给予适当补充。条件允许时可开展血和尿中维生素的测定，根据结果及时调整。要适量补充维生素C，但应避免过量而影响肾功能。

（五）血液透析

1. 血液透析患者的饮食原则是什么？

合理的饮食是血液透析患者保护肾功能、延长生命的关键。这方面应该掌握的大原则是“三高一低，补调结合”。“三高”是优质高蛋白、高热量、高必需氨基酸，“一低”是低磷，“补”适量的水溶性维生素；“调节”水分和电解质的摄入量。另外，尽可能少吃豆类食物和豆制品，可以吃点鸡蛋、牛奶、鱼肉，吃些白菜、萝卜、梨、桃子及西瓜，避免吃高磷的食物。

2. 摄入过多的水分对血液透析患者有何影响？

水是生命活动必需的，但水在体内过度蓄积即成为毒素，称为“水中毒”。透析患者肾绝大多数已不能充分排出摄入的水分，直接导致尿潴留。体内长期存留较多的水分就会因体内水负荷过重而产生各种各样的危害。具体表现：①肢体水肿，活动不便；②高血压；③长期高血压加重心脏负担，导致心肌肥厚，最终导致活动耐力下降、心力衰竭；④胃肠道淤血，引起食欲减退、恶心、呕吐等症状，导致或加重营养不良和贫血；⑤还可以出现胸腔积液、腹水和心包积液。

3. 血液透析患者怎样才能很好地控制水分摄入？

患者在食用水、稀饭、菜汤时都要严格控制。控制标准一般是两次血液透析之间，患者的干体重波动小于5%。例如50kg体重的患者，透析间期体重的增加应少于5%×50=2.5kg。酱菜、咸菜、酱豆腐、烟熏食品、火腿、咸味零食、味精、鸡精等均含有大量的钠盐，是导致渴感的罪魁祸首，口渴了自然想饮水，故要控制这些食物的摄入。另外，体重增长并不都是饮水的原因。固体食物也含有大量水，例如1个苹果的含水量超过70%，1个馒头的含水量超过50%。馒头吃进去后其中的淀粉、蛋白质等也会代谢产生水分，因此不但要控制钠盐和水、汤类、饮料、水果等的摄入，饮食的总量也要控制。

4. 血液透析患者限制食盐的技巧有哪些？

尽量利用食物的本身味道（原汁蒸、炖）；可适当采用酸味、甜味等调味品替代咸味（番茄汁、芝麻酱）；可适当利用葱、姜、蒜的特殊味道来减少食盐的使用；勾芡（烹调时不放盐，将盐放入勾芡汁里）；炒菜时不放盐，只在进餐时放少量盐；减少外出就餐。

5. 血液透析患者在家烧菜应该放多少盐？

根据患者每天尿量多少，以及每周血液透析的次数。如果每周血液透析2次，则每天钠盐的摄入量为3～4g，如果每周血液透析3次，则钠盐的摄入量为4～5g。如果尿量超过500ml，那还要多加1～2g盐，以补充盐分的流失。

6. 血液透析患者高血钾的危害有哪些？

当肾功能逐渐下降，肾对钾的排泄能力也随之下降，容易出现高钾血症。高钾血症的发生通常比较隐袭，在血钾轻度升高时，可能一点感觉都没有；当血钾再高一些的时候，可能仅仅会觉得四肢及口周发麻，也容易被忽视，血钾继续升高，就会出现极度疲乏、肌肉酸痛，甚至肢体苍白、湿冷。当钾浓度达到7.0mmol/L时，就可能出现软瘫，先为躯干，后为四肢，最后影响到呼吸肌出现呼吸困难。最危险的是高钾可能导致心律失常，如心率减慢，心律失常，严重时心室颤动和心脏骤停。

7. 血液透析患者选用含钾高的食物有哪些？

几乎所有干果（如果脯、杏干）、坚果及种子类（如榛子、核桃）、干豆类及其制品（大豆、蚕豆）、菌类（银耳、蘑菇）、腌制食品（腌菜、酱菜）、海产品（海带、紫菜）、部分蔬菜（扁豆、竹笋、川冬菜）、薯类（番薯、马铃薯）、水果及果汁（如香蕉、橘子、榴莲）等。

8. 血液透析患者少尿或无尿时为什么不宜多吃水果？

很多植物性食物含钾是比较丰富的，比如蔬菜、水果、豆类等，血液透析患者少尿、无尿或者处于高分解代谢状态，那就不要吃根茎类植物、干货、干果、橘子、香蕉、柠檬、山楂等含钾较高的食物，其原因是血液透析患者会发生高钾血症。对于血液透析尿量较多的患者比较易出现低钾血症，因此不需要严格限制钾的摄入量，但是应该定期复查血钾。

9. 血液透析患者怎样才能预防低钙血症的发生?

首先应该选用钙含量较高容易被机体吸收的食物，如牛奶，其次可选鱼、虾。另外可以定期进行实验室检查，发现血钙过低可服用碳酸钙、葡萄糖酸钙等钙制剂，提高血钙浓度。不过血液透析患者还应注意限制磷的摄入。

10. 血液透析患者血脂高需要注意什么?

应该多吃些膳食纤维素，它具有刺激结肠蠕动，在肠道中吸收水分，使粪便软化，防止便秘的作用。重要的是，膳食纤维素能和胆酸盐、食物中的胆固醇与三酰甘油结合，并从粪便中排出，从而减少脂类的吸收。这样加速了脂类在体内代谢，有利于降低胆固醇与三酰甘油。但如果膳食纤维素过多，会导致钙、镁、铁等无机盐的吸收不良。长期血液透析患者最好保证每日摄入 20g 膳食纤维素。

11. 为什么血液透析治疗后要加强营养支持?

由于血液透析治疗后营养物质丢失较多，特别是蛋白质、水溶性维生素、钠、钾、铁、铜、锌、硒等矿物质流失居多，因此要在注意检测血生化指标的同时加强营养支持。

四、呼吸系统疾病营养治疗与护理

肺炎(pneumonia)是指终末气道、肺泡和肺间质的炎症，是一种常见的呼吸系统疾病，大多数由细菌、病毒、真菌、寄生虫等致病微生物，以及放射线、吸入性异物等理化因素引起，四季均可发病，但多见于寒冬、早春季节。按解剖部位可分为大叶性肺炎、小叶性肺炎、间质性肺炎。按病程可分为急性肺炎、迁延性肺炎、慢性肺炎。病情进一步加重可发展为重症肺炎，重症肺炎除具有肺炎常见的呼吸系统症状外，还有呼吸衰竭和其他系统明显受累的表现，由于感染、发热、呼吸衰竭的存在，机体处于高分解代谢状态，能量及蛋白质的需求增加，易出现严重营养不良，营养不良使患者的呼吸肌收缩功能、肺功能、免疫功能等严重受损，致使感染加重；另外，由于缺氧和使用广谱抗生素，加上呼吸机的应用，使正常生理的负压通气改为正压通气，导致膈肌下移、腹压增加、胃肠道淤血、水肿、正常菌群失调、肠黏膜通透性增加，造成胃肠功能紊乱，而营养摄入严重不足，是重症肺炎难治和加重的重要原因。该疾病伴有的高热会大量消耗人体的体液和营养素，营养治疗可以给患者提供能量及组织代谢所需的营养物质，保持呼吸肌正常的收缩力；通过各种营养素的药理作用，调控代谢失常，增强免疫应答功能；调节炎症因子的生成和释放，减轻炎性反应；改善肠道功能，维护肠黏膜屏障，恢复肠道微生态系统的平衡，抑制致病菌的生长，减少肠源性感染，因此在肺炎的综合救治中，及时给予合理的营养治疗是不容忽视的。

(一)肺炎

1. 肺炎患者饮食治疗原则是什么？

除根据病因进行临床对症治疗外，肺炎患者的饮食应以患者的康复、营养物质的补充和增加机体的抵抗能力为原则，进食高热量、高维生素、高蛋白的易消化或半流食，特别是热能和优质蛋白质，以维持机体的营养素消耗。

2. 肺炎患者饮食治疗措施是什么？

(1)进食高能量、优质蛋白多的食物：肺炎患者因长时间的高热，导致体力消耗严重，因此在每天的营养治疗过程中，应该注意热量、蛋白质、脂肪的合理补充，热能应为每日 2000～2400kcal，蛋白质供给量以每日 50～60g 为宜，脂肪应适当限制。可给予牛奶、豆制品、蛋类及瘦肉等食品。

(2)进食富含维生素的食物：研究表明，维生素 A 对维持肺炎患者呼吸道及胃肠道黏膜的完整性及黏膜表面抗体的产生有着重要作用，能有效的防御各种致病微生物侵入身体。因此，肺炎患者在进食时要注意适当地进食一些动物肝、鸡蛋黄等富含维生素 A 的食物。此外，维生素 C 对提高人体免疫力、抑制病毒合成等方面有着重要作用。因此，肺炎患者要注意多吃番茄、菜花、猕猴桃、苹果等富含维生素 C 的新鲜水果、蔬菜。

(3)进食富含微量元素的食物：在人体中，微量元素一旦缺乏，会大大降低人体的抗病能力，身体状况会变得很差，微量元素硒是一种抗氧化剂，人体内如果严重缺硒，可能会导致人体的抗感染能力大打折扣，体内缺硒的患者每次流感、肺炎等疾病都“在劫难逃”。因此，体内缺硒的患者在日常饮食中要注意多进食富含硒的食物，如大麦、鱼虾、动物肾、糙米等食物。此外，微量元素锌、铁在维持人体正常的免疫系统方面也发挥着举足轻重的作用，一般在海产品、动物内脏及瘦肉、豆制品中，锌的含量较高；动物的肝、肾及牛奶、瘦肉中铁的含量较高；在日常饮食中可以适当的进食，以确保体内微量元素的充足。

(4)补充适量的水：肺炎患者往往由于感染、高热等原因，出现体内水、电解质及酸碱平衡失调。因此，对于伴有发热的肺炎患者要注意多饮水，这样不仅可使机体水分的丢失得到补充，还有利于细菌毒素的排泄及降低体温。

(5)因症状重而进食困难者，可考虑部分肠外营养治疗。

3. 肺炎患者饮食治疗注意事项有哪些?

肺炎高热期,应忌食坚硬、高纤维的食物,以免引起消化道出血。此外,还应禁食生葱、大蒜、洋葱等刺激性食品,防止咳嗽、气喘等症状的加重。

(二)支气管炎

支气管炎(bronchitis)是指气管、支气管黏膜及其周围组织的慢性非特异性炎症,主要原因为病毒和细菌的反复感染及吸入有害气体等,表现为急性和慢性两种类型。急性型通常发生在感冒或流感之后,可有咽痛、鼻塞、低热、咳嗽及背部肌肉痛;慢性支气管炎往往因长期吸烟所致,每年慢性咳嗽、咳痰 3 个月以上,并连续 2 年,可有呼吸困难、喘鸣、阵发性咳嗽和黏痰。支气管炎患者要保持居室空气清新,避免烟尘、异味及油烟等理化因素刺激;预防感冒,加强耐寒锻炼,缓解期要注意劳逸适度,适当锻炼身体以增强体质。同时,由于疾病导致支气管炎患者热能和蛋白质的消耗增加,饮食营养的补充显得尤为重要,营养治疗的目的是供给足够的热能、蛋白质及富含维生素的食物,以增强患者机体的免疫力,减少反复感染的机会。

1. 急性支气管炎对营养代谢有什么影响?

急性支气管炎发作时,气管、支气管黏膜受损,导致热能和蛋白质消耗增加,而热能和蛋白质不足会导致机体抵抗力下降,蛋白质不足还会影响支气管黏膜的修复,影响机体各种免疫细胞的形成和分泌,甚至影响正常的新陈代谢。

2. 维生素 A 和维生素 C 对急性支气管炎有什么作用?

维生素 A 和维生素 C 能增强支气管上皮细胞的防御功能,维持正常的支气管黏液分泌和纤毛活动,帮助排出支气管内异物、清洁支气管和降低炎症反应。

3. 急性支气管炎患者饮食治疗的原则是什么?

供给足够的热能、蛋白质及丰富的维生素,以增强患者机体的免疫力,减少反复感染的机会。饮食食谱可在普通少渣半流食的基础上进行修改,选择优质蛋白质食物,避免奶类及其制品,注意钙、维生素 A 和维生素 C 的补充,同时要增加液体供给量。

4. 急性支气管炎患者饮食治疗的措施是什么?

(1)进食高热能、优质高蛋白饮食:足够的能量和蛋白质有利于受损的支气管组织修复。若患者由于缺氧而食欲减退,应采用少量多餐的进餐方式,每天可进餐 6 次,供给易于消化吸收的食物。推荐蛋白质供给量为 1.2～1.5 g/kg,并以动物蛋白和蛋类、豆类等优质蛋白为主。

(2)限制奶制品的摄入:急性支气管炎患者初期为干咳或少量黏性痰液,随后可转为黏液脓性或脓性,痰量增多,而奶制品易使痰液变稠,使感染加重,所以应避免食用。但为避免钙的摄入不足,需同时注意补钙每日 1000mg。

(3)补充维生素:为增强机体免疫功能,减轻呼吸道感染症状,促进支气管黏膜修复,应补充足量的维生素 A 和维生素 C。每天供给量为维生素 C 100mg、维生素 A 1500μg。

(4)增加液体摄入:大量饮水有利于稀释痰液,并能保持气管通畅,每天应保证饮水量在 2000ml 以上。

(5)忌刺激性食物:急性支气管炎发作时,由于气管、支气管黏膜受损,进食过冷、过热或其他有刺激性的食物,可刺激气管黏膜,引起阵发性咳嗽,加重黏膜损伤,应尽量避免。

(6)供给软食:若急性支气管炎患者呼吸困难影响咀嚼功能时,应供给软食,以便于咀嚼和吞咽。

5. 急性支气管炎患者服用药物期间应该注意避免哪些食物?

(1)茶碱类药物:应避免饮用咖啡、茶、可可及可乐饮料,以免加重对胃肠黏膜的刺激。

(2)间羟异丙肾上腺素:应在饭后用果汁吞服,以免其异味影响食欲或引起胃肠反应。

(3)间羟异丁肾上腺素:应和食物同时服用,以免出现胃肠不良反应。

6. 慢性支气管炎的病因有哪些?

慢性支气管炎是指气管、支气管黏膜及其周围组织的慢性非特异性炎症。临床上以咳嗽、咳痰或伴有喘息及反复发作的慢性过程为特征。其病因较复杂,迄今尚未明了。现认为与大气污染物刺激、吸烟、感染、过敏源,以及自主神经功能失调、老年人呼吸道防御功能下降、维生素 A 和维生素 C 缺乏、遗传等因素有关。

7. 慢性支气管炎患者进行营养治疗的原则是什么?

慢性支气管炎的饮食原则是进食适当热量、适量蛋白质、高脂肪、低糖类饮食。但由于慢性支气管炎还处于慢性阻塞性肺疾病的早期,故对糖类的限制不必过于严格。

8. 什么是呼吸商?为什么慢性支气管炎要进食高脂肪饮食?

大量的营养物质,如蛋白、脂肪和糖类转化为能量的过程中,氧气被消耗,并生成二氧化碳。二氧化碳生成量与氧耗量之比就称为呼吸商(RQ)。

糖类、脂肪和蛋白质的呼吸商分别是1.0、0.7和0.8。在氧耗量一定的情况下，糖类代谢而产生的二氧化碳多于脂肪或蛋白产生的二氧化碳，脂肪在三大营养素中呼吸商最低。混合食物的呼吸商在0.85左右。

9. 慢性支气管炎患者营养治疗应注意什么?

(1)热量：热量供给可按照公式计算。

每日所需热量＝H～B预计值×C×1.1×活动系数

(2)蛋白质：每日给予1～1.5g/kg标准体重即可。

(3)脂肪：可以提高脂肪在供能中的比重，但是在高脂肪膳食时要注意调整脂肪酸的结构，防止高脂血症的发生或网状上皮系统的损害。

(4)糖类：对无明显通气障碍或高碳酸血症的患者，无须对糖类进行严格限制。而对于有严重通气功能障碍的患者特别是伴高碳酸血症的患者，在采用限制糖类饮食时，每日摄入的糖类不得低于50g。

(5)维生素和微量元素：注意各种微量元素和维生素的补充，尤其是维生素C、维生素E、磷、钙、钾的补充，要达到RDA(推荐的日摄食量)的标准。

(6)水：合并有体液潴留或者肺水肿、肺动脉高压、肺源性心脏病和心力衰竭的患者应该严格控制液体入量，严重感染出现脱水或者呼吸机支持引起液体丢失过多时，应该增加液体的供给。

10. 慢性支气管炎患者摄入蛋白质的标准是什么?

慢性支气管炎患者由于处于高代谢状态，但并非高分解状态，体重的损失更多源于脂肪分解，而对瘦体组织影响不明显。因而适当摄入蛋白质即可缓解负氮平衡状态；但是过量摄入蛋白质，将加重低氧血症及高碳酸血症，应注意每日给予1.0～1.5g/kg标准体重即可。

11. 慢性支气管炎患者为什么要提高脂肪的供能比重并适当调整脂肪酸的结构?

脂肪有较低的呼吸商，能减少二氧化碳的产生，对慢性支气管炎患者有利，因此可以提高脂肪在供能中的比重。但是在高脂肪膳食时要注意调整脂肪酸的结构，防止高脂血症的发生或网状上皮系统的损害。饱和脂肪酸对保护网状上皮系统的完整性有益，且有助于细菌的隔离，但过多也会有损肝功能，易导致动脉粥样硬化。不饱和脂肪酸，尤其是必需脂肪酸是合成前列腺素及花生四烯酸的前体物质，与支气管平滑肌的收缩功能有关，且与免疫功能有关。

12. 严重通气功能障碍的慢性支气管炎患者应如何调整糖类的摄入?

对于有严重通气功能障碍的慢性支气管炎患者特别是伴高碳酸血症的患者，

过高的糖类的摄入将引起二氧化碳的累积，不利于血碳酸水平的降低，应当限制糖类的摄入。由于糖类能促进血氨基酸进入肌肉组织，并在肌肉内合成蛋白质，而脂肪无此功效，故过分限制糖类的饮食有可能引起酮症，导致组织蛋白的过度分解，以及体液和电解质的丢失。因此，在采用限制糖类饮食时，每日摄入的糖类不得低于 50g，避免该情况发生。

(三)哮喘

哮喘(asthma)是呼吸系统的常见病，是由多种细胞特别是肥大细胞、嗜酸性粒细胞和 T 淋巴细胞参与的慢性气道炎症，在易感者中此种炎症可引起反复发作的喘息、气促、胸闷和(或)咳嗽等症状，多在夜间和(或)凌晨发生，气道对多种刺激因子反应性增高。近 10 余年来，美国、英国、澳大利亚、新西兰等国家哮喘患病率和病死率有上升的趋势，全世界约有 1 亿哮喘患者，已成为严重威胁公众健康的一种慢性疾病。哮喘发作时，临床表现为反复发作的呼气性呼吸困难，由于呼吸道阻塞引起呼吸短促、长期服用抗生素或茶碱类药物等因素，导致患者进食量的下降，影响消化吸收功能，使哮喘患者能量消耗远高于正常人。因此，对于哮喘患者营养治疗显得尤为重要，对于哮喘疾病的治疗，能起到很好的辅助作用。

1. 诱发哮喘的原因有哪些?

哮喘的病因现在还不十分清楚，大多认为是与多基因遗传有关的疾病，同时受遗传和环境因素双重影响。环境因素中主要包括吸入物，如尘螨、花粉、真菌、动物毛屑、二氧化硫、氨气等各种特异和非特异性吸入物；感染，如细菌、病毒、原虫、寄生虫等；食物，如鱼、虾、蟹等；此外，药物、气候变化、运动、妊娠等都可能是哮喘的激发因素。食物过敏源所致的哮喘较为常见，任何食物都可能引起哮喘，但以含蛋白质食物为多见，特别是高蛋白质的食物容易引起变态反应。常见的致敏食物有牛奶、鸡蛋、麦子、谷物、巧克力、柑橘、核桃、海鲜(鱼、虾、蟹)等。同一属性的食物常有共同的过敏源特性，可以发生交叉变态反应。一般煮熟的食物比新鲜食物引起哮喘的机会要低。

2. 哮喘患者的饮食治疗原则是什么?

在临床用药对症治疗的同时，应注意饮食营养治疗。原则是先找出引起哮喘的致敏食物，加以排除，不用可能有交叉变态反应的同属食物，以免加重症状，恢复患者正常的胃肠功能。在饮食食谱的制作上可以用普通半流食为基础加以改进，选择不引起变态反应的优质蛋白食物，如肉类、蛋类、豆制品等，避免奶制品，注意矿物质、维生素的补充。

3. 哮喘患者的饮食治疗应注意什么？

(1)排除引起变态反应的食品：饮食中必须排除致敏食物，如果明确引起哮喘变态反应的食物较多，应在排除这些食物的同时保证营养丰富的饮食，保证足够的营养供给。

(2)婴儿慎用牛奶：牛奶含多种蛋白，以β-乳球蛋白为最常见变态原。如为牛奶引发哮喘的婴儿，可在 2 岁后谨慎地再次饮用，但再次饮用时应有处理变态反应的措施。若是禁用奶制品，要注意钙的补充。

(3)保证营养供给补充各种营养素：应该在允许食用的食物范围内加强营养，提高免疫功能，应同时补充各种营养素，包括矿物质和微量元素及维生素等。

(4)避免有刺激性食物：尽量避免辛辣等有刺激性的食物，戒烟忌酒。

(5)加强营养治疗：哮喘呈持续状态时，应考虑给予静脉补充营养素，防止加重营养不良。

(四)慢性阻塞性肺疾病

慢性阻塞性肺疾病 (chronic obstructive pulmonary disease，COPD)是一种以气道和(或)肺实质受累导致气流阻塞为特征的慢性进展性疾病，主要累及支气管和肺，临床表现为长期咳嗽、咳痰，随病情发展逐渐出现气短、呼吸困难、喘息、胸闷、体重下降、食欲减退、精神抑郁等症状，也可引起全身的不良效应。其中，营养不良是 COPD 患者常见的并发症之一，会影响患者的肺功能、生活质量及预后，同时也是影响 COPD 患者死亡率及病死率的独立危险因素。COPD 患者由于机体分解代谢增加、消化吸收功能障碍、营养物质摄入减少、心理精神因素等导致营养不良的发生。因此，COPD 患者在长期接受规范治疗的同时，有效的营养支持治疗可显著地改善慢阻肺患者的预后。

由于慢性阻塞性肺疾病所造成通气不足，容易引起患者的高碳酸血症和低氧血症这一特点，对慢性支气管炎患者的饮食治疗必须考虑食物中营养物质的组成对气体交换的影响。因此，在满足患者机体需要和支气管黏膜组织修复需要基础上，尽量减少食物消耗的氧气量，降低食物呼吸商，帮助预防或纠正高碳酸血症，宜采用适当热量，适量蛋白质、高脂肪、低糖类饮食。

1. 慢性阻塞性肺疾病的饮食治疗原则是什么？

对 COPD 患者的饮食治疗必须考虑食物中营养物质的组成对气体交换的影响。因此，总的饮食原则是在满足患者机体需要和组织修复需要基础上，尽量减少食物消耗的氧气量，降低食物呼吸商，帮助纠正高碳酸血症。

2. 慢性阻塞性肺疾病患者饮食治疗时对各种营养素的需求是什么?

(1)热量:热量供给可按照公式计算。

每日所需热量=H～B预计值×卧床系数(C)×体温系数(1.1)×活动系数。

(2)蛋白质:每日给予1.0～1.5g/kg标准体重即可。

(3)脂肪:可以提高脂肪在供能中的比重,但是在高脂肪膳食时要注意调整脂肪酸的结构,防止高脂血症的发生或网状上皮系统的损害;可在患者的高脂饮食中以MCT油替代部分长链脂肪酸;除在患者病情恶化时必须使用肠外营养外,在患者能进食时应尽早由肠外营养过渡到肠内营养。

(4)糖类:对于有严重通气功能障碍的患者特别是伴高碳酸血症或准备脱呼吸机的患者,应降低糖类在总热量供应中的比重。而对无明显通气障碍或高碳酸血症的患者,无须对糖类进行严格限制。如果在热量充足的情况下,每日摄入的糖类也不得低于50g。

(5)维生素和微量元素:COPD患者常存在各种维生素、微量元素及矿物质的缺乏,而造成氧自由基对机体的损伤或影响各种物质的能量代谢,进一步加重呼吸肌无力。因此,在COPD的饮食治疗中要注意各种微量元素和维生素的补充,尤其是维生素C、维生素E、磷、钙、钾的补充,要达到RDA的标准。

(6)水:在急性期或伴有感染时常存在体液潴留,应注意液体摄入量的控制,防止加重肺水肿。对有肺动脉高压、肺源性心脏病和心力衰竭的患者应该严格控制液体入量,以防进一步加重心肺负担,出现心肌泵衰竭、胃肠淤血等不良反应。严重感染出现脱水或者呼吸机支持引起液体丢失过多时,应该增加液体的供给,纠正脱水现象。

3. 慢性阻塞性肺疾病患者摄入蛋白质的标准是什么?

COPD患者处于高代谢状态,但并非高分解状态,体重的损失更多源于脂肪分解,而对瘦体组织影响不明显。因而适当摄入蛋白质即可缓解负氮平衡状态,但是过量摄入蛋白质,将加重低氧血症及高碳酸血症,从而会增加每分通气量及氧的消耗。另外,蛋白质产热时需要消耗的水分比糖和脂肪多,且蛋白质摄入过多将导致尿钙增多,造成钙需要量增加和液体失衡,故每日给予1～1.5g/kg标准体重即可。

4. 慢性阻塞性肺疾病患者为什么要提高脂肪的供能比重并如何适当调整脂肪酸的结构?

脂肪有较低的呼吸商,能减少二氧化碳的产生,对COPD患者有利,尤其是有高碳酸血症及通气受限的患者。因此,可以提高脂肪在供能中的比重。但是在高脂肪膳食时要注意调整脂肪酸的结构，防止高脂血症的发生或网状上皮系统的损害。饱和脂肪酸对保护网状上皮系统的完整性有益，且有助于细菌的隔离，但过多也会损伤肝功能，易导致动脉粥样硬化。不饱和脂肪酸，尤其是必需脂肪酸是合成前列腺素及花生四烯酸的前体物质，与支气管平滑肌的收缩功能有关，且与免疫功能有关。前列腺素还能刺激中性粒细胞的移动和吞噬功能。

5. 中链三酰甘油(MCT)对慢性阻塞性肺疾病有何影响？

给予含中链三酰甘油(MCT)的脂肪乳剂后，可减低蛋白质的氧化率和更新率，增加蛋白质的合成，出现节氮效应。因而可在患者的高脂饮食中以MCT替代部分长链脂肪酸，这样不仅有利于患者的消化吸收，且有利于正氮平衡的恢复。

6. 严重通气功能障碍的慢阻肺患者应如何调整糖类的摄入？

对于有严重通气功能障碍的患者特别是伴高碳酸血症或准备脱呼吸机的患者，过高的糖类的摄入将引起二氧化碳的累积，不利于血碳酸水平的降低，应降低糖类在总热量供应中的比重。而对无明显通气障碍或高碳酸血症的患者，无须对糖类进行严格限制。由于糖类能促进血氨基酸进入肌肉组织并在肌肉内合成蛋白质，而脂肪无此功效，故过分限制糖类的饮食可能引起酮症，导致组织蛋白的过度分解，以及体液和电解质的丢失。因此，如果在热量充足的情况下，每日摄入的糖类也不得低于50g，可以避免上述情况发生。

五、内分泌系统疾病营养治疗与护理

(一)糖尿病

糖尿病是由于遗传和环境因素相互作用而引起的常见病，临床以高血糖为主要标志，常见症状有多饮、多尿、多食及消瘦等。糖尿病若得不到有效的治疗，可引起蛋白质、脂肪、水和电解质等一系列代谢紊乱综合征，导致身体多系统的损害。糖尿病的治疗包括饮食治疗、运动治疗和药物治疗，其中饮食治疗是基础治疗，不论糖尿病类型、病情轻重或有无并发症，也不论是否应用药物治疗，都应严格和长期执行，从而改善或稳定病情，防止和延缓各种并发症的发生和发展，维持正常的体重，保持正常的日常生活和工作。

1. 糖尿病饮食治疗的总原则是什么？

糖尿病患者饮食需要控制总热量，建立合理的饮食结构，将体重控制在理想范围内，改善血糖、血脂，保持体力是糖尿病饮食治疗的原则。要维持标准体重。饮食中摄取的能量能满足每日正常生理活动、工作和劳动的需要即可，避免摄取过多能量导致血糖增高和肥胖，同时也要防止能量摄取不足而引起体重减轻或消瘦（表5-2）。要平衡饮食。为了维持健康，必须摄取营养平衡的饮食，即蛋白质、糖类、脂肪、维生素、无机盐、微量元素和食物纤维等必需的营养素，不要偏食。要达到控制血糖的目标，一定要养成正确的饮食习惯。

表 5-2 成年人糖尿病每日能量供给量表（kcal/kg 理想体重）

体型	卧床	劳动强度		
		轻体力	中等体力	重体力
消瘦	25～30	35	40	45～50
正常	20～25	30	35	40
肥胖	15	20～25	30	35

2. 为什么糖尿病患者要进行饮食治疗？

提供符合糖尿病患者生理需求的能量和营养。尽量达到并维持理想体重。纠正代谢紊乱，使血糖、血压、血脂尽可能达到正常水平。预防和治疗低血糖、酮症酸中毒等急性并发症。降低微血管大血管并发症的危险性。提高糖尿病患者的生活质量。

3. 糖尿病患者不宜食用的食物包括哪些？

（1）不吃纯糖：如白糖、红糖、冰糖、麦芽糖、蜂蜜、葡萄糖及其制品所有这些均属于单糖、双糖类食品。单糖及双糖可直接被体内利用吸收，使血糖快速升高。

（2）不吃油腻食物：特别是含有动物油脂多的食物。动物油脂中含有大量的饱和脂肪酸，它可升高血脂和血液黏稠度。

（3）食用低盐饮食：一般 1 天 6～8g 盐，并且不吃腌制食品。

4. 糖尿病患者适宜选择哪些糖类？

糖尿病患者每天糖类适宜摄入量应占总能量 50%～60%（中国 2 型糖尿病防治指南推荐）。食物中糖类的来源主要有单糖（如葡萄糖、果糖）、双糖（如蔗糖、乳糖、麦芽糖等）、复合多糖（如各种粮食和薯类中所含的淀粉）。面、米等谷类主要含淀粉属多糖类，含量约 80%，糖尿病患者可按规定量食用。土豆、山药、南瓜、红薯、白薯、藕、粉丝（条）等食物，其所含淀粉为多糖类，可代替部分主食食用。主食宜粗杂粮搭配。水果类含果糖较多，含糖类 10%左右，吸收率较快，对血糖、尿糖控制不好的患者应免食。蔬菜类含糖类少，纤维素含量较多，吸收率少，应多食。

5. 糖尿病患者适宜选择哪类脂肪?

糖尿病患者每天脂肪的适宜摄入量应占总能量的25%～35%。要限制富含饱和脂肪酸的食物,如牛、羊、猪油、奶油等动物性脂肪。植物油,如豆油、花生油、芝麻油、菜籽油等含多不饱和脂肪酸(椰子油例外)可适当多用。

6. 糖尿病患者每天胆固醇的摄入量是多少?

每日摄入量应低于300mg。对高胆固醇血症的患者,每天胆固醇的摄入量最好控制在200mg以下,尽量少用或不用含胆固醇较高的食物。

7. 糖尿病患者每天蛋白质的适宜摄入量是多少?

成年人糖尿病患者的蛋白质供给量为1g/(kg·d),当血糖控制不理想时,易出现负氮平衡,供给量需适当增加,按1.2～1.5g/(kg·d)计算。目前主张蛋白质所供热量占总热量的10%～20%,其中动物蛋白质占1/3。儿童糖尿病患者,蛋白质的需要量为2～3g/kg体重。孕妇、哺乳期女性和有特殊治疗情况的患者则需要进行相应的调整。

8. 维生素和无机盐对糖尿病患者的作用是什么?

维生素和无机盐是调节生理功能所不可缺少的营养素。对于血糖控制不理想的患者,易并发感染或酮症酸中毒,要注意维生素及无机盐的补充。

粗粮、干豆类、脂肪类、蛋类及蔬菜类含B族维生素较多,补充B族维生素可改善神经症状。维生素E可防止因缺乏而引起的微血管病变。

9. 膳食纤维对糖尿病的作用是什么?

糖尿病患者每天膳食纤维的适宜摄入量最好保持在20～35g。膳食纤维具有降低餐后血糖和改善葡萄糖耐量的作用。其作用机制可能与纤维的吸水性及纤维能改变食物在胃肠道传送时间等特点相关。

10. 食品按其所含主要营养素是如何分类的?

食品的分类把经常食用的食品,按其所含的主要营养素分成7类,分别称为谷物、薯类,蔬菜类,水果类,豆类,奶类,肉、禽、蛋类,油脂类。

11. 1个交换单位的食品重量级营养素含量是多少?

食品交换表中含90kcal能量的食品重量称为1个单位。同一表中的食物所含的营养素种类大致相同,不同表中的食物所含营养素的种类不同(表5-3)。

表 5-3 食品交换表

食品	1 单位重量	能量(kcal)	蛋白质(g)	脂肪(g)	糖类(g)
谷物、薯类	25g	90	2	/	20
蔬菜类	500g	90	5	/	17
水果类	200g	90	1	/	21
豆类	25g	90	9	4	4
奶类	160ml	90	5	5	6
肉、禽、蛋类	50g	90	9	6	/
油脂、硬果类(1 汤勺)	10g	90	/	10	/

12. 低血糖的饮食治疗原则是什么?

饮食定时定量,频繁发作者应少量多餐,生活方式规律。饮食结构合理。低血糖发作时立即进食糖块 15g 或含糖饮料 250ml,糖尿病昏迷者立即静脉注射 50% 葡萄糖 20ml。

13. 糖尿病患者如何饮酒?

对于糖尿病患者要忌酗酒及频繁饮酒。在糖尿病患者控制血糖平稳的情况下严格控制每日饮酒量(大约相当于 350ml 啤酒或 150ml 葡萄酒或 45ml 白酒),每周不超过 2 次,饮酒量计算入总能量范围内,切勿空腹饮酒。

14. 糖尿病患者如何吃水果?

食用水果时需要注意血糖的控制、时间的选择和能量兑换三方面因素。

(1)理想的血糖:血糖控制平稳时(餐后 2 小时血糖在 180mg/dl 以下,HbA1c<7.5%)可以选用水果。

(2)时间选择在两餐之间:既不至于血糖太高,又能防止低血糖发生。

(3)减少前一餐主食 25g 时:可在两餐间食用 200g 苹果、西瓜、橘子、柚子、猕猴桃、桃子等。

15. 糖尿病患者饮食中各类营养素的摄入有哪些注意事项?

(1)糖类:红薯、土豆、山药、芋头、藕等根茎类蔬菜的淀粉含量很高,不能随意进食,需与粮食交换。严格限制白糖、红糖、蜂蜜、果酱、巧克力、各种糖果、含糖饮料、冰激凌及各种甜点的摄入。

(2)蛋白质:对于肾功能损害者,蛋白质摄入为每日 0.6~0.8g/kg,并以优质动物蛋白为主，限制主食、豆类及豆制品中的植物蛋白。

(3)脂肪和胆固醇：糖尿病患者少吃煎炸食物，宜多采用清蒸、白灼、烩、炖、煮、凉拌等烹调方法。坚果类食物脂肪含量高，应少食用。每日胆固醇的摄入量应少于300mg。

(4)膳食纤维：膳食纤维具有降低餐后血糖、血脂、改善葡萄糖耐量的作用。糖尿病患者每日可摄入20～35g。粗粮富含膳食纤维，故每日在饮食定量范围内，可适当进食。

(5)维生素、矿物质：糖尿病患者可多吃含糖量低的新鲜蔬菜，能生吃的尽量生吃，以保证维生素C的充分吸收。对于无高胆固醇血症的患者，可适当进食动物肝或蛋类，以保证维生素A的供应。糖尿病患者应尽量从天然食品中补充钙、硒、铜、铁、锌、锰、镁等矿物质，以及维生素B、维生素E、维生素C、β-胡萝卜素等维生素。食盐的摄入量每日应限制在6g以内。

16. 糖尿病肾病患者应摄入哪类蛋白质？

蛋白质摄入应以高生物效价的动物蛋白为主，以易消化的鱼类、瘦肉为佳，因为植物蛋白不易吸收，而且会增加肾负担。蛋白质中含钾较高，控制蛋白质摄入在一定程度上也利于限钾。高蛋白饮食会加重肾小球高灌注、高滤过，因此主张以优质蛋白为原则。蛋白质的量应控制在每天0.6～0.8g/kg，早期即应限制蛋白质摄入量至0.8g/(kg·d)，对已有大量蛋白尿和肾衰竭患者可降至0.6g/(kg·d)。

17. 糖尿病患者注射胰岛素后还需要控制饮食吗？

糖尿病患者注射胰岛素后血糖得到明显改善。于是一些患者就不再控制饮食，认为放松一些没关系。这种做法是完全错误的。胰岛素降血糖的机制是将血糖运送到组织中利用或者以糖原或脂肪的形式储存起来，一定量的胰岛素转运的血糖量是有限的，如果吃得多了，不能把过多的血糖转化成糖原储存，就会导致血糖增高，同时储存的增加，可引起体重随之增加；体重增加了，所需的胰岛素也相应增加，所用的胰岛素就不得不加量，于是进入恶性循环。因而饮食控制在糖尿病治疗中具有不可替代的地位。无论采取何种治疗，饮食控制都是时刻不能放松的治疗原则。

18. 妊娠期糖尿病患者剖宫产后饮食营养应注意哪些？

妊娠糖尿病产后血糖一般情况下会恢复正常。但是，仍还是属于糖尿病高危人群。仍需按照糖尿病的饮食运动指导原则处理。一天最好吃20种以上的食物。但是，这20种食物不能都是同一种类的食物，要多元化。每天粮食类、蔬菜水果类、肉蛋奶豆类、油脂类四大类的食物都要吃，总数不少于20种，这样才有益于健康。不宜吃的水果有香蕉、柿子、枣、山楂、罗汉果、无花果。

19. 糖尿病患者饮食有哪些注意事项?

(1)定时定量和化整为零:定时定量是指正餐。正常人推荐一日三餐,规律进食,每顿饭进食量基本保持平稳。可以选择饭后2小时食用水果。吃的时候将水果分餐,如1个苹果分2~4次吃完,而不要一口气吃完。分餐次数越多,对血糖影响越小。

(2)吃干不吃稀:建议糖尿病患者尽量吃"干"的。比如馒头、米饭、饼。而不要吃面糊糊、粥/泡饭、面片汤、面条等。道理就是越稀的饮食,经过烹饪的时间越长,食物越软越烂,意味着越好消化,则升血糖越快,所以无论什么粥都不宜吃。

(3)吃硬不吃软:糖尿病饮食中,同样是"干"的,我们更推荐"硬一点"而不是"软一点"。道理与上面相同。

(4)一般"绿色"的:多吃含有叶绿素的蔬菜,如青菜。而红色的含糖相对较高,不宜食用。如吃同样重量的黄瓜和西红柿,西红柿可以明显升血糖。所以,在不能确定的情况下,"绿色"的一般比较保险。

20. 糖尿病患者可以喝牛奶吗?

糖尿病患者经常饮用牛奶有助于疾病的治疗。糖尿病患者应适度喝低脂牛奶;而儿童1型糖尿病患者应喝全脂牛奶;2型糖尿病伴有肥胖的患儿,应根据血脂的情况选择脱脂或半脱脂奶。根据平衡膳食要求,每日喝奶250~500ml较为合理。当糖尿病患者被查出有肾并发症或者肾衰竭时,应慎喝牛奶,要求临床营养师做科学计算后再喝牛奶,不可随意喝,否则会加重病情。

(二)痛风

1. 痛风患者的饮食治疗原则是什么?

(1)限制嘌呤摄入:正常人每天嘌呤摄取量为600~1000mg,痛风患者长期控制嘌呤摄入量。急性发作时低嘌呤膳食每天摄入量应限制在150mg之内。

(2)限制能量摄入:要降低体重,减轻体重最好能低于理想体重的10%~15%(减肥过快,易诱发痛风急性发作),能量供给一般在1500~1800kcal。

(3)控制蛋白质摄入量:标准体重患者的蛋白质摄入量可按0.8~1.0g供给,全天40~65g,且应以植物蛋白为主;动物蛋白可选用牛奶、鸡蛋和奶酪;肉类可选瘦肉、禽肉和鱼类的内脏等少量,煮沸后弃汤食用。

(4)限制脂肪摄入量:脂肪可减少尿酸正常排泄,每天应控制在40~50g。

(5)保证维生素供给充足:每天保持B族维生素和维生素C的充分供给。

(6)保证果蔬供给:每天可食蔬菜和水果等碱性食物,蔬菜1kg、水果4~5次。

因痛风患者易患高血压和高脂血症等，因此膳食中应适当限制钠盐，一般每天在2～5g。

(7)保证饮水充足：每天液体量在2000ml以上，最好能达到3000ml，以保证一定的尿量，促进尿酸的排出。肾衰竭时水分宜适量控制。

(8)禁用强烈的香料及调味品：如酒和辛辣调味品等。

2. 常用食物中嘌呤含量是多少？

(1)嘌呤含量很少或不含嘌呤食品、谷类食物有精白米、富强粉、玉米、精白面、通心粉、苏打饼干。蔬菜类有卷心菜、胡萝卜、芹菜、黄瓜、茄子、番茄、萝卜、土豆、咸菜。各种蛋类。乳类有各种鲜奶、炼乳、奶酪、酸奶、麦乳精。各类水果及干果类，糖及糖果。各种饮料。各种油脂。

(2)嘌呤含量较少(每100g中嘌呤含量＜75mg)的食物：芦笋、菜花、四季豆、青豆、菠菜、蘑菇、麦片、青鱼、龙虾蟹、牡蛎、麦麸、面包等。

(3)嘌呤含量较高(每100g嘌呤含量为75～150mg)的食物：扁豆、鲤鱼、鳕鱼、鲈鱼、贝壳类水产、熏火腿、猪肉、牛肉、牛舌、小牛肉、鸡汤、鸭、鹅、鸽子、鹌鹑、兔肉、羊肉、肉汤、肝、黄鳝。

(4)嘌呤含量特高(100g嘌呤含量为150～1000mg)的食物：胰脏825mg、凤尾鱼363mg、沙丁鱼295mg、牛肝233mg、牛肾200mg、脑髓195mg、肉汁160～400mg、肉卤(不同程度)。

(三)骨质疏松症

骨质疏松症是一种以骨质减少、骨组织细微结构破坏为主要特征的全身性骨骼疾病。骨质减少易导致骨折，特别是腕关节、脊骨、髋关节等。有证据表明，预防骨质疏松症比治疗更有效，其可通过健康的生活方式得到最有效的预防。若在生命早期就能保持健康的生活习惯，合理的饮食、常规性的运动及良好的心态等，其将有助于体内骨矿含量的增加并取得理想的骨质量峰值，从而有效地避免骨质疏松症的发生。

1. 骨质疏松症和钙、磷、蛋白质、维生素D等营养素的摄入有什么关系？

骨质疏松症与营养素，特别是钙、磷、蛋白质、维生素D有密切的关系。合理的膳食补充蛋白质、钙、磷、维生素D，以及重视日光浴，可以减少骨质疏松症及其并发症的发生。

2. 摄入钙可以减少发生骨质疏松的风险吗？

钙是人体内含量最多的元素，其在成年人体内含量达1000～1500g，占体重的

1.5%～2.5%。人体的生长发育是人体钙的不断补充、积蓄、代谢的过程。钙的摄入主要从食物中摄入，钙的摄入量与骨的生长发育密切相关，尤其是儿童、青少年钙的足量摄入可获理想骨峰值，可减少今后发生骨质疏松的风险度。

3. 如何保证钙的正常摄入？

人体预防骨质疏松症。首先要保证钙的摄入，不同人群的钙摄入量是不同的。我国推荐钙每日的摄入量：成年人 800mg，儿童 600～1000mg，妊娠期、哺乳期女性 1000～1200mg，老年人 1000mg。特别是儿童、青少年处于生长发育的重要期间，妊娠期、哺乳期女性更要保证每日钙的摄入。膳食补钙时，要多选富含钙的食物，如牛奶、虾皮、芝麻、海带、虾类等。在膳食补钙不足的情况下，应选钙剂补充，以碳酸钙或枸橼酸钙为好，因其元素钙含量较高，分别占 40%与 27%。

4. 维生素 C 的摄入与骨质疏松症有关系吗？

维生素 C 的摄入与骨质疏松的预防也有一定的关系。维生素 C 是骨基质羟脯氨基酸合成不可缺少的成分。维生素 C 缺乏时，骨基质合成会减少，所以应保证维生素 C 的供给。

5. 骨质疏松症适宜选用的食物有哪些？

骨质疏松症适宜选取富含钙、维生素 D 的食物。富含钙的食物，如鱼、虾、蟹、虾皮、牛奶及其乳制品等；富含维生素 D 的食物，如沙丁鱼、鲑鱼、青鱼、牛奶、鸡蛋等，可选用鱼肝油制剂与膳食补充剂。

6. 骨质疏松症应少食或忌选的食物有哪些？

忌高磷酸盐添加剂与动物肝等，因其含磷量高于钙的 25～50 倍，不利于钙的吸收与利用。

7. 原发性骨质疏松症的饮食治疗原则是什么？

(1)合理补钙首先是注意多吃富含钙食品，膳食中钙摄入不足，补钙剂(每日 500～1000mg)。

(2)补充微量元素摄入充足的锌(Zn)、铜(Cu)及氟(F)。

(3)补充维生素，注意补充脂溶性维生素 D、维生素 K、维生素 A。

(4)适量蛋白质，蛋白质摄入不足或过量都可能对钙平衡和骨组织钙含量起负性调节作用。

(5)多摄入植物化学元素含量丰富的食物。

8. **为什么吸烟和饮酒是诱发骨质疏松症的危险因素?**

吸烟和饮酒是诱发骨质疏松症的诱发因素,是由于烟酒对成骨细胞具有毒害作用。过度饮酒会直接减弱骨的形成或影响骨对骨吸收腔的填补。

(四)肥胖症

肥胖症是指体内脂肪堆积过多,体重增加,体重超过理想体重的 20%或体重指数(BMI)≥28 定义为肥胖。无明显病因者称为单纯性肥胖症,有明确病因者称为继发性肥胖症。理想体重可按公式计算:理想体重(kg)=身高(cm)−105 或[身高(cm)−100]×0.9(男性)或 0.85(女性);体重指数=体重(kg)/[身高(m^2)]。

1. **肥胖症容易引起哪些疾病?**

肥胖易发冠心病、高血压、心血管病。由于肥胖者身体内的脂肪组织增多,机体代谢耗氧量加大,从而导致心输出量增加,与一般情况相比,肥胖者的心脏需要做更多地搏动来满足身体对血液的需求,长久以后心肌因过度疲劳而导致收缩力下降,导致使心肌肥厚和动脉硬化,心力慢慢衰竭。同时,血管内径因过多脂肪逐渐的堆积而管径变窄,血管硬化,阻力增加,血流速度和血流量都会降低,影响血液循环。因此,易诱发高血压、冠心病、心绞痛、脑血管病,甚至猝死。

2. **肥胖与高血压有什么关系?**

肥胖是因为高脂肪食物过多的摄入人体,引起脂肪在人们体内堆积形成的。因肥胖而引发的高血压形成不同于原发性高血压和肾性高血压。由于肥胖人的脂肪组织大量增加,扩充了血管床,血液循环量相对增加,在正常心率的情况下,心搏出量要增加许多,长期的负担过重,左心肥厚,血压升高。

3. **肥胖者为什么会呼吸困难?**

生活中经常可以看见肥胖者动不动就气喘吁吁。肥胖者容易发生呼吸困难的原因是他们的胸壁有大量的脂肪沉积,一方面使得呼吸时的负担明显加重;另一方面也减弱了呼吸肌的功能。肥胖者的气管和咽喉等呼吸道中也有局部脂肪沉积,阻塞了气道的通畅。所以肥胖者的呼吸往往又浅又快。肺里的空气和血液循环之间的气体交换主要发生在肺的下部,而肥胖者腹部脂肪很多,难以做腹式呼吸,经常只能用肺的上部呼吸,无法充分利用肺下部的气体交换能力,所以肥胖者的气体交换的效果也很差。因此,肥胖者就容易出现呼吸方面的问题,甚至引起较为严重的后果。

4. **肥胖者的胃“大”吗?**

近年来,肥胖的人群日益增多,这跟国民生活质量的提高,以及饮食习惯的改变有着密切的联系。很多人认为自己肥胖是因为自己的胃比较“大”。其实，这个理解并不正确。正常人胃的体积在未饮食的时候大多为50ml左右，而在饮食后，一般男性的胃体积可提升至1400ml，而女性则一般为1200ml。当然，对于一些身材十分高大强壮的人，胃的体积会“大”些，但大多数人上下的浮动不会太多。一般认为，肥胖可以由遗传、饮食过量，以及缺乏运动等多种原因导致。因此，肥胖的人并不是都有一个大体积的胃。

5. 什么是BMI及如何计算?

BMI是body mass index的缩写，意思是体重或体质指数。计算方法：体重(kg)/[身高(m^2)]。

6. 用BMI如何衡量体型?

BMI正常值范围为18.5～23.9，低于18.5为消瘦体型，高于23.9为超重体型，高于27.9为肥胖体型。

7. 肥胖的饮食治疗原则是什么?

(1)限制总能量：酌情合理控制膳食能量供给量，辅以适当的体力活动，增加能量的消耗。成年轻度肥胖者，按每月减轻体重0.5～1.0kg为宜，即每天减少125～250kcal能量来确定每日3餐的标准，这是可在较长时间内坚持的最低安全水平。

(2)蛋白质供给：必须保证膳食中有正常量优质蛋白的供给，对采用低能膳食的中度以上肥胖者，食物蛋白质占总能量15%～25%为宜，选优质蛋白食物，如牛奶、鱼、鸡、鸡蛋白、瘦肉等。

(3)限制脂肪：使膳食含能量较低而又耐饿性较强，对肥胖者膳食脂肪供给量应控制在总能量的10%为宜。

(4)限制糖类，食物纤维可不加限制，凡食物纤维多的食物可适当多用，每人每天食物纤维供给量不低于30g为宜，适当增加膳食纤维的摄入可有助于缓解便秘。

(5)限制食盐和嘌呤：每天食盐3～6g为宜。限制含嘌呤高的动物内脏，如肝、心、肾等。

(6)烹调方法及餐次：宜采用蒸、煮、烧、氽、烤等烹调方法，忌用油煎炸。每天进食餐次为3～5次。

8. 肥胖患者在减肥时要注意什么?

因为受摄入能量的限制，在饮食减肥时，常常会出现维生素和无机盐摄入不足的问题。容易缺乏的维生素主要有维生素B_1、维生素B_2、叶酸等，容易缺乏的无机盐有钙、铁等,可在进行饮食治疗的过程中,合理地选择和搭配食物。

(五)甲状腺功能亢进症

甲状腺功能亢进症临床以毒性弥漫性甲状腺肿较为多见,多数为20—40岁,起病缓慢。典型表现为高代谢症候群、甲状腺肿大和眼球突出。患者有情绪不稳定、易激动,双手平举向前时有震颤,多言、易紧张、失眠、思想不集中、多猜疑等。并伴有多汗、怕热、低热、心动过速、心悸、胃纳亢进、体重下降、疲乏无力等体征。其因为甲状腺激素的分泌过多,促进三大营养物质代谢,加速氧化,产热与散热明显增多,基础代谢率异常增高,因此对甲状腺功能亢进症患者,应及时给予补充糖类、蛋白质及维生素、钙、磷。

1. 甲状腺功能亢进症患者的蛋白质代谢特点和临床表现有哪些?

甲状腺功能亢进患者其基础代谢率明显高于正常人,蛋白质分解加速,排泄增加,呈负氮平衡;肌肉组织被消耗,使得患者疲乏无力,体重下降。

2. 甲状腺功能亢进症对消化系统有什么影响?

甲状腺素增多时,可促使肠蠕动加速增强,引起排便次数增多,甚至腹泻。如有排便次数增多或腹泻的症状时,应对含有膳食纤维多的食物加以限制。

3. 甲状腺功能亢进症的营养治疗原则有哪些?

营养治疗原则:高能量、高蛋白、高维生素。

(1)保证充足能量:能量的需要量应结合临床治疗的需要和患者的食量而定。一般较正常人增加50%～70%。每天宜供给3000～3500kcal。

(2)保证糖类供给量:糖类的供给量通常应占总能量的60%～70%;蛋白质供给量应高于正常人,可按每天1.5～2.0g/(kg·d)供给;要注意不宜多供给动物性蛋白质。

(3)保证矿物质适量供给:要适量摄入含钾、钙及磷的食物,如有腹泻应注意多选用含维生素 B_1、维生素 B_2 及维生素C丰富的食物,可适当多食动物肝、内脏,新鲜绿叶蔬菜,必要时补充维生素类制剂。

(4)适当增加餐数:一般应少食多餐,以保证食物的摄入和吸收,也可减轻心脏负担,以防心脏意外。

(5)避免食用刺激性食物和调味品:如浓茶、咖啡、辛辣食物、烟、酒。同时应禁用含碘盐和含碘丰富的食物。

4. 单纯性甲状腺肿的饮食治疗原则是什么?

食用含碘盐及含碘食物,如海带、紫菜等。每日供给150～200μg,要定期观察患者，防止发生甲状腺毒症。

5. 甲状腺功能亢进症患者应忌食哪些食物？

忌用含碘的盐和富含碘的食物，如海带、紫菜、海鱼、蛤类、虾等，还要避免用含碘的中草药，如海藻、昆布、丹参等。甲状腺功能亢进只有发生在甲状腺危象时，为了迅速减轻与控制危象症状，减少病死率，可采用静脉滴注碘化钾或碘化钠；在甲状腺功能亢进接受手术治疗的术前准备，通常用 Logul 液口服。除上述两种情况外，甲状腺功能亢进患者用碘后将会使病情加重，病情反复。甲状腺功能亢进患者应避免使用各类碘造影剂。患者摄入富含碘的食物或药物均可增加血浆中的碘浓度，最终会促进甲状腺激素的合成与分泌，导致病情反复与发展。

6. 甲状腺功能亢进症患者适宜选取哪些食物？

含淀粉类食物，如米饭、面条、馒头、粉皮、芋艿、马铃薯、南瓜等；动物食物，如牛肉、猪肉、羊肉及鱼虾类等；新鲜水果及富含钙、磷的食物，如牛奶、果仁、鲜鱼等；低钾时，可多选橘子、苹果、番茄与柚子等。

7. 甲状腺功能亢进症患者可以吃富含钾的食物吗？

甲状腺功能亢进症常伴有低钾血症或周期性瘫痪，应该及时补钾，选用富含钾的食物，如扁豆、蚕豆、黄豆、竹笋、口蘑、白蘑等。严重时可酌情加用氯化钾或枸橼酸钾口服液或静脉补钾。

8. 甲状腺功能亢进症患者和碘的摄入有什么关系？

碘是参与甲状腺激素合成的重要元素。碘化物在胃和小肠上段通过而完全被吸收，碘储存在甲状腺。人体中的碘有 70%～80%在甲状腺，它有浓缩碘的功能，并受滤泡上皮细胞膜上的碘泵影响。人体的摄碘能力常处于平衡状态。当摄碘过多时，尤其是对在特殊地理环境，有甲状腺功能亢进症家族史或体内抗甲状腺球蛋白抗体和抗甲状腺微粒体抗体阳性或存在与甲状腺功能亢进症有相关的人类白细胞抗原位点的高危人群，易发生甲状腺功能亢进症。

9. 甲状腺功能亢进症患者如何合理地摄入维生素？

维生素供给要坚持全面多样。谷类是维生素 B_1 的重要来源之一，可提供 40%的需要量。肉制品类、乳制品类、豆制品也是维生素 B_1 的主要来源。水果和蔬菜是维生素 C 的重要来源，富含维生素 C 的水果有猕猴桃、橙子、芒果、草莓、橘子、西瓜等，富含维生素 C 的蔬菜有芦笋、辣椒、马铃薯、西红柿、白菜、芥菜、甜椒等。维生素 D 是钙代谢中最重要的生物调节因素之一，直接影响钙的吸收。钙、磷的合理补充有利于人体的正常骨代谢,防止甲状腺功能亢进症患者骨质疏松和病理性骨折,老年甲状腺功能亢进症更需要及时补足。

10. 甲状腺功能亢进症患者为什么需要补充矿物质?如何补充矿物质?

甲状腺功能亢进症时,人体内血钡、镁、锰、锌、锑等微量元素明显降低,其中血镁浓度还与 T_3、rT_3 浓度呈显著负相关,甲状腺功能亢进症伴低钾周期性瘫痪时,镁减少显著。甲状腺功能亢进症时由于肠蠕动增加导致锌吸收减少,甲状腺功能亢进症的多汗症状,使汗液中锌丢失而引起低锌,低锌与甲状腺功能亢进症的脱发有一定的相关性,并可引起月经周期延长甚至闭经。低锰可导致卵巢功能紊乱,性欲减退及糖耐量异常。要补充锌和锰元素,可选用牛瘦肉、牛奶、猪瘦肉、菠菜、绿豆、豆腐等。

(六)碘缺乏病、甲状腺功能减退症

碘缺乏病是严重的流行病。人体内碘缺乏可引起甲状腺功能减退症,严重者为"克汀病",表现为智力障碍,孕妇缺碘可导致胎儿和新生儿体内甲状腺激素水平低,导致全身发育障碍,尤为大脑发育不全,造成不可逆的智力损伤、聋哑、终身致残。为了防止碘缺乏病及其造成的危害,提倡使用碘盐,这是最有效、最经济、最方便的措施。

1. 甲状腺功能减退症的饮食治疗原则是什么?

(1)补充碘盐:是纠正碘缺乏病最经济、最方便、最有效的方法。每人每天摄入食盐碘盐 6g,即可从中取得 120μg 的碘盐。在补充碘盐的情况下,适当选用含碘食物。口服碘化油,针对特定地区和特定人群,如妊娠期和哺乳期女性、幼童。还可采用饮水中加碘或碘糖丸,上述治疗方案必须在医师的指导下实施。

(2)补充蛋白质:每天应蛋白质供给量至少 1g/kg 体重。

(3)补充铁剂、叶酸:注意补充富含铁的食物,可选用适量的动物肝、鱼肉、畜肉、畜肉食品和黑木耳、蘑菇类。选用富含叶酸的食物,如动物肝与肾、蔬菜等,需注意避免食物储存或烹饪时间过长时对叶酸的损失破坏。

2. 甲状腺功能减退症患者宜选用或少选或禁忌的食物是什么?

宜选用的食物:适量海带、紫菜、可适量选用碘盐、碘酱油或碘蛋。

少选或禁忌的食物:各种生甲状腺肿物质,卷心菜、白菜、油菜、木薯、核桃等;富含胆固醇食物;限用高脂类食物,如动物油、五花肉、干乳酪。

3. 碘缺乏病、甲状腺功能减退症患者需要限制盐的摄入吗?

甲状腺功能减退症患者由于黏液性水肿常常手足肿胀、身体发胖,咸的食物会引起水、钠潴留而加重水肿。虽说甲状腺功能减退症患者不像肾病患者那么严格要求限制食盐的摄入，但也要少吃偏咸的食品，如腌制的咸菜等。

六、血液系统疾病营养治疗与护理

(一)缺铁性贫血

缺铁性贫血是指体内可用来制造血红蛋白的储存铁已被用尽，红细胞生成受到障碍时所发生的贫血。缺铁性贫血是常见病，普遍存在于世界各地。在育龄期妇女(尤其是孕妇)和婴幼儿中，这种贫血的发生率高，由于症状较轻，经常容易被忽视。

1. 常见的缺铁性贫血的原因是什么？

铁的需要量增加而摄入不足；铁的吸收不良；失血。

2. 常见的缺铁性贫血人群有哪些？

在生长快速的婴儿、青少年，月经、妊娠期或哺乳期的妇女；青年期的女性因月经来潮、月经过多、多次妊娠和哺乳期是妇女中最常见的缺铁原因。有严重缺铁性贫血的孕妇生下的婴儿体内铁的储存量很少，因此也易患缺铁性贫血。

3. 常见的贫血症状有哪些？

缺铁除导致贫血外，还会使运动能力低下、体温调节不全、智能障碍、免疫力下降。出现：体弱无力、疲乏困倦；皮肤、黏膜、指甲、口唇等颜色苍白；心慌、气短；头晕、头痛、耳鸣、眼花、注意力不集中、嗜睡；食欲减退、腹部胀气、恶心、便秘等表现。

4. 缺铁性贫血营养治疗目的是什么？

在重视病因治疗的前提下，尽可能除去导致缺铁和贫血的原因；因人而异，补充足够量的铁以满足血红蛋白恢复正常的需要；补足体内正常的铁储存量；病情较轻的患者，通过营养治疗即可治愈。

5. 高铁膳食的性质和特点是什么？

铁是人体必需微量元素之一，在体内有重要的生理功能。正常人体随年龄、性别、营养状况和健康状况等的不同，体内含铁量有很大的差异，总量有 3～5g，是体内含量最多的微量元素。其中 78％以血红蛋白等化合物形式存在，其余的 22％是储藏性化合物形式存在，和其他微量元素相比，它对人的生命和健康具有更直接更敏感的影响。

6. 中国营养学会制定的居民营养素铁的适宜摄入量是多少?

2013版中国营养学会制定的居民营养素参考摄入量,铁的适宜摄入量:18—50岁男性9mg,女性15mg、妊娠中期19mg、妊娠晚期22mg、哺乳期18mg,50岁以上老年人每日9mg。

7. 高铁膳食的饮食原则和要求是什么?

(1)增加含铁丰富及高蛋白饮食,注意食物的合理搭配:含铁丰富的食物有瘦肉、鱼、乳类、蛋禽类。在进食含铁丰富的食物同时需要搭配植物性食物,如杏干、葡萄干、桂圆、鲜枣、干豆、核桃及绿叶蔬菜。

(2)增加维生素C的供给量:维生素C有可将三价铁还原为二价铁,促进铁吸收。新鲜蔬菜和水果是维生素C的良好来源。

(3)减少抑制铁吸收的因素:鞣酸、草酸、植酸、磷酸等均有抑制非血红素铁吸收的作用。忌在吃饭或服铁剂时饮浓茶,因茶中有鞣酸;少用含草酸多的蔬菜,如菠菜、空心菜、茭白等。

(4)可采用少量多餐的原则:以增进营养摄入。

(二)巨幼细胞贫血

巨幼细胞贫血是叶酸、维生素缺乏或某些药物影响核苷酸代谢导致细胞DNA合成障碍引起的一种大细胞性贫血,也是临床常见的贫血之一,多见于婴幼儿、孕妇、哺乳期女性和进食新鲜蔬菜、肉类较少人群。

1. 巨幼细胞贫血的相关营养素有哪些?

(1)叶酸:它的各种活性形式均作为辅酶为DNA合成提供一碳基团。叶酸缺乏导致DNA合成障碍,DNA复制延迟,但胞浆内RNA合成不受影响,因此胞内RNA与DNA的比例失调,最终造成细胞体积大、胞核体积大,胞核发育滞后于胞质的状态,也就是巨幼变。

(2)维生素B_{12}:它在体内主要以甲基钴胺素、腺苷钴胺素两种辅酶形式参与生化反应。其缺乏一方面可导致同型半胱氨酸血症;另一方面叶酸利用下降,DNA合成发生障碍,骨髓造血细胞的胞核与胞质的发育及成熟不同步,发生巨幼细胞性贫血。

2. 维生素B_{12}缺乏的人群有哪些?

我国居民维生素B_{12}的每日摄入量为14岁以上2.4μg,孕妇2.6μg,哺乳期女性2.8μg。容易出现维生素B_{12}缺乏的人群:完全素食主义者;胃肠道疾病导致内因子、胃酸、胃蛋白酶、胰蛋白酶缺乏或使用二甲双胍、新霉素等药物影响其吸收的患者等。

3. 引起叶酸缺乏的常见原因有哪些？

(1)摄入不足：与营养不良、偏食、婴儿喂养不当、食物烹煮过度有关。

(2)小肠吸收功能不良：如乳糜泻、热带口炎性腹泻。

(3)需要量增加，如妊娠期和哺乳期的妇女、溶血性贫血，骨髓细胞增生过多、过速，恶性肿瘤、甲状腺功能亢进、慢性炎症、感染等。

(4)应用影响叶酸代谢或吸收的药物：如甲氨蝶呤、乙氨嘧啶与甲氧苄啶均是二氢叶酸还原酶的抑制药，会造成叶酸的利用障碍。

(5)丢失太多：如从血液透析里丢失。

4. 巨幼细胞贫血患者营养治疗有哪些？

巨幼细胞贫血患者应积极做好营养治疗，如药物导致的应酌情停药，营养治疗要同时摄入动物性食物和植物性食物。

(1)均衡饮食：自然界中的叶酸多以二氢叶酸形式存在，广泛存在于各类动物性食物中，而维生素 B_{12} 主要由细菌合成，植物性食物中几乎不含。因此，注意均衡饮食，纠正偏食、挑食等不良习惯，同时摄入动物性食物和新鲜蔬菜及水果等植物性食物，以补充叶酸和维生素 B_{12}。

(2)口服叶酸制剂：口服叶酸制剂至贫血症状消失，如无原发病不需维持治疗，同时有维生素 B_{12} 缺乏者，需两者同时补充，否则会损伤神经系统。

5. 叶酸和维生素 B_{12} 在食物中的特点有哪些？

叶酸广泛存在于蔬菜、瓜果，动物肝、肾和奶制品中。成年人每天饮食中的叶酸含量为 50mg 至数百毫克，叶酸对热和光敏感，在烹调时易受破坏。食物中的叶酸呈多谷氨酸盐，在胃肠道经解聚酶作用变为单氨酸盐，主要在空肠近端吸收。维生素 B_{12} 存在于动物性食物中。人类每天食物中维生素 B_{12} 含量平均为 5～30μg，而人体吸收量仅为 1～5μg。食物中的维生素 B_{12} 必须在胃内和内因子结合，方可在回肠远端被吸收。

6. 哪些食物富含叶酸、维生素 B_{12}？

(1)富含叶酸的食物：黄豆、菠菜、芹菜、猪肝、腐竹、西红柿、小白菜、茼蒿、花生、核桃、竹笋、蒜苗、豌豆、鸡蛋、豆腐、橘子等。

(2)富含维生素 B_{12} 的食物主要：畜禽肉类、蛋类、鱼类，如猪肝、海蟹、鸭蛋、鸡蛋黄、猪肉等。

7. 巨幼细胞性贫血如何调理？

营养性巨幼红细胞性贫血日趋少见，但仍注意合理饮食，注意摄取含有叶酸及维生素 B_{12} 食品，科学烹调，以免破坏营养成分。

(1)生活调理：预防本病应从改善人群膳食结构及改变生活习惯着手，对易发病个体应提高药物预防意识。

(2)饮食调理：①参枣汤，党参 15g，大枣 20 枚；加水 800ml，文火煮沸 40 分钟，去渣留枣；每日分 2 次服食；补中益气、养血补血。②菠菜猪肝汤，菠菜 150g，猪肝 50g，食盐适量；将菠菜洗净，猪肝切片，放入沸水中煮沸数分钟后，加入食盐调味，每日分 2 次服。

(3)精神调理：劝导患者保持心情愉快，树立战胜疾病的信心。

(三)白血病

白血病是一类造血干细胞异常的克隆性恶性疾病。其克隆中的白血病细胞失去进一步分化成熟的能力而停滞在细胞发育的不同阶段。在骨髓和其他造血组织中白血病细胞大量增生积聚并浸润其他器官和组织，同时使正常造血受抑制，临床表现为贫血、出血、感染及各器官浸润症状。

1. 白血病的营养代谢特点有哪些？

(1)营养代谢增强：白血病是严重损耗性疾病，患者体内分解代谢增强，摄入营养和能量不能满足机体需求，机体属于负氮平衡状态，体重下降，抗感染能量差。

(2)水与矿物质失衡：在疾病治疗中应用化疗、放疗出现的不良反应，可引起消化道黏膜炎和功能紊乱，患者常有厌食、恶心、呕吐、便秘、腹泻等症状，容易发生水与电解质紊乱，多见钾、钠失衡。

(3)尿酸增高：白血病细胞大量被破坏，血清尿酸浓度升高，特别是化疗期间，尿酸排泄量增加，可蓄积在肾小管，出现尿酸结晶，引起肾小管阻塞而发生高尿酸血症肾病，从而影响营养素代谢。

2. 白血病患者饮食原则有哪些？

①饮食原则是高糖类、高蛋白质、高维生素、低脂肪。禁食辛辣、刺激食物。②消化道反应较重应进食清淡饮食。也可以早饭提前 1～2 小时，治疗时少进或不进食，晚饭推迟 1 小时或在胃肠道反应较轻时进食。保证足够的主食，加餐。必要时静脉营养。③选用清洁、卫生食物，保持餐具卫生。专人专用，避免多人同时进餐，化疗后应清淡软食，血小板低时可给予无渣饮食，怀疑消化道出血时应根据情

况进食温凉食物或暂时禁食。④化疗期间大量癌细胞被破坏溶解易引起高尿酸血症,鼓励患者多饮水。

3. 为什么急性淋巴细胞白血病患者化疗过程中要进食门冬餐?

急性淋巴细胞白血病患者需进食门冬餐。该类患者治疗过程中需使用门冬酰胺类化疗药物,该类药物可能会在用药后 24 小时至 2 周发生急性腹痛、淀粉酶升高、胰腺水肿及胰腺炎而危及生命,故在使用该类药物前 3 天及用药时、用药后 2 周,严格选择低盐低脂清淡易消化饮食。如米面类、蔬菜类,2 周后从低脂肪、低蛋白到普食,适当增加乳类、瘦肉、鱼、虾类,禁止食用高脂肪饮食,同时需要监测血淀粉酶,使用该类药物应严格遵守饮食规定。

七、肿瘤患者的营养治疗与护理

肿瘤是机体在多种内在与外在致瘤因素的作用下,导致细胞异常增生而形成的新增物。肿瘤发生的具体机制尚不清楚,世界卫生组织研究发现,所有人类肿瘤的 90%以上是由生活环境引起的,而饮食营养是人类最直接的接触环境因素之一,营养失衡可能作为促癌因素参与癌肿的发病过程,一旦形成癌肿,肿瘤患者常处于营养异常状态,长期过度营养消耗及摄入不足导致晚期肿瘤患者最终死于恶病质。在肿瘤病程进展的不同阶段,针对患者病情和营养状态,经不同途径给予充足营养支持;适宜的能量、充足的蛋白、适量限制脂肪的摄入、充足的维生素及矿物质、适当使用具有抗癌保健作用的食品,对于恶性肿瘤患者的治疗和康复有至关重要的意义。

1. 营养素缺乏会导致哪些部位的肿瘤?

营养素缺乏与肿瘤发病部位见表 5-4。

表 5-4　营养素缺乏与肿瘤发病部位

营养素缺乏	肿瘤部位
碘	甲状腺
维生素 A、维生素 B_2	宫颈、胃
维生素 B_6	肝
维生素 C	食管、胃
纤维素、钙	结肠、乳腺、前列腺
微量元素(硒)	食管、大肠

2. 烟酒与肿瘤的发病有直接关系吗?

吸烟者的肺癌发生率高于不吸烟者。上消化道癌肿发病率增高与烟酒对消化道黏膜的刺激作用而引起营养不足有关。

3. 恶性肿瘤患者相关的营养成分的补充有哪些?

(1)水:大多数肿瘤患者没有额外的水丧失,所说的不足大多由治疗的不良反应所致,如外科术后胃肠减压、放疗所致的放射性肠炎,以及化疗所致的恶心、呕吐。

(2)能量:肿瘤患者的能量代谢并不恒定。血液系统肿瘤患者有较高的代谢率,可给予 35～40kcal/(kg・d),实体瘤可给予 25～40kcal/(kg・d),少数高代谢患者可给予 80～100kcal/(kg・d)。

(3)蛋白质:一般蛋白质的量为理想体重×1.2,如肿瘤患者有蛋白丢失,其原因为进食少和肿瘤消耗,可给予蛋白量在每千克 1.5g 以上。

(4)脂肪:大量动物中的不饱和脂肪酸和脂肪酸摄取与前列腺癌、结肠癌等有关。

(5)维生素:肿瘤患者食欲减退,维生素缺乏很常见,维生素 A 的缺乏可见于鳞状细胞癌和肺细胞癌患者中,较晚期病中维生素 C 缺乏很常见但是不易补充纠正。

(6)微量元素和电解质:在淋巴瘤和一些实体瘤可引起血铜水平增高,肺癌和结肠癌可引起锌水平降低,低锌的患者在接受化疗时易发生口腔溃疡。

4. 恶性肿瘤患者为什么需要营养支持?

(1)对肿瘤患者营养支持可起到延长生存时间,改善生存质量,延缓癌症进展和癌症的基础辅助治疗。

(2)系统的营养支持可以改善患者的营养状态,提高机体抗氧化能力和免疫功能。

5. 恶性肿瘤患者营养代谢特点有哪些?

(1)能量:有些癌症患者能量代谢一般要比正常人高约 10%,也有体重下降明显者。

(2)糖类:由于胰岛素抵抗或胰岛释放不足,可导致癌症患者葡萄糖不耐受。

(3)脂肪:由于食物摄入减少与脂肪摄入有限,可导致体重下降。

(4)蛋白质:癌症患者会有不同程度的蛋白质缺乏,这与患者体内蛋白质转换率增加、肝脏蛋白质合成增加有关。

(5)维生素:患者血浆中抗氧化维生素含量会有下降。

(6)微量元素:癌症患者体内存在的硒和锌含量均有下降。

6. 肿瘤患者缺乏营养的简单定义是什么?

①体重减轻10%或更多;②人血白蛋白的浓度低于35g/L;③一组皮肤抗原回忆试验呈阴性反应。符合这3项标准中的两个或由于肿瘤治疗反应而出现上述改变患者都适宜营养支持。

7. 营养不良的肿瘤患者均需营养支持吗?

原则上说所有存在营养不良的肿瘤患者均需营养支持:①肿瘤诊断明确后就需考虑营养支持,常见的包括头颈部肿瘤、胃癌、食管癌。这些患者接受放疗或外科手术治疗,营养不良迟早会发生。②在治疗中加用营养支持,如食管癌在放疗中常发生一过性的完全梗阻以致需要静脉营养。③治疗后的患者中因治疗所致可能发生营养不良或因治疗并发症的发生而需营养支持。如颈部或上消化道的手术以后、外科术后各种并发症。④各种进展期的患者,大多肿瘤患者伴有营养不良,给予营养支持可以减少患者痛苦、耐受治疗和改进存活质量。

8. 肿瘤患者营养支持的方法有哪些?

(1)口服营养首选的支持方法:选择口服营养要考虑可吞咽患者对食物喜爱和进食程度,通过对食物成分的调整常可使患者增加进食,如果进食固体食物不足,可通过液体成分补充,口服液体补充可超过1000kcal的能量。

(2)肠道营养:患鼻咽部、胃肠道肿瘤的患者无法经口进食,但是消化功能正常,此患者可通过鼻饲或胃肠道造瘘给予营养支持。

(3)胃肠道外营养:适于患者无法进食,患者消化道结构、功能不正常但是患者仍有进一步治疗肿瘤的机会。

9. 改变恶性肿瘤患者膳食的措施有哪些?

①选用合理均衡的膳食结构;②改善饮用水的水质;③改变不合理的烹调和加工方法,应采取少盐膳食,少食或不食腌制食品;④保持良好的饮食习惯;⑤经常食用具有防癌抗癌的食物,如蘑菇类、新鲜蔬菜水果;⑥补充抗氧化自由基营养素,应注意维生素A、维生素C、维生素E和微量元素硒等抗氧化素的合理补充。

10. 为什么放疗后会影响进食?

放疗患者体内正常细胞亦被破坏,消化道吸收减少,易出现一系列临床症状,如口腔和咽喉局部黏膜充血、水肿,严重的黏膜反应会有口腔溃疡、糜烂,影响进食。

11. 放疗患者的饮食营养原则是什么？

应选用细软、易吞咽、好消化、清淡、少油、高能量、高蛋白的厚流食或半流食，或食用对局部无刺激，对口腔咽喉局部无刺激的饮食，如藕粉冲鸡蛋、牛奶冲米粉、鱼羹、挂面汤、西瓜汁、黄瓜汁、绿豆汤、红豆汤、脂溶性维生素可以减轻放疗不良反应。同时也要注意微量元素的补充。

八、肝移植患者营养治疗与护理

严重不可逆的肝病经其他治疗方法无效时，以手术的方法植入一个健康的肝并使其发挥功能，称为肝移植，肝移植已成为治疗终末期肝病最有效的手段。大多数肝移植患者因术前病史长，肝衰竭或失代偿，往往术前就存在不同程度的营养不良；而肝移植手术创伤大，术后供肝又不能立即发挥作用，肝移植术后，机体处于应激和高分解状态，移植肝受热缺血、冷缺血及再灌注损伤的影响加重了营养不良；加上术中创伤及术后免疫抑制药的使用造成免疫功能低下，进一步影响组织愈合。因此，及时有效地给予肝移植患者营养支持，对维持机体内环境稳定、保护脏器功能、促进患者顺利康复尤为重要。

1. 与肝移植术相关营养素有哪些？

肝移植术的相关营养素包括糖类、脂肪、蛋白质、维生素、矿物质这几大类。

2. 人体的血糖是如何维持在一个相对稳定状态的？

肝具有糖原合成与分解的能力，它是糖异生的主要器官。进食后血糖浓度增高，肝可吸收糖合成糖原并储存，肝糖原的储存量为肝重的5%～6%，其余的葡萄糖则转化为脂肪酸，当血糖降低时，肝糖原又可分解为葡萄糖、甘油、氨基酸、乳酸等，在肝内可通过糖异生转化为糖原或葡萄糖，从而保证血糖的浓度持续稳定。

3. 食物中的蛋白质是如何被人体利用供能的？

进食后食物蛋白质经消化可成为氨基酸，吸收入血经门静脉进入肝并被肝摄取，肝含有氨基酸分解代谢所需的酶类，被肝摄取的氨基酸可经转氨酶脱氨基作用转化为酮类，进一步经糖异生转化为糖，为机体提供能量。

4. 脂肪、维生素、矿物质在肝中如何被利用？

(1)脂肪：肝可将葡萄糖合成脂肪酸、三酰甘油、胆固醇，并进一步合成脂蛋白入血，然后被脂肪组织摄取并储存，肝也能分解三酰甘油和脂肪酸产生酮体，进而通过糖异生转化为糖。

(2)维生素:肝是维生素吸收、储存及转化的重要场所,脂溶性维生素及维生素 B_{12} 在体内主要储存于肝,肝还是多种维生素代谢的场所,如将胡萝卜转化为维生素 A、维生素 D_3 的羟化等。

(3)矿物质:肝是合成、储存、分解含铁、铜、锌、锰等金属酶类的主要场所。

5. 肝移植受体的营养状况是怎样的?

肝移植受体处于肝病终末期,肝衰竭或失代偿,导致糖类、脂肪、蛋白质代谢失调。肝硬化患者代谢紊乱,肝糖原储备减少,糖耐量异常,血浆氨基酸谱比例失调,蛋白合成减少、分解加强,三酰甘油合成增加而脂蛋白合成减少。因此,肝移植患者多为低蛋白血症、腹水、血浆氨基酸谱紊乱、血氨高,以及水、电解质和酸碱失衡。

6. 如何做好肝移植围术期的营养评估?

①肝移植术后 24～48 小时内第 3 间隙液体容量过多,尿量减少,故在应用利尿药和胶体液时记 24 小时出入量,并定期全面监测营养相关的实验室指标,包括肝功能、血生化、尿常规、血凝常规及各种电解质等,并对其做出初步营养评估,及时与营养师沟通,调整营养方案。②了解身高与体重,每 2 天称体重 1 次,每 3 天监测氮平衡、血红蛋白、血浆蛋白、肝功能等指标,根据不同个体制定不同营养方法。③术前经口进食高热量、高维生素、适当蛋白质、易消化无刺激性的普食。④当体重分别低于标准的 10%～20%、血红蛋白 100～120g/L、血浆蛋白 50～55g/L,除需常规进食高热量、高维生素、适当蛋白质、易消化的饮食外,于术前 1 周经外周静脉输液,给予护肝营养等对症治疗,并适当补充电解质及维生素。⑤患者体重分别低于标准 20%以上、血红蛋白低于 100g/L、血浆蛋白低于 50g/L、腹水,从入院后开始经中心静脉给予高营养治疗,每天输注血浆、血清蛋白、必需氨基酸、5%或 10%葡萄糖注射液及适量维生素,同时根据各项指标和液体出入量,补充足够液体及电解质。

7. 肝移植术后患者的营养支持与护理包括哪些?

(1)肝移植术后时段:处于高分解代谢状态下的营养素及热量的需要量大大增加,术后胃肠功能未恢复的患者采用肠外营养(PN)。宜输入适量的葡萄糖以供给热量,适量输入氨基酸及蛋白质,同时补充维生素,维持水、电解质平衡。注意避免过多的热量供给,以免加重肝的负担。尽量缩短肠外营养的时间,以免影响肠黏膜萎缩,肠道细菌易位、胆汁淤积等症。

(2)肝移植术后进食时间:肠内营养(EN)支持及护理同一般腹部手术,肛门排气、胃肠功能恢复后即可给予适当的肠内营养。早期 EN 营养可选用低脂肪、易消化、无渣的肠内营养素百普素，百普素可在肠腔内完全吸收而不产生粪便，这有利于肝移植早期的护理，但百普素含糖类较高，应监测血糖，必要时使用胰岛素保持血糖的正常水平。还可逐渐选用含纤维膳食的营养素能全力，膳食纤维经结肠内细菌发酵作用产生短链脂肪酸，能保护结肠黏膜，防止细菌易位，且促进肠上皮细胞对水、电解质的再吸收，增强大肠蠕动，解决了患者便秘、肠内毒素吸收增加的矛盾，有利于患者的康复。患者拔除胃管后可给予口感较好的营养素，如赫力广。合理地选用肠内营养素，使患者由 PN、PN＋EN、TEN(全肠内营养)过渡到经口膳食补充所需的营养素。

(3)恢复饮食后的营养管理：术后第 4 天可开始进流食，术后第 2 周内可过渡至半流食，食量也可逐渐增加，术后第 3 周使用消毒后的普食。术后随着肝功能的逐渐恢复，热量补充应逐步增加。通常在术后第 2 周始可按同龄健康人补充热量，其中 70％～80％的热量通过糖类补充，20％～30％的热量可由脂肪提供。恢复饮食后可辅助低脂饮食。

8. 肝移植术后的患者营养代谢有何特点？

肝移植术后的营养代谢特点，术后 1～3 天为应激期，各种促分解激素分泌增加，对葡萄糖、脂肪的利用和耐量均减少，此时应保证机体维持每日基本的代谢所需的营养底物，防止机体自身组织大量消耗，减少糖异生作用，又要避免过度喂养，防止增加肝负担和导致代谢不良反应。

9. 肝移植术后营养支持的原则包括哪些？

肝移植早期由于长时间手术和缺血再灌注及冷保存等原因，不可避免地将不同程度造成肝细胞损伤，加之术中无肝期机体代谢产物的蓄积及术后大量影响肝细胞功能药物的应用，移植肝处于超负荷状态，所以肝移植术后早期的移植肝对于能量代谢能力是有限的，过多地补充营养不仅不利于患者的恢复，而且可能诱发肝衰竭。营养支持一般遵循两个原则，一是根据肝的代谢及肝功能状况补充营养；二是尽早从胃肠道进食。如果移植肝功能正常，营养支持没有什么危害，特别是对严重营养不良的患者。如果移植肝功能良好，一般不需要通过肠道或肠道外使用昂贵的支链氨基酸。如果移植肝功能很差，肝不能完全代谢营养支持提供的物质，反而产生相反的代谢紊乱以致混淆对移植肝功能的评估。应保证患者每天每千克体重有 1.75g 蛋白质和超过基础需要量 10％～20％的热量供应。无严重营养不良的患者在肝移植术后首选 EN，如果患者咳嗽差或有精神状态变化，则呼吸道吸入危险性太大，可改为 PN。

10. 肝移植术后恢复饮食后如何加强营养护理管理？

术后第 4 天可开始进流食，术后第 2 周内可过渡至半流食，食量也可逐渐增加，术后第3周使用消毒后的普食。术后随着肝功能的逐渐恢复，热量补充应逐步增加。通常在术后第2周始可按同龄健康人补充热量，其中70%～80%的热量通过糖类补充，20%～30%的热量可由脂肪提供。恢复饮食后可辅助低脂饮食。

11. 肝移植术后营养支持的具体实施有哪些？

禁食时间一般需3～4天。肝移植术后第2天可拔除胃管，术后第3天可少量饮水，待胃肠功能恢复后即可进食。有并发症者适当延长时间。禁食期间可通过胃管注入少量药物，也可口服免疫抑制类药物。禁食期间主要营养素是葡萄糖、白蛋白、球蛋白、氨基酸、电解质、维生素、微量元素及水。由于移植的器官为肝，若供肝功能发挥良好，肝对脂肪代谢并无大的障碍，肝移植患者仍可使用脂肪乳剂。对Ⅲ、Ⅳ度肝性脑病患者，应用脂肪乳剂要慎重，但不是禁忌。当然脂肪的输入一般认为不宜超过每日总能量的1/3，而且要均匀输入，输入的脂肪要求是中链和长链混合的脂肪乳剂。蛋白质的补充与健康人相似，一般至少1.2～1.5g/(kg·d)补充蛋白质，处于生长发育期的儿童还应根据年龄适当增加。如肝功能检查示白蛋白低，则以直接输注白蛋白为佳。

12. 肝移植术前应怎样进行营养护理？

肝病晚期患者均存在不同程度的营养不良。因此，应给予高热量、高蛋白质、高支链氨基酸、低芳香族氨基酸和蛋氨基酸、富含维生素的易消化无刺激性的清淡饮食，严格禁酒。能量30～35kcal/(kg·d)、糖类40%、脂肪40%、蛋白质20%。D蛋白质1.0～1.2g/(kg·d)，出现肝性脑病应减少到0.5g/(kg·d)，蛋白质可以豆制品、牛奶、鸡蛋、鸡肉、鱼、猪瘦肉为主。大量补充与肝功能有关的各种维生素、叶酸、泛酸、生物素烟酸等，给予新鲜水果和蔬菜，少量多餐，保证营养均衡摄入。肝硬化患者并发胰腺功能不全、胆盐量减少时有可能致脂肪粒。因此，要适当控制脂肪，必要时可用中链脂肪。有腹水者应限制水和无机盐摄入。低盐饮食中禁用一切盐制品，如酱菜、黄酱、甜面酱、火腿、香肠等，钠盐摄入每日500～800g(钠1.2～2.0g)，同时每日限水在1000ml左右。多食含钾高的食品，如柑橘、海带(生)、木耳(干)、香蕉、苹果、橘子、番茄和红枣等，预防低钾血症。血氨增高者限制或禁食蛋白质，根据患者的口味可添加柠檬汁、食醋调味。有食管胃底静脉曲张患者以软食为主，进食时应细嚼慢咽，避免进食坚硬、带刺、粗糙食物，不宜食用多纤维、油炸、油腻等食物。每天应评估患者的营养状况，包括每日的进食量、体重等，以及实验室有关指标。同时注意患者的口腔护理，以促进食欲。

13. 肝移植术后早期的营养治疗是什么？

移植术后1～3天为应激分解期，此时胃肠功能尚未恢复，患者不能进食，宜采用肠外营养。

14. 肝移植肠外营养支持护理是什么?

肝移植术后,处于高分解代谢状态下的营养素及热量的需要量大大增加,但因麻醉和手术影响肝移植术后患者进食,因此合理的营养供给,是保证患者安全度过围术期,尽快恢复肝功能的重要保障。术后胃肠功能未恢复的患者采用肠外营养(PN)。由于移植肝功能尚未恢复,且机体处于应激状态,移植肝对氨基酸、脂肪乳剂及葡萄糖的耐受性降低,因此宜输入适量的葡萄糖以供给热量。适量输入氨基酸及蛋白质,同时补充维生素,维持水、电解质平衡。注意避免过多的热量供给,以免加重肝的负担。

15. 肝移植术后患者几天可进食?

肝移植术后 4～5 天,进入代谢合成期,患者胃肠功能开始恢复,肝功能进一步改善,对脂肪和葡萄糖的需要量增加,尽可能经胃肠进行应用支持。术后 6～7 天,胃肠功能基本恢复,可逐渐停用肠外营养,过渡到全肠内营养。术后 12～18 天,可过渡到普食。

16. 肝移植肠内营养支持护理是什么?

胃肠道除消化吸收功能外,还有免疫功能,是人体的第 3 道屏障。肝移植术后进食时间同一般腹部手术,肛门排气、胃肠功能恢复后即可给予适当的肠内营养。早期肠内营养可促进肠道黏膜、胃肠道吸收功能的恢复,预防肠道菌群易位,减少肠源性感染的机会,这对肝移植术后处于免疫抑制状态下的患者有着重要意义。

17. 肝移植术后患者如何补充水和电解质?

术后按每天 40 ～ 50ml/kg 补充足够的水分,如有胃液大量丢失和腹腔渗出液较多时,应全量补充额外丢失的部分。术后控制的重点是防止高钠和大量利尿后的低钾血症。血液主要离子每日应按下列标准补充:钠 3～4mmol/kg、钾 2mmol/kg、氯 3～4mmol/kg、镁 0.4～1.0mmol/kg。大量利尿及输血后常表现为代谢性碱中毒,多可通过补充氯和钙纠正。当出现进行性酸中毒时,多提示肝功能不全。

18. 肝移植术后患者如何补充葡萄糖?

正常情况下,肝对维持血糖浓度的稳定起着非常重要的作用。在肝移植的早期如不补充葡萄糖,则储备的糖原很快被消耗。肝移植术后热量的主要来源为葡萄糖。但过多输注葡萄糖,由于应激和肝功能尚未恢复,又易产生高血糖。葡萄糖补充速度须依据肝细胞能有效利用的程度确定,过多的葡萄糖会加重移植肝的负担，甚至诱发肝性脑病。所以在肝移植初期每日输注的葡萄糖量最好在5～6g/kg。在肝功能恢复的初期按0.3g/(kg·h)补充葡萄糖，输注葡萄糖时尽可能24h均匀输入。一般多选5%的葡萄糖，必要时选高浓度的葡萄糖。为控制液量可使用高浓度葡萄糖与其他液体混合后输注。

19. 补充脂肪对肝移植术后患者有何意义？

脂肪是营养补充中的一个重要能源成分，对肝功能不良的患者也是如此。应用脂肪乳剂，除可提供热量外，也补充了人体必需的脂肪酸。患者在应激情况下以及肝硬化、肝功能不良情况下，由于机体对糖的利用能力减低，往往需要外源性胰岛素的补充，否则摄入热量不足，补以脂肪是一个提供热量，避免高糖的办法。一般认为不要超过每日总能量的1/3为宜，而且要均匀输入。

九、肾移植患者营养治疗与护理

肾移植是终末期肾病最有效的治疗方法，肾移植患者术前采取低蛋白饮食及长期的血液透析，常出现不同程度的营养不良，移植后长期使用免疫抑制药，也不同程度影响机体代谢，引起低蛋白血症、高脂血症、糖尿病、高血压、电解质紊乱等，加之肾移植术后，患者往往食欲明显增加，体重增加较快，此时应遵医嘱结合自身病情和家人共同制订长期的膳食营养计划，养成健康饮食习惯，维持良好的营养水平，控制体重、血压、血脂、血糖、尿酸等各项指标，预防血钠、血钾升高，血钙和血镁降低，防止骨骼疾病及营养元素的缺乏。因此，合理营养支持能纠正负氮平衡，提高患者的手术耐受力，促进移植肾功能的恢复，减少术后并发症和病死率。

1. 肾移植术后患者为什么要控制糖的摄入？

因为肾移植术后使用皮质激素、FK506(普乐可复)、环孢素等可引起血糖增高，若此时再食用含糖量高的食物，容易使血糖升高，诱发糖尿病。糖尿病不仅对心血管系统有影响，而且会影响移植肾的功能，增加排异的概率。因此，应该少吃甜食，包括一些中草药，如板蓝根、茵陈、复方联苯双酯等。应多吃新鲜水果(含有果糖)，每天150～200g，一般以不超过每日250g为宜。若移植患者同时又是糖尿病患者则应避免食糖，饮食结构应以蔬菜为主，严格控制主食量的糖尿病饮食。

2. 水的摄入量对肾移植术后患者有什么影响？

液体摄入过多，可导致心脏负担加重，液体摄入不足，可影响移植肾的血液灌流，所以必须保持每天进出量的基本平衡。每天饮水量依每日尿量而定，一般每天尿量在2000ml左右，每天的饮水量应略多于2000ml，要每天记录24小时尿量，因为尿量可直接反映移植肾的功能，对调节水的平衡甚为重要。如果24小时尿量比平常明显减少(至原来的1/3)时，则会发生排异或环孢素中毒的可能。

3. 钠的摄入量对肾移植术后患者有哪些影响?

钠主要以食盐的形式被广泛应用于日常生活中，移植术后早期和康复期要低盐饮食，每天食盐3～4g或酱油12～15ml，无高血压、水肿、尿少等，可以适量增加摄入，但是每天不要超过6～8g。腹泻、多尿或夏天多汗时，也要适当增加食盐摄入，防止低钠血症。

4. 蛋白质的选择和摄入量对肾移植术后患者有什么影响?

肾移植术后患者的蛋白质供给应以优质蛋白为主。因为免疫抑制药能加速蛋白质的分解，抑制合成，从而使蛋白质消耗增加，故宜适量增加优质蛋白质的供给。优质蛋白质主要是动物性蛋白，如鱼、禽、蛋、瘦肉等动物性食物。植物性蛋白，如大豆、花生，代谢后会产生大量胺，加重肾的负担，宜少食用。在动物性蛋白里，最好以鱼、禽、蛋为主，鱼、禽、瘦肉又称为“白肉”，猪、牛、羊肉等又称为“红肉”，“红肉”较“白肉”含有更多的胆固醇和脂肪，因此“白肉”更利于身体健康。肾移植术后，一方面要补充优质蛋白；另一方面即使肾功能正常，仍需注意蛋白质的摄入不宜过高，以免增加肾的负担。一般成年人每天每千克体重摄入1～1.2g蛋白质即可(感染和排异反应者除外)，营养不良及其他消耗性疾病可增加到1.5～2g，儿童为每天每千克体重2～3g，慢性移植肾功能损害者，每天蛋白质摄入量宜控制在0.5～0.6g/kg。计算方法：300ml牛奶或2个鸡蛋或瘦肉50g可以供给9g优质蛋白。

5. 为什么肾移植术后患者的脂肪与胆固醇摄入量要减少?

因为肾移植免疫抑制药的应用及移植肾肾病会引起高脂血症，导致动脉粥样硬化，因此更注意限制胆固醇的摄入。饮食宜清淡，忌油腻，不食用油煎、油炸食品，减少食用动物内脏、蛋黄、蟹黄、鱼子、猪肥膘、无鳞鱼、软体鱼、鱿鱼、乌贼鱼等，同时须增加食物纤维的供给，做到粗、细粮的搭配。少吃脂类食物并不等于禁食，因为脂类是人体必不可少的营养支持，在限制用量的同时，要以植物油为主，动物性油脂尽量少用，蛋黄每天不超过1个，做到低脂、低胆固醇饮食，减少畜肉摄入。

6. 为什么肾移植术后患者应补充矿物质?

肾移植术后易引起高血压、低钙高磷血症和高钾血症，要严格限制钠、钾的摄入。同时，虽然肾移植能纠正甲状旁腺激素、钙、磷及维生素D代谢异常，但由于肾移植后皮质激素及免疫抑制药治疗仍能加重骨病，降低小肠钙转换。因此，应适当口服一些钙剂，但要防止高钙摄入会增加肾钙结石形成，一般成年人肾移植术后营养推荐钙摄入量为每日800mg。肾移植术后需要增加含磷食品的摄入,磷的摄入应根据临床检验结果。鱼肉、骨头汤中富含磷,可适量补充。应多食各种新鲜蔬菜、水果满足各种维生素的需要。忌用提高免疫功能的食物,如白木耳、黑木耳、香菇、鳖、红枣。

7. 肾移植患者营养护理包括哪些内容?

(1)营养护理评估:针对患者病情及时记录营养相关指标的动态变化,包括24小时出入量、血压、肾功能指标、各种电解质、白蛋白、血糖、血脂及血、尿常规,根据不同阶段作出不同的营养评估,保持与营养医师的沟通,及时调整营养治疗方案。

(2)不同途径补充营养:术前患者应以口进食为主,少量多餐,手术当天胃肠道功能不能马上恢复,需要禁食、禁水;胃肠道功能恢正常后(一般术后24～48小时),可进流食,最初的食物以粥、鸡蛋羹最为适宜,术后2～3天可进半流食,术后3～4天可进软食,术后1周可进普食。即便恢复了正常饮食,也不要食用动物肝及果核等食物,宜选用富含糖类,如淀粉类、藕粉等,不宜选用富含钠、钾、磷、乙醇、脂肪的食物,禁用辛辣、油炸食物。

十、围术期的营养治疗与护理

围术期泛指手术前、后的一段时期,包括术前准备和术后恢复两个阶段。手术是一种创伤性治疗手段,手术的创伤可引起机体内分泌和代谢一系列的变化,导致体内营养物质消耗增加、营养状况水平下降及免疫功能受损。如营养不良可导致患者对手术的耐受力下降,感染机会增加,切口延迟愈合等并发症进而影响预后。因此,合理补充营养物质,改善围术期患者的营养状况,加强围术期的营养治疗与护理,对术后恢复有着重要意义。

1. 围术期相关营养素有哪些?

围术期主要的营养素包括水、电解质、糖类、蛋白质、脂肪酸、维生素及微量元素。围术期营养治疗的主要目的是保证患者有充足的能量和必要的营养物质供应,同时维持水电解质的平衡。其中,水的摄入量一般以每日2000ml为基础;主要的电解质需要量为钠100～170mmol、钾60～80mmol、镁7～12mmol、钙5～10mmol、磷酸盐10mmol;糖类主要由米、面等主食提供,脂肪酸主要由肉类和油脂提供,两者是人体能量的主要来源;蛋白质主要由肉类、鱼类、蛋类和乳类提供,也可提供能量,能量供应可以20～30kcal/kg计算;营养素的摄入应包含必需、非必需脂肪酸和维生素,蛋白质可供应人体必需和非必需氨基酸;主要的微量元素每天基础需要量为铜0.3mg、碘0.12mg、锌2.9mg、锰0.7mg、铬0.02mg、硒0.118mg、铁1.0mg。

2. 手术前患者怎样进行营养治疗与护理?

术前应尽量改善患者的血红蛋白、人血白蛋白及其他各项营养指标,最大限度地提高其手术耐受力。改善患者营养状况的方式依病情而定,尽量采取肠内营养,严重营养不良且伴有消化吸收功能障碍者,可选用要素营养制剂,以减轻胃肠负担。对于没有足够时间纠正营养不良的限期手术患者,可选用肠外营养途径,必要时可选用人血制品,新鲜全血或血浆,以迅速改善其营养状态。

3. 胃肠道手术后患者怎样进行营养治疗与护理?

胃肠道手术后患者需禁食 2～3 天,进行肠外营养支持。待患者排气、肠道功能初步恢复后,可给予少量流食,其后视病情改为一般流食,术后 5～6 天后改为少渣半流食,一般术后 10 天左右即可供给软食。直肠和肛门术后需要禁食 2～3 天,以后给予清流食、流食、少渣半流食,特别限制富含纤维素的饮食,以减少排便的次数,保护伤口。阑尾切除术后第 1 天要禁食,术后第 2 天可给予流食,术后第 3 天改半流食,术后第 5 天给予软食。

4. 肝、胆、脾术后患者营养治疗原则是什么?

应采用低脂、高蛋白的半流食,限制膳食中脂肪及纤维的含量,并要将食物切碎、煮烂,不可供给带骨或刺的食物。

5. 口腔与咽喉部手术后怎样进行营养治疗与护理?

当天中午禁食,晚饭时可进冷流食,术后第 3 天改为少渣半流食,注意食物不宜过热,以免引起伤口出血,术后 1 周左右可进软食。

6. 其他部位手术后患者怎样进行营养治疗与护理?

创伤小的手术一般术后即可进食,创伤大的手术或全身麻醉的患者,多半有短时间的消化吸收功能障碍,需要进行肠外营养补充,随着消化功能的恢复,逐步改为肠内营养。颅脑损伤和昏迷的患者,应给予管饲营养支持。

7. 营养支持的适应证有哪些?

体重在 3 个月内下降 10%以上或在 6 个月内下降 15%以上的患者;人血白蛋白在 35g/L 以下的患者;胃肠道恶性肿瘤的患者;术后并发肠瘘、严重感染的患者。

8. 肠道中心法则是什么?

“只要胃肠道有功能并且安全时,就使用它”。当肠道功能恢复,包括肛门排气和(或)肠鸣音恢复,即可以尽早实施肠道内营养。

十一、胃癌患者营养治疗与护理

胃癌是胃黏膜上皮细胞及肠化上皮细胞在胃部的疾病、食物中的致癌物质及遗传因素等致癌因素的作用下发生癌变而形成的恶性肿瘤,是我国常见的恶性肿瘤之一。胃癌可发生于胃的任何部位,但多见于胃窦部,尤其是胃小弯侧。根据癌组织浸润深度分为早期胃癌和进展期胃癌(中、晚期胃癌)。胃癌早期症状常不明显,如捉摸不定的上腹部不适、隐痛、嗳气、泛酸、食欲减退、轻度贫血等部分类似胃十二指肠溃疡或慢性胃炎症状。随着病情的进展,出现上腹部疼痛、食欲减退、消瘦、体重减轻和贫血等。后期常有癌肿转移、出现腹部肿块、左锁骨上淋巴结大、黑粪、腹水及严重营养不良等。由于胃癌在我国极为常见,危害性大,有关研究认为其发病原因与胃部疾病、不良饮食习惯有关,喜高盐饮食和常吃腌制食品、油炸食品、烫食为胃癌的危险因素。所以,了解有关胃癌的基本知识、预防慢性胃病的发生,对胃癌防治具有十分重要的意义。

1. 胃癌患者饮食禁忌什么?

忌食高脂肪食物。忌吃烟熏、盐腌制食品。忌食煎、油炸、火烤、生拌食物。忌食过咸或过于辛辣刺激性食物及烈酒、咖啡、浓茶和香烟。忌吃含防腐剂、色素剂、漂白剂的食品。忌霉变、腐烂、污染、坚硬、粗糙、多纤维、油腻、黏滞不易消化食物。忌饮食不当、饮食过热或过冷、暴饮暴食、硬撑硬塞。忌吃高甜度食物或大量吃糖。

2. 多吃蔬菜和水果有什么好处?

新鲜蔬菜和水果含有大量的维生素、微量元素及纤维素等,特别是维生素 C 和胡萝卜素及人体必需的其他营养成分,参与细胞的正常代谢,可阻断摄入的硝酸盐、亚硝酸盐及酰胺在体内合成强致癌物(NOC)的过程,同时其可抗氧化、清除体内自由基并增强机体免疫力,从而抵御胃癌的发生。

3. 多吃高盐饮食会怎样?

高盐饮食是指在日常生活饮食中,在烹饪菜肴时喜欢多加盐,即饮食口味偏重偏咸。腌制类食品是指禽、畜、鱼肉经过熏烤腌制,豆制品和蔬菜、瓜、果经过腌制发酵而制成的食品,其中,二甲基亚硝胺、二乙基亚硝胺及甲基苄基亚硝胺都能在腌制的肉类与鱼类、粗制的鱼肉中发现,而硝酸盐、亚硝酸盐在人体胃中可能与胺类结合,形成亚硝胺,这是很强的致癌物质。因此,在对人群的膳食指导中,有必要大力提倡人们少食腌制食品,注意调整口味太重的生活习惯。

4. 吃什么食物减少胃的负担呢？

易消化的食物，流食或半流食的食品（如粥）消化时间较短，为 1.5～3 小时。经过发酵且没有添加油脂的食物（如馒头、不含油脂的面包）也比较容易消化。它们在体内的消化率最高，可达到 98%。因此，对于胃肠功能较弱的人，粥、馒头、面条等是不错的选择。

5. 什么食物对胃有好处？

要使胃的黏膜强健，维生素也是不可缺少的，马铃薯含丰富的维生素 C、钾、钙均衡的矿物质，而且有淀粉，即使加热，维生素 C 也不易被破坏，方便摄取。南瓜有助于健胃整肠，南瓜有丰富的维生素 C 及胡萝卜素（即维生素 A），可促使胃壁黏膜再生。高丽菜含维生素 C 及维生素 K，可促使胃或十二指肠的黏膜再生，治疗溃疡，生吃或加热都很可口，平时常食用，可调整体质。不过，煮、炒会破坏维生素 C，所以要治疗溃疡，还是以生吃或稍微加热再吃较好。可将高丽菜放进果汁机搅拌成汁，再稍微加热，饭前饮用。无花果可治溃疡及强健肠胃。将干燥的无花果切碎，煮成半干，加入少许蜂蜜和水，即可饮用。胃癌术后患者还可用西洋参、红枣泡水喝，每日一次，可以起到补气的作用。

6. 暴饮暴食会对胃有何影响？

在长期处于饥饿状态大吃一顿，对胃极为不利。胃的承受能力是有限的，暴饮暴食会在短时间内需求大量消化液，明显加重附属消化器官负担，导致胃肠道动力—感觉系统失调而致病。暴饮暴食后会出现肠胃不适、胸闷气急、腹泻或便秘，严重的会引起急性胃肠炎，甚至胃出血；大鱼大肉、大量饮酒会使肝胆超负荷运转，肝细胞加快代谢速度，胆汁分泌增加，造成肝功能损害，诱发胆囊炎，也会使胰腺大量分泌，十二指肠内压力增高，诱发急性胰腺炎。

7. 胃酸过多时吃什么有好处？

胃酸过多时可以适当地吃些碱性食物，避免食用酸性及刺激胃酸分泌的食物。具体的胃酸饮食原则如下。

（1）胃酸过多宜食含碱成分的食物：如乳类、血、酱油，以及菠菜、油菜、卷心菜等新鲜蔬菜与水果；而少食含酸的食物，如豆类、花生、醋、油脂食品等。

（2）宜食低脂、低糖食物：而高脂和甜食均能引起胃酸分泌增加。避免摄入刺激胃酸增加的调味品，如辣椒、咖啡、芥末等。

（3）胃酸过多应以面食为主：面食能稀释胃酸，其中的碱还能中和胃酸。豆浆、粥类等，能稀释胃酸、保护胃黏膜。

(4)定时进餐:零食可刺激胃酸增加;不易过饱,以免刺激胃窦引起胃酸分泌增多。

8. 什么人不适合喝牛奶?

牛奶中含有较多脂肪和酪蛋白,发酵后可产生气体,使肠胀气加重,不利于肠蠕动功能的恢复,故胃术后患者不宜喝牛奶。牛奶可缓解胃酸对溃疡面的刺激,但因其能刺激胃肠黏膜分泌大量胃酸,会使病情加重,所以消化道溃疡患者,也不宜喝牛奶。

9. 什么食物会增加胃的负担?

应该节制的有虾、贝类等不易消化的鱼贝类,多脂肪的肉类、笋子、红薯等纤维多的蔬菜及过酸过甜的食品。咖啡、红茶及香辣调味料也会强烈地刺激胃。

10. 饮酒对胃部有什么不好?

酒中的主要成分是乙醇,乙醇可以引起细胞胞浆脱水发生沉淀,对胃黏膜细胞有损失作用,另外它还可破坏胃黏膜表面的黏液层,使胃黏膜屏障遭到破坏。乙醇的浓度越高,损伤作用越大。临床上,我们可以看到大量饮酒可使胃黏膜充血水肿、糜烂出血,引起急性胃炎。停止饮酒后胃黏膜可恢复正常,但是如果长期饮酒对胃黏膜造成的损伤,则会慢慢演变为慢性胃炎,由浅表性胃炎到萎缩性胃炎,甚至胃溃疡或癌变。

11. 胃癌术后患者饮食顺序是什么?

行胃切除的方式可分为远端胃切除、近端胃切除及全胃切除,术前给患者置胃肠减压管。术后 2～3 天肠蠕动逐渐恢复,当肛门排气后即可拔除胃肠减压管。随后患者可按顺序适量进食。

(1)进少量清流食:如米汁、稀藕粉、蜂蜜水、面汤、青菜汤等,以少量多餐为主。

(2)进流食:如蔬菜糊、黑芝麻糊等。

(3)进少渣半流食:如米粥、菜泥、果泥、肉末。

(4)进半流食:如面条、馄饨、鸡蛋羹等。

(5)产气的食物:如牛奶、豆浆及含粗纤维多的食物,如芹菜、黄豆芽、洋葱等均不宜食用。

12. 胃癌术后患者饮食原则是什么?

①要坚持少食多餐,每顿少吃一点,一天 5～6 餐,以使容量减少后的残胃逐渐恢复功能,切忌暴饮暴食。②防止胃切除术后,由于胃酸减少,小肠上端蠕动加快,扰乱了消化生理功能,从而影响了蛋白质与铁质的吸收,因而易发生缺铁性。因

此，患者可适当多吃些瘦肉、鱼虾、动物血、动物肝和肾、蛋黄、豆制品，以及大枣、绿叶菜、芝麻酱等富含蛋白质及铁质的食品。③由于胃的生理功能减弱，平时勿食生冷、坚硬及粗纤维多的食物，忌吃辛辣刺激性强的调味品（如胡椒、芥末等），严禁饮烈性酒。

13. 抗癌的食物有哪些？

（1）红薯：红薯里含有丰富的纤维、钾、铁和维生素 B_6，不仅能防止衰老、预防动脉硬化，还是抗癌能手，所以它被选为蔬菜之首。

（2）菌菇类：比如猴头菇，它属真菌类食品，能利五脏、助消化，常食能增强机体免疫力，延缓衰老，从中提取的多肽类物质，对消化系统的癌肿有抑制作用，并能改善人体健康状况。竹荪中的膳食纤维可降低大肠癌、结肠癌、乳腺癌、胃癌、食管癌等癌症的发生；竹荪富微量元素硒，硒是人体不可缺少的微量元素，硒营养与机体免疫功能、抗氧化能力、抗癌作用等密切相关。

（3）山楂：能活血化瘀、化滞消积、开胃消食，同时还含有丰富的维生素 C。中医学认为，癌瘤为实性肿块，往往具有气滞血淤征象，由于山楂能活血化瘀、善消肉积，又能抑制癌细胞的生长，所以适宜多种癌瘤患者的治疗。尤其是对消化道和妇女生殖系统恶性肿瘤患者兼有食欲缺乏时更为适宜。能消肿解毒，适宜大肠癌、食管癌、膀胱癌、胃癌、肺癌、肝癌、乳腺癌、白血病、淋巴肉瘤等多种癌症患者食用，是一种广谱抗癌果品。

（4）木瓜：木瓜里的维生素 C 远远多于橘子的含量，而且木瓜还有助于消化人们体内难以吸收的肉类，能防止胃溃疡。

（5）无花果：据现代药理研究表明，无花果的确有良好的抗癌功效。

十二、直肠癌患者营养治疗与护理

直肠癌是消化系统中常见的一种恶性肿瘤，发病率仅次于胃和食管癌，是大肠癌的最常见部分，绝大多数患者在 40 岁以上，30 岁以下者约占 15%，男性较多见，男女之比为（2～3）：1，直肠癌是一种生活方式病，目前，它已在癌症排行榜中跃居第二位，而饮食和生活方式，是癌症的祸根。研究表明，以富含糖类的谷类为主食的饮食结构，可能是中国人结、直肠癌低发的重要原因。

1. 直肠癌患者为什么要少吃油炸、辛辣、刺激的食品？

直肠癌要少吃烟熏食品、油炸食品、过于辛辣、刺激性太强、不好消化的食品。因为从饮食中摄入的动物脂肪越多，溶解和吸收致癌物质的危险性就越大。高脂肪饮食可增加肠道内胆汁酸的分泌，后者对肠道黏膜有潜在的刺激和损害。如果长期处在这种刺激和损害中，增加肠道毒素的吸收，可能诱发肿瘤细胞的产生，导致直肠癌。

2. 什么人群更易患结肠癌?

德国人类营养研究所的一项研究显示，结肠癌与体型有很大关系，腰围与臀围之比过大的人患结肠癌的风险高。调查结果显示，腰臀比大于0.99的男性患结肠癌的风险比腰臀比小于0.89的男性高51%，腰臀比大于0.85的女性患结肠癌的风险比腰臀比不足0.73的女性高52%。这一研究结果证明了结肠癌主要来源于肥胖因素。而在很多医院结肠癌的病房中，患者几乎全是胖人，其中绝大多数是重度肥胖，尤其是中段肥胖也就是腹部较大的人患结肠癌的更多。但是结肠癌其实很好预防，只要人们平时少吃油腻、高脂肪、高热量食品，同时还要加强体育锻炼以预防结肠癌。

3. 为什么憋大小便也属于直肠癌的病因之一?

尿液中含有一种或几种致癌物质，均能刺激膀胱上皮使其癌变。粪便中的有害物更多，如硫化氢、粪臭素、胆固醇代谢产物和次级胆酸等致癌物，若经常刺激肠黏膜，也会导致直肠的癌变。

4. 血清胆固醇过低的人也得癌症么?

血清胆固醇过低，其直肠癌发生率较高。血清胆固醇低于110mg/dl的人，其患直肠癌的危险性比正常人高3倍以上，这也是常见的导致直肠癌的原因的重要因素之一。所以胆固醇低的人每周可以适当吃一些含有蛋白质的食物，比如鸡蛋、鱼等，尽量维持好胆固醇的平衡，减少患该病的机会。

5. 饮食结构与结直肠癌有关系吗?

饮食结构与结直肠癌的病因有关系，一般认为可能与动物脂肪的代谢产物、细菌分解产物以及由于低纤维素饮食状态下，肠蠕动减慢，肠道的毒素吸收增加等因素有关。经济发达地区、饮食中动物脂肪和蛋白质所占比例高、纤维素含量低的地域和群体发病率明显高。

6. 直肠癌术后患者饮食原则是什么?

直肠癌术后患者，饮食要以易消化食物为主，由清流食过渡到流食，比如藕粉、黑芝麻糊、面条、稀饭，避免粗纤维太多的食物，待身体逐步适应后再增加其他饮食。直肠癌患者不但要进食高营养、易消化的食物，还应该遵从少食多餐的原则，从稀到稠，以半流食的清淡饮食为主，多样化，不偏食，不挑食。饮食要节制，一天控制在 3～4 餐。若粪便干结不易排出，可增加一些富含维生素的新鲜蔬菜食品，适量食用一点植物油脂比较多的食物，如没有改善预期的排便效果，可温开水冲服芝麻油或第二天的早晨空腹喝一些蜂蜜水。

7. 如何预防直肠癌？

预防直肠癌的重要方法是消除促癌因素，要保持健康的饮食习惯，良好的排便习惯。应多吃山芋、红薯、玉米、水果、新鲜蔬菜等含有丰富的糖类及粗纤维的食物，这些食物在肠道停留时间短，利于肠道毒素的排出。有研究认为，蔬菜中的纤维素在肠道中发酵产生的物质能促进细胞分化，可防止肠癌发生。还有研究认为，纤维可以保护肠道细胞，并减少胆汁对肠壁细胞的刺激，从而降低肠癌的发病概率。要尽量少吃油炸、熏制、高脂肪、高蛋白的食物，不吃有可能腐败的水果、蔬菜及食物。保持健康的生活方式，戒烟、戒酒，控制体重，适当增加运动量。研究指出，运动可能影响荷尔蒙水平、新陈代谢速度以及已消化食物留在肠中的时间，并有效提高机体的免疫力。

8. 多吃水果蔬菜有什么好处？

(1)维生素 A：维生素 A 能阻止和抑制癌细胞的增生，对胃肠道癌和前列腺癌的预防功能尤其显著。它能使正常组织恢复功能，还能帮助化疗的患者降低癌症的复发率。番茄、胡萝卜、菠菜、韭菜、辣椒、杏等植物，动物肝、鱼肝油及乳制品中含有大量维生素 A。

(2)维生素 C：又叫抗坏血酸，可以减少致癌物质亚硝胺在体内聚集，极大地降低食管癌和胃癌的发病率。蔬菜和水果中维生素 C 含量较多，如苹果、梨、葡萄、猕猴桃、苦瓜、萝卜叶、油菜、香菜、番茄等。

(3)维生素 E：多吃含维生素 E 的食物，可以提高身体免疫能力，抑制致癌物形成。维生素 E 主要存在于植物油中，尤其是豆油中；蛋、谷物、胡萝卜、鲜莴苣等食物中含量也较多。

(4)B 族维生素：包括维生素 B_1、维生素 B_2、维生素 B_6、维生素 B_{12} 等。它们可以抑制癌细胞生成，还能帮助合成人体内一些重要的酶，调节体内代谢。粮谷、豆类、酵母、干果、动物内脏等食物中含量较多。

9. 食用酸奶和乳酸菌有什么好处？

酸奶含有多种酶，促进消化吸收，还抑制腐生菌和某些菌在肠道的生长，从而达到防癌目的。同时，酸奶中含有的大量乳酸菌，能维护肠道菌群生态平衡，形成生物屏障，抑制有害菌对肠道的入侵，能有效地促进胃肠蠕动，并能将一些久留于人体的废物排出体外，减少废物在人体内的存留时间，从而起到促进人体身体健康的作用。此外饮用酸奶对缓解便秘的帮助非常大，如果在饮用酸奶时再配上香蕉，效果会更好。

10. 直肠癌患者术后要少吃哪种食物？

直肠癌患者术后禁忌辛辣食物，因为对肛门有刺激作用，如辣椒、酒、胡椒。膳食中应注意多吃些膳食纤维丰富的蔬菜，如芹菜、韭菜、白菜、萝卜等绿叶蔬菜。应注意不要吃过多的油脂，要合理搭配糖、脂肪、蛋白质、矿物质、维生素等食物，每天都要有谷类、瘦肉、鱼、蛋、乳、各类蔬菜及豆制品，每一种的量不要过多。

十三、烧伤患者营养治疗与护理

烧伤是指热力导致的皮肤和其他组织的损伤。烧伤后会引起免疫功能失调，即人体烧伤后，皮肤这一最外层的防御屏障破坏，体内非特异性免疫和特异性免疫机制均受损伤，免疫系统平衡失调，抗感染能力减弱。烧伤不仅可使皮肤全层受到损害，而且还会伤及肌肉、骨骼和内脏，并可引起神经、内分泌、呼吸、排泄系统的一系列生理改变，大面积严重烧伤更是会引起全身性伤害的复杂疾病。烧伤后机体组织分解代谢增高，能量消耗增加，各种营养物质丢失，可持续数周时间，若并发感染，能量消耗将进一步加大。因此，烧伤患者机体及创面修复时，需要大量营养物质。及时合理补充营养物质，有利于降低代谢消耗，维护脏器功能，增加免疫机制，预防可控制感染，促进创面愈合。

1. 烧伤患者机体代谢分期及特点是什么？

烧伤的临床过程分为三期，即休克期、感染期和康复期。大面积严重烧伤后，机体应激反应和分解代谢都相当强烈，表现为氧耗量、代谢率等相对降低，持续时间为1～2天，大致相当于休克期。超高代谢是从烧伤后的第3天起，可持续数周至数月，相当于感染期。此期特点为分解代谢明显增强，主要表现为产热和耗氧增多，糖异生、脂肪动员、蛋白质过度分解及心排出量、尿氮排量均增加。随着烧伤创面大部分愈合，机体合成代谢不断增强，相当于康复期。

2. 烧伤患者蛋白质代谢特点是什么？

烧伤患者机体蛋白质分解加速，创面丢失蛋白质，机体蛋白质的过度分解和氮的大量丢失，使患者很快处于负氮平衡状态。在治疗过程中的每次手术切痂、植皮，以及合并败血症时，尿氮排出量也会显著增加。如果能量和营养素（蛋白质）摄入不足，长时间的负氮平衡、高基础代谢率将使患者体重明显下降，而且烧伤的程度越重，体重丢失越大，甚至会导致机体呈现恶病质。

3. 脂类代谢在烧伤患者体内变化表现如何？

脂肪是人体的主要能源，烧伤后促使机体脂肪分解，使血浆游离脂肪酸、甘油及三酰甘油升高，出现异常血浆蛋白。大面积烧伤患者在早期可出现血浆内游离脂肪酸升高，且与烧伤程度呈正相关，而血浆三酰甘油则相对无变化。蛋白质分解主要是提供氨基酸，所供能量只占总能量的12%～22%。因此，脂肪组织是烧伤后机体主要的能量来源，其体内耗能总量的80%来自脂肪氧化。严重烧伤患者，每日脂肪丢失量可高达600g以上。

4. 烧伤患者的糖类代谢特点是什么？

烧伤后由于机体处于应激状态，糖异生增强，葡萄糖生成增加，由于胰岛素抵抗，对其利用率相对减低，常出现轻度或中度高血糖。有时因营养不良及严重脓毒症等，可出现低血糖症。大面积烧伤患者中约有半数在伤后2小时内出现高血糖症，并且与烧伤程度成正比，称之为应激性糖尿病。烧伤患者的葡萄糖代谢率是正常人的130%，及时补充大量外源性葡萄糖，也不能抑制内源性葡萄糖合成和糖异生。

5. 烧伤患者的水变化是怎样的？

烧伤后大量液体渗出于血管外丢失或滞留在周围组织和脏器，还有大量水分自创面蒸发。创面失水主要发生在烧伤早期，可持续至创面愈合。水分蒸发量与烧伤面积成正比。伤后48小时的蒸发水主要来自创面渗出的血浆，至血浆浓缩干涸，创面蒸发水减少。

6. 烧伤患者血清钾、磷、氮的矿物质代谢有哪些变化？

在烧伤早期，由于组织细胞的破坏可引起血清钾、铁和其他矿物质含量的升高，而在分解代谢旺盛期，随着创面的大量丢失和尿中排出量增加，则可导致血清中电解质含量下降。血清钾、磷代谢异常与负氮代谢异常平行出现。烧伤后由于胃肠功能紊乱，可致磷摄入或吸收不足，引起低磷血症。大面积烧伤患者长期严重卧床及局部严重充血，易使骨骼脱钙，尿钙排出增多。

7. 烧伤患者营养护理包括哪几方面？

(1)建立良好的护患关系：了解患者烧伤的情节过程，充分尊重、同情、关心患者，对于畸形愈合外观千万不能嘲笑和鄙视，取得患者的信任。

(2)做好健康宣教：通过与患者和家属的沟通，使其提高饮食疗法对疾病康复重要性的认识，争取主动配合，设法创造轻松、舒适的进餐环境，增进患者的食欲。

(3)尊重患者的饮食习惯:注意食物的色、香、味、形和食品的多样性。

(4)加强与营养师的联系:根据疾病的不同时期,制订合适的营养供给途径和用餐标准,准确记录食物的摄入量和出入量,结合临床营养监测指标随时调整膳食计划。

8. 烧伤患者的饮食原则是什么?

大面积的烧伤病程长,频繁接受注射、换药等操作,患者容易出现食欲减退、消化功能紊乱等情况,饮食上应采取少量多餐,给予高热量、高蛋白、高维生素及易消化的食物,以增强机体抵抗力,促进创面修复。

9. 如何根据烧伤程度科学膳食治疗?

膳食治疗必须考虑病情和病程。对于>40%体表面积深度烧伤患者,一般在1～2天需禁食,因为此时患者的胃肠功能明显减弱,或在烧伤前胃内有食物未消化,为保护胃肠功能,暂不宜进食;2～3天后,多数患者的胃肠蠕动开始恢复,可逐步进食,用量应由少到多,在烧伤早期给予少量多次流食,能刺激胃肠道黏膜,促进胃肠道功能恢复,预防应激性溃疡,减少肠道细菌感染所致的肠源性感染的发生,应尽早给予患者口服或鼻饲饮食。

10. 为烧伤患者制订营养方案时注意什么?

(1)注意患者烧伤部位:头面部无烧伤的患者尽量鼓励其自行进食,因头面部、呼吸道、食管、咽喉部或行气管切开,不能经口进食的患者,可给予鼻饲膳食。

(2)考虑患者饮食习惯:在对患者实施营养支持时,应照顾患者饮食习惯,注意食物色、香、味、形及品种的多样性。同时,膳食应达到高能量、高蛋白和丰富维生素的要求。尽量选择营养价值高、质量好、体积小、易于消化吸收的食物。

(3)注意餐次安排与用量:尽量少食多餐的方法,每日可安排6～8餐,甚至10餐,使患者胃肠既能容纳又不过饱,以保护胃肠道的消化功能。每次量不宜过多,以免引起急性胃肠炎或胃潴留。

(4)关注烧伤的原因:对于有机磷农药烧伤的患者,应给予绿豆汤、百合汤等具有清热解毒的食物,每日2～3次,连服7～10天,同时应禁用牛奶和含脂肪较高的食物,因为脂溶性毒物在给予含脂肪丰富的食物时其吸收率将明显增加。

11. 如何判断烧伤患者营养摄入不足?

要定期检测患者营养状况,检测体重、人血白蛋白和氮平衡,当实际体重较烧伤前减轻超过15%时,表示营养摄入不足,应加强营养支持。人血白蛋白可迅速反映机体蛋白的变化,并与氮平衡变化一致。

12. 烧伤患者休克期的营养方案是什么？

该期病程1～2天，由于患者应激反应严重，贲门松弛，胃肠蠕动减慢，其功能受抑制，故不宜经肠摄入过多食物，应以静脉补液为主，特别是要防止因大量饮水而引起的呕吐和急性胃扩张。肠内营养主要补充多种维生素和矿物质，而不强调能量和蛋白质，可供给米汤、牛奶、绿豆汤、梨汁、西瓜汁等，为了保护胃肠结构和功能，可用鼻-空肠管持续给予少量制剂。

13. 烧伤患者感染期的营养方案是什么？

一般在烧伤2天后，患者进入代谢旺盛期，此期应供给富含维生素膳食，并逐渐增加蛋白质和能量，借以纠正负氮平衡，当胃肠功能基本恢复后，可逐渐供给半流食或软食，包括各种粥类、面条、鱼、虾、牛奶、鸡蛋、新鲜蔬菜和水果。

14. 烧伤患者康复期的营养方案是什么？

此期应全面加强营养，给予高蛋白、高能量、丰富维生素和多种矿物质的平衡营养膳食，以增强患者的抵抗力，促进机体快速恢复，可选用各种面食、米饭、鱼、禽畜肉类、奶类、新鲜蔬菜和水果。

15. 烧伤患者膳食对热量的要求是多少？

烧伤后代谢旺盛，产热和氧耗增加，因此热量需要量也相应增加。严重烧伤患者的热能应按正常需要量加上发热、感染的需要量供给：成年人50～60kcal/(kg·d)，儿童150 kcal/(kg·d)。

16. 烧伤患者膳食对蛋白质的要求是什么？

对严重烧伤，成年人的每千克体重供给蛋白质2～3g，儿童每千克体重供给蛋白质6～8g，保证优质蛋白质占70%。优质蛋白质包括人体必需的各种氨基酸，对维持氮平衡非常重要，应多选用奶、蛋、鱼、肉类。

17. 烧伤患者膳食对糖类的要求是什么？

糖类可保护心、肝、肾，防止酸中毒并减缓脱水，也是热能的重要来源。供给烧伤的糖类每日可在400～600g，可选用米饭、馒头、包子和粥等主食。

18. 烧伤患者对摄入脂肪的要求是什么？

膳食中脂肪供给量以占总能量的20%～30%，脂肪的摄取量以适度为宜，为满足组织细胞再生的需要，应选择大豆制品和鸡蛋等必需氨基酸和磷脂丰富的食品。

19. 烧伤患者膳食对维生素的要求是什么?

维生素A可促进表皮生长及烧伤创面愈合,维生素E有抗氧化作用,大剂量的维生素E可减少或防止烧伤后瘢痕的形成,可多选用鸡肝、鸡心、鸭肝等及葵花籽和黑芝麻等。维生素B_1能增进食欲,促进糖类正常代谢。维生素B_2在体内构成很多酶,可加速创面愈合。维生素B_6是一种辅酶,是抗体合成所必需的物质。维生素B_{12}有促进红细胞生成的作用。在供给的食物中可多选用枸杞子、芹菜叶、蒜苗、小白菜、生菜、莴苣叶、雪里蕻和油菜等。

20. 烧伤患者膳食对无机盐和微量元素的要求是什么?

(1)钠:患者伤后第1天呈低钠血症,也有失水多于失钠的,导致高渗性脱水,发生高钠血症。若患者不发生水肿及肾功能障碍,每日膳食中供给5～8g盐即可。

(2)钾:严重烧伤患者从尿中及创面均丢失钾,应及时补钾。含钾高的食物有西红柿、水果、土豆、藕、蘑菇和肉汁等。烧伤后分解代谢增强,微量元素的需要量增加,应多选用蛋黄、肉类、豆类、麦、海产品等含微量元素多的食物。

21. 烧伤患者并发应激性溃疡时营养方案如何制订?

烧伤并发应激性溃疡时应禁食,出血停止后可用无糖牛奶或米汤,牛奶的量可由50ml增至200ml,每1～2小时1次,随着病情的好转,增加食物品种和数量。同时注意维生素A的补充,以利于溃疡面的修复。

22. 烧伤患者并发腹泻如何处理?

首先查明腹泻原因,针对原因制订治疗措施。凡排便次数多者,均应注意膳食中水分、钾、钠、氯、镁等电解质的补充。

23. 烧伤患者并发肝功能障碍时营养方案如何制订?

适当限制膳食中脂肪,尤其是动物脂肪,每日脂肪摄入量应少于100g,食物应清淡、易消化,多吃新鲜蔬菜和水果、绿豆汤、百合汤等清热解毒的食物,同时注意优质蛋白质的补充,如蒸蛋羹、清蒸鱼、禽畜瘦肉末等。

24. 烧伤患者并发急性肾衰竭营养方案如何制订?

少尿期蛋白质应限制在每日30g以内,给予高糖类、丰富维生素、无盐饮食,并限制钾和水的摄入量,提供的食物必须细软易消化。

25. 烧伤患者的营养补充方式是哪两种?不同时期它们的比例是如何分配的?

烧伤患者有胃肠内和胃肠外两种营养补充方式。胃肠内补充营养的常用方法是口服及管饲，有时也有胃造口、空肠造口。胃肠外营养补充则通过中心静脉营养及周围静脉营养两种途径。胃肠内与胃肠外营养热量供应比例：第1周为1∶2，第2周为1∶1，第3周为2∶1，第4周后基本为胃肠内营养。

26. 烧伤患者早期进食在什么时间进行？

严重烧伤的患者，只要复苏阶段平衡，不经历长途运送，没有低血压等全身紊乱过程，早期肠道营养可于入院即开始。中度以上烧伤的患者，一般先从流食或要素饮食开始，少量多餐，最好给予持续均匀滴注，对于胃肠道敏感者，应不断调节至合适速度。一旦发生胃肠反应，则应停止一段时间后再开始。

27. 口服营养膳食的护理要点有哪些？

应按照尽早开始、少量多餐、循序渐进、全面平衡、定时定量的原则。

一期饮食：为不含脂肪和蛋白质的试探性全流食。

二期饮食：为含少量蛋白和脂肪的流食。经过试探性饮食后患者腹软、不胀，肠鸣音存在，有饥饿感，可给予米汤、果汁、蔬菜汁，反应良好者可逐渐加入鲜奶、肉汤，以及稀饭、面条等半流食。

三期饮食：根据患者所需热卡，给予高热量、高蛋白、高维生素饮食。

28. 营养管的护理要点有哪些？

(1)保证营养管的正确位置，早期要求在十二指肠内，避免引起胃潴留。

(2)保持营养管通畅，每次滴注前后均用37℃左右的温盐水冲洗。

(3)营养液的温度控制在37～38℃，温度过高可引起黏膜烫伤，温度过低可引起胃、腹部不适。

(4)营养液配制应注意无菌操作。

(5)注意营养液的速度，开始速度在每小时40～50ml，速度过快可引起腹胀不适感觉，以后逐渐加快速度，但每小时不超过200ml，若发生恶心、呕吐、腹胀可减慢低速或停止滴注。

(6)注意营养量与间隔时间，每次滴注前应回吸胃内积气及潴留量，根据吸出量的多少，了解胃排空情况，结合患者所需热卡及胃肠症状决定营养量及间隔时间，可适当调整其营养成分。

十四、儿科疾病患者的营养治疗与护理

(一)小儿发热的营养治疗与护理

发热是儿童的常见疾病症状，最常见的病因是感染，其次是结缔组织病、恶性

肿瘤等。少数婴儿因脱水及体温调节障碍可引起脱水热及夏季的暑热症，发热能加速整个代谢过程，因为发热消耗热量及引起食欲缺乏，小儿的体重多半会减轻，甚至导致营养不良。因此，小儿出现发热症状，除找出病因，治疗原发病的同时，还应加强营养治疗与护理，使身体正处于发育阶段的儿童得到及时的营养补充，促进身体痊愈。

1. 发热患儿的饮食原则是什么？

发热患儿的饮食原则：高热量、高维生素流食；选用优质蛋白质食物，如新鲜果汁。

2. 发热患儿为什么食欲减退？

患儿发热的时候，身体内的吞噬细胞、免疫细胞在吞噬病毒细菌和外来杂质，这个过程是需要能量的，这就影响了身体的其他部位对能量的吸收，导致胃液分泌减少，减轻饥饿感。

3. 发热患儿为什么要输入葡萄糖液？

发热期，除脂肪分解代谢增加以外，糖原异生作用也加强，由肌肉释放的丙氨酸在肝内被转换成葡萄糖，释放入血，葡萄糖是大脑的主要能源，输入葡萄糖可防止体内蛋白质消耗，每输入100g葡萄糖，可节约50g蛋白质。

4. 发热患儿营养治疗的目的是什么？

合理安排饮食，支持代谢。在高热时采用流食、半流食、软饭，以提供足够的水分、维生素、提供优质蛋白、高糖食品、水果，少食多餐。

5. 处于发热期的患儿饮食为什么以流食为主？

发热患儿胃液分泌减少，消化功能减弱，食欲不好，这个时候需要吃一些松软、好消化的食物，流食是最好的选择，常用的流食有牛奶、米汤、绿豆汤、少油的荤汤及各种鲜果汁等。夏季喝些绿豆汤（加少量糖），既清凉解暑又有利于补充水分。

6. 发热患儿何时可过渡到半流食？

发热恢复期儿童可过渡到半流食，半流食是比较稀软烂且易消化、易咀嚼、含粗纤维少的食物，可用的食物有肉末粥、碎菜粥、蛋花粥、挂面汤、面片汤、馄饨、面包、蒸蛋羹等。

（二）小儿腹泻的营养治疗与护理

小儿腹泻，是多病原、多因素引起的以腹泻为主的一组疾病。主要特点为排便次数增多和性状改变，可伴有发热、呕吐、腹痛等症状及不同程度水、电解质、酸碱平衡紊乱。病原可由病毒、细菌、寄生虫、真菌等引起。肠道外感染、滥用抗生素所致的肠道菌群紊乱、过敏、喂养不当及气候因素也可导致腹泻。腹泻是2岁以下婴幼儿的常见病。健康营养的饮食是治疗小儿腹泻的关键，用食疗进行调养，无不良反应，且效果明显。

1. 腹泻患儿的饮食治疗原则是什么？

(1)腹泻时进食和吸收减少，而肠黏膜损伤的恢复、发热时代谢旺盛，侵袭性肠炎丢失蛋白等因素使得营养需要量增加，如限制饮食过严或禁食过久常造成营养不良，并发酸中毒，以致病情迁延不愈影响生长发育。故无严重呕吐者应强调继续饮食，满足生理需要，补充疾病消耗，以缩短腹泻后的康复时间。应根据疾病的特殊病理生理状况、个体消化吸收功能和平时的饮食习惯进行合理调整。

(2)对严重呕吐者可暂时禁食4～6小时(不禁水)，好转后继续喂食，由少到多，由稀到稠。

(3)病毒性肠炎多有继发性双糖酶主要为乳糖酶缺乏，对疑似病例可暂停乳类喂养，改为豆类、淀粉代乳品或发酵奶或去乳糖配方奶粉以减轻腹泻、缩短病程。

(4)腹泻停止后逐渐恢复营养丰富的饮食，并每日加餐1次，共2周。

2. 腹泻患儿的饮食原则是什么？

(1)患儿腹泻不能吃生冷和刺激类食物，生冷瓜果、凉拌菜等生冷类和辣椒、芥末等刺激性食物对肠道均有刺激，腹泻时不宜吃。

(2)小儿腹泻不能吃导致腹胀的食物，豆类、过多的牛奶等会使肠内胀气，加重腹泻。某些患儿因不能消化牛奶中的乳糖而致腹泻，所以腹泻时可暂停用含乳糖的乳制品，待病愈后缓量摄取，直到逐渐适应。但酸牛奶含有乳酸杆菌，能抑制肠内有害细菌，且无乳糖，可以食用。

(3)患儿腹泻不能吃高糖食物，糖果、巧克力、甜点等含糖量较高，糖在肠内会引起发酵而加重胀气，故应少吃糖。

(4)患儿腹泻不能吃高脂食物，因腹泻时消化能力降低，奶油、肥肉、油酥点心等高脂肪类食物，常因脂肪未消化而导致滑肠，造成腹泻不止。

(5)患儿腹泻不能吃不易消化的食物和垃圾食品，油炸、烧烤等方式的加工，会导致难以消化，造成腹泻。火腿、香肠、腌菜、方便面等过度加工的垃圾食品中包含有害成分，肠道会将这些有害物排出，这是致泻因素之一。

(6)患儿腹泻不能吃粗纤维较多的食物，芹菜、菠菜、韭菜、榨菜、笋类等含粗纤维较多，能加速肠蠕动，加重腹泻。

3. 腹泻为什么会导致患儿营养不良?

腹泻有急性和慢性之分,如病程超过 2 个月称为慢性腹泻。急性腹泻时营养吸收率低,排泄物中丢失大量氮、脂肪、糖类、维生素,营养素吸收率减少,据估计,氮质吸收率为 45%,脂肪 43%,糖类为 55%,还可丢失大量水分及电解质,以等张性脱水患者为例,水分丢失 100ml/kg,钠丢失 8～10mmol/kg,钾丢失 8～10mmol/kg。慢性腹泻营养不良的原因是摄入减少和人为营养物质供应减少,肠道丢失增加。

4. 营养不良为什么会影响腹泻痊愈?

(1)吸收不良,特别是必需氨基酸吸收不良,影响组织修复。
(2)小肠黏膜双糖酶活性减低,双糖吸收不良,引起渗透性腹泻。
(3)免疫功能及抵抗力降低是构成慢性腹泻的重要因素。

5. 口服补液盐配方是什么?

根据脱水的程度、性质,选择不同张力的含钠液静脉补充,轻度脱水可补充口服补液盐,纠正脱水,维护肾功能。目前有多种口服补液盐配方,世界卫生组织推荐的低渗透压口服补液盐配方安全有效。配方中各种电解质浓度:钠离子 75mmol/L,钾离子 20mmol/L,氯离子 65mmol/L,枸橼酸根 10mmol/L,葡萄糖 75mmol/L。可用氯化钠 2.6g、枸橼酸钠 2.9g、氯化钾 1.5g、葡萄糖 13.5g 加水到 1000ml 配成。

(三)小儿苯丙酮尿症的营养治疗与护理

苯丙酮尿症是一种常染色体隐性遗传性疾病。由于患者肝缺乏苯丙氨酸羟化酶,不能将苯丙氨酸转变为酪氨酸,从而导致血液中苯丙氨酸、苯丙酮酸及其他苯环化合物的大量堆积,并渗入脑脊液。苯丙氨酸在血液及脑脊液中浓度可达正常的 20 倍,使大脑白质和神经胶质发生广泛病变。患者临床表现为不同程度的智能低下、癫痫发作、脑性瘫痪、尿臭及皮肤、头发色素变浅。苯丙氨酸是人体必需氨基酸之一,7 月龄的婴儿生理需要量较多,之后需要量大为降低。血中苯环化合物苯乙酸、邻羟苯乙酸增加,可以抑制脑组织的谷氨酸脱羟酶,减少 γ-氨基丁酸的形成,血清中 5-羟色胺浓度异常低下,这些神经介质合成减少均影响神经活动。营养治疗的目的是尽早诊断、早期治疗、避免脑损伤,智力低下。但治疗效果与年龄密切相关,如 2—3 月龄开始饮食控制,可使智力发育接近正常,4—5 岁开始治疗,常有不可避免的脑损伤。

1. 不同年龄组儿童苯丙氨酸摄入量是多少？

控制苯丙氨酸摄入量，但又保证小儿生长发育所需要的能量及蛋白质供应，患者的苯丙氨酸一般需要量是每天25mg/kg。各年龄组需要量：0～2月龄40～70mg/kg；3～6月龄25～55mg/kg；7～11月龄25～55mg/kg；1～3岁20～40mg/kg；4～6岁10～40mg/kg；7～10岁10～40mg/kg。

2. 为什么苯丙酮尿症婴儿的营养食品必须特殊调配？

婴儿期食物来源主要来自母乳及牛奶或豆奶，母乳中苯丙氨酸含量410mg/L，牛奶1590mg/L，豆类及动物性食物均含有丰富的苯丙氨酸，约占蛋白质含量的5%，绿叶植物含4%，水果蔬菜中的植物蛋白也含有约3%苯丙氨酸。因此，全靠天然食品既保证能量及蛋白质不缺乏，又限制苯丙氨酸摄入是不可能做到的，必须经特殊调配，组成PKU治疗奶方，并在这基础上加母乳、蔬菜、水果与土豆等（表5-5）。

表5-5 患儿食谱举例

时间点	内容	食物	重量(g)
7:00			
	糖粥	米	30
	低苯丙氨酸	糖	15
	水解蛋白		5
9:00			
	水果	香蕉	100
11:00			
	土豆泥	土豆	50
	碎胡萝卜	胡萝卜	50
	低苯丙氨酸	油	20
	水解蛋白		10
15:00			
	牛奶加糖	牛奶	50
		糖	10
17:00			
	麦淀粉面片	麦淀粉	50
	碎荸荠	荸荠	50
	低苯丙氨酸	油	10
	水解蛋白		10

注：患儿18月龄左右，食谱提供能量3994.9kJ(954.8kcal)，蛋白质32g，脂肪32.4g，糖类141.3g，苯丙氨酸326.3mg

3. 苯丙酮尿症婴儿期喂养的具体实施办法有哪些？

婴儿期仍保留母乳喂养，每日母乳喂养前先给予低苯丙氨酸奶方，然后再吸母乳及补充其他营养素，6 月龄后添加水果、蔬菜、淀粉类低蛋白质食物，坚持到 4～5 岁或 10～12 岁中止饮食控制，使血中苯丙氨酸浓度维持在 30～100mg/L。

4. 苯丙酮尿症儿童什么时间添加辅食？

与普通儿童一样，从 4～6 月龄开始，先从蔬菜汁、果汁等开始添加，每次先用一种，适应了再换另一种，苯丙酮尿症儿童的哺乳期可适当延长，到无母乳时为止。

5. 苯丙酮尿症儿童的食物分类有哪些？

(1)淀粉类食物：粉条、粉丝、凉粉、藕、藕粉、马蹄、土豆、山药、白薯、木薯、芋头、南瓜等。

(2)糖类：白糖、葡萄糖、果糖、乳糖、麦芽糖等。

(3)脂肪类：各种植物油(花生油、大豆油、菜籽油、葵花籽油、香油、橄榄油、椰子油、中链脂肪酸等)、黄油、人造黄油等。

(4)炼后除去油渣的动物油：猪、牛、羊、鸡、鸭、鹅油等。

(5)低苯丙氨酸食物：水果类、蔬菜类(注意蔬菜类中的豆类，如豆角、豇豆、大豆、绿豆、芸豆等不能吃)。

(四)白血病患儿应用门冬化疗期间的营养治疗与护理

白血病是造血系统的恶性增生性疾病，其特点为造血组织中某一血细胞系统过度增生、进入血流并浸润到各组织和器官，引起一系列临床表现。在我国小儿的恶性肿瘤中，白血病发病率最高。根据白血病细胞的成熟度和病程，可分为急性和慢性两大类。急性白血病占小儿白血病的 90%以上。培门冬酶注射液和注射用门冬酰胺酶(L-Asp)常用于儿童急性淋巴细胞白血病(ALL)和恶性淋巴瘤患儿的一线治疗，一般被用于联合化疗。门冬酰胺酶含有内毒素，可引起患儿发热，恶心、呕吐、食欲减退、腹泻、头痛、头昏、嗜睡等不良反应。故儿童白血病应用培门冬酶注射液和注射用门冬酰胺酶化疗期间应注意不良反应，相应的门冬餐支持疗法能显著降低不良反应并缩短化疗时间，提高患儿化疗耐受力和生存率，显著改善白血病患儿的预后。

1. 白血病患儿门冬餐的饮食原则是什么？

白血病患儿体内分解代谢增强，摄入营养素和能量常不能满足需要，放、化疗期间易发生血钾和血钠失衡，化疗期间引起的高尿酸血症肾病可出现少尿和无尿，从而影响营养素代谢。患儿应用门冬酰胺酶化疗期间，如感觉剧烈的上腹痛并伴有恶心、呕吐，应怀疑并发急性胰腺炎。低脂饮食和系统健康教育可使L-Asp引起的胰腺损伤保持在低水平，定期测血尿淀粉酶、血糖、肝功能，并加强饮食控制，能尽可能减少胰腺炎、糖尿病等不良反应。因此，白血病患儿应用L-Asp化疗期间门冬餐的饮食原则：①低脂、低蛋白、低糖、高维生素；②选用清洁、清淡、细软、易消化的食物；③多饮水；④少量多餐、忌暴饮暴食。

2. 白血病患儿应用门冬酰胺酶(L-Asp)化疗期间的门冬餐为何选择清洁、清淡细软、易消化的食物？

白血病患儿机体抵抗力差，应给予清洁卫生的食物，避免因进食引起的感染；患儿常有消化道黏膜损伤，容易出血且出血难止，日常饮食宜细软、少渣、清淡、易消化；为改善化疗引起的患儿食欲减退，应注意食物的色香味以刺激患儿食欲。鼓励患儿在一定程度内尽可能多地摄入食物，不挑食、不偏食，摄入均衡营养，使患儿相信营养与疾病治疗关系密切；发生口腔溃疡时以半流食、流食为主，如牛奶、菜粥、豆浆、面条等。化疗期间有消化道反应时，可少食多餐或在三餐之外，增加营养丰富、易消化的小点心。

3. 白血病患儿为什么要摄入足量的水分？

白血病细胞被大量破坏，血清尿酸浓度升高，特别是化疗期间，鼓励患儿多饮水，特别是化疗引起高尿酸血症时，最好24小时持续静脉输液，使每小时尿量在150ml以上。一般来讲，患儿化疗期间每日需要饮水2～3L。为保持尿液碱性，可食用对胃肠道刺激少、较为温和的新鲜果汁、菜汁，如苹果汁、胡萝卜汁等。如患儿体质较好、消化功能无损，也可选用橙汁、西瓜汁等利尿。

4. 白血病患儿应用L-Asp化疗期间门冬餐的饮食管理有何要求？

通过严格的饮食控制和健康教育，尽可能减少门冬酰胺酶在儿童急性淋巴细胞白血病联合化疗时急性胰腺炎的发生率。

(1)严格控制期：用门冬酰胺酶(L-Asp)前3天、用药过程中、停药后5天为严格控制期，应选择清淡易消化食物，如米面类、薯类、水果、蔬菜等。

(2)饮食过渡期：为停药后第6～14天，此期从低脂、低蛋白饮食逐步过渡到普食，每天递增一种高蛋白食物。

(3)保持饮食质量稳定期：此期为停药后2周至1年，禁食高脂饮食，如油炸食物、猪油、猪肉等，避免高脂肪油腻食物对胰腺的刺激。

5. 白血病患儿应用L-Asp治疗期间出现急性胰腺炎如何处理？

饮食质量的改变，如从低脂饮食到普通饮食将会促进胰腺分泌，容易诱发急性胰腺炎。用药过程密切观察有无严重腹痛、恶心、呕吐、发热，急查血糖、尿糖、血尿淀粉酶，若出现急性胰腺炎反应，应禁食、禁水，行胃肠减压，按医嘱给予补液、镇痛药，纠正电解质紊乱。

6. 白血病患儿应用L-Asp化疗期间需要补充蛋白质吗？

门冬酰胺是合成蛋白质不可缺少的氨基酸，人体的正常细胞自然合成，而白血病细胞由于缺少合成酶，必须从细胞外摄取门冬酰胺，因此门冬酰胺酶通过水解门冬酰胺合成障碍，从而使白血病细胞生长繁殖受到抑制，导致低蛋白血症，需密切观察患儿眼睑、腹部、双侧上下肢有无水肿，按医嘱复查肝功能、肾功能，出现低蛋白血症按医嘱输注白蛋白，增加优质植物蛋白。一般来讲，白血病患儿每日蛋白质需要量为每千克体重1.2g，但是贫血和发热的患儿需适当增加，推荐食用优质蛋白质，以鸡蛋(去蛋黄)、瘦肉、脱脂牛奶、鱼、鸡脯肉等为蛋白质来源。1个鸡蛋约含6g蛋白，1杯(200ml)牛奶约含6g蛋白，50g瘦肉约含8g蛋白。

7. 白血病患儿应用L-Asp化疗期间除补充优质蛋白质外还需补充什么营养素？

要适当补充维生素和微量元素。维生素及矿物质能够调节蛋白质及能量代谢，也是癌症患者的基本营养素，由于化疗期间白血病患儿处于高消耗高代谢状态，易丢失钠、钾、钙、磷等微量元素，造成体液酸碱失衡，故应注意补充适量的富含维生素及矿物质的食物，如小麦、干果、谷类、酵母、水果及新鲜绿叶蔬菜等富含B族维生素和维生素C的食物。对于贫血的患儿，可适当食用红枣、花生、黑木耳等，对提高血红蛋白效果较好。

8. 白血病患儿应用L-Asp化疗期间出现腹泻如何选择饮食？

大多数抗肿瘤药物为抗细胞周期代谢药物，由于胃肠上皮增殖旺盛，同样也受到一定抑制作用，肠黏膜出现水肿、充血、溃疡，使患儿出现腹泻。对于这样的患儿，在遵医嘱服用止泻药的同时，建议患儿食用纤维含量少的食物，避免过量的油脂和甜食，避免吃易产气的食物，如洋白菜、豆类、碳酸饮料等。如果腹泻严重，应考虑清淡饮食，如清肉汤、过滤米汤、菜汁及果汁等。

9. 白血病患儿应用L-Asp化疗期间食用哪些蔬菜水果好？

新鲜蔬菜水果是人类平衡膳食的重要组成部分，也是我国传统膳食的重要特点之一。蔬菜水果是维生素、矿物质、膳食纤维和植物化学物质的重要来源，水分多，能量低。有的患儿化疗期间虽然吃了很多补血的营养品，但白细胞恢复速度却很慢。白血病的化疗药物同时对白细胞的杀伤力也很强，化疗后白细胞几乎接近于零，恢复主要靠大量的叶酸和维生素B_{12}，而新鲜绿叶蔬菜中的叶酸含量较高。

因此，白血病患儿最好通过补充大量的绿叶蔬菜来摄取叶酸，好让白细胞尽快恢复，新鲜的绿叶蔬菜中除含有叶酸，还有身体所需的多种维生素，对患儿来说，多吃绿叶蔬菜，既能补充叶酸又能补充维生素。

应多吃新鲜的水果、蔬菜：如芦笋、卷心菜、大白菜、菠菜、菜花、西红柿、冬瓜、南瓜、蘑菇、黑木耳、苹果、香蕉、栗子、梨、桃、草莓、猕猴桃等。

10. 白血病患儿应用L-Asp化疗期间的门冬餐都有哪些低脂食物可以食用或不能食用？

（1）多食用：绿豆芽、土豆、山药、胡萝卜、油菜、芹菜、大葱、菜花、冬瓜、黄瓜、茄子、海带、蘑菇、番茄、豆腐、粉丝、木耳、青菜等。

（2）胆固醇含量相对不高但食用适量：瘦的猪肉、牛肉、鸡脯肉、鱼类和低脂奶类。

（3）尽量不要食用：含胆固醇高的食物，动物内脏、动物脑髓、脊髓、内脏、蛋黄（每只鸡蛋蛋黄含250～300mg胆固醇），油炸食品，如薯条、汉堡、鸡翅等。

（五）肾病综合征患儿营养治疗与护理

肾病综合征是由不同病因引起的临床综合征，分为原发性和继发性两大类。

（1）原发性肾病综合征多见于儿童，其病理类型80%左右为微小病变型，即肾活检标本在光学显微镜检查正常，仅在电子显微镜下见到肾小球毛细血管上皮细胞足突融合。

（2）继发性者可见于狼疮肾炎、过敏性紫癜性肾炎及某些药物，如青霉胺、三甲双酮引起的肾炎，虽病因、发病机制可有所不同，其共同损害是肾小球基底膜通透性增高，可有下列表现：大量蛋白尿，定性（卅～卌），小儿＞100mg/(kg·24h)尿；低蛋白血症，白蛋白＜25g/L；高胆固醇血症＞6.4mmol/L(250mg/dl)；出现高度水肿，可有胸腔积液、腹水、阴囊水肿，水肿为凹陷性，与低蛋白血症、血醛固酮，抗利尿激素分泌增加有关。因此，对于肾病综合征患儿在接受药物治疗的同时，还需要进行积极的营养干预，如适量给予优质蛋白质、供给足够热能、合理限制食盐和水分、适当控制脂肪摄入、保证充足的糖类、注意微量营养素调节等，从而达到延缓病变发展，提高生活质量。

1. 肾病综合征患儿的饮食原则是什么？

肾病综合征患儿通过合理的饮食营养调理，可以减轻临床症状，改善全身营养与缓解病情，节约医疗支出，提高生命质量。患儿要积极遵从医嘱，临床医师要重视营养治疗，护士要认真做好营养护理，家属要积极配合与支持。肾病综合征患儿的饮食原则：①供给热能，需卧床休息，每日能量摄入30～35kcal/kg。②供给蛋白质，每天补充0.8g/kg为宜，一般每天不超过1.5～1.8g/kg，但需要提供高生物价蛋白质。③供给脂肪,对激素敏感的患者,若病情可望在短期内好转,脂肪可不受限制;如为难治性肾病,应限制脂肪摄入,限制吃肥肉、蹄髈等。④钠盐摄入,有水肿者,每天钠盐摄入量<2g。⑤膳食调配,可以结合中医食疗原则,进行配餐,如母鸡煮黄芪(取黄芪120g,与母鸡一同炖烂,供食用);黄芪有益气固表、利水退肿、消除蛋白尿的功能。

2. 肾病综合征患儿为何要适量选用优质蛋白质?

患儿的膳食蛋白质摄入与人体蛋白质代谢状况和尿蛋白有关。优质蛋白质膳食可提高血白蛋白水平,同时也会增加肾小球的负担,如过量摄入膳食蛋白质有可能促进肾小球硬化的进展。一般以0.8~1.0g/(kg·d)加上尿蛋白丢失量(g/d)作为供给参考量,以纠正低蛋白血症,改善水肿程度。由于优质蛋白质摄入后还存在人体吸收的程度差异,因此要注意对患儿的肾功能与人体的白蛋白水平进行评估。患儿的膳食蛋白质供给量要兼顾其生长发育的需要,可适当增加30%~50%,但应密切观察相关指标。

3. 肾病综合征患儿如何供给足够热能?

患儿的日能量尽量做到充足,原则上住院患儿按30~35kcal/(kg·d)供给。由于患儿多有消化道症状,进食量受到一定影响,需要提高一日三餐主食的质量和品种,做到多样化合理搭配,副食要做到色、香、味、形、营养齐全,必要时可安排适量加餐。

4. 为什么肾病综合征患儿要合理限制食盐和水分?

合理限制食盐饮食是有效减轻水肿的措施之一,根据患儿的全身病况与实验室检测指标,可采取不同量的食盐摄入,要全面了解临床及用药情况,如有无高血压、水肿程度、采用糖皮质激素的用量、利尿药的选择等。

5. 肾病综合征患儿为什么要保证充足糖类?

患儿的病情不可摄入较多的蛋白质和脂肪,故要适当增加糖类的摄入量,相应提高在总能量中的比例,可达到70%。鼓励患儿选用适量的可溶性膳食纤维,有助于调节脂代谢。

6. 肾病综合征患儿如何注意微量营养素的平衡?

患儿的病情不允许摄入较多的蛋白质和脂肪,相对就减少了某些维生素,如维生素A、维生素D与维生素E的摄入。由于限制钠的摄入和使用利尿药,又容易发生钠、钾、钙与锌的失衡。患儿的食欲减退,减少蔬菜、水果类的摄入量,可能会导致维生素C的摄入不足,必要时要用药物补充。

7. 肾病综合征患儿宜选哪些食物?

谷类食物、米面、米线、面条、馒头等;蛋类,如鸡蛋、鸭蛋、鹌鹑蛋等;畜禽瘦肉、蔬菜和水果及各种植物油均可选用。

8. 肾病综合征患儿应少选或忌选哪些食物?

如咸菜、泡菜、咸蛋、松花蛋、醋大蒜、什锦菜等腌制食品;如干辣椒、芥末、白胡椒、黑胡椒等辛辣食物;富含饱和脂肪酸和胆固醇食物,如肥肉、动物脑、鱼子、蟹黄等(表5-6)。

表5-6 肾病综合征患儿的食谱举例

时间点	内容	食物	重量(g或ml)
7:00	粥	大米	50
9:00	煮蛋	鸡蛋	50
	甜藕粉	藕粉	40
		白糖	30
11:00	饺子(白菜肉馅)	面粉	100
		猪肉	50
		小白菜	100
	糖拌黄瓜	黄瓜	250
		白糖	40
14:00	水果	香蕉	100
17:00	米饭	大米	100
	粉皮烩鸡	鸡肉	25
	番茄汤	粉皮	100
		番茄	150

注:可提供总能量8400kJ(2037.8kcal),蛋白质48.3g,脂肪51.5g,糖类346.3g

(六)药物难治性癫痫患儿的营养治疗与护理

癫痫是大脑神经元突发性异常放电导致短暂的大脑功能障碍的一种慢性疾病。而癫痫发作,是指脑神经元异常和过度同步化放电所造成的临床现象,其特征是突然和一过性症状。患儿经过2种或2种以上抗癫痫药物系统正规治疗,不能有效控制发作,称为儿童药物难治性癫痫。在这种情况下,患儿可选择生酮饮食疗法治疗。生酮饮食疗法是指用高脂肪、低蛋白和低糖的饮食配方,通常脂肪:(蛋白质+糖)的比例为4:1,通过大量脂肪摄入,使体内产生酮体,逐渐形成慢性酮症状态,从而对惊厥产生抑制作用。国际上普遍认为新型抗癫痫药物仅对30%~40%的难治性癫痫儿童有效,而生酮饮食对50%~80%的难治性癫痫儿童有效,30%的儿童可减少90%的发作,10%~20%的患儿可完全控制发作,故其疗效类似或略高于当下任何一种新型抗癫痫药。

1. 药物难治性癫痫患儿的饮食原则是什么？

药物难治性癫痫，即为先后单一使用两种以上的一线抗癫痫药物且均已达到最大耐受剂量，用药时间合理而治疗无效的癫痫。此时，药物难治性癫痫患儿通过使用高脂肪、低蛋白和低糖的生酮饮食疗法，调整合理的膳食结构，对减少癫痫发作起着至关重要的作用。药物难治性癫痫患儿的饮食原则：精确选择所需脂肪；严格控制糖类、蛋白质和纤维素及液体总量的摄入；食用特定的食品；限制"自由"食品的摄入；周密的饮食计划；按需调节生酮饮食的饮食比例；合理的热量摄入。

2. 药物难治性癫痫患儿应如何选择脂肪种类？

并不是所有的脂肪都是一样的。一个难以产生足够酮体的患儿可能需要特殊的脂肪来调节他的饮食。减少或者是去除密度低的脂肪，如黄油和蛋黄油，而用菜籽油、亚麻籽油，橄榄油或是中链三酰甘油油(MCT 油)来代替。中链三酰甘油油可以更有效的代谢而产生更好的酮症状态。使用中链三酰甘油油仅作为脂肪允许量的一部分，因为当进食大量的中链三酰甘油油的时候，它通常引起胃肠道不适(如腹泻或呕吐等)。建议尽可能地使用那些每克含有高脂肪、小量或者是无蛋白质和糖类的非饱和油脂亚麻籽油，亚麻籽油是最好的、有利于心脏健康的选择(表5-7)。当使用 MCT 油的时候，对于那些需要达到更好的酮症状态的患者，开始时每餐 5g 或是每天 15g。在能够耐受的情况下可以慢慢加量，直到达到控制癫痫发作而维持最小的不良反应。

表 5-7　不同油类所含的营养成分

油种类	重量(g)	蛋白质(g)	脂肪(g)	糖类(g)	热量(kg)
黄油	100	1.4	98.0	0.0	888
奶油	100	0.7	97.0	0.9	879
玉米油	100	0.0	99.2	0.5	895
橄榄油	100	微量	99.9	0.0	899
菜籽油	100	0.0	99.9	0.0	899
芝麻油	100	0.0	99.7	0.2	898
花生油	100	0.0	99.9	0.0	899
中链三酰甘油(MCT)油	100	0.0	92.7	0.0	834
红花油	100	微量	99.9	0.0	899

3. 药物难治性癫痫患儿怎样控制糖类和纤维素的摄入？

(1)生酮饮食中最常见的问题是患儿进食了错误数量或者是错误比例的食物：

患儿在生酮饮食刚开始，除了面对癫痫发作之外，还会有其他零食的诱惑，这时候就需要家长的督促和耐心的指导，配餐的时候，家长可能因某些食物容易配成生酮饮食比例或营养丰富而重复使用，但患儿有时会对同样的食物感到厌倦，要求新的食物。一般情况下，建议家长不要让生酮饮食者食用半成品或加工产品，因为这些食物的成分不明、营养成分也不明。如要将新食物加入到日常食谱，家长需要仔细地调整食物重量以符合生酮比例，特别是一些“无糖”食物，要留意它们的糖类含量，避免使用任何含有糖醇类的食物。

(2)生酮饮食严格控制了糖类和蛋白质的摄入。换而言之，在饮食上，蔬菜和禽肉类都需要严格地限制，所以摄入纤维素和微量元素就大幅减少。要维持正常的身体功能，患儿服用无糖营养补充剂是必要的。纤维素的摄入方面，家长应当选择低糖类高纤维素的食物，低糖类能让患儿在有限的控制范围吃得更多，高纤维能促进胃肠道功能和增加饱腹感。

4. 为什么药物难治性癫痫患儿要控制液体总量?

液体的限制是传统生酮饮食的一部分，生酮饮食者的液体限制大约每天低于120ml/kg。液体的摄入对维持正常的生理功能十分重要。如果摄入太高，则不利于生酮饮食，容易造成体内酮体波动，太少则会容易引起肾结石。建议患儿将定量的液体少量多次分配在一天里饮用，而不要大量少次地分配，因为一次性喝大量液体，容易造成酮体波动，容易发生抽搐。当然，根据天气季节可以适当地增加液体摄入量，譬如在夏天炎热的季节，但也要注意每次饮水量不要超过120ml。如果液体量不够的话，患儿可能会出现脱水。脱水的表现包括口唇和皮肤干燥、尿量减少、眼窝内陷和嗜睡。多数有关口渴的现象和酸中毒可以通过增加液体的摄入量来解决。通常增加每天每千克体重10～20ml液体，直到这些现象得到解决。生酮饮食营养师可以根据监测患儿的体重、尿量、尿比重和酮体水平来确定合适的液体补充水平和液体需要量。

5. 为什么药物难治性癫痫患儿要食用特定的食品?

同一种类的食品，其营养成分的含量是有所不同的，而这些不同对于某些患儿可能影响到癫痫发作控制。如每种水果中的糖类含量一般是不同的，可以是每100g含有7.1g(草莓)，也可以是每100g含有10.3g(紫葡萄)。新鲜的肉类甚至有更大的差别。100g五花猪肉含有13.6g蛋白质，而100g猪蹄筋含有35.3g蛋白质。由于这个原因，肉类在按照类别列出的菜单上并不可以相互调换。对于许多患儿来说，这些指标的变更并不重要，但是对于某些患儿，就可能导致酮体水平的波动。所以，当一个孩子需要精细调节的时候，我们尝试使用确切的食物而不是食物种类来计算他们的食谱。应用配餐软件来计算患者的饮食可以使酮症状态和癫痫发作控制更理想。成品食物的应用(例如香肠和熟食肉类)可能会引起酮体的降低而引起抽搐次数的增加,这些食物的营养成分很难监测,它们的食品标签并不是十分的准确,通常含有高糖类和钠,而且相对含有较低的蛋白质,这些因素不仅使它们不能维持理想的酮体水平,而且也不能够提供足够的蛋白质。所以,当为有抽搐发作的患儿精细调节生酮饮食的时候,家长要避免使用成品食物 1 个月,以观察这是否是一种诱发因素。

6. 为什么药物难治性癫痫患儿要控制“自由”食物的摄入?

在生酮饮食上,没有任何的食物是真正“自由的”,是不受限制的。那么通常所提到的“自由”食品是那些偶尔进食少量而不用计算到日常的生酮饮食食谱计划中的食品。自由食物,包括 25g 的莴苣菜,1 个核桃,1 个澳大利亚坚果或是 3 个成熟的(黑色的)橄榄。大多数其他的食物,如无糖果冻或任何以糖类为主的零食都不能够在没有包含在饮食计划中的情况下进食。任何在饮食计划以外添加的食物都可能改变癫痫发作的控制状态。每日进食“自由”食品的患儿可能会发现这些不受约束的食品能够影响发作的控制,对于那些在使用生酮饮食的时候仍然继续发生抽搐的患儿,在精细调节的阶段,自由食品应该首先受到限制。

7. 药物难治性癫痫患儿该如何制订饮食计划?

使用生酮饮食的患儿的饮食中几乎没有糖类,而且摄入较少的热量,所以他们实质上没有储存的糖原。因此,他们依靠脂肪作为他们的能量来源。进食时间的安排对于生酮饮食者是比较讲究的,首先要求他们饮食时间相对固定,要有按时进餐的习惯,防止酮体的波动;其次是安排好每餐之间的时间间隔,酮体在身体内会逐渐消耗,进食时间间隔过长使患儿没有足够的能量储存来维持酮症状态。为了保证生酮饮食的治疗效果,生酮饮食者应培养健康的作息时间,形成好的睡眠习惯,有利于生长激素的分泌,有助于身体免疫系统抵御机制的形成(表 5-8)。

表 5-8　药物难治性癫痫患儿饮食计划表

时间点	餐次	热量比例	食物
07:30	早餐	热比 30%	生酮营养粉(+肉碱胶囊)
12:30	午餐	热比 30%	配餐或生酮营养粉
13:00	补充		服用钙磷营养补充剂
17:30	晚餐	热比 30%	配餐或生酮营养粉
18:00	补充		服用钙磷营养补充剂
临睡前	夜宵	热比 10%	生酮营养粉

8. 药物难治性癫痫患儿该如何调节生酮饮食比例?

调节生酮饮食的比例[脂肪∶(蛋白质+糖类)],增加脂肪的摄入,以达到增加酮症的目的,从而得到较好地控制效果。如果患儿持续发生抽搐,而经过细心的检查没有发现原因,就可以考虑增加生酮比例。每次增加这种比例半个点,从3∶1到3.5∶1,或者从4∶1到4.5∶1。5∶1的生酮饮食有时候可以使用几个月的时间,但是因为它的限制多,而且几乎没有营养,所以建议这个比例不要持续超过6个月。最好使用最低比例的生酮饮食从而达到深度的酮症状态和控制抽搐。

生酮比例在精细调节期间可以降低的情况:①患儿变得厌食或不愿进食的时候;②处于过度酸中毒的时候;③产生有消化问题的时候。多数年龄较大的儿童从4∶1饮食开始,然后在使用了1年的生酮饮食后生酮比例可以缓慢地降低,幼龄儿童通常由3∶1饮食开始,以充足的蛋白质来保证生长发育。

9. 药物难治性癫痫患儿应如何对热量的摄入及分配进行调节?

住院期间,患儿使用的是成分稳定、比例严格控制在脂肪∶蛋白质+糖类比例为4∶1的生酮粉,患儿酮体保持平稳,控制发作的效果明显。出院后,家长配餐时最常见的错误是对患儿热量需求的估计不正确,主要是对热量估计过高。热量摄入过高就意味着抽搐虽然减少,但是没有在住院时控制得那么好。家长对于热量的定量可能基于同龄儿童的平均身高、体重和平均水平的活动量。然而,生酮饮食者常常是那些运动和智力都有些障碍,使他们需要的热量要比一般健康人少很多。所以,如果发现患者在最初的热量水平下,增加了体重,那么就必须减少相应的热量了。假如一个儿童的体重在1个月减少了0.45kg,计算显示大约需要在每日的饮食中增加100kcal的热量。进食这些额外的热量,儿童应该可以在1个月内恢复他失去的体重。一旦儿童达到了合适的热量摄入水平,体重的增加和减少就会停止。请记住:没有任何的两个儿童是完全一样的。每一个儿童的基础代谢率都是不同的,而活动量就更不一样了,在每一个例子中,明显的体重增加或减少就表示了热量的摄入需要调整。如果家长觉得对患儿摄入的热量把握不准确的话,可以咨询专业营养师,让营养师根据患儿的情况调整热量。

10. 如何应对药物难治性癫痫患儿拒食?

由于生酮饮食常开始于粉或乳剂成品,有些乳剂成品口味单一,患儿可能在数日后发生拒食。此时需要家长的鼓励和增加食物的味道来增加患儿的食欲。而健酮系列的生酮营养粉除了按照4∶1比例调配,更配备多种不同口味的无糖调味剂生酮伴侣,或者用蛋糕机将生酮营养粉做成小蛋糕,或者增加一餐蒸蛋,完全解决了由于口味单一而引起的拒食问题。

举例见表 5-9。

表 5-9 生酮饮食(3 岁,1000kcal)

时间	餐次	热量	计划食谱	食谱原料及用量
第一天	禁食			
第二天	晚餐	111kcal	葱香鸡蛋	鸡蛋 35g,葱 2g,盐适量,油 6.7g(用足量油煎成鸡蛋皮)
第三天	早餐	111kcal	肉末生菜	猪肉末 30g,生菜 4g,油 2g
	午餐	111kcal	葱香鸡蛋	鸡蛋 35g,葱 2g,盐适量,油 6.7g(用足量油煎成鸡蛋皮)
	晚餐	222kcal	氽肉丸	猪肉末 55g(肥点的),拌入鸡蛋清 7g,油 2g,盐适量
第四天	早餐	222kcal	西葫芦鸡蛋	鸡蛋 80g,西葫芦 7g,盐适量,油 6.7g(用足量油煎成鸡蛋皮)
	午餐	222kcal	煎肉饼	猪肉末 53g,拌入鸡蛋清 7g,油 2g,盐适量
	晚餐	333kcal	氽肉丸	猪肉末 80g(肥点的),油 2g,盐适量
第五天	早餐	333kcal	葱香鸡蛋	鸡蛋 2 个,葱 4g,盐适量,油 6.7g(用足量油煎成鸡蛋皮)
	午餐	333kcal	肉末黄瓜	猪肉末 67g,黄瓜 7g,油 7g,盐适量
	晚餐	333kcal	氽肉丸	猪肉末 80g(肥点的),油 2g,盐适量
第六天	早餐	333kcal	莴苣叶炒肉丝	猪肉(肥瘦)65g,莴苣叶 20g,油 6g,盐少许
	午餐	333kcal	瓜片炒鸡蛋	鸡蛋 100g,黄瓜 50g,油 20g,盐少许
	晚餐	333kcal	煎肉饼	猪肉末(肥瘦)65g,拌入鸡蛋清 10g,油 6g,盐适量

十五、基因疾病与营养

随着现代医学的不断进展,全基因组测序 GWAS 取得了骄人的成绩,发现了大量遗传疾病的易感位点和区域。研究证明,饮食是调控某些基因疾病表现型的重要影响因素。通过对某些基因疾病进行饮食调控,可有效预防和治疗相关疾病。

(一)常见单基因遗传疾病与饮食调控

1. 苯丙酮尿症患者为什么限制苯丙氨酸摄入?

苯丙酮尿症是一种常染色体隐性遗传造成的苯丙氨酸羟化酶缺乏症,临床医师可以通过饮食调节治疗。苯丙氨酸是一种在所有蛋白质食物中都有的必需氨基酸，苯丙氨酸羟化酶在四氢生物蝶呤辅助下，将苯丙氨酸转换成酪氨酸。由于苯丙氨酸羟化酶基因突变导致活性降低或丧失，苯丙氨酸转化为酪氨酸和正常代谢产物减少，血苯丙氨酸含量增多，进入旁路代谢，产生大量的苯丙酮酸、苯乳酸及苯乙酸等旁路产物，由尿和汗排出，产生苯丙酮尿。若不及时治疗，高浓度的苯丙氨酸及其异常代谢产物在血液中蓄积，造成脑组织不能逆向损害，从而影响患儿智力发育。因此，苯丙酮尿症患者可以通过给予苯丙氨酸限制饮食进行治疗。一般食物，如大白菜、土豆、羊肉等含苯丙氨酸较少，以及特殊制备的低苯丙氨酸水解蛋白。

2. 乳糖不耐症患者饮食怎么选择？

乳糖是哺乳动物乳汁中特有的糖类，乳糖在消化时可以生成一分子葡萄糖和一分子半乳糖，由于葡萄糖和半乳糖都是单糖，其吸收速度远远大于乳糖，更便于人体消化利用，并可避免人体饥饿时将牛奶中蛋白质作为能源消耗掉。据调查，我国成年人有88.9%存在乳糖酶缺乏。乳糖不耐症患者由于体内缺乏分解乳糖的乳糖酶，无法有效分解掉牛乳制品或是其他食物中含有的乳糖，致使未能分解的乳糖在回肠末端、结肠被细菌发酵，产生气体，引起腹胀、排气；有时，乳糖还可以直接或间接地升高肠道中内容物的渗透压，引起渗透性腹泻、腹痛等症状。因此，携带LPH基因突变者应避免摄入含乳糖食物。可采用低乳糖牛奶加工成的巴氏杀菌乳、乳粉等。对成年人来说，酸奶是个不错的替代品，酸奶中的乳酸菌可以帮助人体消耗掉大量乳糖，各种益生菌也有助于改善肠道功能。

3. 家族性高胆固醇血症饮食怎么选择？

家族性高胆固醇血症是常见的遗传性脂蛋白代谢紊乱，是位于19号染色体编码低密度脂蛋白受体基因的一个多基因突变，该突变导致功能性低密度脂蛋白受体数量减少，造成血浆低密度脂蛋白吸收缺陷和血浆中低密度脂蛋白胆固醇水平显著升高。可使患者动脉壁上形成胆固醇堆积，导致动脉硬化和心血管疾病。因此，临床医师建议通过给予低脂、低热量等的合理饮食、控制体重等因素可预防该病的发生。

4. 半乳糖血症患者饮食怎么选择？

半乳糖血症是一种遗传代谢缺陷病，因为缺乏参与半乳糖代谢转化为葡萄糖的三个主要酶(半乳糖-1-磷酸尿苷酰转移酶、半乳糖激素、尿苷二磷酸半乳糖-4-差向异构酶)中的其中一种酶。这种缺陷常常在新生儿期发生，伴随生长发育迟滞、喂养困难和长期结合高胆红素血症。对于此类患者，要实施乳糖/半乳糖限制饮食，否则会导致致命后果。需要终身避免正常的牛奶或奶制品，母乳喂养和牛奶婴儿饮食是禁忌，应使用不含乳糖的产品替代。

(二)多基因遗传疾病与饮食调控

1. 2型糖尿病患者饮食怎么选择?

2型糖尿病(T_2DM)是一种最常见的内分泌代谢疾病,病因不是十分明确,现一般认为是强烈的遗传或为多基因遗传异质性疾病,目前已发现20多个候选基因,如胰岛素基因、胰岛素受体基因、胰岛素受体底物-1基因、葡萄糖转运蛋白基因、葡萄糖激酶基因、糖原合成酶基因、β3受体基因及线粒体基因等与2型糖尿病有关联,在环境因素的触发下发病。其危害较大,累及全身各个组织器官,主要包括大血管(如心血管、脑血管、肾血管和四肢大血管)、微血管(如糖尿病肾病和糖尿病视网膜病变)和神经病变(如自主神经和躯体神经等)等。

糖尿病高血糖的治疗一般包括合理运用糖尿病教育、饮食治疗、运动疗法、药物治疗及自我监测等多种手段严格控制。饮食是治疗糖尿病的先决条件,也是最重要的一环。少吃多餐,既保证了热量和营养的供给,又可避免餐后血糖高峰。糖类食物要按规定吃,不能少吃也不能多吃,要均匀地吃(糖类是指粮食、蔬菜、奶、水果、豆制品、硬果类食物中的糖分)。吃"糖尿病食品"的量与吃普通食品的量要相等,"糖尿病食品"是指用高膳食纤维的粮食做的,如荞麦、燕麦,尽管这些食物消化吸收的时间较长,但最终还是会变成葡萄糖。以淀粉为主要成分的蔬菜应算在主食的量中,这些蔬菜包括土豆、白薯、藕、山药、菱角、芋头、百合、荸荠等。除黄豆以外的豆类,如红小豆、绿豆、蚕豆、芸豆、豌豆,它们的主要成分也是淀粉,所以也要算作主食的量。不能用花生米、瓜子、核桃、杏仁、松子等硬果类食物充饥。多吃含膳食纤维的食物,少吃盐,少吃含胆固醇的食物。血糖控制较好的患者,可以吃含糖量低的水果,如苹果、梨子、橘子、橙子、草莓等,但量不宜多。吃水果的时间应在两餐之间血糖低的时候。西瓜的糖分吸收很快,故尽量不吃。香蕉中淀粉含量很高,应算主食的量,糖尿病患者千万不要限制饮水。

2. 高同型半胱氨酸血症患者饮食怎么选择?

遗传性高同型半胱氨酸血症是由于多种形式的基因缺陷导致血浆同型半胱氨酸水平升高所造成的一种少见易栓症,呈常染色体隐性遗传,临床表现以动脉粥样硬化和动脉血栓形成为主,静脉血栓相对少见。血浆同型半胱氨酸(Hcy)是蛋氨酸代谢过程的一个中间产物,血浆Hcy浓度增高是动脉和静脉血栓形成的一个危险因子,约占血栓形成发病率的10%。高同型半胱氨酸血症是动脉粥样硬化和冠心病的一个独立危险因素。目前发现编码MTHFR、CBS、MS酶的基因发生碱基突变或插入、缺失,引起相应的酶缺陷或活性下降。环境营养因素指代谢辅助因子,如叶酸、维生素B_6、维生素B_{12}缺乏,这些因子在同型半胱氨酸代谢反应中为必需因子，均可导致高同型半胱氨酸血症的发生。

许多研究已经证实冠心病患者血浆同型半胱氨酸升高及血清叶酸、维生素B_6、维生素B_{12}水平下降。高动物蛋白饮食中甲硫氨酸含量较高，摄入过多易引起Hcy水平升高，蔬菜和水果中叶酸和维生素B含量高，往往有助于降低Hcy水平。药物中，如长期口服避孕药的女性易致维生素B_6缺乏，氨甲蝶呤、三乙酸氮尿苷等抗肿瘤药物由于抑制叶酸代谢可引起同型半胱氨酸水平升高，而青霉胺可降低血浆Hcy水平。高同型半胱氨酸血症的治疗其实很“简单”，主要就是补充叶酸、维生素B_6和维生素B_{12}。而这些又是人体必需的营养元素，日常饮食就可获取，如绿叶蔬菜、水果、坚果、蛋、豆类、酵母及动物肝和肾中富含叶酸，瘦肉、花生、糙米、绿叶蔬菜、香蕉等食物中富含维生素B_6，肉类、动物内脏、鱼、禽、蛋、贝类中富含维生素B_{12}。所以，治疗高同型半胱氨酸血症，关键要调整饮食。应适当多吃绿叶蔬菜、水果、动物肝和肾等，少吃红肉、白肉、豆类、海产品等，因为这些食物富含蛋氨酸，多吃糙米、全麦食物等粗粮。此外，应戒烟限酒、少吃盐(每日不超6g)、少喝咖啡等。对于中重度高同型半胱氨酸血症者，在调整饮食的同时，还可在医师指导下进行“药物”治疗，即补充叶酸、维生素B_6、维生素B_{12}制剂。这些维生素片价格较便宜，而且是人体必需营养，长期适量服用安全可靠。

3. 高尿酸血症患者饮食怎么选择?

原发性高尿酸血症的确切发生机制未完全清楚，现场和遗传流行病学研究证实与环境和遗传因素相关，是由基因和环境综合作用所致。报道的与之相关基因主要包括:尿酸转运蛋白基因，Leptin基因、ApoE基因、尿调素基因等。另外，与嘌呤代谢过程中某些酶基因突变、酶活性改变导致尿酸生成过多有关。环境因素主要涉及生活方式、饮食习惯、文化与职业等方面，如活动较少、高嘌呤、高蛋白、高热量饮食及酗酒等都为原发性高尿酸血症的诱发因素。近年来随着人们生活水平的提高和饮食结构的改变，原发性高尿酸血症的发病率明显增高，且与肥胖、糖尿病、血脂异常、高血压、心血管病及胰岛素抵抗、代谢综合征等代谢性疾病密切相关。

高尿酸血症患者饮食中要注意，不含嘌呤的是可以吃的，如水果、蔬菜、牛奶、鸡蛋等。而且宜多饮水，以利于血尿酸从肾排出。戒酒，尤其是啤酒，避免进食含高嘌呤饮食。动物内脏、骨髓、海味等含嘌呤最丰富；鱼虾类、肉类、豌豆、菠菜等亦含有一定嘌呤，也应该少吃。通过饮食调节一般就能够好转、控制住症状和防止发作。

4. 冠心病患者饮食怎么选择?

冠状动脉粥样硬化性心脏病(简称冠心病)包括心肌梗死，是一种全球性的常见的致死致残性疾病。已有许多研究发现多个 SNPs 与冠心病易感性相关。目前的研究普遍认为冠心病等心血管病是多因素疾病,是多个易感基因的 SNPs 微效作用的累加,并与环境因素共同作用而发病。在冠心病发病的危险因素中,最主要的是高血压、高胆固醇血症、吸烟;其次是肥胖、糖尿病及精神神经因素;还有一些不能改变的因素,如家族遗传史、年龄、性别(男性)等。从上述因素看,冠心病的发病同饮食营养因素有直接或间接关系,因此注重合理营养是防治冠心病的重要措施之一。

控制热量,保持理想体重。控制脂肪摄入的质与量。许多研究证明,长期食用大量脂肪是引起动物动脉硬化的主要因素。而且还证明脂肪的质对血脂的影响更大,饱和脂肪酸能升高血胆固醇,多不饱和脂肪酸则能降低血胆固醇,一般认为膳食中多不饱和脂肪酸、饱和脂肪酸、单不饱和脂肪酸之比(p∶s∶m)以 1∶1∶1 为宜,应多选用豆类及豆制品,这样既可保证优质蛋白质供给,又能提供必需脂肪酸,避免动物性食品饱和脂肪酸和胆固醇的过多摄入,而且黄豆等还含卵磷脂及无机盐,对防治冠心病有利。膳食胆固醇含量对体内脂质代谢会产生一定影响,应适当加以控制,尽量少用动物肝、脑、肾、鱼子、墨斗鱼、松花蛋等含胆固醇高的食物,以及含饱和脂肪酸高的食品,如肥肉、动物油脂、黄油、奶油等。可多选用水产鱼类,因其蛋白质优良,易消化吸收,且对血脂有调节作用,与畜肉类食品相比更适合老年人特点,对防治冠心病有利。控制食糖摄入。糖类是机体热能的主要来源,糖类摄入过多,可造成热量摄入超量,在体内同样可转化生成脂肪,引起肥胖,并使血脂升高。因此,要严格控制糖类摄入总量,尤其是控制食糖摄入量,一般以不超过总热量的 10%为宜。适当增加膳食纤维摄入,膳食纤维能吸附胆固醇,阻止胆固醇被人体吸收,并能促进胆酸从粪便中排出,减少胆固醇的体内生成,能降低血胆固醇,故在防治冠心病的膳食中,应有充足的膳食纤维。提供丰富的维生素,如新鲜蔬菜、水果。维生素 C 能促进胆固醇生成胆酸,从而有降低血胆固醇作用;还能改善冠状循环,保护血管壁。维生素 E 具有抗氧化作用,能阻止不饱和脂肪酸过氧化,保护心肌并改善心肌缺氧,预防血栓发生。保证必需的无机盐及微量元素供给,碘能抑制胆固醇被肠道吸收,降低胆固醇在血管壁上的沉着,故能减缓或阻止动脉粥样硬化的发展,适当增加海产品,如海带、紫菜、海蜇等,以便为机体提供丰富的碘,可降低冠心病发病率。少量多餐,切忌暴饮暴食,晚餐也不宜吃得过饱,否则易诱发急性心肌梗死。禁饮烈性酒,乙醇能使心率加快,能加重心肌缺氧,故应禁酒。

5. 母系遗传高血压患者饮食怎么选择?

高血压是持续血压过高的疾病,会引起卒中、心脏病、血管瘤、肾衰竭等疾病,可伴有心脏、血管、脑和肾等器官功能性或器质性改变的全身性疾病。高血压发病的原因很多，与遗传和环境两个方面相关。其中母系遗传性高血压患者一般呈家族母系遗传倾向，目前研究除了与核基因突变相关，线粒体基因突变在其中，发病年龄较早，危害较大。对于有此类遗传倾向的家族，要尽早发现、尽早治疗，在发病前积极预防是很有必要的，可以延缓发病年龄、减少靶器官损伤。

饮食治疗在高血压预防和治疗过程中具有重要作用。饮食需要适时定量，不饥不饱，不暴饮暴食。盐的摄入量与高血压呈正相关，世界卫生组织规定每人每天摄盐量不得超过6g，这里的6g不仅指食盐，还包括味精、酱油等含盐调料和食品中的盐量。控制体重，适量运动，最好是做有氧运动，才会有帮助。有氧运动同减肥一样可以降低血压，如散步、慢跑、太极拳、骑自行车和游泳都是有氧运动。多吃防治高血压的食物，如菌类、叶菜类、根茎类。宜多吃含优质蛋白和维生素的食物，如鱼、牛奶、瘦肉、鸡蛋、豆类及豆制品。多吃些含钾丰富的食物，如油菜、菠菜、小白菜及西红柿等，吃含钾的食物不仅能保护心肌细胞，还能缓解吃钠太多引起的不良后果。但高血压并发肾功能不全时，则不宜吃含钾多的食物，否则会因少尿而引起体内钾积蓄过多，导致心律失常以致心脏骤停。戒烟限酒。

6. 营养学与基因学如何相互结合?

随着新技术的发展，基因组学、蛋白质组学、代谢组学及生物信息学技术已经为基因与营养相互作用机制在细胞、个人和大众水平的研究上提供了便利。在这些技术推动下，营养学引进了新的概念“营养基因组学”，将营养与基因发生联系在一起，研究遗传变异对饮食和疾病之间相互关系的影响。通过制定面向个人的考虑到特定食物或饮食的好处或者危害的推荐食谱，来达到使用食物来预防、延缓或治疗疾病的进展。目前一些研究表明，心血管病和癌症的基因与饮食之间具有密切联系，未来人们可以通过读取储存在基因中的信息，从而通过饮食营养等主动行为来获得健康发展，而营养学将在此过程中发挥越来越重要的作用。

第6章
综合业务能力

一、服务策略

1. 患者对膳食的要求包括哪些方面?

患者对膳食的要求主要体现在膳食的科学合理、口味适合、价格公道。具体体现在膳食上表现为膳食医嘱能符合患者现有病情;膳食的质量及口味能符合患者喜爱的口味;膳食的价格标准能符合现有市场价格的要求。营养配膳员需要对患者明确解释医院膳食与普通餐饮的区别与相同之处,医院膳食以患者恢复为主,兼顾口味上的需求。

2. 什么是患者消费心理?

患者消费心理为患者在订购膳食及接受服务过程中的一系列的心理活动和心理特征。心理活动是影响患者对膳食及营养配膳员满意程度的诸多因素中的基本因素,营养配膳员站在患者的角度思考患者的需求,了解患者消费心理,满足患者合理需求,提升患者入院期间满意程度。

3. 消费需求主要表现为几个层次?

1954年美国著名心理学家马斯洛在其《动机与个性》一书中,绘制了需求层次图,并明确提出需求层次论。

主要分为五个层次:①生理需求(如对食物、水、空气、住房的需求);②安全需求(如对保护、秩序、稳定的需求);③社会需求(如对爱情、友谊、归属的需求);④尊重的需求(如对威信、地位、自我尊重的需求);⑤自我实现的需求(发挥潜能、实现理想的需求)。

4. 患者的饮食消费需求体现在哪个层次?

患者的饮食消费行为为几种需求交织在一起,不仅仅单一的需求。营养师根据患者病情所提供的治疗膳食，首先满足了患者的基本生理需求，其次治疗膳食能够遵守膳食医嘱和治疗原则，对患者病情好转及身体康复起到至关重要的作用，达到了患者追求质量和安全感的目的，体现了安全需求；最后患者对良好的服务态度及收费的规范性及透明度要求，体现了尊重的需求。营养配膳员要根据患者不同层次的需求，以患者为中心，在言行中真正做到充分尊重患者的人格和意愿，提供多样性服务，只有这样才能得到患者充分的理解、支持和配合。

5. 科学适宜的膳食对患者病情有什么好处？

住院患者所患疾病的种类、病因、病情、病程和治疗手段不同，对营养物质的消化吸收功能有别。所以根据不同的病情，选择恰当的膳食种类，尽量做到既适合特定病情需要，符合特定营养原则，又有助于患者的病情的康复。

6. 严格遵守膳食医嘱的重要性是什么？

膳食医嘱是临床医师根据患者的病情变化和个人情况，所开具的相应医嘱。由于患者身体不适，而不再适宜于往日的膳食，例如高血压患者需要限制盐的摄入量，严格遵守低盐饮食，然而所提供的膳食表现为淡而无味，患者则会希望更改为普食或者点餐。此时营养配膳员需要注意严格遵守膳食医嘱，不擅自更改患者饮食，明确为患者解释治疗膳食更有利于患者身体康复。从膳食食谱上可通过糖醋汁、番茄汁、芝麻酱等改善菜肴的口感。

7. 不同伙食标准适应什么样的患者？

医疗收费现实行自费、军队体系、地方医保等，就伙食费用来说，军队现役军人在军队医院看病，在体系之内都是免费的，住院期间的伙食费用也是按照军人的身份登记享受伙食费用补贴；普通人群看病按标准收取费用，住院期间的伙食费用全部自行承担。

8. 专业的营养配膳员为什么能得到患者的信任？

营养配膳员在患者住院期间负责患者的配餐服务，包括为患者订餐、送餐和膳食服务咨询等。因此，营养配膳员的自我形象、言语表达能力和沟通能力、服务意识、服务态度、爱伤观念和责任心都会直接影响到患者对餐饮服务的满意度和信任程度，而专业的营养配膳员在以上方面做到最好，往往能得到患者的信任与爱护。

9. 如何体现营养配膳员的专业性？

营养配膳员应提升自我形象，做到岗位要求的标准与准则；增强言语表达能力和沟通能力，规范文明用语，与患者及医护人员良好沟通；提高服务意识、服务质量，将配膳工作做到患者满意放心；加强爱伤观念和责任心，将患者当做自己的亲人，照顾好每一位患者的饮食需求。

10. 为什么要求营养配膳员配膳过程准确无误？

住院患者的用餐时间、用餐种类是由营养配膳员掌握的。在配膳过程中，营养配膳员不准时配膳会造成住院患者用餐时间间隔不一致，不利于患者病情恢复。对于不同膳食医嘱的患者，营养配膳员如果弄错相应的膳食，会加重患者病情也不利于接下来的治疗与恢复。所以要求营养配膳员在配膳过程中需要做到准确无误。

11. 优秀的服务态度对患者的心情及病情有什么影响？

入院患者由于身患疾病会处于心情压抑的状态，良好的服务态度、服务意识，把患者当做家人，往往使患者有被尊重、被认同的感觉，更有利于患者的康复。

12. 营养配膳员需要做到何种服务态度？

营养配膳员需做到以患者为中心，根据患者的饮食习惯、口味喜好和疾病治疗原则为患者制订营养均衡满足治疗需求的色香味俱全的饮食。日常工作中，多与患者沟通，了解患者的需求，征集患者的意见和建议，不断改进以提升服务水平。

13. 影响患者对医院膳食满意程度的因素有哪几个？

影响患者对医院膳食的满意度主要由两个因素决定：①患者对医院膳食及相关服务的期望值。②患者对医院膳食及相关服务的实际感受。当患者实际感受高于期望值时，患者肯定是满意的。当患者实际感受与期望值相当时，患者感受到一般的、理所当然的服务，不易留下印象。当患者实际感受低于期望值时，患者易产生不满，如果患者不满积累到一定程度，必然会产生患者投诉。

14. 患者对医院膳食的期望值如何形成？

根据影响患者满意程度的因素可了解，患者不满意或者患者投诉，与患者的期望值有密切的关系。患者的期望值是一种主观的感受，而且因人而异，要降低患者的期望值首先要了解患者的期望值如何形成。

(1)患者对饮食的个人要求：患者日常对饮食的要求直接决定了对医院膳食的接受程度。倘若对医院膳食的要求不完全了解，期望值较高时，往往会对医院膳食有误解与不满。

(2)患者对综合类医院的基本了解：患者在对医院医疗水平的了解下，对医院膳食也有一定要求。

(3)患者通过第三方的了解:患者通过曾经直接或间接接触过医院膳食的其他人群了解到,以亲身感受为基础,可靠性可信程度高。

15. 营养配膳员如何正确引导患者对医院膳食的期望值?

(1)营养配膳员应明确告知患者医院膳食与普通膳食存在区别,准确解释医院膳食有助身体恢复的优点,而口味较为清淡的缺点。

(2)在提供膳食及服务的过程中,稳定维持餐品质量及服务的水平。

16. 如何明确医院膳食与普通膳食的区别与联系?

医院膳食既涵盖健康人群需求的具有营养素质全面均衡的一般膳食,同时更是按照住院患者的身体差异性,分类组织不平衡膳食的集结地。

(1)两者的联系主要表现:同样都是满足身体所需的各种营养素的需求;同样都是使用市场上的原材料,同属药食同源。

(2)两者的区别主要表现:用餐人群不同,医院膳食服务于身体有疾病、心情压抑的患者,而一般饮食服务于心情舒畅的健康人群。用餐品质不同,医院膳食以清淡软烂为主,一般饮食是以追求色香味形为主。烹调方法不同,医院膳食以蒸、煮、熘、炖、焖、氽等方法为主;一般饮食则不限制烹调方法。加工性状不同,医院膳食加工更加细碎,有利于患者消化吸收;一般饮食加工注重色型,有利于赢得市场。

二、沟通能力

1. 沟通的基本内涵是什么?

沟通是各种技能中最富有人性化的一种技能,沟通是发送者与接收者之间使用语言或者非语言的方式所进行的传递与交流的过程。

2. 沟通的关键在于什么?

有效沟通的关键在于所传递的信息被充分理解,最理想的沟通应该是信息经过传递后,接受者所感知的信息与发送者发出的信息完全一致。在配膳过程中,即营养配膳员所表达的信息经传递后被患者等完全理解了。

3. 如何达成有效的沟通?

有效的沟通并不是让他人接受自己观点,实际上,沟通是否能达成一致,对方是否能接受你的观点,不仅仅取决于沟通是否有效,它还涉及双方利益是否一致,价值观念是否相似等关键因素。只要在沟通过程中双方能准确理解彼此的意图,即有效沟通。

4. 沟通的基本原则是什么?

沟通应该遵守尊重性原则,尊重他人,不仅表现在沟通形式上,也表现在把对方放在平等的位置上。

遵守简洁性原则,即用最少的语言传递大量的信息。

遵守理解性原则,要求沟通者善于换位思考,体会对方的心理状态和感受。

遵守赞美性原则,帮助他人发现自身价值。

包容性的原则,应力求谦恭容忍的态度对待各种分歧。

准确性原则,表达的内容应被接受者正确理解。

5. 有效的赞美应该注意什么问题?

有效的赞美必须出自真诚,言不由衷的夸奖一般会给人留下虚伪的印象;赞美应该有独到之处,对想要赞美的对象细心观察,发现他不易为常人发现的优点;赞美时应找准时机,选择恰当的场合表达赞美。

6. 沟通包括哪些类型?

沟通包含语言沟通与非语言沟通,语言沟通是利用语言、文字、图画、表格等形式进行信息的传递与交流,可细分为书面沟通和口头沟通两种;非语言沟通是指借助非正式语言符号,即语言及文字以外的形式进行沟通,包含身体语言沟通、副语言沟通、物体的操作等。

7. 营养配膳员平时与患者沟通都分别属于哪些类型?

营养配膳员平时与患者的对话表现为口头沟通,填写订餐单等属于书面沟通,营养配膳员的表情、目光、手势等都属于身体语言,营养配膳员的声音、语调、语速都是副语言沟通,营养配膳员打餐的动作等属于物体的操作。

8. 初次见到患者需为患者做哪些饮食提醒?

营养配膳员在患者正式入院前,应该对患者膳食进行必要的提醒。

(1)初步了解患者病情,针对患者病情介绍相关膳食。

(2)要提醒患者在整个治疗过程中,需要注意或重视的方面。

例如:新入院的患者为高血压患者,营养配膳员需告知患者高血压需要限制盐的摄入,限制的含量为每天 6g。宜晨起饮水,多吃蔬菜水果;不宜夜间饮茶、饮酒等普遍适用的提醒。当具体了解患者病情后,可进一步针对病情进行营养咨询。

9. 如何让患者明确医院膳食不同于普通膳食?

营养配膳员对患者及陪护人员应当明确医院膳食与普通膳食的区别。

(1)需强调医院膳食以清淡可口为主,普通膳食是以追求色香味形为主。

(2)应当根据患者具体膳食具体分析,不同医院膳食具有不同特点,根据疾病所限制的条件来分析具体膳食特点。例如,普食患者可正常饮食,且能做到在易于消化的前提下美味可口。而低盐低脂膳食可能口味清淡,但是更利于患者身体恢复。

10. 营养配膳员与患者交谈时需要注意哪些方面?

营养配膳员在与患者交谈时应当注意。

(1)见面需寒暄:显得更为亲切自然,也能让彼此之间有一点初步了解。

(2)说话要真诚:营养配膳员需真诚地对待每一位患者,但是注意不能毫无节制地说话,须符合纪律和规范。

(3)内容要向上:注意说话的内容不涉及荒唐离奇的事情,也不谈有辱国格、人格的事情。

(4)语言要中肯:避免夸夸其谈、故弄玄虚、矫揉造作等交谈的禁忌。

(5)把握谈话过程:不在对象谈兴正浓时终止,也避免无话找话的局面出现,恰到好处地结束谈话。

11. 营养配膳员如何面对不愿意食用医院膳食的患者?

(1)了解情况:要明确患者为什么不愿食用医院膳食,是否因为膳食口味不好、膳食吃不够、膳食价格不合适、膳食餐品重复。应当根据具体情况具体分析,仔细向患者解释医院膳食的特点,明确医院膳食的不同价格的餐品。并及时通过上级领导与后厨沟通,解决相关问题。

(2)以诚相待:营养配膳员是在后厨与患者之间协调与配合的角色,应当做到耐心倾听,真诚诉说,全心全意地为患者解决力所能及的问题。

12. 营养配膳员在哪些情况下需要道歉及适宜道歉的语言艺术有哪些?

在营养配膳员长期工作中,难免遇到工作失误或意想不到的麻烦,造成患者的不满或不悦。

(1)运用微笑:传达善意和歉意的载体,缓解对方的刺激,化解对方的攻势。

(2)迂回道歉:在口头道歉效果不明显的情况下,可采取迂回致歉的方法,比如送一份小水果等方式,表达自己的歉意。

(3)勇于自责:不仅仅讲几句动人的道歉语,并勇于承担责任,让对方感受到自己的歉意。

13. 营养配膳员对患者不合理的要求如何应对?

营养配膳员在配膳过程中,有时候会遇到一些患者因失态或目的不纯而引起的无理取闹的提问和要求,营养配膳员应当采取不卑不亢的态度对待,对违反法律的要求应给予拒绝。在采用此法时,注意不要与患者争吵、对骂,表达出否定、拒绝的含义。

14. 营养配膳员面对患者各种各样的问题如何得体地应对?

来自不同地区、不同背景的患者常常有各种各样的问题,不仅仅局限在膳食相关内容,需要营养配膳员给予解答。此时,应当遵循灵活的原则,根据具体场合、对象及个人的实际情况采取应对方法,得体地回答各种问题。

15. 营养配膳员如果不慎打翻汤粥或餐具应如何弥补?

营养配膳员在工作时出现打翻汤粥或餐具都是属于不小心或有点冒失,正确弥补这种失礼的方法如下。

(1)营养配膳员首先要保持冷静,查看是否有烫伤或弄脏患者衣物。

(2)如果存在应立刻向患者道歉,并在发完餐后再次向患者赔礼道歉。

(3)如果自己衣物弄脏,应该等到发餐完毕后,再处理污迹。

16. 营养配膳员对餐具的回收如何向患者解释?

每餐餐具经严格消毒后重复使用,营养配膳员应告知患者。

(1)配膳过程中采用质量较好的餐具,回收后严格进行消毒,保证安全可靠。

(2)消毒过程包括一洗二刷三冲四消毒。

(3)提倡绿色环保,减少白色污染。

17. 营养配膳员对不愿配合餐具回收的患者如何应对?

营养配膳员应尽量劝说,以可回收餐具的长处比一次性餐具的短处,并着意渲染,使患者感受到重复使用餐具也是个可行的选择。

18. 营养配膳员应如何告知患者意见表的重要和意义?

营养配膳员应诚恳简洁地说明意见表的用途,用于了解患者满意度及改善服务质量,请患者认真填写。营养配膳员应该客观地面对自己工作中的优、缺点,诚恳地征询患者对自己服务的意见及建议,要尊重和相信患者的观察力和判断力,不必刻意去做诱导和回避的工作。

19. 营养配膳员在新的科室打印膳食单时如何与当班护士沟通?

营养配膳员先与当班护士进行自我介绍,并请当班护士协助自己完成膳食单的打印,有不清楚不明白的方面应及时询问。

20. 在营养配膳员分配膳食中护士能起到哪些帮助?

护士在患者整个住院过程中与患者朝夕相处,对患者的身体状况每日进行监测,也更了解其性格特点。能够在营养配膳员不熟悉情况时,给予帮助和支持。故营养配膳员应当与护士保持良好的关系,保证工作更加顺利。

21. 当患者膳食经过一段时间后营养配膳员如何咨询主治医师膳食是否合适?

可将患者近一周的膳食单打印成食谱,交给主治医师查看,并询问主治医师的意见与建议,请主治医师针对该食谱提出指导意见,并及时改进。

22. 当主治医师指出患者膳食不足之处后营养配膳员应当采取哪些措施?

当主治医师指出具体问题后,营养配膳员应将患者食谱及主治医师的意见立即反映给上级领导处,与营养科医师沟通是否应当进行调整。

23. 营养配膳员如何介绍特殊营养品?

应当客观真实地介绍产品。

(1)掌握专业的知识:特殊营养品不同于一般营养品,往往针对特定疾病患者群,营养配膳员需全面掌握相关知识,才能更准确无误地介绍营养品。

(2)客观公正的态度:摆正自己的位置,营养配膳员应当是中立的,只有中立才能客观公正。

(3)介绍要留有余地:在向患者介绍特殊营养品时要留有余地,对于难分高下的产品不能给予肯定的答案。

(4)其他:要尊重患者的选择。

24. 营养配膳员如何做到尊重患者的选择?

(1)患者的选择才是合理的:有违背患者意愿的选择,都是不合理的选择。

(2)患者的选择并不就是对的:患者在专业领域上有所欠缺,问题考虑得并不全面。

(3)患者的选择是第一位的:要求营养配膳员与患者建立信任关系,从患者的角度考虑问题。

三、宣传教育

1. 营养配膳员对患者进行宣传教育前需进行哪些培训?

营养配膳员如果缺少基础营养学与临床营养学知识,缺乏对健康教育的正确了解,则会影响他们有效地开展对患者营养宣传教育。营养配膳员营养宣教培训可分两个内容。

(1)专业知识学习:掌握营养配膳员应当掌握的(包括食品营养学、临床营养学、食品安全与卫生等)相关知识,系统地学习相关的理论知识。

(2)营养宣教业务培训:学习健康教育基本理论和方法,掌握健康促进基本理论和必要的传播手段与沟通方法。

2. 对患者进行营养宣传教育的重要性是什么?

患者在医院的饮食不仅仅为了维持正常生理功能,也同时起到有益治疗的效果。

(1)提高患者的依从性,增进患者对医院膳食的正确认知,促进其早日康复。

(2)心理治疗,患者及其家属正确了解膳食对疾病的影响,减少其对饮食的顾虑。

(3)营养宣传教育也是一种治疗方式,有助于改变患者不良饮食习惯。

(4)营养宣传教育也同时能减少纠纷,加强患者对营养配膳员的专业性的认可,减少纠纷的可能性。

3. 进行营养宣教如何提高患者的依从性?

营养配膳员通过对营养知识的传播,可增进患者对医院膳食的正确认知,提高其依从性。如高血压患者应当食用低盐饮食,患者经常会觉得饭菜味道偏淡。此时营养配膳员应当运用已有的营养学知识告知患者,高血压患者因为需要限制钠的摄入,因此每天所摄入的食盐含量只有6g,平均分配到三餐只有2g,所以患者会感受到饮食偏淡,但是有助于其病情的恢复。让患者充分了解到膳食制作是有充分科学依据的,从而提高其依从性。

4. 对患者进行营养宣教的意义有哪些?

患者入院前并未接受到系统的营养知识培训,对相关疾病饮食了解得比较片面或者几乎未能了解。营养配膳员有责任帮助患者了解自身疾病适合哪些饮食。

5. 如何对患者进行入院营养宣教?针对哪些内容?

营养配膳员在患者入院时接触的时间较短,不能全面地对患者进行系统的营养宣教,主要是告知患者入院后的相关标准与制度。包括就餐时间、伙食标准及提醒患者饮食方面重要的注意事项。

6. 入院营养宣教的重要性是什么?

营养配膳员帮助患者更好地适应医院的饮食习惯,以及保持患者对医院膳食正确的期望值。

7. 营养配膳员如何对患者进行住院营养咨询?

营养配膳员在患者住院期间,应将对患者的营养咨询作为一项重要任务来对待。

(1)正确告知患者所患疾病的饮食禁忌,以及对应的烹饪方法。

(2)正确告知患者所食用的膳食具体餐次、饮食方法、注意事项。

(3)科学回答患者对于膳食相关的各类疑问,做到有问必答。

8. 营养配膳员采取何种方式对患者进行营养咨询?

营养配膳员在对患者进行营养咨询时可不拘于一种形式,利用多种方式方法进行营养咨询。

(1)固定某一时段对患者进行营养咨询,可更加系统全面地解释相关问题。

(2)每天分发膳食的时间可回答患者大部分疑问,更加方便、快捷。

(3)针对不同科室印制小册子,宣传相关的营养知识。

9. 营养配膳员对出院患者需告知哪些营养建议?

营养配膳员针对患者病情稳定或康复出院时所进行的教育,应根据患者的恢复情况重点介绍:介绍在院膳食的特点及变化情况;目前患者应食用的膳食;针对该病情患者食用膳食的注意事项。

四、应急事件处理预案

(一)食物中毒突发事件应急处置预案

为贯彻预防为主的方针,进一步做好食物中毒事故的调查处理工作,迅速查明食物中毒原因并及时有效地控制疫情,确保食物中毒突发事件发生后医疗救护预防控制应急工作高效、有序地进行,最大限度地保护工休人员健康和生命安全,特制定本预案。

1. 指导思想　认真落实《中华人民共和国食品安全法》、国务院《突发公共卫生事件应急条例》和卫生部《食物中毒事故管理办法》,规范并提高我们的管理水平和应对食物中毒突发事件的快速反应及应急处理能力，保障工休人员的身体健康和生命安全，促进稳定。

2. 工作原则　充分依靠各级人员落实各项预防措施，做好应急储备工作。提高食品卫生水平，加强日常监督及健康相关产品抽检工作，发现中毒疫情及时采取有效应急措施，控制蔓延。及时、有效地开展现场调查、取证、检测、救治、控制、报告和处理工作，统一领导，分级负责。食物中毒突发事件的预防与控制工作实行分级管理、属地管理的原则。

3. 食物中毒突发事件分级　根据食物中毒突发事件的性质、危害程度和涉及范围，将食物中毒突发事件划分为特别重大、重大、较大和一般四个级别。本预案仅限用于一般性食物中毒，发生其他较高级别中毒事件要及时逐级上报医院处、部、院首长乃至总后疾病防控中心处置。

一般食物中毒突发事件标准界定：①一次发生食物中毒人数在30～50例，无死亡病例。由不明原因的化学性污染引起的食物中毒。

4. 食物中毒突发事件应急处置程序及措施

(1)报告与通报：若在营养室保障范围内发生，发现食物中毒或团体性腹泻；病房护理单元多位患者发生腹泻或食物中毒症状的情况；急诊科发热门诊或感染科发现有集体中毒的情况，需及时报告营养室值班室。

值班室值班员，填写值班记录：报告人的姓名、电话、事发地点、发病的人数。并按照《全国突发公共卫生事件应急预案》规定的程序和时限(40分钟内)逐级上报领导。

①向当日值班主任报告情况。

②给营养科值班室打电话。

③给医院应急指挥中心打电话报告。

营养室值班主任向上逐级汇报，并立即通知营养室应急预案分组负责人员赶赴现场。

(2)现场处理

①营养科人员及感染科人员赶到现场，发口罩、手套。

②急诊科人员接走患者，拉隔离带，封锁现场。

③样品采集。当天的食物留样采集；患者的粪便、血液、尿液、呕吐物或洗胃液等采集；采样人员填写采样单，详细记录采样时间、地点、名称、采样人等，并由被采样的单位或人员签名确认。

(3)消毒现场

①对接触可疑中毒食品的餐具、容器、用具、设备等用1%～2%碱水煮沸15～30分钟或用0.2%～0.5%含氯石灰(漂白粉)溶液浸泡10～20分钟、擦拭消毒。对被污染的冰箱、冰柜以及墙壁、地面等用漂白粉溶液擦拭消毒。

②对患者的排泄物、呕吐物用漂白粉消毒(水∶漂白粉=5∶1，搅拌均匀，放置

2小时)。

③采用含氯消毒液对环境进行喷洒消毒。

(4)事故原因调查

①抢救区,感染科人员对症状较轻者进行调查:了解事故发生时间、地点、涉及人群;确认是否出现人群疾病;了解病例数量和主要症状体征等;调查了解就餐食用的食物名称、烹调方法及食用量等。

②现场采样:对患者的粪便、血液、尿液、呕吐物或洗胃液等进行采集。采样人员填写采样单,详细记录采样时间、地点、名称、采样人等,并由被采样的单位或人员签名确认。

③感染科人员填写《食物中毒事故报告登记表》《食物中毒事故个案调查登记表》。

(5)原因分析

①对就餐环境和加工环境进行检查:查看地面污物、污水及排水设施、设备、工具、用具、容器摆放位置和卫生状况是否符合要求;检查有无苍蝇、老鼠、蟑螂等;查看通风、采光等是否符合场所卫生及工作人员操作规范。

②查看粗加工和蔬菜、畜禽肉、淡水产品、海产品洗涤的区域设置及其配套设施,库房、专用间的位置与内部设施、成品暂存场地及其环境条件、餐饮具消毒与保洁是否符合要求。

③检查冷藏设备、生产设备,以及工具、用具、容器的原材料类型、清洗消毒是否符合卫生要求。

④查验每位员工的健康体检证及有效期;向从业人员本人及其同事了解所有调查对象的近期健康状况;有无急性或慢性肠道疾病、化脓性或渗出性皮肤病、手部外伤感染、上呼吸道感染等疾病;近期有无到医疗单位就诊、近期有无请病假或服药等是否符合要求。

⑤对可疑食物进行分析检查:可疑食品的剩余部分、半成品和原料;盛装、接触可疑食品的容器或设备上的残留物;食品用具及食品容器、餐饮具、清洁布、操作人员双手等接触直接入口食品的涂抹样品;从业人员的粪便、肛拭子、咽拭子、鼻拭子、开放性溃疡或损伤部位的棉拭子涂抹样品。

(6)结果处理及处罚

①做好中毒人员的安抚工作,待有关部门的检验报告出来后,确定责任。

②对造成事故的责任人、当事人进行严肃处理,追究责任。如故意破坏造成中毒事故,将当事人交司法机关处理;如因工作疏忽造成中毒事故,对当事人进行扣罚工资、辞退或进行行政处分的处理。

③根据查明的事故原因,各部门认真总结,自觉查找工作中存在的不足之处,加强管理,吸取教训,同时向上级递交书面事故分析报告。

5. 食物中毒突发事件应急处置流程

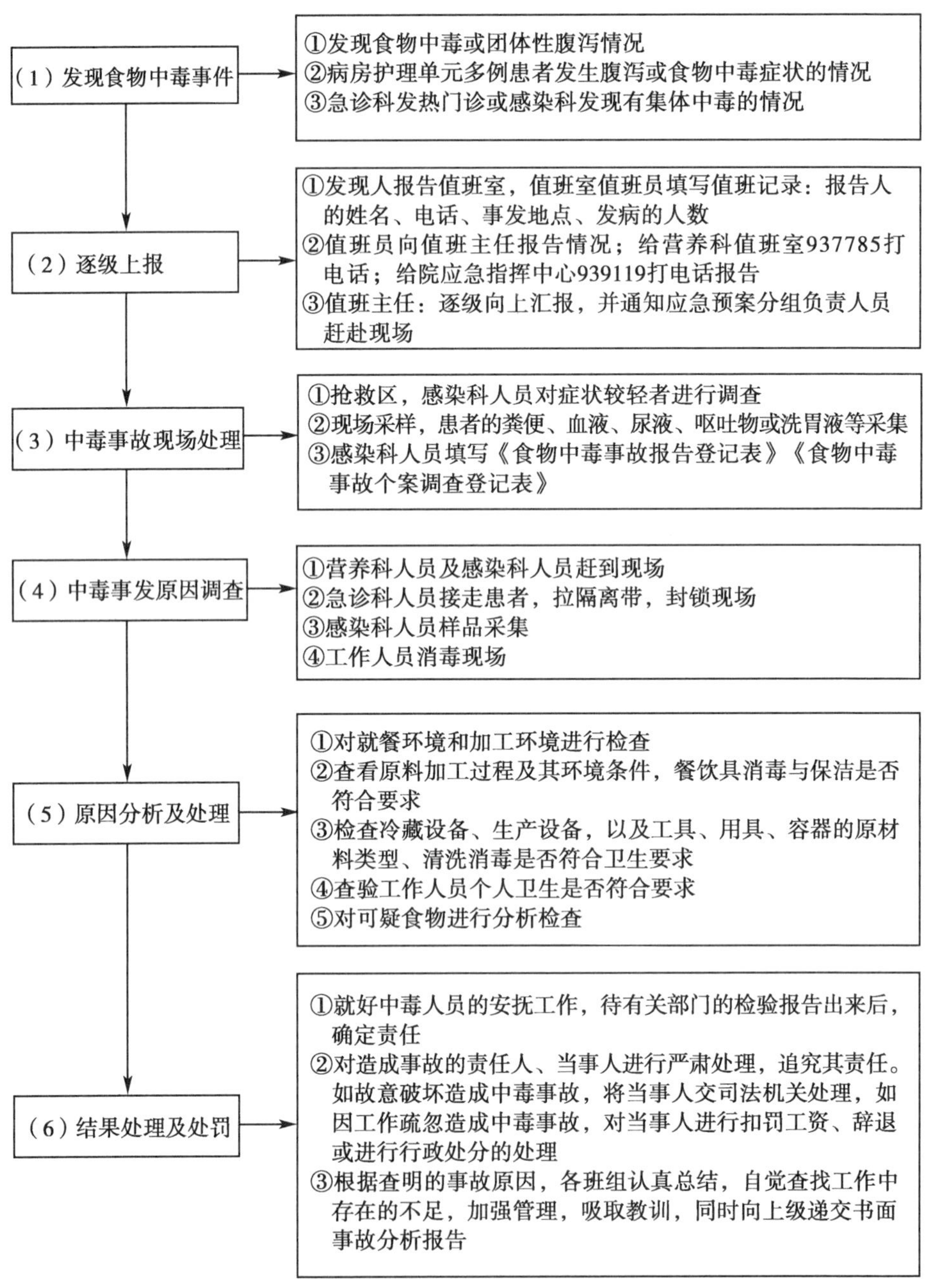

(二)消防安全突发事件应急处置预案

以《中华人民共和国消防法》《机关、团体、企业、事业单位消防安全管理规定》、解放军总医院消防法规及消防安全制度为依据，制订以下消防预案。

1. 组织机构　营养室灭火和应急疏散工作由灭火行动组、通信联络组、疏散引导组、安全防护救护组组成，具体分工如下。

(1)灭火行动组：由营养室管理人员和消防队员组成，营养室主任担任组长，并兼任火场临时指挥员，灭火行动组主要负责营养室一般初级火灾的扑救工作。

(2)通信联络组：由军需物资处值班员、各部门、重点要害部位负责人组成，值班主任任组长，负责通信联络及各部门工作的统一协调。

(3)疏散引导组：由工程部主任及各班组长组成，负责火灾时人员的安全疏散及财产的安全转移。

(4)安全防护救护组：由后勤主任及部门人员组成，后勤主任担任组长，负责火灾时车辆、医疗救护等后勤保障工作。

2. 报警和接处警程序

(1)值班人员要坚守工作岗位，对全营养室的重点要害部位进行动静态全方位24小时监控。

(2)值班人员收到监控区的火警信号及火警电话后，应立即通知应急值班人员赶赴现场，并电话通知当日值班领导。

(3)值班主任赶赴现场后，如未发生火灾，应查明警示信号的报警原因，并做详细记录。

(4)如有火灾发生，应根据火情，立即拨打电话报告医院应急指挥中心，并将信息反馈监控报警中心，同时进行灭火及疏散工作。

(5)根据火灾情况，调集有关人员启动灭火和应急预案。

3. 应急疏散

(1)为使灭火和应急疏散预案顺利进行，营养室应加强日常性检查，确保消防通道畅通。

(2)公共就餐场所应保持消防通道畅通，出入口有明显标志，消防通道及安全门不能锁闭，疏散路线有明显的引导图例。

(3)火灾发生时，疏散引导人员应迅速赶赴火场，利用应急广播指挥人群有组织地疏散。

(4)疏散路线尽量简捷，安全出口的利用要平均。

(5)疏散引导组工作人员要分工明确，统一指挥。

4. 扑救一般初级火灾

(1)当火灾发生时要沉着冷静,采用适当的方法组织灭火、疏散行动。

(2)对于能立即扑灭的火灾要抓住战机,迅速消灭。

(3)对于不能立即扑灭的火灾,要采取“先控制,后消灭”的原则,先控制火势的蔓延,再开展全面扑救,一举消灭。

(4)火场如有人受到围困,要坚持“先救人,后救火”的原则,全盘考虑,制订灭火疏散方案。

(5)火场扑救要采取“先重点,后一般”的原则。

(6)火灾扑救要服从火场临时指挥员的统一指挥,分工明确,密切配合,当消防人员赶到后临时指挥员应将火场现场情况报告消防人员,并服从消防人员统一指挥,配合消防队实施灭火、疏散工作。

(7)火灾扑救完毕,要积极协助消防部门调查火灾原因,处理火灾事故。

5. 通信联络、安全防护救护的程序和措施

(1)所有参加灭火与应急疏散工作的部门领导、工作人员应打开通信工具,确保通讯畅通,服从通信联络组长的调遣。

(2)通信联络组通知值班水工、电工在火场待命。

(3)安全防护救护组在现场及时救治火场受伤人员,及时与院急诊科联系救治工作。

(4)疏散引导组应积极调集车辆,确保交通畅通。

(5)对被抢救、转移的物资进行登记、保管,对火灾损失情况协同有关部门进行清理登记。

6. 安全、消防基础知识

(1)“四懂”

①懂得本岗位的火灾危险性:防止触电,防止引起火灾,可燃、易燃火源。

②懂预防火灾的措施:加强对可燃物质的管理,管理和控制好各种火源,加强电器设备及其线路的管理;易燃易爆场所应有足够的、适用的消防设施并要经常检查,做到会用有效。

③懂扑救火灾的方法:冷却灭火方法,隔离灭火方法,窒息灭火方法,抑制灭火方法。

④懂逃生的方法:自救逃生时要熟悉周围环境,要迅速撤离火场;紧急疏散时要保证通道不堵塞,确保逃生路线畅通;紧急疏散时要听从指挥,保证有秩序地撤离;当发生意外时,要大声呼喊他人,不要拖延时间,以便及时得救,也不要贪恋财务;要学会自我保护,尽量保持低姿势匍匐前进,用湿毛巾捂住口鼻;保持镇定,就地取材,用窗帘、床单自制绳索,安全逃生;逃生时要直奔通道,不要进入电梯,防止被关在电梯内;当烟火封住逃生的道路时,要关闭门窗,用湿毛巾塞住门窗缝隙,防

止烟雾侵入;当身上的衣物着火时,不要惊慌乱跑,就地打滚,将火苗压住;当没有办法逃生时,要及时向外呼喊求救,以便迅速地逃离困境。

(2)“四会”

①会使用消防器材:各种手提式灭火器的操作方法:一拔,拔掉保险销;二握,握住喷管喷头;三压,压下握把;四扫,对准火苗根部扫射。

②会报火警:大声呼喊报警,使用手动报警设备报警;如使用专用电话、手动报警按钮、消火栓按键击碎等;拨打119火警电话向当地公安消防机构报警。

③会扑灭初起火灾:在扑救初起火灾时,必须遵循,先控制火势,用灭火器,救人第一,先重点后一般的原则。

④会组织疏散逃生:按疏散单元组织人员疏散;酌情通报情况,防止混乱。

(3)“四个能力”:检查消除火灾隐患的能力,扑救初期火灾的能力,组织疏散逃生的能力,宣传教育培训的能力。

(4)消防工作的方针:预防为主,防消结合。

(5)消防栓的使用方法:室内消火栓一般都设置在建筑物公共部位的墙壁上,有明显的标志,内有水龙带和水枪。当发生火灾时,找到离火场距离最近的消火栓,打开消火栓箱门,取出水带,将水带的一端接在消火栓出水口上,另一端接好水枪,拉到起火点附近后方可打开消火栓阀门。

注意:在确认火灾现场供电已断开的情况下,才能用水进行扑救。

(6)灭火器的性能和使用方法:灭火器的性能,灭火器是用来扑救初期火灾的,目前常见配备的有干粉灭火器、泡沫灭火器、二氧化碳灭火器、推车式干粉灭火器。

①干粉灭火器适用范围:适用于扑救各种易燃、可燃液体、气体、电气、油类和木材、棉絮,以及电气设备等类型火灾。

②泡沫灭火器适用范围:适用于扑救各类油类火灾、木材、纤维、橡胶等固体可燃物火灾。

③二氧化碳灭火器适用范围:主要适用于各种易燃、可燃液体、可燃气体火灾,还可以扑救仪器仪表、图书、档案、工艺器和低压电器设备等的初起火灾。

④推车式干粉灭火器适用范围:主要适用于扑救易燃液体、可燃气体和电器设备的初起火灾。本灭火器移动方便,操作简单,灭火效果好。

⑤手提灭火器的使用方式:将灭火器提到起火点附近站在火场的上风头,先拔下保险销,一手握紧喷管,另一手捏紧压把,再把喷嘴对准火焰根部扫射。

7. 消防安全突发事件应急处置流程

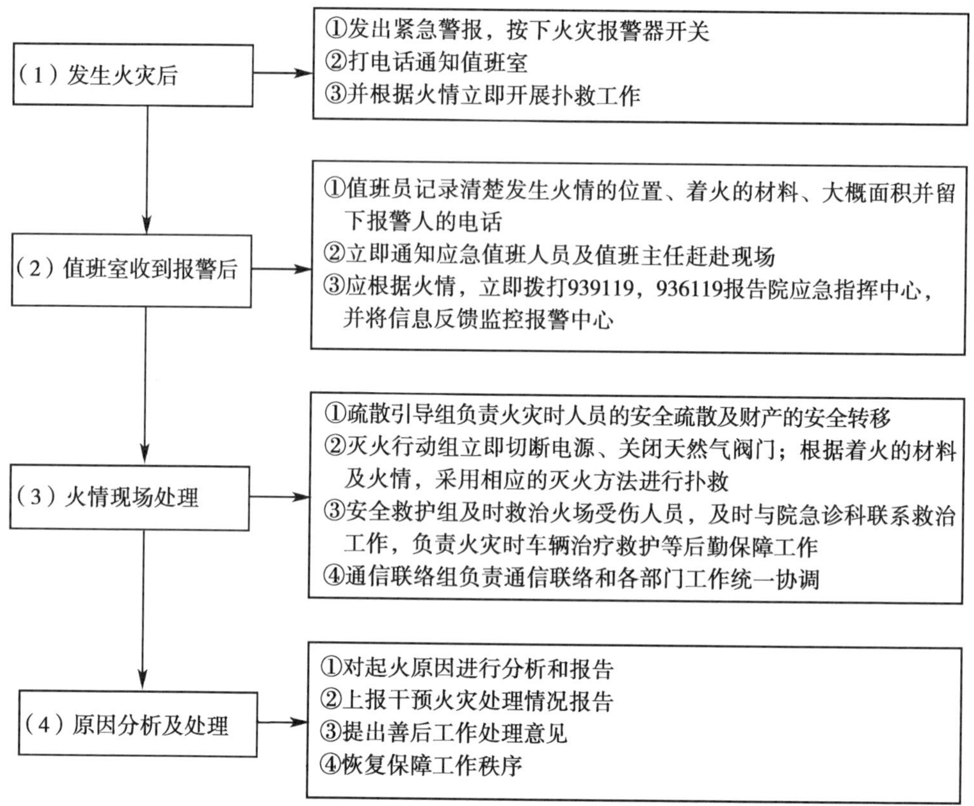

(三)公共安全突发事件应急预案

1. 指导思想　为有效预防、及时控制和妥善处置营养室内各类突发公共安全事件，提高快速反应和应急处理能力，最大限度地预防突发公共安全事件的发生，减轻事故对单位造成的危害，加强和规范突发公共安全事件应急工作管理，确保公休人员饮食保障工作能正常开展，制定本预案。

2. 工作原则

(1)以人为本，减少危害：在突发公共安全事件应急工作中，营养室各部门都要高度重视人的生命权和健康权，把保障公休人员的生命财产安全和人身健康作为首要任务，最大限度地减少人员伤亡，加强对应急救援人员的安全防护工作。

(2)居安思危，防范为主：营养室各部门要增强忧患意识和责任意识，高度重视公共安全工作，加强对全员的安全教育工作，坚持预防为主、常抓不懈，将突发公共安全事件预防工作作为应急工作的重要环节，坚持预防与应急相结合，常态与非常态相结合，认真做好应对突发公共安全事件的各项准备工作。

(3)统一领导,分级负责:成立突发公共安全事件应急处置工作领导小组,全面负责突发事件的处置工作。各部门主要负责人为安全稳定的第一责任人。

(4)快速反应,协同应对:当突发公共安全事件时,各部门要在营养室领导统一指挥下,形成快速反应、协调联动、运转高效的应急管理机制。

(5)区分性质,依法处置:要坚持从保护公休人员生命和财产安全的角度出发,按照“动之以情,晓之以理,可散不可聚,可顺不可激,可分不可结”的工作原则,及时化解矛盾,防止事态扩大,要严格区分和正确处理不同性质的矛盾,做到合情合理,依法为事,维护公休人员的合法权益。

(6)突发公共安全事件处置工作领导小组

组长:营养室主任

副组长:部门主任

成员:班组长、宿舍长、值班员、门卫

3. 突发公共安全事件的分类与分级　突发公共安全事件是指突然发生,可能或已经造成人员伤亡、财产损失及影响营养室安全与稳定的突发公共安全紧急事件。根据突发公共安全事件的发生过程、性质和机制,分为以下几类。

(1)社会安全事件:主要包括营养室内外涉及员工的各种非法集合、游行、示威、请愿,以及罢餐、罢工、上访、聚众闹事等群体事件,各种非法传教活动、政治性活动,针对营养室工作人员的各种恐怖袭击事件,工作人员非正常伤亡、失踪等可能引发影响医院和社会稳定的事件。

(2)公共卫生事件:突然发生并造成或可能造成工作人员健康严重损害的事件。主要包括食物中毒、传染病疫情、群体性不明原因疾病,以及其他严重影响本院公休人员健康和生命安全的事件。

(3)事故灾难:主要包括建筑物倒塌、火灾、重大交通事故、大型活动安全事故及其他影响医院安全与稳定的突发事件。

(4)自然灾害:主要包括洪水、地震、雷击等自然灾害。

突发公共安全事件按其性质、严重程度、可控制性和影响程度等因素分为四级:1 级(特别重大事件)、2 级(重大)、3 级(较大)、4 级(一般)。

4. 突发公共安全事件应急处置程序及措施

(1)报告与通报

①发生安全事故后,值班人员应及时向营养室安全工作领导小组报告,并视情节迅速给军需物资处机关、医院应急指挥中心打电话报告。

②值班人员应根据事故情况,在 24 小时内写出书面报告,逐级上报。

③报告内容:事故时间、地点、事故简要经过、已采取措施和事故控制情况及报告人。

(2)处置措施

①食品卫生应急预案:如发现患病员工,应及时就医,不得带病上班,以确保饮

食卫生安全。

通知员工所属部门领导，以便及时做出工作安排，配合开展补救工作。

对患病员工接触过的食物，进行销毁。

②停水停电应急预案：首先查明原因，如因上级管理部门决定停水停电，应立即将详细情况通知有关部门和员工。

突发大面积停水停电：迅速打电话向物业管理部门查询停水、停电原因，并及时说明停水原因以及来水时间。部门领导、班组长控制停电停水现场人员状况，门卫做好人员进出控制。水管爆裂情况，迅速关掉总闸，并立即将积水清除，保护财物。根据停电停水时间长短，判断是否对公休人员饮食保障工作有影响，可根据现实情况需要，采取应急补救措施，确保公休人员饮食保障能正常供应。

③自然灾害应急预案：自然灾害发生后，值班人员应立即通知安全工作领导小组，迅速到位。

组织员工疏散到安全地带，对没有及时撤出的人员，应极力查找或营救。

沉着应对突发灾害性事故的发生，积极开展自救和互救工作。

实施突发公共事件饮食保障应急预案，尽可能做好工作人员的饮食保障工作。

④防范被盗应急预案：盗窃事件发生后，立即保护好现场，并通知有关部门来进行调查，查找被盗原因。

及时向室领导报告情况。

如发现有人现场作案，应通知安保部门，并对正在实施犯罪行为的不法分子预以制止，协助安保力量将其抓获。

⑤侵害员工事件应急预案：员工之间发生矛盾冲突，在场人员应加以劝阻，并向值班领导报告，如有受伤人员应及时送往急诊科，调查事实经过，对当事双方做出相应处分。

若有外来人员不履行登记手续，强行闯入，门卫保安员应加以阻止，并报值班领导，不得随意放行。

发现不法分子来营养室滋事、斗殴、行凶，应予以制止以防意外和不测，同时应通知院安保人员和应急指挥中心。

如有员工发生受伤事故，通知值班领导组织相关人员，送受伤员工前往急诊科进行救治；人事部帮助联系保险公司进行赔付。

5. 结果处理及处罚

(1)对造成事故的责任人、当事人进行严肃处理，追究其责任。如故意破坏造成事故，将当事人交司法机关处理，如因工作疏忽造成事故，对当事人进行扣罚工资、辞退或进行行政处分的处理。

(2)根据查明的事故原因，各部门认真总结，自觉查找工作中存在的不足，加强管理，吸取教训，同时向上级递交书面事故分析报告。

第 7 章
配餐新技术

一、烹饪机器人

1. 烹饪机器人有哪些优点?

烹饪机器人设备创新、操作简单,与传统大厨炒菜相比,有以下优势。

(1)低温烹饪、健康安全:精准的温度控制和时间控制,保证食物在 200℃以下,不会产生致癌物,并最大限度地保留食物中的营养成分。

(2)少油少盐、定量化营养:菜肴工艺和程序规范油、盐、食材等克数,保证菜肴品质标准稳定。少油少盐,满足现代健康生活理念,为后勤改善职工、患者供餐品质提供基础。

(3)定量化营养、多元化菜单:菜肴工艺是将大厨手艺转化成计算机语言,由机器人完成。机器人炒菜不受厨师水平限制,八大菜系的菜都能做,还可以按要求定制开发新菜品,如营养餐。

(4)油烟排放减少到 80%以下:低温(160～180℃)烹饪大大减少了油烟的排放,据专业机构检测数据显示,油烟降低 90%以上。

(5)标准化管理和制作,成本透明可控:机器人菜肴工艺单规范食材料型和克数等,机器人按程序烹饪。烹饪菜肴、锅数和时间等信息机器有记录;食材成本透明,为后勤成本控制管理提供准确数据、综合能耗降低 40%,使用烹饪机器人,经客户测试,水电气综合能耗降低 40%。

2. 烹饪机器人营养餐制作标准化操作程序是什么?

(1)配方配料标准化:操作人员将菜品的配方配料按型、重量等要求进行切配,再将切配好的主辅料及调味料放人指定的带编码料盒。

(2)菜品选择:操作人员打开烹饪机器人开关,从操作屏幕上找到菜单界面,选择指定菜品,确定后按绿色按钮,烹饪开始。

(3)菜品的烹饪:机器人按照程序来烹饪,机器先往炒锅自动喷油,操作人员根据机器语音提示往锅中投料包,锅会自动来回翻炒,菜炒好后,操作人员只需用餐盘接住锅倒出来的菜品即可。

(4)机器人炒锅的清洗:操作人员先选择刷锅程序,确认后再用高压水枪往锅中喷水,炒锅会自动倒水,程序停止,炒锅洗净。

二、智盘自选餐厅快速结算系统

1. 什么是智盘自选餐厅快速结算系统?

智盘系统是一套集成了 RFID 射频技术的餐厅结算管理系统,主要为企事业单位餐厅提供快速餐饮结算服务和信息采集管理分析,与传统的结算方式相比,智盘系统前台具有速度快、核算准、体验佳、无人值守等特点,系统后台则具有强大的统计管理分析功能。

2. 智盘自选餐厅快速结算系统由哪几部分组成?

系统由三部分组成:智盘结算台、智盘餐具、智盘管理平台。

(1)智盘结算台:结算台采用一体化设计,集成了射频读写装置、读卡器、显示屏等多个设备,可实现对进入结算区餐具的批量快速识别(最多 15 个)。

(2)智盘餐具:与普通密胺餐具不同的是,智盘配套的每一个餐具底部都置入了 RFID 射频芯片,尽管如此,它的日常使用、清洗和消毒,仍与普通密胺餐具无异,且通过了高温、清洗和碰撞的耐力测试。

(3)智盘管理平台:智盘系统具有开放的第三方支付接口,智盘结算台可与现用的一卡通系统完成对接,保证现有就餐卡可在智盘系统中顺利使用。

也可以使用智盘管理平台,智盘管理平台是一套在线式系统,除实现现有一卡通就餐卡所具有的管理和充值、扣款等功能外,还有以下强大的管理功能。

①数据中央集控:实现多餐厅、多终端餐盘菜品的价格设定。

②出品管理:通过硬件出品机的应用,可以实时追踪到每个用餐者每餐选的菜品,为个性化的营养分析和健康饮食建议提供了基础数据,体现人文关怀。

③在线自助订餐服务:通过网页、手机 APP、自助预订机实现在线选餐、订餐和支付。

④报表管理:提供各种实用的餐厅营业报表、消费卡消费数据等。

⑤查询管理:实现各种终端设备营业实时查询,让管理者对经营状况的实时管理。

3. 智盘自选餐厅快速结算系统有什么特点?

(1)杜绝结算差错:提高客户满意度。

(2)缩短排队时间:节约用餐者的排队时间,提高餐厅服务效率。

(3)自动结算:节省人工,减少运营成本。

(4)自选模式:自助结算,有效杜绝窗口现金消费、人情消费。

(5)服务自助化:避免服务冲突,有效提升餐厅膳食服务的整体质量。

(6)其他:提高膳食管理的信息化水平。

4. 智盘自选餐厅快速结算系统标准化操作程序是什么?

(1)快速核算总价:顾客挑选完菜品后,将餐具放入结算区,系统自动识别并核算整单菜价,并将总价和明细显示在结算台的显示屏上,核算过程仅1秒钟左右。

(2)自助刷卡支付:菜价核算完毕后,顾客可在结算台读卡区刷就餐卡完成支付,结算无须人工干预,整个结算过程仅需2秒钟,极大地提升了结算效率,缓解了结算排队拥堵的问题。

三、微波烹饪

1. 微波炉工作原理是什么?

微波炉是用微波来烹调食物的(图7-1)。电控系统将220V交流电压通过高压变压器和高压整流器,转换成4000V的直流电压,送到微波发生器产生2450MHz的微波,微波能通过波导管传入炉腔里,由于炉腔是金属制成的,微波不能穿过,只能在炉腔里反射,深入到食物内部,使食物中的极性分子以每秒24.5亿次高速振动、互相摩擦而迅速产生大量的热,将食物烹熟。

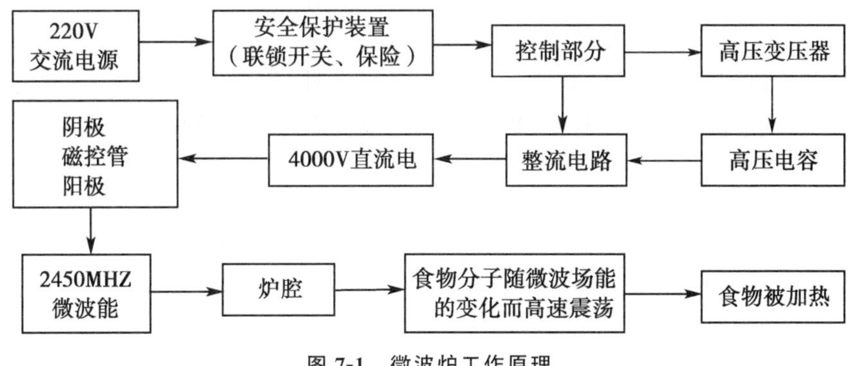

图7-1 微波炉工作原理

2. 微波炉有哪些特点?

微波炉有以下三大特点。

(1)反射性:微波碰到金属会被反射回来,因此加热食物时不能使用金属容器;微波炉内壁的反射作用,使微波来回多次穿透食物,提高热效率。

(2)穿透性:微波可以穿透塑料、陶瓷、玻璃等绝缘材料,但不会消耗能量;微波器皿耐热温度需超 120℃,且烹调时无有毒有害物质析出。

(3)吸收性:微波被食物吸收后,食物内极性分子(水、脂肪、蛋白质、糖等)即以 2450MHz 的微波频率震荡摩擦、产生大量摩擦热。

3. 如何选择烹调器皿材料?

微波器皿材料要同时满足 3 个条件。

(1)对微波有极高的穿透性:耐热温度超过 120℃,在加热过程中无有害物质析出。

(2)可以选用的烹饪器皿材料:玻璃、陶瓷、塑料、胶膜等。

(3)不能选用的烹饪器皿材料:金属、漆器、纸碟、纸杯、竹木器具等。

4. 立方蒸烹饪袋原理是什么?

采用微波加蒸汽技术,在封闭环境中,微波炉产生的微波可以穿透烹饪袋,对内部的食物进行加热,同时在加热过程中水分会散失,但是由于烹饪袋的作用使水分保留在袋中,保证食物加热均匀、锁住水分、保持营养,食物不会太干太硬。

5. 立方蒸烹饪袋标准化工作程序是什么?

立方蒸烹饪袋标准化工作程序有以下 3 步。

(1)操作人员将食材按照菜品型、性、重量等要求加工切配,按比例调配好调味汁。

(2)将切配好的原材料放入微波盒内,与调味汁拌匀,再将微波盒套上微波炉专用烹饪袋,封好袋口。

(3)将微波盒放入微波炉中,根据微波炉功率大小设定好高温加热时间,最后菜品出炉,操作人员拌匀、装盘。

主要参考文献

[1] Dang TS, Walker M, Ford D, et al.Nutrigenomics: the role of nutrients in gene expression[J].Periodontol 2000, 2014,64(1):154-160.

[2] Ney DM, Stroup BM, Clayton MK, et al.Glycomacropeptide for nutritional management of phenylketonuria: a randomized, controlled, crossover trial[J].Am J Clin Nutr, 2016, 104(2):334-345.

[3] Van Calcar SC, MacLeod EL, Gleason ST, et al.Improved nutritional management of phenylketonuria by using a diet containing glycomacropeptide compared with amino acids [J].Am J Clin Nutr, 2009,89(4):1068-1077.

[4] 高秀容.乳糖酶的基因克隆[D].西华大学, 2006.

[5] Abdullah MM, Jones PJ, Eck PK.Nutrigenetics of cholesterol metabolism: observational and dietary intervention studies in the postgenomic era[J]. Nutr Rev, 2015, 73(8): 523-543.

[6] 任培丽,王蘅,徐莉娟,等.半乳糖血症的筛查和早期诊治[J].中国民族民间医药, 2011,1: 125-126.

[7] Burgio E, Lopomo A, Migliore L.Obesity and diabetes: from genetics to epigenetics[J]. Mol Biol Rep, 2015,42(4):799-818.

[8] Van Dijk SJ, Tellam RL, Morrison JL, et al.Recent developments on the role of epigenetics in obesity and metabolic disease[J].Clin Epigenetics, 2015,7:66.

[9] 陆维毓,石光,张晓菊.2 型糖尿病饮食治疗应用食物交换份的配餐方法设计[C].中国营养学会第十一次全国营养科学大会暨国际 DRIs 研讨会,中国浙江杭州, 2013.

[10] 胡一宇.糖尿病饮食教育的 Meta 分析[D].浙江大学, 2013.

[11] Bednarska Makaruk M, Graban A, Sobczynska Malefora A, et al.Homocysteine metabolism and the associations of global DNA methylation with selected gene polymorphisms and nutritional factors in patients with dementia[J].Exp Gerontol, 2016,81:83-91.

[12] Ghanizadeh A, Singh AB, Berk M, et al.Homocysteine as a potential biomarker in bipolar disorders: a critical review and suggestions for improved studies[J].Expert Opin Ther Targets, 2015,19(7):927-939.

[13] Kok DE, Dhonukshe Rutten RA, Lute C, et al.The effects of long-term daily folic acid and vitamin B_{12} supplementation on genome-wide DNA methylation in elderly subjects[J]. Clin Epigenetics, 2015,7:121.

[14] Fratoni V, Brandi ML.B vitamins, homocysteine and bone health[J].Nutrients, 2015, 7(4):2176-2192.

[15] Nickolai B, Kiss C.Nutritional therapy of gout[J].Ther Umsch, 2016,73(3):153-158.

[16] Kiedrowski M, Gajewska D, Wlodarek D.The principles of nutrition therapy of gout and hyperuricemia[J].Pol Merkur Lekarski, 2014,37(218):115-118.

[17] Zhao Q, Wei H, Liu D, et al.PHACTR1 and SLC22A3 gene polymorphisms are associat-

ed with reduced coronary artery disease risk in the male Chinese Han population[J].Oncotarget, 2016.

[18] Bickel C, Schnabel RB, Zengin E, et al. Homocysteine concentration in coronary artery disease: Influence of three common single nucleotide polymorphisms[J].Nutr Metab Cardiovasc Dis, 2016.

[19] Kunimura A, Ishii H, Uetani T, et al.Impact of Geriatric Nutritional Risk Index on cardiovascular outcomes in patients with stable coronary artery disease[J].J Cardiol, 2016.

[20] Mazereeuw G, Herrmann N, Andreazza AC, et al. Oxidative stress predicts depressive symptom changes with omega-3 fatty acid treatment in coronary artery disease patients [J].Brain Behav Immun, 2016.

[21] Ruiz Nunez B, Dijck Brouwer DA, Muskiet FA.The relation of saturated fatty acids with low-grade inflammation and cardiovascular disease[J].J Nutr Biochem, 2016,36:1-20.

[22] RUS.Features of dietary treatment in patients with coronary heart disease[J].Vopr Pitan, 2015,84(4):25-36.

[23] Lopez Jaramillo P.The Role of Adiponectin in Cardiometabolic Diseases: Effects of Nutritional Interventions[J].J Nutr, 2016,146(2):422-426.

[24] Liu Y, Li Y, Wang X, et al.Mitochondrial tRNA mutations in Chinese hypertensive individuals[J].Mitochondrion, 2016,28:1-7.

[25] Lu Y, Xiao T, Zhang F, et al.Effect of mitochondrial tRNA(Lys)mutation on the clinical and biochemical characteristics of Chinese essential hypertensive subjects[J].Biochem Biophys Res Commun, 2014,454(4):500-504.

[26] Li ZB, Liu YQ, Li YH, et al.Mitochondrial tRNAMet mutation in Chinese Han essential hypertensive individuals[J].Yi Chuan, 2011,33(6):601-606.

[27] Turner JM, Spatz ES. Nutritional Supplements for the Treatment of Hypertension: A Practical Guide for Clinicians[J].Curr Cardiol Rep, 2016,18(12):126.

[28] Mathers JC.Nutrigenomics in the modern era[J].Proc Nutr Soc, 2016:1-11.

[29] Di Renzo L, Colica C, Carraro A, et al.Food safety and nutritional quality for the prevention of non communicable diseases: the Nutrient, hazard Analysis and Critical Control Point process (NACCP)[J].J Transl Med, 2015,13:128.

[30] 信春鹰.中华人民共和国食品安全法解读[M].北京:中国法制出版社,2009:116.